现代汉语语法国际研讨会

21世纪第九届现代汉语语法国际研讨会论文集

汉语语法研究的新拓展

（九）

邵敬敏　金铉哲 / 主编

上海教育出版社
SHANGHAI EDUCATIONAL PUBLISHING HOUSE

主　编　邵敬敏　金铉哲

编　委　曹秀玲　陈振宇　冯胜利　郭　锐

李　炜　彭利贞　沈　阳　石定栩

萧国政　徐　杰　汪国胜　张先亮

周　韧　赵春利

主办单位

韩国延世大学中国研究院　孔子学院

协办单位

北京大学

复旦大学

南京大学

暨南大学

华中师范大学

上海师范大学

浙江师范大学

北京语言大学

中山大学

武汉大学

浙江大学

香港理工大学

香港中文大学

澳门大学

目　　录

Contents

Syntax and Sentence Patterns

Pragmatics and Cognition

贺词与贺信

汉语语法研究正在走向世界
——第九届现代汉语语法国际研讨会开幕词

暨南大学　邵敬敏

女士们、先生们、朋友们：

两年前，我们聚会在美丽的西子湖畔。当时金铉哲先生在闭幕式上热情表态：欢迎大家2017年到韩国来相聚！经历了两年的风风雨雨，见证了中韩两国同行共同的艰辛努力，我们终于聚首在10月的首尔。在这金秋十月，在韩国的首都，在著名的延世大学，我们的心情万分激动。我们的现代汉语语法国际研讨会不仅在中国举办，而且一次次地走出国门。不仅去了东方明珠香港和宝岛台湾，而且去过新加坡，现在又到韩国首尔。不仅如此，我们下一届还争取去日本！这就标志着我们的汉语正在走向世界。我把这称为三个"国际化"：汉语的国际化、汉语研究的国际化、汉语应用的国际化。到目前为止，英语是世界性语言，是独一无二的强势语言。那么在21世纪，我们汉语就完全有可能成为第二种世界性语言，就有可能成为另一种强势语言。这不是你喜欢或者不喜欢的问题。这是历史发展的必然，是中国整体实力强盛的表现，也是全世界人民的迫切需求。

报名参加这次研讨会的人数达到200多人，由于各方面的原因，我们只能接受150名代表。参加这次会议的境外学者有30多位。许多老朋友都来了，有日本明海大学的史有为教授、韩国延世大学的许壁教授、中国香港理工大学和广东外语外贸大学的石定栩教授、北京语言大学刚刚卸任校长的崔希亮教授，还有许许多多老朋友，比如萧国政教授、张先亮教授、李炜教授、沈阳教授、张黎教授、任鹰教授、鲁晓琨教授、邢欣教授、陈昌来教授、张谊生教授,等等,恕我无法一一介绍。需要特别说明的是,北京大学陆俭明教授,以及陆丙甫教授、李葆嘉教授等临时因为公务请假。他们对研讨会始终给予极大的支持,我们向他们致以崇高的敬礼。

这次研讨会主办方是延世大学。中国研究院和孔子学院院长金铉哲教授及其团队为这一研讨会付出了大量的心血,我们向金铉哲教授及其团队表示崇高的敬意。合办这届研讨会的还有境内外 14 家大学。他们是:北京大学、复旦大学、南京大学、中山大学、武汉大学、浙江大学、暨南大学、华中师范大学、上海师范大学、浙江师范大学、北京语言大学、香港理工大学、香港中文大学和澳门大学。对这些学校在道义上、经费上的支持,我们也表示衷心的感谢。

延世大学是韩国最有名的私立大学,坐落在韩国首都首尔,位列韩国顶尖大学第二位(第一名是国立首尔大学)。延世大学创建于 1885 年,是韩国历史最为悠久的大学之一。尤其是汉语教学与研究享有盛誉。其元老就是在座的许璧教授,他也是金铉哲教授的老师。我们是在 24 年前,即在 1993 年夏天的北京认识的,那时我还比较年轻,不到 40 岁吧。我见到许璧教授,可以说是惊喜交加。今天许璧教授亲临指导,我们对他为汉语研究和汉语传播所做的贡献给以热烈的掌声!

今天日本、韩国来了不少学者,尤其是韩国学者,表现出极大的热情,他们不仅热爱汉语,而且对汉语都很有研究。我们希望中韩、中日等中外学者能够相互学习,精诚团结,取长补短,共同为汉语语法的教学与研究做出更大的贡献。

我们对未来充满信心和期盼。我们相信:我们的现代汉语语法国际研讨会一定会越办越兴旺。我们的朋友遍天下,我们的汉语语法研究将攀上新的高峰。

谢谢大家!祝各位在韩国期间身体健康!心情快乐!

第九届现代汉语语法国际研讨会闭幕词

浙江师范大学　张先亮

尊敬的各位来宾、同行、朋友们：

第九届现代汉语语法国际研讨会即将落下帷幕，受邵敬敏先生的指派，要我代表组委会致个辞。刚才中国驻韩国参赞讲了三点，那我也学着讲三点，即：特点、原因、感谢。

第一点，会议的特点，用三个关键词概括：国际、活力、学术。

一是“国际”。国际化是我们这个会最显著的特点。18 年前，我们满怀激情，伴随着新世纪的脚步把青年语法研讨会改为现在这个名字，冠名“国际”二字。当时，肯定有许多的憧憬，有许多的祝福，更有许多的期待。期望让汉语语法研究走向国际，让世界更多的同行了解汉语，了解汉语语法学并积极参与研究，同时也让我们通过这个会结识更多的海内外同行朋友。我非常钦佩组织者的理念和脚踏实地的行动。现在回过头来看，这国际化是分三步走的：第一步是请国外同行来国内参加学术会；第二步是走出境外，分别在中国香港和台湾举行；第三步是在总结前面经验的基础上最终跨出国门，第七届在新加坡，这次在韩国，下届在日本。我们还有更高的期望，即冲出亚洲，走向世界。

二是“活力”。这个会的前身是“青年语法研讨会”，现在虽然名称改变了，但研讨会一直保持着她的“青年”印记。研讨会还继续着她的那份让许多和她一起成长的曾经的青年引以为荣的“青年”印记，变化的是这个“青年”已经有了新的内涵：研讨会不仅仅一如既往地“青年着”——还是有着大量的青年语法学者，继续着紧跟当代语言前沿的“青年”学术愿景,保存着开放思辨的“青年”会场风气……,更重要的是“为青年的”——为青年学者呈现理论和交流的盛宴典范,为青年学者提供展现的自由舞台,为青年学者校正学术的方向和内容……对青年学者而言,最最实在的一句话是,“会议继续设立青年学者资助名额”。资助虽然不多,但这是一种态度,表明这个研讨会是扶助青年的,诸位功成名就的“前青年”能够理解和褒扬青年的努力和向往;同时也是一种情怀和历史使命感,表明这个研讨会是把汉语语法事业看作是有生命的整体,承继、发展、传递,再承继、再发展、再传递,生生不息,薪火相传。也因为如此,才使我们的研讨会一直朝气蓬勃、充满活力。

三是“学术”。学术是会议的生命,体现在论文的数量和质量上以及会议的学术含量上。从每次会议一年后出版的论文集来看,基本上都发表在专业核心期刊上,甚至有不少发表在顶级、权威杂志上的文章。本届研讨会又是一次学术含量很高的会议,从200多篇论文中,经过专家盲审,最后确定126篇论文在本次会议上报告,特别是年轻的学者,无论是研究方法、研究内容还是论文的材料和观点,都达到了相当的水平。从会议情况来看,完全符合“生态文明”的要求:语言朴实,没有“假大空”现象;会场气氛活跃、和谐;老中青结合,国际交融,其乐融融。

第二点:原因。一个学术会议同时具备以上三个特点是不多见的,究其原因,可以归结为两个字——创新。具体而言主要有:

一是体制机制的创新。一改过去学术讨论会都成立学会的做法,避免了人事纠纷及体制内各种报表检查的麻烦;体制机制的创新还表现在学术激励机制的创新:学术是讨论会的生命,论文质量是保证。所有论文都要经过专家审核,且一篇论文只能有一人参加;对青年教师或研究生的奖励机制,调动了年轻人的积极性,使每次研讨会都充满朝气。

二是运作模式的创新。首先是经费运作模式的创新,有效解决了办会的经费问题。其次是办会地点的创新:走向境外,走出国门。每次由学术顶级、环境优美的大学承办。既不违反“八项规定”——不能到旅游景区开会的规定,又能享受超越景区的待遇,不是景区却胜似景区。比如延世大学,在韩国高校排名第二,校园大气、错落有致、美景如画,完全可以评上“五A+”景区。

第三点：感谢。研讨会之所以有今天的成就，是凝聚了许多人的心血的，我们要记住他们，感谢他们，这要成为我们研讨会的一种文化。

首先要感谢几代知名学者的关心、支持，他们是：

吕叔湘、朱德熙、陆俭明、邢福义、江蓝生、沈家煊。

其次要感谢主办单位及参会的铁杆粉丝们，没有你们的参与，会议就缺乏生命力。

我们还要感谢本次承办单位延世大学及金铉哲教授的团队，这次会议之所以如此圆满成功，凝聚了你们的心血。

最后，要特别感谢“新世纪现代汉语语法国际研讨会”总策划师邵敬敏教授及以他为中心的会议召集和筹备组织团队。

现在我宣布：第九届现代汉语语法国际研讨会圆满成功，快乐地闭幕！

谢谢大家！

韩国汉语语法史的回顾与展望

韩国延世大学　金铉哲

0　引言

本文以考察韩国汉语语法史的过去和现在，预测其未来将向着什么方向发展为研究目的。

自1393年朝鲜时代司译院初次将汉语作为外语进行教育以来，到现在为止，韩国的汉语教育一直保持着令人瞩目的发展和悠久的历史。鉴于此，本文通过分析朝鲜时代的汉学书及译学资料和1960年以后的汉语语法资料的状况，试图考察未来在韩国汉语语法史的编撰方面，如何更好地进行规划。

0.1　韩国的译学(汉学)教育起步最早，成果最丰，独树一帜

学界公认，外国文化与汉文化的交流，其历史之悠久，关系之密切，在国际上当首推韩国。国际上对汉文化的建设，除中国之外，贡献最大者，亦当首推韩国。同样，论汉学教育，其成果之丰硕，特色之鲜明，在国际上亦理当首推韩国。

历史上，国外的汉语教育中，亚洲的汉语教育比欧洲要早一千多年。亚洲国家中，韩国的汉语教育历史最悠久，成果最丰富，特色最鲜明，可谓举世无双。尤其是朝鲜时代(1392—1910)以汉语教育为中心的译学教育，成就斐然，令人瞩目。日本的汉语教育长期以来是以文言典籍为中心的汉学教育，17世纪才开始白话文汉语教育。欧洲的汉语教育始于18—19世纪，但本质上也是以培养汉学家为目标的汉学教育，其特点是“厚古薄今”，重古代汉语，轻现代汉语，重阅读，轻听说。

0.2　韩国汉语教育史概观

中国的史书《新唐书》记载了如下内容：

留学制度："十三年(639)，东宫置崇文馆。自天下初定，增筑学舍至千二百区……四夷若高丽、百济、新罗、高昌、吐蕃，相继遣子弟入学，遂至八千余人。"(《新唐书》)

据统计，9世纪至10世纪中叶，朝鲜人在中国科举考试及第者约90人。韩国最早的国家汉语教育机构"史台"(掌习诸译语)设立于后三国时期泰封国(901—918)。"通文馆"设立于高丽忠烈王二年(1276)，令禁内学官等参处，年未四十者学汉语。

1. 朝鲜时代汉学书及译学资料

朝鲜时代汉学书及译学资料在以下机关的开始，可以称为官方教育的起步。

1.1 司译院/承文院-汉学资料，译学资料

在"司译院/承文院"刊发的汉学资料和译学资料，有如下六类。

1) 经书：《时经》《书经》《四书》等

2) 史书：《少微通鉴》《前后汉》《古今通略》等

3) 吏文：《吏学指南》《大元通制》《至正条格》等

4) 会话书：《直解小学》《老乞大》《朴通事》《五伦全备》《华音启蒙》等

5) 词汇集：《老朴集览》《译语类解》《译语类解补》《译语指南》《语录解》《方言类释(方言集释)》《古今释林》《华语类抄》《汉语抄》《日用汉语翻译抄》《国汉会语》等

6) 韵书：《广韵》《礼部韵略》《龙龛手镜》《三韵通考》《东国略韵》《洪武正韵译训》《四声通考》《四声通解》等

1.2 会话书类的分类

除此之外也刊发了会话书类的书籍，具体如下。

1) 直解类

直解类书籍是用口语体汉语解释经典，有如下四本。

(1)《直解小学》：以元代汉语进行解释，中国人偰长寿编纂。

(2)《成济孝经》：又叫《直解孝经》，以元代汉语进行解释，元代末期贯云石编纂。

(3)《鲁齐大学》：又叫《大学直解》，宋末元初的儒学者许衡编纂，以元代汉语进行解释。

(4)《训世评话》：朝鲜初汉学者李边编纂，文言文劝善阴骘书中有价值劝诫的65个，用口语汉语进行翻译。

2) 会话书类

以会话为中心的书籍，有如下书籍发刊。

(1)《老乞大》及其谚解本。

① 元代汉语本：《旧本老乞大》(1352—1367)

② 明代汉语本：《老乞大一》(壬乱以前)，《老乞大二》(壬乱以后)，《翻译老乞大》(1517，崔世珍)，《老乞大谚解一》(1670)，《老乞大谚解二》(1745)

③ 清代汉语本：《老乞大新释》(1761，金昌祚、边宪等)，《老乞大新释谚解》(1763，边宪等)，《重刊老乞大》(1795，李洙、张濂等)，《重刊老乞大谚解》(1795，李洙等)

(2)《朴通事》及谚解本。

① 明代汉语本：《翻译朴通事》(1517，崔世珍)，《朴通事谚解》(1677，边暹、朴世华等)

② 清代汉语本：《朴通事新释》(1765，金昌祚等)，《朴通事新释谚解》(1765，金昌祚等)

(3)《五伦全备》及谚解本。

《五伦全备》是明代丘濬所著的书籍，剧本式，代表着15世纪明代汉语。有如下谚解本出刊：

《五伦全备谚解》8卷5册(1709，司译院金昌集编撰；1721，刘克慎等刊行)

(4)《华音启蒙》。

此书是朝鲜高宗(1883)时期译官李应宪以清代北京语编撰的汉语教科书。

1.3 词汇集类

以词汇集出版的有很多，具有代表性的，有如下书籍。

1)《老朴集览》

这本书是崔世珍编纂《翻译老乞大・朴通事》时，将难以理解的汉字、词、短语收集后对其进行解释的词汇集(构成：凡例，单字解，累字解，老乞大集览(上下),朴通事集览(上中下))。

2)《译语类解》《译语类解补》

《译语类解》是肃宗年间司译院的慎以行、金敬俊、金指南等汉学译官编纂的汉语词汇集。上卷收录 43 部分 2 619 个词汇,下卷收录 19 部分 2 066 个词汇。

《译语类解补》是《译语类解》的著者之一金指南的孙子金弘喆编撰的,补充了约 1 150 个新词汇。

3)《译语指南》

失传,现仅存序文和记录,成宗 9 年(1478)刊行,61 部分,《译语类解》的前身。

4)《语录解四种》

郑瀁本,南二星本,注解语录总览,小说语录解。

5)《方言类释(方言集释)》

正祖 2 年(1778),4 卷 2 册抄本,汉语、韩国语、满洲语、蒙古语、日本语对译词汇集。

6)《古今释林》

1789 年,李义凤“增注语录解”,由其儿子完成。大概有 2 万多个词汇。

7)《华语类抄》

1883 年,1 卷 1 册,活字本及木版本,汉语、韩国语对译词汇集,收录活字本 2 222 个,木版本 2 287 个,一共 63 个义项。

8)《汉语抄》

出版年度、作者不详,天、地、人 3 册,总 36 个部,各部 289 个类,一共 15 075 字。

9)《日用汉语翻译抄》

1500 年,李昌臣编撰的书。

10)《国汉会语》

此书只提到是 1895 年刊发的,作者不详。

1.4 韵书类

当时出版的韵书有很多,列举如下。

1)《广韵》《礼部韵略》《龙龛手镜》都是中国韵书，复刊后使用。

2)《三韵通考》是1300年左右高丽人编纂的韵书。

3)《东国略韵》是朝鲜时代编纂的韵书。

4)《洪武正韵译训》是1455年申叔舟等人编撰，训民正音创制后以韩文注音，以洪武正韵的标准音为正音，以中国实际通用音为俗音。

5)《四声通考》是1517年申叔舟等人编撰，以韩文注音。

6)《四声通解》是1517年崔世珍编撰，以15世纪北方音标记俗音，以16世纪北京音标记今俗音。

2. 1960年代以后汉语语法资料

至此为止，本文考察了朝鲜时代刊发的与汉语语法史有关的书籍，现在将对怎样调查最近50年间在韩国出版的与汉语语法有关的资料和怎样看待调查结果的进行分析。

2.1 调查方法

下表是使用大韩民国国立中央图书馆(http://www.nl.go.kr/nl/index.jsp)检索网站，将“汉语文法教学”“汉语语法教学”“汉语语法”“汉语文法”“汉语教学”设定为关键词，分别进行调查和统计的结果。

<table>
<tr><th>关键词</th><th>区分</th><th>小计</th><th>合计</th><th>排除重复数据后</th></tr>
<tr><td rowspan="3">汉语文法教学</td><td>单行本</td><td>20</td><td rowspan="3">76</td><td rowspan="3">61</td></tr>
<tr><td>连续资料</td><td>50</td></tr>
<tr><td>国家资料综合目录</td><td>6</td></tr>
<tr><td rowspan="3">汉语语法教学</td><td>单行本</td><td>10</td><td rowspan="3">17</td><td rowspan="3">15</td></tr>
<tr><td>连续资料</td><td>7</td></tr>
<tr><td>国家资料综合目录</td><td>0</td></tr>
<tr><td rowspan="3">汉语语法</td><td>单行本</td><td>121</td><td rowspan="3">324</td><td rowspan="3">192</td></tr>
<tr><td>连续资料</td><td>67</td></tr>
<tr><td>国家资料综合目录</td><td>136</td></tr>
</table>

（续表）

关键词	区分	小计	合计	排除重复数据后
汉语文法	单行本	228	736	557
	连续资料	148		
	国家资料综合目录	360		
汉语教学	单行本	584	1647	1180
	连续资料	617		
	国家资料综合目录	446		

此处提到的单行本是指学位论文、一般图书和电子书，连续资料是指电子期刊和学术文章。还有国家资料综合目录（KOLIS-NET）是指大韩民国国立中央图书馆所藏资料统合DB。

2.2 检索方法

检索方法是使用韩国研究财团韩国研究者信息（https：//www.kri.go.kr/kri2）网站，首先检索姓名，然后是专业研究领域，最后是研究领域名。检索结果如下表所示。（表格中的数字为篇数）

人文学	中国语及文学	中国语学	词汇学/46
			语义学/44
			句法学/118
			应用语言学/77
			其他中国语学/106
		中文学	汉语教学/107

句法学	语义学	词汇学	汉语教学	应用语言	其他中国语	合计
118	44	46	107	77	106	498

2.3 研究文件调查方法(4个网站比较)

通过以上检索方法，将检索出的研究文件在以下4个学术情报DB

网站上,分别进行了提取:

韩国研究财团韩国研究者信息(https://www.kri.go.kr/kri2)

学术论文知识服务(DBpia,http://www.dbpia.co.kr)

韩国学术信息(KISS,http://kiss.kstudy.com)

学术研究信息服务(RISS,http://www.riss.kr)

3. 韩国汉语语法史的设计及方案(借鉴意义和启示)

至此为止,本文概括性地考察了在韩国刊发的与汉语语法史相关的资料。这些材料有直接沿袭中国书籍的,有针对韩国实际情况再编的,同时也有与韩国语相关特别编辑的。下面将从以下三点结论,探讨如何对未来刊发的韩国汉语语法史设定撰写标准和提供新的方案。

第一,应该以"温故知新"的精神撰写。应该正确考察以前的资料,分析其有哪些优点,熟悉以前的并了解新的。以过去的传统和历史为基础,在掌握新的知识之后进行撰写,才可以正确地记述韩国汉语语法史。

第二,需要以"以质胜量"的精神为基础进行记述。漫长的历史长河中,虽然有数不胜数的著作刊发,但是应该以这其中韩国汉语语法史值得自豪的质量高的著作为中心,来进行记述和评价。

第三,韩国的韩国汉语语法史是韩国人撰述的,需要"本土化、个别化、国别化"。换句话说,即需要在"人物特色"与"理论流派",以及"本体研究"与"应用研究"等方面,进行特色鲜明的记述。

参考文献

金铉哲 2004 关于韩国的汉语教育情况,《中国语文学论集》第26期。

金铉哲 2005 汉语语法教育现况昨天和今天,《文法教育》第2期。

金铉哲、张谱等 2008a 关于韩国的汉语教学情况,《数字化汉语教学进展与深化》,北京:清华大学出版社。

金铉哲 2008b 关于韩国的汉语教学现状与发展,《中国语文学论集》第53期。

李天洙 2004 韩国大学汉语教学状况分析,《安庆师范学院学报(社会科学版)》第23期。

林东锡 1989 有关朝鲜时代外国语教学一考,《学术志》第 33 期。

林东锡 2003 韩国之韩字教育及中国语(汉语)教育,《现代中国》第 1 期。

刘士勤 1999 韩国大学汉语教育一瞥,《当代韩国》春季号。

孟柱亿 1997 韩国汉语教学的特点和问题——兼说汉字对韩国学生的正负迁移,《第五届国际汉语教学讨论会论文选》,北京:北京大学出版社。

孟柱亿 1998 韩国汉语教学的历史和现状,《海上论丛(2)》,上海:复旦大学出版社。

孟柱亿 1999a 有韩国特色的汉语教学的构想,《汉字与汉字教学研究论文选》,北京:北京大学出版社。

孟柱亿 1999b 有韩国特色的汉语教学的构想,《汉字与汉字教学研究论文选》,北京:北京大学出版社。

权锡焕 2002 韩国的中国语文学教育·研究的自体评价与展望,《中国文学研究》第 25 期。

宋珉映 2002 对韩国大学的中国语教育课程之考察,《人文论丛》第 6 期。

延世中国语学研究中心 2004 《中国语学의主题探究》,SEOUL:韩国文化社。

韩国学术信息 KISS:http://kiss.kstudy.com

韩国研究财团韩国研究者信息:https://www.kri.go.kr/kri2

韩国中国言语学会:http://kchinese.org

学术论文知识服务 DBpia:http://www.dbpia.co.kr

学术研究信息服务 RISS:http://www.riss.kr

中国语文学研究会:http://www.srcll.com

〈附录〉

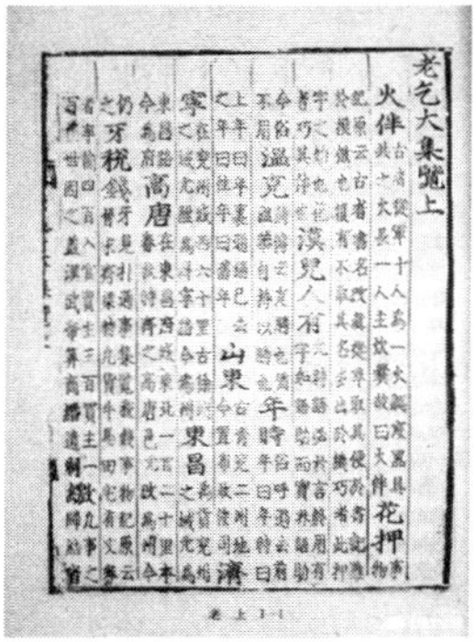

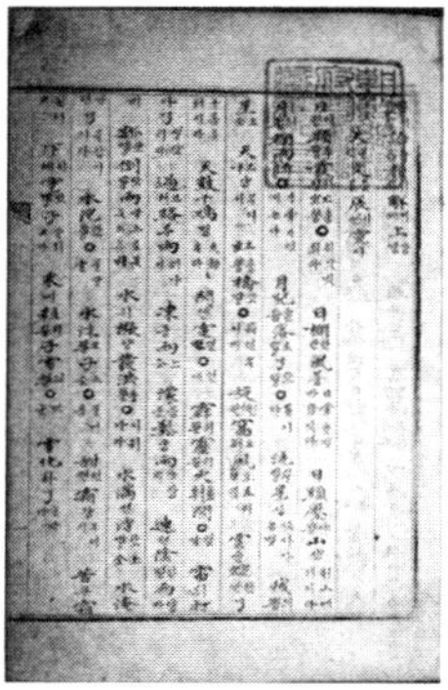

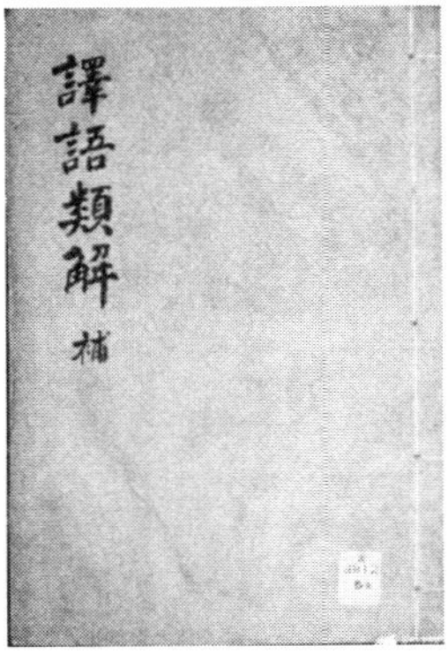
譯語類解
補

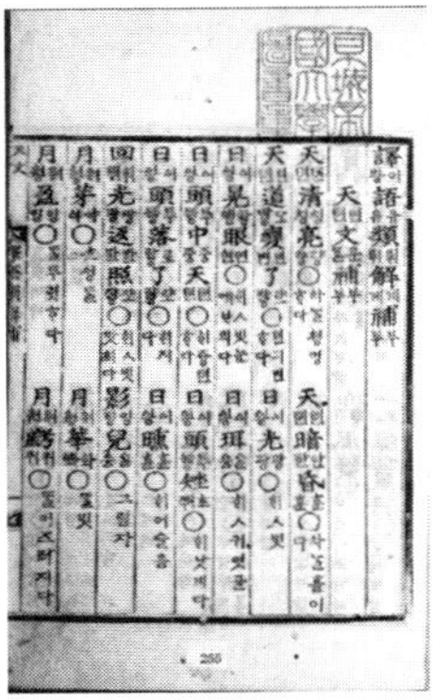
譯語類解補
天文補

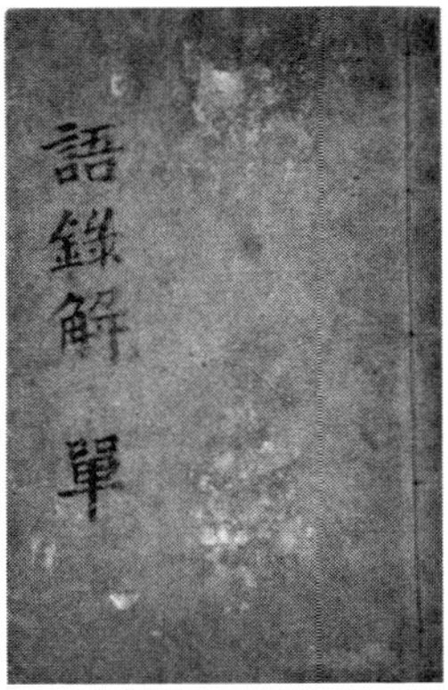
語錄解
單

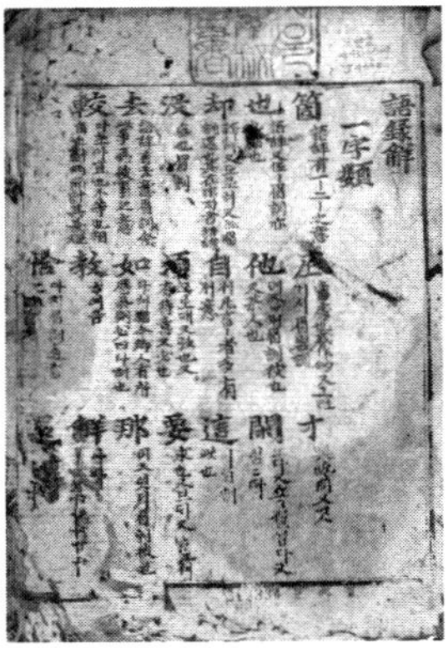
語錄解
一字類

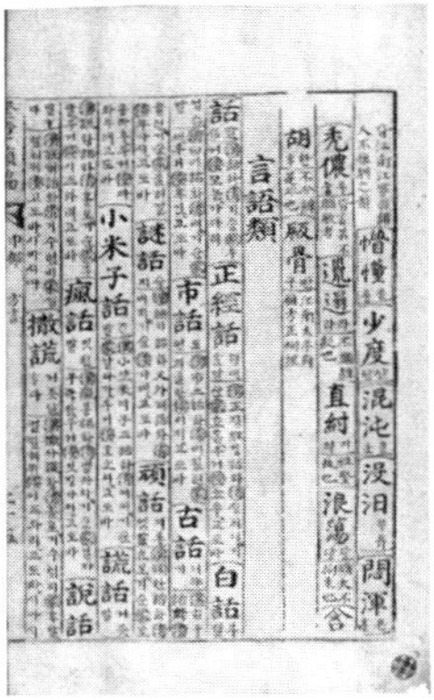
言語類

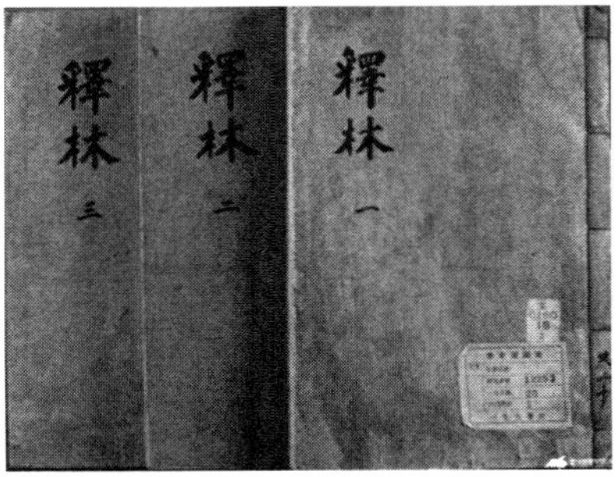
釋林 三
釋林 二
釋林 一

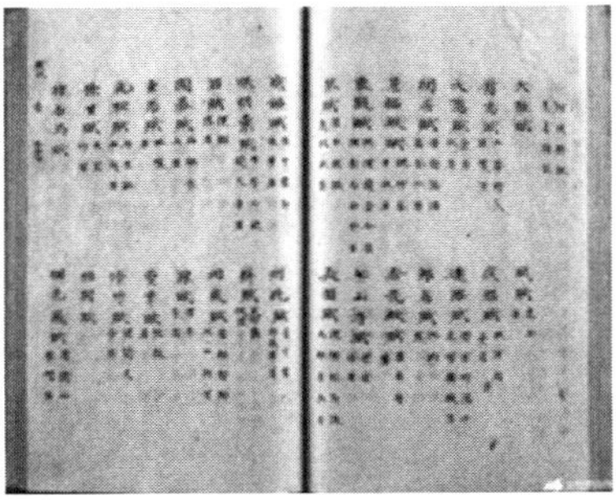

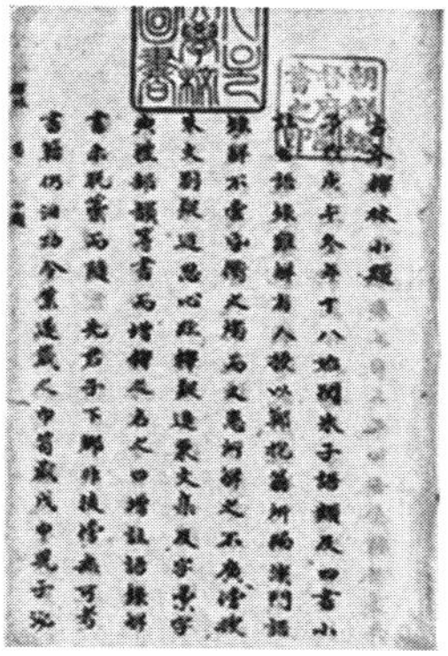

華語類抄

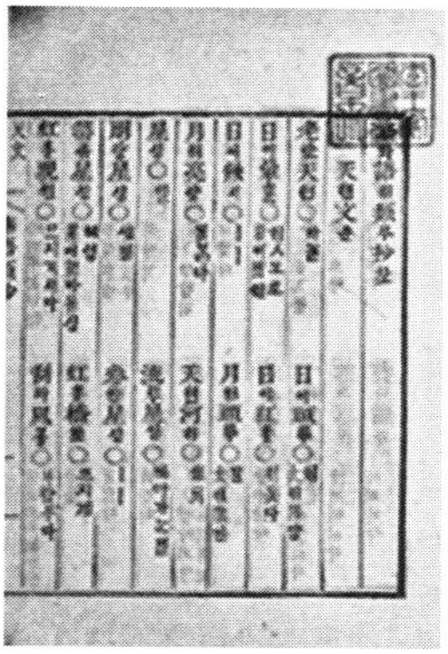

國漢會話
乾

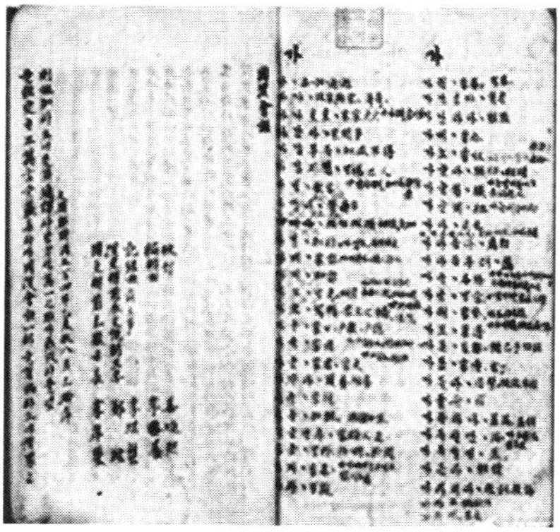

虚词研究

关于汉语虚词研究的几点新思考*

暨南大学　邵敬敏

1. 重新审视虚词在汉语语法中的定位和作用

虚词在汉语整个语法体系中具有极为重要的作用，长期以来在中国语言学界应该是个主流观点，然而其重要性到底是什么，似乎没有一个准确的说法。到了 1985 年，朱德熙先生在《语法答问》一书中，就对"汉语的虚词特别重要"这一论断提出了质疑和挑战。他认为这不能算作汉语语法的特点，接着他推出了自己发现的两个主要特点：一是汉语词类跟句法成分之间不存在简单的一一对应关系；二是汉语句子的构造结构跟词组的构造原则基本上是一致的。

我们不能不佩服朱先生独到而敏锐的眼光，他提出的这两个特点确实让我们耳目一新，发人深省，我们由衷地赞同，并且已经写入我们编写的教材《现代汉语通论》(上海教育出版社 2001，2007，2016)。但是，朱先生否认虚词是汉语的主要特点之一，随着我们对虚词研究的逐步深入，慢慢发现这一结论可能是个误解，必须表示质疑并且进行争辩。当然这也说明，我们学界对虚词在汉语中的定位和作用还缺乏足够的深刻的认识，以至于至今也没有看到理直气壮的反批评意见。

(一) 朱先生否认虚词在汉语里的重要性，理由是"印欧语里该用虚词的地方不能不用"，而汉语的"虚词倒是常常可以省略，特别是在口语

* 本文得到中国国家社科基金重大课题"境外汉语语法学史及数据库建设"(16ZDA209)以及国家社科基金项目"汉语虚词词典编撰的方法论探讨及其实践"(12BYY101)资助。曾在"第八届现代汉语虚词研究与对外汉语教学国际研讨会"(2018 年 7 月，泉州)大会上宣读，会后根据多位朋友的意见进行了修订。

里”。他举的例子实际上仅限于复句中流水句的连词,这实际上就是只见树木不见森林了。口语里连词的省略确实常见,但是因此而否定绝大多数汉语虚词的不可或缺性以及不可替代性,这显然是不妥的。而且事实上,汉语虚词还有其他语言虚词没有的特点,这主要表现在四个方面:

一是虚词数量特别多。在典型实词与典型虚词之间,存在一个中间过渡地带,特点是封闭可数,而且往往定位,有些偏实,有些偏虚,在词汇意义之外,还表示种种语法意义。例如:

(1) 站起来;坐起来(真的起来了)

(2) 爬起来;跳起来(可能起来了,也可能表示动作开始)

(3) 开始说起来;开始写起来(只表示动作开始)

(4) 热起来了;胖起来了(不仅表示开始,还表示程度增加)

(5) 说起来还是老乡;写起来不太顺手(不仅表示开始,还表示尝试义)

二是虚词使用频率非常高,尤其是一些重点虚词,是句法结构组成的不可或缺的成分。如:

(6) 修理机器/修理的机器(不能缺省“的”)

(7) 外面下着雨/外面下过雨(“着”和“过”分别表示进行时与过去时)

三是虚词所蕴含的语法意义极为精细、丰富、有趣。试比较以下例句里的语气词:

(8) 你明天去哦!(提醒、催促,口气温和)

(9) 你明天去呗!(建议,无所谓,有点随便)

(10) 你明天去吧!(应允,提醒)

四是最为重要的是,形态变化在汉语里不仅少,而且并不起主导作用,多数语法意义主要依赖于虚词来承担。换言之,汉语的语法意义主要是词语附加型的,而不是词语变化型的。

这几个特点,特别是最后一点显然是印欧语的虚词所不具备的。

(二) 汉语的虚词研究,在中国语言研究历史上是享有盛名的。我们中国学者首先提出实词(实字)与虚词(虚字/助字/语助)的区别,正是因为前人早就深刻认识到汉语虚词的重要性。显然,仅仅只有实词,往往无法组合成合法的适宜的句子。

汉语虚词研究的历史源远流长，南北朝的刘勰在《文心雕龙》中就把“语助”分为三类：“一发端之首唱，即发语词；二劄句之旧体，即句中的常用介词、连词；三送末之常科，即句尾的语气助词。”这种结合句法给虚字分类的方法是相当高明的。唐朝柳宗元的《复杜温夫书》（《柳河东集》）把“助字”分为“疑辞”和“决辞”两类，也颇有创见；南宋陈骙的《文则》列举了“或法”“者法”“之谓法”“谓之法”“之法”“可法”“可以法”“为法”等四十五种虚字的用法，这是第一本对虚字作比较具体分类描写的专著。元代的卢以纬《语助》对虚字也进行了集中的比较、归纳、整理，开创了虚字专论的新风。

清代对虚字的研究更是硕果累累，形成传统小学的鼎盛时期。其中成就最高，影响最大，最有代表性的虚字专著是袁仁林《虚字说》、刘淇《助字辨略》以及王引之《经传释词》三种。尤其是袁氏更是有独到见解，他认为：“构文之道，不过实字虚字两端，实字其体骨，而虚字其性情也。”换言之，实词主要承载句子的主体结构及词汇意义，虚字则主要显示其内在的语法意义。

（三）有些人一直顽固地认为汉语只有修辞，没有语法。这从本质上讲，是以印欧语作为模板来看待汉语，他们认为，汉语没有严格意义的形态变化，所以推导出一个极为荒谬的结论：汉语没有语法。当然，我们确实没有那种以形态变化为标记的语法，但是问题在于：语法并不简单地等同于形态变化。汉语当然有语法，但是它并不依赖于形态变化，而主要使用虚词、语序、构式、重叠等其他语法手段，尤其是虚词特别重要。我们认为：形态和虚词，两者异曲同工，殊途同归，在不同语言里分别是语法意义的主要承担者。

汉语的语法意义，主要由虚词及句子结构两者来承担的。我们可以分别称之为“虚词意义”和“结构意义”。因此，虚词在汉语语法体系里担负着极为重要的角色，对此我们必须重新认识和评估，任何低估汉语虚词作用的看法都是致命的。

（四）汉语语法学，主流观点认为是从 1898 年《马氏文通》问世开始的。那么，为什么汉语既然有语法，但语法学却诞生如此之晚？难道汉语真的不需要语法？或者像某些人所说的汉语根本就没有语法？这一难题困惑了我们很久很久，一直找不出合理的解释。现在，根据以上分析，我们发现，原来汉语的语法意义主要是由虚词来承载的，虚词的作用在汉语中极为重要，其作用相当于印欧语里的形态变化。古人的研究往往拘泥于汉字，认为汉字是形、音、义的综合体，这也就是为什么中国长期以来音韵学、文字学、训诂学如此兴旺发达的原因，换言之，我们的老祖宗把虚词纳入了训诂学的范畴，同时也在一定程度上忽略了句法结构的特点和意义，这不能不说是严重的失误，但是从另一角度恰恰也证明了虚词对汉语的重要性。

一个句子的表述，几乎都由客观事实和主观认识两方面的因素构成。客观事实是第一位的，主观认识是建立在客观事实上面的，而语法意义，主要就是表现说话人的主观认识，特别是情态(内在的感情和对外的态度)。因此众多虚词的存在就能够极大地丰富语法意义的表达，这也是高度发达语言的一种必然具有的属性。因此，我们必须重新审视汉语虚词的定位和作用。由于印欧语的形态变化相对比较简明，客观性比较突出；而汉语的虚词丰富多彩，主观性更加鲜明、细腻、多彩。从而形成了两类语言不同的趋势：一个是客观性强势语言(主观性弱势)，一个是主观性强势语言(客观性弱势)。汉语的特点决定了其应该属于后者的类型。

2. “广义虚词”说及其理论意义

如何区分实词和虚词，历来争议颇大，判定的标准也是众说纷纭。目前主流看法是采用结构主义的观点：凡是能够充当六大句子成分(主、谓、宾、定、状、补)的是实词，反之，不能充当句子成分的则为虚词。这一标准的好处是比较严格而且容易执行，但是问题也是显而易见的：

第一，作为语法意义重要载体的副词被开除出虚词了，而副词主要承载的就是语法意义，如果不看作虚词，那所谓的虚词仅只剩下介词、连词、助词和语气词，不仅数量太少，也无视汉语的特点，不符合汉语研究的历史传统，实际上也放弃了对语法意义的深入探讨。

第二，虚化的趋向动词、虚化的方位词，乃至起特殊作用的助动词、代词、量词等一些非常重要的封闭类词，似乎既非实词也非虚词，或者说既有实词的要素，也有虚词的特点，让人左右为难。还有一些新兴的跨层结构、话语标记等，例如“的话”“非……不可”“看样子”等，不仅虚实难辨，甚至连是词还是非词都难以定论。

第三，这种只按照单一形式标准区分出来的虚词实词，在语法研究和句法分析时，几乎没有太大作用，似乎是为分而分，仅仅贴上一个标签，并无实质性的作用。

近年来有关虚词的界定大体上有三类：

一以胡裕树为代表，坚决执行形式标准，即不能单独充当句法成分的是虚词。标准比较严格（连词、介词、助词、语气词、叹词、象声词）（1995）。

二是黄伯荣、廖序东，除了“不能单独成句，不能单独作句法成分”之外，还指出“依附于实词或语句，表示语法意义”“不能重叠”。标准相对宽松（2002）。

三以钱乃荣为代表，凡是封闭类的词都叫做虚词。除了“不能充当句子成分”之外，“一般是粘着的，是定位的，语义信息量小，发音往往比较含混，或读轻声”。虚词范围最宽（包括能愿词、趋向词、唯补词、量词、副词、代词、介词、连词、助词、叹词）（2001）。

近年来，汉语词类“三分”的新主张开始抬头了。具体处理意见大致有三种：

（1）实词、准虚词、虚词；

（2）实词、半实半虚词、虚词；

（3）主体词、辅助词、功能词。

目前看来，虚实二分尽管一时还难以完全破局，但是已经开始松动，发展趋势很可能是一下三分，或者二二切分（实词/虚词[典型虚词/准虚词]），甚至于四分（虚词/准虚词/准实词/实词）。这一思路就催生了“广义虚词”新概念的问世。

我们觉得在典型实词（主体词：名词、动词、形容词，包括区别词）与典型虚词（介词、连词、助词、语气词）之间，实际上存在着一个中间过渡地带，这是一个连续统，即从最实到最虚。

以实在性相比较，典型实词依次排列可能是：名词＞动词＞形容词。

以虚灵性相比较，典型虚词依次排列可能是：介词＞连词＞助词＞

语气词。

至于中间状态的词语,其共同特点是:

(1) 可充当句法成分,尤其是主谓宾以外的次要句法成分;

(2) 内部成员是可数的、封闭的;

(3) 句法位置相对固定。

而且更为关键的是它们既有一定的词汇意义,往往还表现出一定的语法意义。当然其中有些偏向于实词一些,有些偏向于虚词一些,因此也许可以分为两类:(1)准实词;(2)准虚词。

至于具体这些封闭类词如何归类,则还需要深入探讨。这些都可以称之为"广义虚词",这就为虚词研究提供了一个新的范围,也为国际汉语教学打开了一个新思路,因为这些正是国际汉语教学中的重点、亮点和难点。如果说印欧语的形态变化是其语法表现的主要手段,虚词只是其辅助手段,那么广义虚词就是显示汉语语法意义的最重要的载体,形态变化只是其语法表现的辅助手段。

3. 虚词研究理论与方法的创新

现代汉语语法研究一直走在汉语研究各个分支领域的最前头,关键是它的研究理论与方法不断在更新,在变化。一方面注意吸取海外最新的理论与方法;另一方面也特别注重从汉语事实出发,挖掘出具有中国特色的研究理论和方法,显示出中国学者的独立性和创造性。

进入 21 世纪,汉语虚词研究的步伐像高铁一样,显然提速了。无论研究的广度、深度,还是力度、锐度都有了长足的进步。

北京主要是以语言研究所和北京大学两个团队的虚词研究为主,代表了 20 世纪八九十年代的最高研究水平。特别是陆俭明与马真两位先生几十年如一日专心于虚词的研究,带动了整个虚词的研究向纵深发展。此外,吕叔湘主编的《现代汉语八百词》因其释义的准确到位也产生极大的影响。

新旧世纪的交接点上,上海形成了以张斌与范开泰、齐沪扬牵头的上海师范大学虚词研究团队,出版了《现代汉语虚词研究丛书》(安徽教育出版社 2003),其中尤以张谊生的副词研究独步天下。

21世纪以来，广州则开始形成以暨南大学为主的研究团队，围绕着编写《汉语虚词框架词典》，发表数十篇论文，致力于为虚词释义建立不同角度的“框架”（语言条件），在广义虚词研究方面有所建树，并在理论与方法上做了大胆的探讨。

显然，目前已经形成了北京、上海和广州三个汉语虚词研究中心，他们的经验是：既要有自己的带头人，也要有自己的研究团队；既要有自己的拳头产品，也要有理论方法的突破；既要有深入的个案研究，也要有各种类别的深入研究与比较研究、词典编撰等多方面的突破，这样才能花开满园，硕果累累。

我们认为，在汉语虚词研究方面还有许许多多的工作需要做。在理论和方法上也有许多可以总结和进一步发掘的地方：

（一）虚词的多角度的比较研究

“比较”是语法研究最基本的方法之一，特别是在虚词研究方面，比较的应用可以说达到了出神入化的地步。马真最新的研究成果《现代汉语虚词研究方法论》（修订本，商务印书馆2016）提出了“多角度的比较”，包括以下十个方面：1. 句类；2. 词类；3. 音节；4. 轻重音；5. 肯定与否定；6. 简单与复杂；7. 位置；8. 跟其他词语的配搭；9. 语义指向；10. 社会心理。其中不少是经验之谈，很有哲理性。比如：语义和用法并重；不要把格式义误认为是虚词义；注意虚词对句类的选择；关注单双音节、轻音重音、肯定否定等要素对虚词义的影响和制约，等等。显然，比较是个非常有效的方法，并且还有许多值得探讨的余地。

（二）虚词的语法化与词汇化研究

虚词研究不仅仅是当时当地的单维研究，还涉及历时和地域的立体三维研究。尤其是历史的演变，包括语法化和词汇化，以及方言的虚词研究及其比较。这是把现代汉语语法跟汉语史，尤其是跟近代汉语，以及汉语方言语法的研究结合起来了，体现了历史纵轴与地域横轴的互动，显然，这是一个新的亮点。这样，一头是由当代或现代向上追溯，一头则由古代特别是近代向下延伸。两方面的合流，形成了虚词语法化研究的热潮，从而引起了包括汉语史学者和汉语方言语法研究学者广泛的兴趣和关注。在这方面，江蓝生、吴福祥、李宗江等做出了出色成绩。这方面的突破就是要跟方言虚词研究的多角度结合。

(三)虚词的主观性与主观化研究

所谓“主观性”就是指当说话者用语言表达自己内心的或对外界的看法时,在客观性基础上凸显自己的主观意图和情感。包括:主体特定的视角、客体特别的背景、主体对客体特殊的情感。共时平面的主观化,通常是通过语音、词语、句法这三条常规途径。当然,对汉语来说,词语途径大概是最主要的。显然,虚词是彰显主观性的极为重要的手段。从主观性和主观化的新角度的切入,这就为虚词研究打开了一扇新的窗口,人们将更多关注语义,尤其是情态对虚词选择的制约。

(四)虚词应用性研究的强化

1. 虚词新词典问世及其亮点

虚词,尤其是常用虚词,义项细腻隐蔽,用法复杂多变,无论对本国人还是外国人,都是学习和运用的重点和难点。因此,编撰虚词词典成为一项艰巨而重要的任务。近年来主要出版了张斌《现代汉语虚词词典》(商务印书馆 2001)、朱景松《现代汉语虚词词典》(语文出版社 2007)等,都取得了不俗的成绩。这方面的研究还有几个特点:

(1)关注新型虚词,最有影响的当推李宗江的有关研究,他和王慧兰合著的《汉语新虚词》(上海教育出版社 2011)颇有影响,当然其中涉及的词语是否都是虚词,还是可以讨论的,但是他敏锐的视角,为我们打开了一扇新的窗口。

(2)采用新的角度或工具,例如刘云《汉语虚词知识库的建设》(华中师范大学出版社 2009)、王欣《蒙太古语法与现代汉语虚词研究:以“的”为例》(北京语言大学出版社 2012)、任海波《基于语料库的现代汉语近义虚词对比研究》(学林出版社 2013)、张旺熹《现代汉语虚词的认知与功能研究》(中国书籍出版社 2015)等。

(3)国际汉语教学与虚词研究

虚词的应用性研究,密切结合对外汉语教学、国际汉语教学以及华文教学的需求。这主要表现在两个方面:

一是举办虚词研究与对外汉语及教学研讨会。在有关的语法研讨会上,有许多结合汉语教学的虚词研究,特别是历年举办的世界汉语教学研讨会上，有关各类虚词研究的论文层出不穷，多有新见。上海师范大学对外汉语学院自 2003 年起每两年连续举办“现代汉语虚词研究与对外汉语教学研讨会”，上海师范大学文学院从 2011 年起还连续举办了四次“汉语副词研讨会”，这些都产生了重要的影响。

二是出版了一批有关专著或教材，其中，周小兵、彭小川、李晓琪的有关研究，由于来自教学实践，作者对虚词本身又有独到的研究，所以颇受欢迎，影响广泛。这些研究密切结合汉语教学中的问题，针对外国人或汉语非母语的学生学习中的难点，有的放矢，针对性强，实用性突出，因此深受国际汉语学界欢迎。

4. 汉语虚词研究前景的展望

汉语虚词研究势头很猛，研究的主战场从 20 世纪 80 年代的北京，发展到 20 世纪与 21 世纪交叉时期的上海，近年又蔓延到了南粤广州，逐步形成了全国开花、北上广为核心的格局。由于人们对汉语虚词作用有了新的认识，研究的理论与方法出现了更新，因此，21 世纪汉语虚词研究必将日新月异，更上一层楼。我们预测，在以下六个方面，将会有更加灿烂的明天。

（一）重新认识虚词在汉语语法体系中无可替代的主导地位，这将使得汉语虚词的研究踏上一个全新的台阶。尤其是“广义虚词”说的提出，在原有小范围的虚词基础上，包容了那些兼有虚词功能和实词作用的词语，不仅扩大了虚词研究的范围，而且将为虚词研究注入了新鲜的动力。因为虚词研究的目的不只是为了学术上分类的需求，更是汉语教学和汉语应用的需求，说到底，是适应社会时代发展的需求，这才是学术发展的真正动力。

（二）虚词研究的重点不只是语法意义分析，关键在于形式上给予验证。因为语义往往会公说公有理，婆说婆有理，我们必须扩大对语法形式内涵的理解，对验证手段需要进一步的开拓。最重要的就在于要为每个虚词义项建立“定位框架”，即尽可能地给出每个义项具体的语言制约条件，包括语音、词汇、句法、语境、认知、情态六大框架。并且在义项之间尽可能地建立联系，从而建立虚词分析系统，包括立体三维：横的义项比较、竖的语义演变、纵的运用模式。并根据语义聚合的类型(包括近义、反义、类义、同族等,结合句法分布、语义范畴、次范畴小类等)进行集中扫描。要根据词语的同现或不能同现,跟实词组合的可能性及其频率,语气语调乃至韵律,还包括句类、句式、句型,甚至于构式(框式结构)等的制约条件,在结构组合中进行分析。

(三) 虚词研究必须引进"语境"(上下文)的概念,不要把它仅仅看作是一种语法概念。其实语法的规则本身就是在语言使用中才得以实现和发展变化的。语境(上下文)的制约是虚词词义变化的极为重要的条件,这不仅仅涉及句子前半截和后半截,也不仅涉及前后分句,更可能涉及前后语段,甚至于句群、语篇之外的知识背景。语境将开拓我们新的视野,引进新的制约要素,激发我们新的联想。

(四) 虚词研究的深化,必须在时间(历史)的纵轴和空间(地域)的横轴结合上下功夫,可以说,虚词的前身基本上都是实词,语言交际的需求,经过历史的发展,才逐步产生了种种虚词。而虚词在发展道路上,由于不同地区的差异,展现出不同的进程,这就不仅需要引进方言虚词的交叉研究,还需要进行方言虚词之间的比较研究,乃至于跟普通话虚词的比较研究。其中,特别需要重视虚词的主观性和主观化,考察虚词发展进程中,主观性是如何起作用的,主观化的进程有哪些变化和规律。因此,横向的比较研究和纵向的语法化词汇化研究将使得虚词研究更为丰满和充实。

(五) 重要虚词的个案深入研究和语义类别的范畴虚词的比较研究,将有机地结合起来。重要的高频的而且意义复杂而精细的虚词,当然需要借助于新的理论与方法进行深入精准的分析。同时,同一语义范畴(比如:程度、预测、疑惑、否定、虚拟、递进等)的虚词群体的类聚扫描也是极为重要的。两者相辅相成的结合将促使虚词研究的深化,也有助于语义范畴的研究。

(六) 虚词研究,必须在方法和工具方面实现现代化、网络化。我们必须借助于大型语料库,只有在大量真实的生动的语言事实的检测下,我们的虚词研究才能够揭示汉语真正的规律。语料库,不仅是我们虚词研究的出发点,也是虚词研究结论的监测站。此外,我们还进行大数据的云计算,运用可靠的数据来进行必要的解释,必须进一步跟人工智能结合,还包括跟逻辑研究、心理研究、神经研究相结合。

我们坚信，对虚词在汉语语法系统中的定位和重大作用有了新认识的基础上，有关研究必将获得新的动力和方向，必将出现新的突破，取得灿烂的硕果。虚词研究不仅是汉语语法研究不可或缺的一个有机组成部分，而且可以断言，这正是汉语语法的精华所在，是汉语语法特色的载体之一。无论怎么估计虚词在汉语中的特色和作用都是不会过分的。汉语虚词研究的春天已经到来。

参考文献

李凌梅　2017　2000 年以来汉语虚词研究综述，《现代语文》第 11 期。

邵敬敏　2003　汉语虚词研究的一个新起点——评《现代汉语虚词研究丛书》，《汉语学习》第 4 期。

邵敬敏　2006　《汉语语法学史稿》(修订本)，北京：商务印书馆。

邵敬敏　2013　《汉语虚词框架词典》编撰的创新思路，《语言文字应用》第 3 期。

邵敬敏　2018　2000—2018 年中国汉语虚词研究的回顾与前瞻，日本《中国语学》年刊。

张春秀、李长春　2007　20 世纪 90 年代以来现代汉语虚词研究综述，《齐齐哈尔师范高等专科学校学报》第 5 期。

张谊生　2016　30 年来汉语虚词研究的发展趋势与当前课题，《语言教学与研究》第 3 期。

(本文发表于《华文教学与研究》2019 年第 1 期)

试论不同句法分布对副词状语性质、功用的制约与影响*

——兼论汉语主宾语内状语的特征与异同

上海师范大学　张谊生

0. 前言

由于汉语各种结构成分的组合不仅表现在抽象的句法结构上，而且也体现在具体的句子层面上，所以，研究汉语构造性质不应限制于抽象的结构关系与句法成分，而应该从更为广泛领域去调查与观察。尤其是因为汉语的词类没有特定的形态变化，相同的搭配方式与分布位置，由于各种成分的差异和分布位置的细微区别，构造性质就会各不相同；而且，有时还会出现一系列相似分布的异质构造。

众所周知，状语是六大语法结构成分——主谓宾、定状补中的一种成分，主要用于限制、描摹与评注。然而，与印欧语相比，汉语的状语在分布与搭配、性质与功用等方面，都有着一系列值得关注的句法-语义特征。我们认为，汉语单词和短语充当的成分可以分为两个大类：句子成分和句法成分，句子成分用于构成各类句子，一般不能随意进入短语；句法成分主要用于构成各种短语，可以自由进入句子；部分句子成分语法化之后可以转化为句法成分①。

据此，本文将从全面分析副词状语的角度出发，探索汉语状语的各种

---

* 本文曾在第九届现代汉语语法国际研讨会（韩国首尔）上报告。根据专家意见，本稿作了全面修改。本文得到国家社科基金（15BYY131）“程度副词的生成、演化及其当代功能扩展的新趋势研究”的资助。

① 关于句子成分与句法成分的区别，请参看张谊生2013、张谊生2014的相关论述。

分布及其性质与功用，辨析时也涉及在特定分布中的形容词、区别词状语。

1. 句子状语与句法状语

1.1 构成与单位

状中组合中的状语既可以是句子成分，也可以是句法成分，所以在看似相同的结构关系下，其内在性质很可能完全不同①。先看评注性副词充当状语的情况。例如：

(1) 反正，他让每月都来探望他一次的老婆大人，替每人都代买了一个。(张贤亮《绿化树》)

(2) 也许，一个童年如此不愉快的女孩，成年后有权任性一点。(亦舒《绮色佳》)

(3) 这到底是怎么回事？周强着急地想，又一想：不关自己的事，反正。(李琦《一夜恩宠》)

(4) "没看见，在纸底下，也许。"他们不约而同的说。老马先生把纸一张一张的都掀开，没有荷包。(老舍《二马》)

(5) 也不管自己视野。是否狭隘，他反正都是为了大家，所以自信心很强。(詹博仁《就这样决定了》)

(6) 他们也许可以接受国民党在中国失败的现实，却不能接受一个红色中国在东方崛起的前景。(科技文献，转引自 BCC 语料库)

上面例(1)—(4)的"反正""也许"都在句外修饰全句，无法转换成短语，充当的自然是句子成分。例(5)(6)中，评注性副词"反正、也许"虽然在句内，但与其所修饰成分的偏正组合也难以转化为进入句子内部的句法短语。这是因为评注性副词充当的几乎都是句子成分状语，一般不能说"这是一件反正为了大家的事情""大家不会关注那些也许发生的事情"。

据此，根据所处的位置，可以将上面这些由评注性副词充当的句子成分状语分，为前置状语、后置状语、内置状语等三种特定的状语小类。上

① 即使相同的分布，由于充当状语的语言成分性质不同，也可以分别是句子成分和句法成分。

面例(1)(2)为前置状语,例(3)(4)为后置状语,例(5)(6)为内置状语。总之,一般情况下,评注性副词由于主观化程度都比较高,即使进入句子修饰谓语动词,充当的成分仍然都是句子成分状语。

1.2 特征与性质

除以上由副词的性质而导致的状语类型外,其他限制性、描摹性副词,只要在谓语和补语位置上充当状语,从其内在性质看,也都属于句子成分状语。例如:

(7) 成绩不好,母亲常常唠叨不休,我都不想上学了,更不想参加高考。(《这些中高考考生的心理问题,你也有吗?》,人民网 2015-04-03)

(8) 局会议室的灯光经常亮到深夜,甚至通宵达旦。(《自治区保密工作史上的里程碑 内蒙古自治区积极贯彻落实中央关于保密工作的决策部署》,人民网 2017-09-30)

(9) 不知从何时起,他们变得常常唠叨,嘘寒问暖也显得过于琐碎。(《留给父母的别总是背影(青眼)》,人民网 2017-01-10)

(10) 孩子才两岁,留给我们照看,没日没夜地看着他,我跟老伴累得经常生病。(《父母在外打工孩子失踪 收买者联系民警主动送回》,人民网 2015-02-06)

与此相反的是:定语、状语、主语、宾语内部的副词状语,都是句法成分状语①。例如:

(11) 中央十大军工企业频频传出的一批批科研成果捷报,极大地鼓舞了全国人民战胜非典的信心。(《人民日报》2003,转引自 BCC 语料库)

(12) 我们经常使用的 APN 有三个,分别是 NET 网络设置、WAP 网络设置和彩信网络设置。(微博,转引自 BCC 语料库)

(13) 老人一边听着,一边频频点头地说,国家充满希望,国家充满希望。(《"两会"使港人对国家和香港前途充满信心》,搜狐网

① 一般情况下,被评注性副词修饰的谓词性短语,是不能直接充当定语的。比如"这个老家伙居然不同意",就不能转化为"这个居然不同意的老家伙太不像话了"。

2003－03－20)

(14) 俄罗斯一家化学公司，十分满意地从中国设备制造厂家订购到了膜式压缩机。(《"洋劳模"老西(人民眼·中外交流合作)》，人民网 2017－07－20)

(15) 组织生活的经常开展，不仅凝聚着每位党员教师的力量，还促进了老师专业水平的提升。(《成为孩子们"守护者"争做党员示范"先锋队"》，人民网 2017－03－15)

(16) 航班的频频延误已是亟需解决的问题，《措施》的出台，正是民航局给出的"解题思路"。(《民航局发力提升航班正点率，服务也得跟上！》，人民网 2017－09－23)

(17) 宁波市流动人员人事档案管理系统刚上线，就获得群众的频频点赞。(《市场体系成型　人才配置更优》，人民网 2017－09－05)

(18) 共产主义的远大理想，来源于马克思列宁主义的理论武装，来源于党的经常教育和强有力的思想政治工作。(《长征英雄史诗的当代启示》，人民网 2016－10－12)

上面例(11)—(14)诸句中的"频频""十分""经常"分别分布在定语、状语之中，(15)—(18)的"经常""频频"则分别分布在主语、宾语之中。虽然各个副词的分布位置有所不同，但"频频传出、频频点头、频频延误、十分满意、频频点赞、经常开展、经常使用、经常教育"等，都可以构成充当各种句法成分的偏正短语，自然都是句法成分状语。

总之，不同成分内的副词状语，性质、功用各异。就以限制性副词"非常"为例，同样是做"努力"的状语，不同的分布位置，对"非常"的功用产生了一定影响。试比较：

(19) a 崇祯虽然非常努力，但是明朝还是灭亡了。——句子状语、谓语内状语

b 崇祯干得非常努力，可明朝很快就灭亡了。——句子状语、补语内状语

c 崇祯非常努力的结果，最终还是自缢煤山。——句法状语、定语内状语

d 崇祯非常努力地操劳，形势依然没有好转。——句法状语、状

语内状语

e 崇祯的非常努力,根本没有起到任何作用。——句法状语、主语内状语

f 明朝的最终覆灭,亏负了崇祯的非常努力。——句法状语、宾语内状语

a、b 的"非常努力"虽然也是对"努力"的程度加以限制、制约,但"非常努力"都是用于构成整个命题的,在句中是不能省略和替换的;c、d 中的"非常努力"都是特定附加性句法成分,分别对"结果"和"操劳"加以修饰和限制,大都可以省略;e、f 中的"非常努力"也为句法成分,分别充当主、宾语,其中的"努力"都是指称性的句法成分。由此可见,不同的句法位置会影响副词状语的特定的表达功用,从而使"非常"的表达出现细微差别。

2. 状语性质与分类系统

2.1 分类与系统

根据前一节的描写与分析,我们看到,不同分布的状语表现出了性质和功用的差异,句法成分状语和句子成分状语特征差别明显。句子成分状语与中心语的组合是临时的、动态的,所以,一般不能实现为静态的短语。句法成分状语与中心语的组合是固定的、静态的,可以实现为短语,可以进一步参与组合。句子成分状语内部,主观性较强的评注副词一般都充当句子状语,所以,位置比较灵活,可以在句首,也可以在句末,也可以内置于句子中,这类状语主要表示的是说话者对事件、命题的主观评价和态度。谓语和补语内的状语,主观性相对较弱,主要用来区别和限制相关的动作、行为、性质、状态,与评注类的状语作用不同。句法成分状语内部,虽然各个位置的句法成分状语都是静态的成分,但表达上有确定、说明的细微差别。依据状语分布和表义倾向,我们可以将汉语各种句法分布的状语进行细分,从而设计出一个句子状语与句法状语两分的系统①:

① 在本文的状语系统中,描摹性副词直接充当句中谓语的说明性状语也归入句子状语,比如"这家超市经常廉价出售过期食品"中的"经常"与"廉价"虽然性质不同,但在修饰谓语中心时性质还是相同的。

- 状语
  - 句子状语
    - 评注性状语
      - 句外
        - 前置式状语：也许，老王早就知道了，没关系的。
        - 后置式状语：没关系的，老王早就知道了，也许。
      - 句内：内置式状语：老王也许早就知道了，没有关系的。
    - 限制性状语
      - 谓语内状语：她今天看上去非常漂亮。
      - 补语内状语：她今天打扮得非常漂亮。
  - 句法状语
    - 确定性状语
      - 定语内状语：她是一位非常漂亮的女战士。
      - 状语内状语：她今天非常漂亮地打了场翻身仗。
    - 说明性状语
      - 主语内状语：花木的不断死亡，引起了园领导的高度重视。
      - 宾语内状语：
        - 动宾内：孩子这样的表现，辜负了家长的一再付出。
        - 介宾内：随着经济的逐渐好转，生活水平也提高了。

据此，根据汉语状语的分布与性质，可以将汉语的两种状语分为四个大类、十个小类。

需要指出的是，内置式状语与谓语内状语表面上看，分布位置相似，但它们有本质不同，内置式状语相对前置式状语和后置式状语而言，它所在的位置是句子内部，一般情况下，与谓语动词关系松散，大多可以较自由地移到句子的前面或后面。而谓语内状语与谓语动词结合紧密，一般不能离开谓语动词①。

2.2 副词与状语

另一方面，就副词而言，并不是所有的副词都能进入状语的各个分布位置。从副词内部分类系统看，描摹类和限制类副词一般不能充当评注性状语，但可以充当限制性状语、确定性状语、说明性状语。首先看描摹性副词充当状语的情况。例如：

(20) 这条博文的配图以暗黑色为主调，暗中为此次“开车活动”增添了几分神秘感。(《真开车！野蛮人大作战放出 JEEP 照片疑似预告新合作》，人民网 2017－09－30)

(21) 法官正准备上前时，陈某吓得拔腿就跑了。(《女大三抱金砖？丈夫屡次出轨妻子打断老公腿》，人民网 2014－10－21)

---

① 比如“她今天看上去非常漂亮”一句中的限制性副词状语“非常”，很难从谓语内移出，绝对不说“非常，她今天看上去漂亮”，一般也不能说“她今天看上去漂亮，非常”。

(22) “你越过‘三八线’吗?”“你扯过前座女同学的辫子吗?”私下,“同学们”互相打趣地问,有的笑而不答,有的脸红地点头。(《红色圣地　丹青赤水系列报道之十八》,人民网 2017-09-27)

(23) 帕莱政权蓄意制造的混乱和暴力不会得到宽容,必要时身处前线的多国稳定部队指挥官有权下令动用武力自卫。(《人民日报》1997,转引自 BCC 语料库)

(24) 改革不仅仅是群团部门自己的改革,相关部门的大力支持也是改革工作得以顺利进行的必要条件。(《镇街妇联主席编制明确“专职专用”》,人民网 2017-09-28)

(25) 村党组织书记“无人可选”这一难题,影响了全市农村经济社会的稳步发展。(《玉林市加强村党组织书记队伍建设成效初显》,人民网 2017-09-25)

(26) 在政策的大力支持下,越来越多的企业开始加入到旅游产业。(《依托“旅游+”战略文旅地产的路子越走越广》,人民网 2017-09-29)

众所周知,限制性副词还有多个小类①。下面再来看限制性副词充当状语的情况。例如:

(27) 很快,课堂直播活动被校方紧急叫停,所有上传视频也一并下架。(《兰州一小学教师直播课堂教学引争议》,人民网 2017-09-25)

(28) 现在的问题不是没有制度,而是制度落实得不到位。(《把全面从严治党落实到每个党支部》,人民网 2017-09-30)

(29) 遇难者在罹难前都是清醒的,都是在有意识的状态下却极度痛苦。(《包头空难家属索赔亿元开庭　原告要求公布详细调查报告》,人民网 2012-10-10)

(30) 种下摇钱树迎来美满生活 2014 年,镇里把经济薄弱的恒丰村并入恒北,刚刚“缓过劲”的恒北多了个“拖油瓶”。(《让幸福像

① 限制性副词总共有八类,除了位序比较特殊的否定副词和关联副词外,还有时间副词、频率副词、程度副词、范围副词、协调副词、重复副词。

梨花一样绽放　记盐城市大丰区恒北村党委书记李晓霞》，人民网 2017－09－30)

(31) 截至今年 6 月末之前，央行降息的五次利率的重新定价已经基本完成，这成为了呈现多家银行净息差企稳的客观原因。(《五大行“中考”成绩单：日赚 29.98 亿元房贷增速放缓》，人民网 2017－08－31)

(32) 事实上，只有彰显社会效益的掌声常常响起，才有文化市场的久久繁荣。(《文化企业要善于“站着挣钱”：如何兼顾经济效益与社会效益》，人民网 2015－07－06)

(33) 随着正风肃纪和反腐败斗争的久久发力，风清气正的政治生态正日益形成。(《重温，凝聚在从严治党的征程上》，人民网 2016－02－26)

评注性副词一般都能充当评注性状语，前面例(1)—(6)都是限制性副词充当状语的例子。可见，各类副词内部成员用法差别较大，虽然整体上，各类副词都能对应充当相应类型的状语，但就个体而言，具体的某个副词能充当哪些类型的状语，尚需进一步的考察。

3. 主宾状语与说明指称

3.1　主宾与状语

前面谈到，关于主语和宾语内的“状语”的性质，目前还存在一定争议。一般情况下，说明主语和宾语中心语的附加成分，经常被分析为“定语”。例如：

(34) 然而，往往事与愿违，家长的百般努力和付出，换来的并不是所期待的成果，而有时真的有点“蓦然回首，那人却在灯火阑珊处”的感受。(《中学生常见心理问题》，新浪博客 2011－12－02)

(35) 培养一个大学生不容易，从家庭、学校到社会都付出很多心血与金钱，然而，给孩子吃、穿、喝、学，各方面都付出了百般努力，只要学生有一个心理障碍，一个精神疾病，那所有的努力都化为了零。(《全日制学生心理障碍因素分析》，学习网 2013－07－03)

(36) 让我们暂时抛开1909年在湍急的江水中行驶的蜀通轮，来回忆一下那些年四川办新政的人们。正是他们费尽心机的百般努力，才有了那艘具有符号意义的蜀通轮。(《关于蒲兰田的记忆拼图》，燃领网 2014－12－18)

按一般的观点，上面诸例中的“百般努力”，应该分析为定中短语，“百般”充当的是“定语”，因为“努力”已经指称化了。虽然上文中的“百般努力”具有体词性，但我们认为，这种“体词性”不是仅仅因为“努力”指称化产生的，而是“百般努力”所处的整个上位结构带来的，所以，“努力”还是典型的形容词。既然“努力”还是典型的形容词，那么，把前加描摹性副词“百般”的“百般努力”分析为定中短语合适呢，还是分析成说明指称的状中短语更恰当呢？我们认为还是应该分析为状中短语。我们再看下面的例子：

(37) “代沟”不可避免地存在于生活背景完全不同的两代人之间，它造成了长辈与晚辈之间的不和谐与不理解，也因此在社会上引发了各种代际冲突。(《中青报：大妈地铁怼女孩竟是炒作 谁激化了代际冲突》，人民网 2017－08－15)

(38) 在所有的不和谐声音中，乐视对电商平台的控诉颇为引人关注，其对电商巨头的不满，揭开了品牌商与电商平台间微妙关系的冰山一角。(《618功与罚：电商与品牌商间的爱恨纠葛》，人民网 2017－06－23)

(39) 有评论表示，正是因为抢奶粉、炒房价、孕妇赴港产子等事件积累，才会在这小事上出现不和谐。(微博，转引自BCC语料库)

(40) 而人与人之间，即便是亲人之间，恋人之间也总是存在着种种的不和谐因素。“那种人与人之间的不和谐，无论如何描述，都有言之不尽的感觉。”(《我的男友》，人民网 2016－06－27)

众所周知，“不”是典型的否定副词，当然不能充当定语，如果将上例中的“不和谐”分析为定中结构，那么我们就得说“不”可以充当定语，进而我们就得承认这种情况下的副词都可以充当定语，这样一来，我们不仅就等于承认汉语副词几乎都可以做定语，而且还会导致汉语分布与成分的关系混乱。但从另一方面来看，这一分布位置上，状中结构的指称性质更为突出，如“那种人与人之间的不和谐”中，指示成分“那种”与“人与人之间的不和谐”的指称性质相契合，所以这种修饰比较自然。

3.2 转指与回指

从篇章功能看，回指、转指用法的指称性谓词内的前加语，不管是形容词、区别词还是限制性副词，几乎都是说明性状语。例如：

（41）用最近的流行词来形容她，那就是白富美：她的非常漂亮，可能比不上什么沉鱼落雁之流，却也相差无几。（《飞车屌丝男玩家分享与白富美的邂逅》，职业博客 2013-12-20）

（42）池莉说：“再后来，我听说非常走红的女作家张欣还非常漂亮，我就很想见到她，因为她的非常漂亮使我非常解恨。”（张欣《改革开放的风采》）

（43）我以前有个学生，一个女孩，给人印象不好，虽然非常漂亮，但是脾气暴躁，感觉很任性。有一次我监考的时候，看到了她写的卷子、她的非常漂亮，当时我就对她印象改观了，一个字写得这么好的人，人也不会差到哪里去，心正字才正。后来慢慢接触多了，果然是这样，她就是个正直而又漂亮的女孩。（煲汤圣手《大院里的那些事》）

上面例(41)的“非常漂亮”充当主语，内在的状语“非常”是说明性的，而“非常漂亮”指称性的，只是指称方式是直接的。而例(42)(43)中后面的两个“非常漂亮”是分别回指和转指两句前面两个“非常漂亮”的。毫无疑问，在这三句中，不管是两个充当限制状语的“非常”，还是三个充当说明性状语的“非常”，都是程度副词；而且，五个“非常漂亮”的结构关系也完全相同，都是状中结构。区别只在于：两个限制性的“非常”都是充当谓语内的句子状语的，三个说明性的“非常”则是分别充当主、宾语内的句法状语的。

4. 内在差异与同形异构

4.1 类别与搭配

汉语说明性状语的分布，具有一定的特殊性，这种分布不仅直接影响了说明性状语的性质与组成，也进一步影响了其所在的状中结构的性质与构成方式。关于说明性状语,还存在两种类别、两种搭配、两种方式、两种性质。据调查,汉语说明性状语与中心语形成的状中结构,可以分为两个类别：一种是“副词＋谓词”短语,说明性状语是由副词充当的,前面所举的例子都是这种情况;另一种类别是“非副词＋谓词”,说明性状语大多是由形容词或区别词充当。其中“形容词＋谓词”的情况较为常见。例如：

(44) 两人的轻松谈笑令人愉快,是一种从未体验过的亲密无间。(丹妮丝·理查兹《生死缘》,转引自 BCC 语料库)

(45) 为了实现用户的轻松拥有,惠普以完善的渠道服务网络、本地化的高级技术支持,保证了中小企业用户的长远利益(《惠普推出“灵动商务”策略》,《文汇报》2003－10－28)

(46) 相对于李娜的轻松获胜,郑洁赢得较为艰苦(《李娜速胜对手晋级法网第二轮》,人民网 2012－05－29)

下面再来看区别词充当说明性状语的情况。例如：

(47) 高辰宇表示,即使人民币贬值不会直接影响到市场价格,其他各项成本和费用的单边上涨也可能发生作用。(《2015 家居市场波动 价格涨与降不会“太任性”》,人民网 2015－01－08)

(48) “美国侦察机近日多次非法侵入朝鲜经济水域上空,对朝鲜的战略目标实施间谍活动,”朝鲜中央通讯社 22 日报道说,“这种无止境的非法入侵大大增加了这一地区上空爆发军事冲突的危险。”(《美日加强侦察 朝鲜发出警告》,人民网 2006－06－23)

(49) 烟草中含有多种有害物质,会造成牙周组织的慢性损害。(《缺牙越来越年轻化 仔细保住我们的牙》,人民网 2016－10－19)

(50) 贪腐会导致资金的不正常流动,影响资源的最优化配置,破坏经济的良性运转。(《法国记者：中国反腐行动“超速前进”让世界惊叹》,人民网 2017－09－30)

区别词充当说明性状语的情况较为少见,已有的一些用法中,某些区别词的性质,需要进一步讨论。

据此,说明性状语分布在主宾语位置内有两种方式：一种是说明性状语分布在充当主宾语的“N 的 VP”的“VP”之内,上面的“家长的百般努力”“小张的非常漂亮”均是；另一种情况是，“VP”直接充当主语或宾语，说明性状语分布在“VP”前面，相对于前一种情况，似乎这种搭配不够普遍。我们先看“VP”在主语位置时的说明性状语情况。例如：

(51) 家丑问题的存在是个客观事实，并非不承认就不存在，也非百般抵赖就能掩盖过去。(《福建日报》2008－3－10，转引自 BCC 语料库)

(52) 百般哀求、千般解释竟抵不过神的一句指示，讽刺，实在讽刺。(微博，转引自 BCC 语料库)

(53) 还有不少人认为，微信朋友圈里流传的某些养生方法都和人们的日常生活息息相关，且简单易操作，经常看看对健康很有帮助。(《微信科普不容忽视　微信科普须靠谱》，人民网 2016－05－26)

(54) “经常看看蛮好的，告诉我骗子都是怎么骗人的，以后遇上就不会上当了啊！”孙阿姨很开心地说。(《每天一条防范飞信和居民互动博士民警的这个点子很温暖》，人民网 2012－11－12)

(55) 一项教育研究统计结果显示：90％以上的学习成绩差的学生，有上课走神的现象，认真听讲非常重要，一定要保证课堂的高效率。(《孩子出现六种现象　家长需伸出援手》，人民网 2016－11－03)

再看“VP”在宾语位置，说明性状语情况。例如：

(56) 提案取得实效关键在于认真办理。(《人民日报》2003，转引自 BCC 语料库)

(57) 中国队对这次比赛做了认真准备，小组赛对手不是很强，全队没有因此而松懈，大家蓄势待发，准备迎接第二、第三阶段的苦战。(《人民日报》1995，转引自 BCC 语料库)

(58) 现在的小学生大多是独生子女，很多人在家庭中得到百般呵护，养成以自我为核心的性格特点。(科技文献，转引自 BCC 语料库)

(59) 他们除了有点担忧受怕的，还有百般不解。(科技文献，转引自 BCC 语料库)

(60) 波利亚的《怎样解题》，我曾经长时间放在包包里阅读，最近要为《数学之美》做案头准备，又要拿出来重读了，这样的书需要经常重读。(微博，转引自 BCC 语料库)

相比较宾语，主语位置上的“VP”与说明性状语搭配更为常见，宾语位置上的“VP”与说明性状语搭配似乎不常见，在搜集语料中这种搭配方式实例较少，一些用法中状中短语是否充当的是宾语还需讨论。

4.2 方式与性质

说明性状语与中心语的组合存在两种方式，一种是状中之间没有标记，前面诸例均是，这是一般的常态。再一种是状中之间有标记，状语带上助词“地”与中心语组合。例如：

(61) 古言“人穷则返本”，这是一种被动的回头，往往是在付出代价之后。主动地、经常地回头看看，才能行稳致远。(《人民日报人民论坛：常回头看看》，人民网 2016-05-10)

(62) 苦苦地等待终于换来了美好的结局。(微众圈 News-1757281.html)

(63) 刘伟说，机器学习，就是不断地重复、强化和迭代，它掌握的是基于规则和基于概率的存储，输出之后，变成所谓的“语言”。(《小心，聊天机器人也会被“教坏”》，人民网 2017-02-20)

(64) 在苦苦地劝诫和等待中，陈金文度过了两年。(央视网 100501-2shtml)

(65) 加之多数人在入秋后更喜欢安静地休息而不愿意参加有体力消耗的活动，使身体在同等条件下，能量更易在体内蓄积成脂肪，形成秋膘。(《深秋养生：拒绝“秋乏”“秋燥”“秋膘”》，人民网 2014-10-31)

具体语言实际中，无标的直接说明的“常态”使用更为普遍，有标的说明性状语使用范围不广，使用频率也较低，一般情况下，在突出或强调中心语的某些方面的时候，说话人才使用有标的说明性状语。需要说明的是，直接充当主语的“非副词+谓词”的“VP”短语，存在一定歧义，有两种分析的可能：一是可以分析为状中短语，“非副词”充当的是说明性状语，也可以分析为定中短语，“非副词”充当的是修饰性定语。如“苦苦等待却换来了这样的结局”,“苦苦等待”既可以分析为状中短语,也可以分析为定中短语;前者重在怎么样地“等待”,后者重在什么样的“等待”。对于这种歧义短语,插入标记可以消除歧义,比如“苦苦的等待却换来这结局”与“苦苦地等待却换来这结局”①。例如:

(66) 苦苦的等待换来了满满的惊喜。(微博 www. weibo. com/3936609211)

(67) 苦苦地等待终于换来了美好的结局。(今日头条 www. toutiao. com/386215938)

宾语位置上的“非副词+谓词”的“VP”短语不同于主语位置上的情况,一是包含说明性状语的“VP”较少直接充当宾语,即使有些能够充当宾语,我们也尚未发现其中包含有标记的说明性状语,也就是说“非副词+地+谓词”一般不直接在宾语位置出现,所以宾语位置上的“非副词+谓词”一般不会出现歧义。

5. 结语与余论

5.1 从抽象的句法结构和具体的句子两个不同层面考察,汉语状语展现出了较为复杂的性质与功用。结合这两个层面考察汉语分布情况,我们发现,根据副词的不同性质,汉语状语可以分为句子成分状语与句法成分状语两个大类,以及更为细化八个小类。这些句法分布的状语具有不同的功用,前置式状语、后置式状语、内置式状语是评注性的;谓语内状语、补语内状语是限制性的;定语内状语、状语内状语是确定性的;主语内状语、宾语内状语是说明性的。说明性状语所在的状中结构,在主宾位置上,表达功能由陈述转向指称。这一转变加之主宾句法位置的影响,从而使得说明性状语的情况变得较为复杂,同形异构、不同组合搭配等问题随之出现,在语言实际中我们要具体分析辨别。

5.2 当然,关于说明性状语的性质,目前还存在争议,我们认为,从

① 需要指出的是,在现代汉语的实际使用过程中,“地”与“的”并不是严格意义上的定语与状语的标记。我们发现,当代汉语“的”充当状语标记的现象相当常见。详细情况,可以参看张谊生 2012b。

维护汉语词类系统的稳定性与系统性的角度出发,依据其具体性质,应该将其确定为“状语”,而不是“定语”。由此可见,对于句法分布,我们不应该仅仅局限在句法结构层面,我们应该站在句子等广阔的层面考察相应成分的分布情况。不同分布的句法成分或句子成分,往往具有不同的性质与功用,这就要求我们在研究中扩大视野,从不同层次研究相关语言现象①。

参考文献

罗仁地、潘露莉　2005　焦点结构的类型及其对汉语词序的影响,徐烈炯、潘海华主编《焦点结构与意义的研究》,外语教学与研究出版社。

陆丙甫　1988　定语的外延性、内涵性和称谓性及其顺序,《语法研究和探索》(四),北京大学出版社。

陆丙甫　2005a　语序优势的认知解释(上)(下):论可别度对语序的普遍影响,《当代语言学》2期、3期。

潘海华、韩景泉　2008　汉语保留宾语结构的句法生成机制,《中国语文》6期。

吴福祥　2012　语序选择与语序创新——汉语语序演变的观察与断想,《中国语文》4期。

吴海波　2007　《构式:论元结构的构式语法研究》,北京大学出版社(译自Goldberg 1995 “CONSTRUCTIONS A Construction Grammar Approach to Argument Structure”)。

原苏荣、陆建飞　2011　汉英副词性关联词语篇章衔接功能比较,《上海师范大学学报》2期。

袁毓林　1999　定语顺序的认知解释及其理论蕴涵,《中国社会科学》2期。

袁毓林　2002　多项副词共现的语序原则及其认知解释,《语言学论丛》(第二十六辑),商务印书馆。

张谊生、张爱民　1996　汉语语序研究要略,《江苏社会科学》3期。

① 必须承认,既然描摹性副词表示的都是词汇意义,在句中位置基本固定,只能充当谓语的贴身状语,那么,为什么描摹性副词直接充当句子谓语和补语内状语时,本文还是将其归入句子状语,而没有归入句法状语,这确实存在一定的矛盾。所以,这一特殊的状语分布现象,看来还有待今后进一步深入的研究。

张谊生 2012a 试析一价动词和形容词在事件存现句中的构式分布,《语法研究与探索》十六,商务印书馆。

张谊生 2012b 现代汉语副词状语的标记选择,《汉语学报》4 期。

张谊生 2013 句法层面的语序与句子层面的语序—兼论一价谓词带宾语与副词状语表程度,《语言研究》3 期。

张谊生 2014 限定到强调:"副＋A"程度式中的主观量差异及其功能体现,《语法研究与探索》十七,商务印书馆。

Hopper J. Paul & Elizabeth Closs Traugott 1993 Grammaticalization Cambridge: Cambridge University Press. (《语法化学说》Grammaticalization 外语教学与研究出版社,剑桥大学出版社 2001 年)

Heine, Bernd, Ulrike Claudi, and Fruederike Uünnemeyer 1991 Grammaticalization: A Conceptual Framework Chicago. The University of Chicago Press.

Li, Charles, N. 2000 Beyond borrowing and interface: Contacted-induced morpho-syntactic change in Chinese. Presented at the 9th international Chinese Linguistic Conference, Singapore.

(本文发表于《新疆大学学报》2018 年第 4 期)

“偏偏”“偏”和近义副词辨析

广东外语外贸大学　石定栩

0. 近义词的辨析

如何教会学生正确使用近义词是个非常让语文老师头疼的问题，而如何让外国学生掌握近义词的用法，更是对外汉语教学中的难题。对于以汉语为母语的人来说，这个问题相对简单一些：常用近义词中的哪一个可以与什么成分搭配，不可以与什么成分搭配，通常都是由约定俗成的规律控制的，可以按照语言直觉做出正确的判断，但如果要进一步深究，追问他们为什么会做出这样的判断，就有点强人所难了。对于一般人来说，对自己的母语知其然而不知其所以然是一种常态。同样地，外国学生用近义词造句时用错了搭配，老师通常都可以准确地指出错误，但要是外国学生接着问为什么会出错，往往就会难倒老师，因为我们学过的汉语语法很少会提供具体到近义词辨析的答案。

对外汉语教学中所牵涉到的语法规律，有时候是非常具体甚至极为琐碎的，体系框架完整的语法书很少会讨论到近义词辨析之类的细节。对近义词进行描述的专用语法书或近义词词典虽然会关注具体问题，但此类书籍大多数是写给中国人看的，讨论的重点都是能说的句子，辨析时使用的也多半是可以互换的例子，很少会涉及不能说的句子，更不会去关注外国人常犯的错误。对外汉语老师遇到难题时，这些书籍通常可以提供正确的答案，只是说给中国人听的答案不一定能解决外国人的问题。以汉语为母语的人都有一套大致相同的语法体系，因此可以相互交流，也可以对句子是否可以接受做出基本一致的判断，语法书只要把相关的判断总结出来就可以了。外国人的头脑中没有汉语作为母语的语感，基于汉语语感的判断对他们的帮助很小，他们需要的是判断的过程和判断的理据，是之后可以举一反三、用来区分类似近义词的、针对性极强的解释性规律。

另一方面，近义词的辨析牵涉到语义、句法、语篇、语体、语用甚至是方言影响等多个方面，在某个方面接近的词语并不一定在其他方面也接近。近义词的辨析需要把相关词语之间的各种区别逐一挖掘出来、分门别类地归纳成规律性总结，并且找到合适的理论框架加以解释。

1. “偏偏”和“偏”的意义

副词“偏偏”和“偏”是文献中经常提到的一对近义词，而且从词源上说似乎有点关系。北京大学中文系（1959/1982）为“偏偏”总结出三个基本义项：“用以表示所发生的动作、行为出乎意料，是与某种愿望或要求相反的”“体现主体强烈的意志和信仰，决心进行某动作”以及“表示‘只有’‘仅仅’的意思”。对“偏”的描述是“意义和用法跟‘偏偏’相同，只是在表示强烈的主观意志时，语气更为固执”。吕叔湘（1980/1999）的观点与此相近，主张“偏”的意义是“表示故意跟外来要求或客观情况相反”，而“偏偏”的义项之一是“同副词‘偏’”，另外两个义项是“表示事实跟主观想法恰好相反”和“表示范围，仅仅；只有”。张斌（2001）的论述也大致上相近，说“偏偏”的作用一方面是“限定范围，表示同类行为中只有一种例外”，并表示“表示客观事实跟主观想法恰恰相反”；另一方面是“表示故意跟客观要求或客观情况相反”。

很显然，较为激进的观点是“偏偏”与“偏”完全等义，只是“偏”的“语气更为固执”，由此可以预测所有的“偏偏”和“偏”都可以互换。较为温和的分析认为“偏偏”有两个基本义项，并由此而衍生出两个主要功能，其中的一个义项与功能与“偏”相同，由此可以得出的预测是“偏偏”总是能够替换“偏”，但“偏”并不总是能够替换“偏偏”。也就是说，“偏偏”和“偏”部分等义，只不过在表达“强烈的主观意志时”，会有语气的差别。文献中支持部分等义分析的较多（如石微 2006，杨霁楚 2007，许艳华 2013）。就汉语和其他语言的实际情况而言，这两个结论都相当出人意料。人们使用语言是为了相互之间进行交流，如果在同一时期有些词语表达完全相同的意思，可以出现在同样的语体、语境中，这就意味着出现了冗余。人类交际中其实是很少出现冗余的,所以在会话分析中才会有排斥冗余的数量原则和质量原则(Grice 1975)。

以数量原则和质量原则为基础,从语义、句法、语篇、语用等多个维度去考察,就会发现“偏偏”和“偏”之间的差别其实很大,不能互换的情况极为常见。例(1)和(2)是最典型的只能使用“偏偏”而不能用“偏”的句子,因为(1′)和(2′)是不能说的。这两句话的共同点是“偏偏”后面出现了否定成分,似乎说明“偏”与否定成分不能共存。不过,“偏”后面出现了“不”的例(3)却是能说的,这就说明例(1′)(2′)不能说的原因是“偏”后面出现了“没(有)”。

(1) 我偏偏没有去见过老板!

(1′) *我偏没有去见过老板!

(2) 只可惜我偏偏没有急着出手要你的命。

(2′) *只可惜我偏没有急着出手要你的命。

(3) 我偏不信这个邪!

例(4)和(4′)之间的对立,说明“偏偏”可以用在“被”字句里,但“偏”不能这样用。例(5)和(5′)里的中缀“不”表示谓语所描述的客观可能性不存在,而两个句子之间在可接受程度上的对立,说明“偏偏”与中缀“不”是兼容的,但“偏”不能与中缀“不”匹配。

(4) 可我偏偏被我的后辈打倒了。

(4′) *可我偏被我的后辈打倒了。

(5) 这些声音,白昼未尝没有,但我们偏偏听不见。

(5′) *这些声音,白昼未尝没有,但我们偏听不见。

例(6)(7)的情况稍微有些不同,造成“偏”与“偏偏”之间对立的不是小句中的某个成分或者小句的结构,而是小句命题的内容。母亲怀孕之后什么时候“生孩子”,是由生物规律控制的,很少受动作主体或其他人的控制。同样地,“老天”什么时候下雪,通常是由气象条件决定,而不是由人的意志决定的。也就是说,如果一个小句描述的是不受人控制的事件,就不能用“偏”。

(6) 天哪,要不是我偏偏在这个时候生孩子,那多好呀!

(6′) *天哪,要不是我偏在这个时候生孩子,那多好呀!

(7) 可是老天不帮忙,偏偏在这个时候下起大雪来。

(7′) * 可是老天不帮忙,偏在这个时候下起大雪来。

例(8)命题中的谓语是表示属性的,描述一种常态。例(9)命题中的谓语也同样如此。表示常态命题的小句中可以使用“偏偏”,但却不能使用“偏”,所以例(8′)和(9′)都是不能说的。

(8) 可是她偏偏是一个力求十全十美的人。

(8′) * 可是她偏是一个力求十全十美的人。

(9) 防汛的重点在防,可我们偏偏就有那么一些城市有河却不设防。

(9′) * 防汛的重点在防,可我们偏就有那么一些城市有河却不设防。

同样是因为命题内容的关系,例(10)和(11)中使用“偏”非常顺畅,而一旦改用了“偏偏”,虽然还不至于不能接受,却会给人一种前言不搭后语的感觉。例(10)是个对话,说话人劝告“灵儿”说,结婚的事情“可不能乱来的”,而“灵儿”却不接受劝告,嚷嚷着宣称“我要乱来”,还激烈地反驳说“关你什么事”,所以这里的“偏”是对即将发生的事情表达强烈的意愿。如果改用“偏偏”,这句话就成了对已经发生了的事情发表意见,会与前面的规劝“这可不能乱来的”产生矛盾,形不成对话了。例(11)的情况与此类似。“姚志兰”的父母逼着她结婚,她却反抗说“不结”,而且用“偏”来表示强烈的意愿。如果改成“偏偏不结”,句子本身是可以说的,但意思却变了,是说尽管大家都反对,“不结(婚)”这件事还是发生了。这就与“姚志兰噘着嘴直嘟囔”不匹配了。

(10) “灵儿,这可不能乱来的。”

“我偏要乱来! 我想结婚就结婚,关你什么事?”

(11) 姚志兰噘着嘴直嘟囔:“不结,不结,偏不结”

这些例子中的“偏偏”和“偏”不能互换,背后的原因是两者的基本语义完全不同。“偏偏”的基本意义是“表示所发生的动作、行为出乎意料,是与某种愿望或要求相反的”(北京大学中文系 1959/1982),而“偏”的基本意义是“表示故意跟外来要求或客观情况相反”(吕叔湘 1980/1999),两个副词最根本的区别就在于吕叔湘先生所说的“故意”上。

“故意”是典型的“主语副词”(subject-oriented adverb)(Ernst 2007/

2009),表示主语的意愿,“偏”表示“故意跟外来要求或客观情况相反”,表示的也是主语的意愿,所以“偏”同样应该分析为主语副词。当然,“偏”与“故意”仍然有很大的差别,以后会另文分析。“偏偏”则表示“所发生的动作、行为出乎意料”,是说话人对小句命题做出的判断、评价,是言者副词(speaker-oriented adverb)(石定栩、周蜜、姚瑶 2017),与“偏”在意义上的差别极大。

2. “偏偏”和“偏”的句法功能

说话人在一个小句中加入“偏偏”,是要表示自己对小句命题所做的判断,觉得小句所描述的事件或动作违反了自己的想法,或者有违自己的推理(石定栩、周蜜、姚瑶 2017)。文献中有个常见的观点是“偏偏”还“表示‘只有’‘仅仅’的意思”,常引的例子是(12)(北京大学中文系 1959/1982)。例(12)的意思当然是“只有”“一个人不走”,但这个意思来自前句和后句的对比,与“偏偏”无关,拿掉“偏偏”后原句的“仅有”意义依然存在,而且类似的例(13)使用了“偏偏”却没有“仅仅”的解读。

(12) 大家都走了,偏偏他一个人不走。

(13) 头车都已经出发了,偏偏大多数团友还在磨磨蹭蹭。

“偏偏”其实只有“事与意违”与“事与料违”这样一个基本语义(石定栩、周蜜、姚瑶 2017),句法地位与其他表示说话人主观判断的副词“往往”“根本”等相似(姚瑶、石定栩 2015,石定栩、孙嘉铭 2016/2017),在小句里并不充当修饰谓语的状语,而是充当对小句命题加以说明的“高谓语”(张谊生 2004)。

“偏”的基本语义是“意在违愿”和“意在违理”,即作为动作主体的主语故意违背有些人的愿望,或者故意违反常理,执意要做某件事情或做某个动作。“偏”和“故意”“特意”等主语副词一样,在句子里修饰谓语,充当广义的方式状语。不过,“偏”与“故意”“特意”不同,只表示动作主体做某个动作的意愿,所在小句只能描述在参考时间还没有发生的未然事件。例(2′)中的“没有”表示“急着出手要你的命”从未发生,是广义的已然事件,因此与动作主体的意愿完全无关,自然就不能与“偏”搭配了。推而广之的话,表示已然的完成体貌(perfective aspect)标记“过”和“了 1”也不能与“偏”搭配，所以例(14)和(15)都不能用“偏”，而“偏偏”不受这一限制，所以(14′)和(15′)是能说的。

(2′) *只可惜我偏没有急着出手要你的命。

(14) *你偏去了北大荒的军垦农场。

(14′) 你偏偏去了北大荒的军垦农场。

(15) *我偏吃过“好客家”的家乡咸鸡。

(15′) 我偏偏吃过“好客家”的家乡咸鸡。

与此形成对立的是像例(16)(17)那样，谓语是未完成体(imperfective)的小句。这种动作所处的状态与动作主体的意志没有矛盾，因此不排斥“偏”的出现。

(16) 我偏躺着不动，她也拿我没办法。

(17) 曾毅偏要中西医双修。

值得注意的是并非所有未完成体的句子都能使用“偏”。例(18)(19)那样的句子，描述的是不受动作主体控制的常态，所以与“偏”有语义上的冲突。例(20)那种使用中缀“得”的句子也是描述一种常态，尽管“洗干净衣服”表示一种动作。这种句子并不描述具体的事件，而是表示将衣服“洗干净”这一状况是有可能实现的。这种可能性既与主语的能力有关，又和宾语的性质相关(Huang and Shi 2016)，因而是一种不受具体事件影响的常态。例(5′)的情况也是这样。

(18) *我偏是个农民的孩子。

(19) *她的第二个孩子偏长了一双眯缝眼。

(20) *叶毅偏洗得干净这些衣服。

(5′) *这些声音，白昼未尝没有，但我们偏听不见。

同样地，“被”字句里的主语通常是动作的对象而不是动作的主体，这种动作不受主语意志的控制，所以出现了“偏”的“被”字句(4′)是不能说的。

(4′) *可我偏被我的后辈打倒了。

“偏”和“偏偏”在语义和功能上的差别，造成的后果是两个副词在大部分情况下不能互换。即使有些句子中的“偏”似乎可以换成“偏偏”，但替换之后句子的意义会发生变化。本文的这一观点与文献中的主流意见不同，因为大多数分析都采用北京大学中文系(1959/1982)和吕叔湘先生的主张，将“偏”视为“偏偏”的等义词或部分等义词。例(21)(22)来自吕叔湘(1980/1999)，曾经多次在文献中出现，用作“偏偏”和“偏”可以互换、“偏偏”同样可以表示“强烈的主观意愿”的证据。

(21) 不叫我去，我偏去。

(22) 不叫他去，他偏偏去。

这两句话的差别其实很大。例(21)是个完整的复句，而例(22)虽然能说但却并没有说完，也就是没有“完句”，还要像例(23)那样再加上一个带“了$_2$”的小句才算完句。究其原因，例(21)说的是未然事件，而例(22)只能理解为描述已然事件。描述已然事件的句子没有句末成分通常不能完句(胡建华、石定栩 2005)。有些分析在例(22)里加上个“要”形成了例(24)，从而避开了完句限制的困扰。不过，例(22)的后句“他去”一旦改成了“他要去”，意义就发生了很大的变化。前者描述“他”所做的动作，而后者则是描写“他”的主观意愿；前者最可能的解读是已然事件，后者描述的是未然事件；所以后者可以完句而前者不能完句。换一个角度说，例(24)的后句确实表示了动作主体的主观意愿，但这个意愿是由情态动词“要”表达的，与副词“偏偏”无关。

(23) 不叫他去，他偏偏去，结果把车子开到泥潭里去了。

(24) 不叫他去，他偏偏要去。

如果在例(22)的后句里加入“死也要”，得到的例(25)当然更是表示“强烈的主观意愿”。不过，问题在于如果将“偏偏”拿掉，得到的例(25′)仍然表示“强烈的主观愿望”。也就是说，只有“死也要去”才是“强烈的主观愿望”的来源，而“偏偏”只是表示说话人认为“他死也要去”不合情理。拿例(24)和(25)来证明“偏偏”也能“体现主体强烈的意志”，其实是“将虚词所在的格式的语法意义归到那虚词身上”了(马真 2004：213)。

(25) 不叫他去，他偏偏死也要去。

(25′) 不叫他去，他死也要去。

3. “偏偏”和“偏”在小句中的位置

“偏偏”和“偏”有着不同的句法地位与不同的句法功能，自然也就有着不同的结构位置。“偏偏”作为言者副词，并不充当修饰谓语的状语，而是对小句命题加以说明的"高谓语"。如果用生成语法的结构树图来表示的话,"偏偏"的结构位置是在情态动词、否定成分、时间状语和方式状语之上;如果从线性位置的角度去考察的话,"偏偏"就像在例(26)里那样,出现在这些成分的前面(史金生 2011,石定栩、周蜜、姚瑶 2017)。

(26) 她怎么也没想到,这张丑陋的烂脸偏偏会在今晚不断给自己带来无尽的喜悦。

作为主语副词,"偏"在小句中充当状语,与其他状语的分布差别不算太大,可以像例(3)那样出现在"不"的前面,也可以像例(27)那样出现在"不"后面,还可以像例(28)那样同时出现在"不"的前面和"没有"的后面。

(3) 我偏不信这个邪。

(27) 我才不偏不出门呢。

(28) 我并没有偏不用它。

"偏"和时间、地点、目的状语的相对位置比较自由,例(29)(30)(31)中的(a)(b)两句因此都可以接受,尽管每两句话的具体意思并不完全相同。

(29) a. 主厨今天偏要先上热菜。

b. 主厨偏要今天先上热菜。

(30) a. 我在厂里偏穿裙子。

b. 我偏在厂里穿裙子。

(31) a. 你为了这个臭小子偏去当兵,值得吗?

b. 你偏为了这个臭小子去当兵,值得吗?

"偏"表示主语的强烈意愿,语义上与大部分表示理应如此的情态动词有冲突,所以"偏"与表能力的情态动词不能搭配,例(32)(33)因此是不说的;与表可能性的情态动词也不能搭配,所以例(34)(35)也是不能说的。

(32) *他偏会早点回家。

(33) *我偏能开卡车。

(34) *你偏可以坐飞机。

(35) *我偏该早点走。

只有表示主观意愿的"要"可以与"偏"搭配,但"要"只能出现在"偏"的后面,而不能出现在"偏"的前面,所以(36a)和(36b)的可接受程度不同。

(36) a. 他偏要去考清华。

b. ＊他要偏去考清华。

表示从事实证据或情理做出推测的认知类情态动词倒是可以与“偏”匹配,就像(37)和(38a)那样。不过,两者的线性顺序只能是认知类情态动词在前,“偏”在后。一旦像(38b)那样前后颠倒,句子就不能说了。存在这种限制的原因很简单,认知类情态动词表示说话人对于小句命题的判断,结构位置要高于谓语和谓语的修饰语,从线性顺序的角度说,也就是必须出现在谓语和各种状语的前面了。

(37) 他应该不会偏要出国。

(38) a. 你不可能偏要卖房子。

b. ＊你偏不可能要卖房子。

由于“偏偏”表示说话人的主观判断,所以“偏偏”的结构位置要高于谓语和各种状语,而且也高于大部分认知类情态动词(石定栩、周蜜、姚瑶2017)。如果“偏偏”和“偏”出现在同一个小句里,就只能是“偏偏”在前,“偏”在后,就像(39a)那样。一旦像(39b)那样,“偏”跑到“偏偏”前面去了,句子就变得不可接受。

(39) a. 轿子都到了门口了,可小姐偏偏就偏不肯出门。

b. ＊轿子都到了门口了,可小姐偏就偏偏不肯出门。

4. “偏偏”和“偏”与语篇的关系

尽管“偏偏”和“偏”的基本意义不同,在小句中的功能也不同,但两个副词却有着一个重要的共同点,那就是都对上下文有着极强的依赖性。“偏偏”的基本意义是“事与意违”和“事与料违”,即说话人对于小句命题加以评价,认为命题所描述的事件违背了某些人的“意愿”,或者是违反了根据某种推理得出的“料想”。这种“意”和“料”都会在语篇中出现。例(40)的“她”的意愿是“为老爸做一顿好吃的”,却被“有学生找上门来问功课”给打搅了,说话人于是用“偏偏”来评价这一事件。例(41)的“可以坐在家里安享晚年”是“按理”得出的“料”,而“童心大发,要在耄耋之年开办托儿所”则是“事与料违”,所以说话人用“偏偏”来表示他的判断。

(40) 好容易有了一点空闲,她打算为老爸做一顿好吃的,尽一点女儿的孝心，可偏偏有学生找上门来问功课。

(41) 已经是全城首富的何东生，按理说可以坐在家里安享晚年了，可他偏偏“童心大发”，要在耄耋之年开办托儿所。

例(42)同样是在说一个人的“意愿”，但语篇中只提及了“奶奶病危”，而“叶茜赶回去见奶奶最后一面”的意愿是推导出来的并没有明说的背景命题。说话人使用“偏偏”来说明他认为“车子半路抛锚”是“事与意违”的，也就是说表示这个意愿的命题是不言而喻的。例(43)中说话人用“偏偏”表示“你第一个举手报名表决心”是“事与料违”的，就意味着还有一个没有说出来的背景命题“你也应该不会报名”，而这个背景命题是根据上文的“全团没一个人敢报名”推导出来的。

(42) 叶茜急匆匆地往回赶，车子偏偏在半路上抛了锚，一耽搁就是十几个小时。

(43) 团场刚开展丰产攻关劳动竞赛那年，全团没一个人敢报名，而你偏偏第一个举手报名表决心。

“偏”是说作为动作主体的主语“意在违愿”或“意在违理”，而所违背的“愿”及“理”也同样来自语篇。例(44)说得很清楚，“少帅”不许别人抽烟，但“我”却故意违背他的意愿，“偏”要当面抽烟。例(45)里的“愿”没有在语篇里出现，但可以从上下文中推导出来。“你”的意愿是通过“闹”迫使对方与自己和好，结果适得其反，“对方”恰恰“意在违愿”，“偏”要做相反的事情。

(44) 少帅不吸烟，也不允许别人在他面前抽烟。我偏叫副官拿过香烟来，我偏要当着他少帅的面抽烟。

(45) 这样做，反而会使对方产生一种逆反心理：“你这样闹，我偏要去找第二次爱情。”

例(46)是一位京剧大师的自述。按照一般人的看法，(在演出中)“可以套用现成的程式”，是合情合理的做法，但他却坚决不用现成的程式，所以用“偏”来表示“意在违理”的决心。例(47)说的是开车时不能看手机这样一个“常理”，虽然没有在语篇中出现，但却是每个人都知道的，所以“偏”同样表示“你”“意在违理”。

(46) 都说我是京剧的科班出身，可以套用现成的程式，但是我偏不用。

(47) 你开车时偏要看手机,这回闯祸了吧?

显而易见的是,“偏偏”和“偏”的使用都依赖语篇提供背景命题。背景命题描述一个事件、提供一个推断、表达一个意愿或说明一个常理,从而可以得出一个明确的“意”“料”“愿”或“理”。“偏偏”表示所在小句描述的事件是出乎“意”或“料”的;而“偏”则表示所在小句的主语作为动作主体有“强烈的主观意愿”,坚决不按照“愿”或“理”行事。

5. 余论和题外话

从实际语料的分析中可以看出,“偏偏”是言者副词,表示说话人对于命题的主观判断;而“偏”是主语副词,表示主语作为动作主体的主观意愿。两个副词都表达与某种推理、常理或意愿相反的意义,在语义上有相近之处。不过,这两个副词的意义、功能和使用范围基本没有重叠之处,归结为等义词或部分等义词反而容易造成混淆,在对外汉语教学中更是弊大于利。

造成混淆的原因不少,除了文献中出现过并在上面讨论过的之外,还有一个重要的因素是方言的差别。文献中和语料库中都能找到一些该用“偏偏”而用了“偏”的例子,最典型的当属《醒世恒言》里的名句(48)了。这里的“偏”不可能表示动作主体的主观意愿,因为“遇到连夜雨”是不受人控制的偶发事件。同样地,例(49)的“他们几个是快手”,例(50)的“有中国人夹在里边”和例(51)的“没有人懂世界语”说的都是状态,都是不受人的意志控制的。也就是说,这几个句子里的“偏”按照一般人的语感和习惯是应该改用“偏偏”的。

(48) 屋漏偏逢连夜雨,船迟又遇打头风。(《醒世恒言》)

(49) 鸠摩智冷笑几声说道:“他们几个偏是快手,我只好先动手了。”(《天龙八部》)

(50) ……便影几片时事的片子,都是日本战胜俄国的情形。但偏有中国人夹在里边:给俄国人做侦探,被日本军捕获,要枪毙了。(《藤野先生》)

(51) 诺贝尔奖金的裁判人都是些陈腐得发霉的老古董,只认识英、

法、德、意、俄等国语言，还有希腊文和拉丁文，偏没有人懂世界语。(《灵感》)

这些句子都选自著名作家的成熟作品，应该不是笔误。不过，冯梦龙、金庸、鲁迅和钱锺书这四位名家都来自吴语区，而吴语和闽南话、闽北话、粤语等南方沿海方言一样，在表示动作主体"意在违理"的主观意愿时，常用的副词是"就"而不是"偏"，而且"偏"根本不作主语副词使用(黄伯荣 1996)。由于这些方言中不存在"偏偏"和"偏"的对立，说这些方言的人如果没有仔细研究过书面语中"偏偏"和"偏"的区别，写作时很可能就会不做严格区分。例(52)来自 BCC 语料库，其中的"名堂经"是典型的吴语说法，作者在该用"偏偏"的地方用了"偏"，也应该是受了方言的影响。

(52) 淘便宜货的偏就能淘出名堂经来，永远是大有人在。

很显然，以"偏"代"偏偏"的这种用法带有浓重的南方沿海方言色彩，在北方方言和"以北方话为基础方言"的普通话里是不为大多数人所接受的，因此也不宜在书面语中推广。

参考文献

北京大学中文系编 1959/1982 《现代汉语虚词例释》，商务印书馆。

胡建华、石定栩 2005 完句条件与指称特征的允准，《语言科学》第 5 期。

黄伯荣主编 1996 《汉语方言语法类编》，青岛出版社。

吕叔湘主编 1980/1999 《现代汉语八百词》，商务印书馆。

马真 2004 《现代汉语虚词研究方法论》，商务印书馆。

石定栩、孙嘉铭 2016 频率副词与概率副词——从"常常"与"往往"说起，《世界汉语教学》第 3 期。

石定栩、孙嘉铭 2017 客观副词与主观副词——再论"常常"与"往往"的区别，《现代外语》第 1 期。

石定栩、周蜜、姚瑶 2017 评价副词与背景命题 ——"偏偏"的语义与句法特性，《外语教学与研究》第 6 期。

史金生 2011 《现代汉语副词连用顺序和同现研究》，商务印书馆。

石微 2006 试析"偏"与"偏偏"，《井冈山学院学报(哲学社会科学)》第 7 期。

许艳华 2013 试析“偏偏”和“偏”,《语言研究》第3期。

杨霁楚 2007 语气副词“偏偏”的主观语义及相关句式考察,中国语文杂志社编,《语法研究和探索(十四)》,商务印书馆。

姚瑶、石定栩 2015 背景命题及其触发机制——从“根本”说起,《外语教学与研究》第5期。

张斌主编 2001 《现代汉语虚词词典》,商务印书馆。

张谊生 2004 《现代汉语副词探索》,学林出版社。

Ernst, Thomas. 2007. On the role of semantics in a theory of adverb syntax. Lingua 117: 1008 - 1033.

Ernst, Thomas. 2009. Speaker-oriented adverbs. Natural Language & Linguistic Theory, 27(3): 497 - 544.

Grice, H. Paul. 1975. Logic and conversation, Syntax and Semantics, vol. 3 edited by P. Cole and J. Morgan, Academic Press.

Huang, Churen and Dingxu Shi. 2016 A Reference grammar of Chinese, Cambridge: Cambridge University Press.

(本文发表于《华文教学与研究》2019年第3期)

汉语语气词"～嘛"的情态意义*

北京语言大学汉语国际教育研究院　崔希亮

0. 问题的提出

我们的问题来源于现实生活。这是酒桌上劝酒者常说的一句话：

酒嘛，水嘛，喝嘛！（新疆普通话）

这句话里边的三个"～嘛"是不一样的。第一个"～嘛"是话题标记，或者如方梅(1994)所说，是主位标记；第二个"～嘛"表达言者不容置疑的肯定判断，或者说是表达言者的强势确定意义；第三个"～嘛"表达了言者的恳请或者祈使意义。可以看出，语气词"～嘛"是个具有多重功能、多重意义的语言形式，对它应该进行多层次的分析。

"～嘛"(在某些文献中也有"～嚜""～么""～末"等变体形式)在现代汉语普通话中是一个使用频率很高的语气词，关于它的性质、功能、意义和用法都有人做过比较细致的研究，但是不同的研究者看到的是"～嘛"的不同侧面，因此得出的结论也不尽相同，所以我们觉得仍有一些问题值得提出来进一步讨论。综合各家的研究以及我们的考察，可以看出：语气词可以表达言者情绪、言者情感、言者态度和语用预设，它们都与言者主观情感和主观态度有关，而言者的主观情感或主观态度又与言者的主观认识有关，言者的主观认识通过语气词的形式来表达则属于语言中的情态范畴(modal categories)，所以我们认为这些都可以概括为语气词的情态意义。那么，"～嘛"到底表达什么情态意义呢？我们还得从前人的研究结论入手。

---

* 本文曾在韩国首尔延世大学举办的"第九届汉语语法国际研讨会"上宣读，得到很多学者的宝贵意见，特此致谢。

1. 与"～嘛"的意义和功能相关的讨论

赵元任(1926)指出"～末"(嘛)表示的是"你应当知道、记得或懂，但我想或我怕你实在不知道，不记得或不懂"，这可以概括为在说话人看来"应知未知"的情态意义；吕叔湘(1944/1982)指出"～么"(嘛)含有态度反问性、感情含蓄性和功能释因性，"用来指点一件事情的原因或理由"是"说话人认为很明显的原因或理由"，这一见解可以概括为在说话人看来"显而易见"的情态意义；王力(1943/1985)从情绪表达的角度出发，指出"～么"(嘛)所表达的不平语气及其"不平、怨望、感慨、不耐烦"等情绪，也就是说语气词可以表达情绪，这可以概括为"不平则怨"的情态意义；屈承熹(Chu, 1998)从功能语法的角度，认为语气词"～嘛"在语用层面具有预设功能，即表达命题的确凿性，在话语层面，言者坚持认为听话者或读者应该相信并接受其所说信息的真实性，"～嘛"所表示的"显而易见、不言而喻、意见不合、不耐烦、愤慨"等情绪和意义都是"预设"与"坚持"这两个语用功能与表达的命题意义交互作用的结果。这个说法有点复杂，简而言之就是语气词"～嘛"表达预设意义；郑曼娟(2018)考察比较了三个习语，认为三个习语构式都可以表达合预期信息，但"我说呢"关联的是所含预期，"我说吧"关联的是所言预期，"我说嘛"则可以关联两种预期。强星娜(2008)也认为语气词"～嘛"标记说话人的知情状态，具体表现为说话人对听话人知情状态的预测，即认为听话人不知道自己应该知道的，"～嘛"是一个直陈语气词，反映说话人对命题为真的强确定态度，"～嘛"的强确定性以及附带的"不满"情绪都来源于它所标记的说话人的知情状态，在这里她提到了知情状态与认识情态之间的关系。齐沪扬(2002a, 2002c)认为"语气是通过语法形式表达的说话人针对句子命题的一种主观意识，语气是一种语法范畴"。虽然他没有从情态的角度来讨论语气词的意义。郭红(2012)认为"～嘛"是汉语的传信语气词，"传信"意义就是一种情态意义。赵春利和杨才英(2016)根据"～嘛"的认知意义与内在矛盾，逐一分析"～嘛"的四种情感类型：气愤不满意型、急躁不耐烦型、撒娇不遵从型、无谓不在乎型，并基于因果关系和分类关系，构建句末助词"～嘛"的认知与情感的语义关联图。以上各家的研究加起来似乎很全面了，但是仍然无法概括语气词"～嘛"的全部意义，也没有统一把语气词的语气意义作为一个情态范畴来对待。这样的话有些解释和概括就还是只看到它的某一个侧面，例如我们在本文开头所说的那三个"～嘛"就很难用前面的四种情感类型来概括。"～嘛"表达祈使意义时具有很强的语力（force），"～嘛"常常用来表达大众观念（common sense），这是以往的研究者没有注意到的。

方梅（1994）从另外一个角度指出了"～嘛"在信息结构中的功能，她认为句中语气词标示的成分既不是主语也不是话题标记，甚至不是直接句法成分，她从句子信息结构的角度观察，认为句中语气词反映的是句子次要信息和主要信息划分的"主位-述位"结构的标记。强星娜（2010）则区分了话题标记的"～嘛"和语气词的"～嘛"，并描写了它们语法化的过程。这种区分是有道理的，但是这与它所表达的情态意义没有关系，属于"～嘛"的功能范畴，与言者态度无关。

以上所列举的各种观点概括起来有以下这么几点：

① "～嘛"作为语气词可以表达某种情绪；

② "～嘛"作为语气词可以表达某种意义；

③ "～嘛"作为语气词可以表达某种语气；

④ "～嘛"作为语气词可以标记某种态度；

⑤ "～嘛"作为语气词可以传达某种预设；

⑥ "～嘛"作为语气词可以表达对听话人的预测；

⑦ "～嘛"作为语气词可以概括为四种情感类型；

⑧ "～嘛"作为主位-述位标记或话题标记。

这里涉及的一些概念诸如情绪、意义、语气、态度、预设、预测、情感、主位-述位标记、话题标记，它们属于不同的范畴。情绪、情感属于情志范畴，意义、语气属于语义范畴，态度、预设、预测属于语用范畴，主位-述位标记或者话题标记则属于功能范畴。换言之，"～嘛"显然并不单纯，作为一个语言形式，它关涉到不同的认知范畴，这些范畴是彼此关联的。但是我们可以清楚地看到，除了话题标记或信息结构中的主位-述位标记之外①，其他

① 这两个概念属于功能范畴，是否具有言者主观性我们不好确定。

的范畴都与言者主观认识相关,这些与言者主观认识相关的意义范畴可以统括为语气词"~嘛"的情态意义。

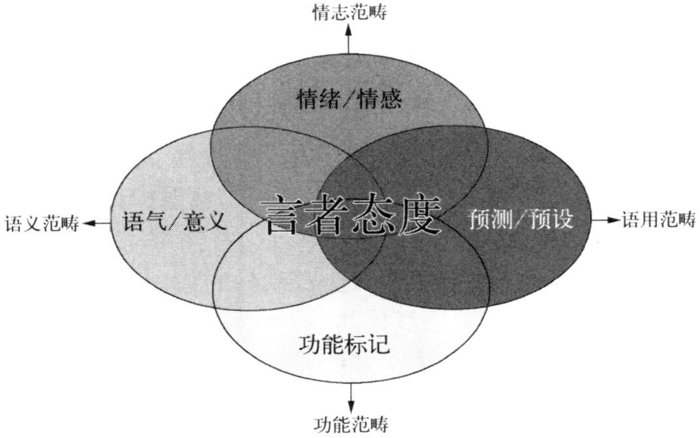

什么是情态(modality)? 这个概念在传统语法、系统功能语法和模态逻辑中有不同的内涵,它最初源于传统模态逻辑对必要性和可能性的探讨,在语言学领域,情态作为一个独立的句法语义范畴而为很多学者所关注。国外语言学界关于情态的研究主要聚焦于认识情态(epistemic modality)、道义情态(deontic modality)和动力情态(dynamic modality)。(崔希亮 2003)。关于情态的多维度研究,杨曙(2018)做了比较全面的综述,这里就不赘述了。简言之,我们认为情态是语言表达过程中与言者主观认识有关的句法语义范畴,它关涉到言者的态度、立场、观点、判断(包括毋庸置疑的判断和测度性判断)和预设。就汉语和我们周边的语言而言,语气词是表达情态意义的重要手段。例如:

老师:你下午三点来办公室找我好吗?

学生:① 好吧。(勉强,不情愿)

② 好哒。(愉快地答应)

③ 好滴。(愉快地接受并撒娇)

④ 好的。(没有表情,公事公办)

⑤ 好啊!(早有预约,终于实现)

⑥ 好嘞！（愉悦地接受）

⑦ 好呀！（愉悦地接受，女性化）

学生的七种回答用了七个不同的语气词，表达了言者不同的主观态度，也就是说，不同的语气词表达了言者不同的情态意义。传统语义学只是把情态作为一个静态的语义范畴来对待，系统功能语法和话语分析的发展，逐渐认识到情态不仅仅是与命题的可能性、必要性、肯定、否定这些参数相关，它已经成为与交互主观性（intersubjectivity）密切相关的概念。认知语言学又把情态研究向前推进了一步，他们研究了情态的语力（force）问题。语言类型学的研究发现了情态意义的表达手段不仅仅与情态动词、情态副词相关，还跟语气词相关，而在一些语言里，语气词是表达情态意义的重要手段。下面就来具体解剖一下语气词“～嘛”，看看它是如何表达情态意义的。

2. 言者情绪

情绪是一种生理和心理状态，它可以通过语言表达出来，也可以通过其他形式表现出来。情绪是一种综合症候，很难划分边界，它与语言形式的关系也不是一一对应的。语气词都可以表达言者情绪，因为情绪往往是态度的伴生物。“～嘛”表达的言者情绪则比较强烈。例如[①]：

（1）莫筱蝉唉了一声。“跟你说了我不喜欢打猎的[嘛]。”“喔……”寒仲轩委屈地瞅她一眼。（BCC：害臊大侠刁姑娘 A：古凌 Y：2000）

（2）为什么？因为他狗眼[嘛]！狗眼当然看人低。（CCL：当代\李敖对话录）

（3）再说，那本小说早八百年就出版啦！电视上还演那么多遍，有什么意思[嘛]！（BCC：推理小说家失踪事件 A：青山刚昌 Y：2009J）

（4）这些价格根本就没有道理[嘛]，这是砍人[嘛]，这也太离谱了[嘛]！（CCL：当代\报刊\1994 年报刊精选）

以上几个例子中的“～嘛”没有“应知未知”“显而易见”的意思，它们

---

① 本文语料来自北京语言大学的 BCC 语料库，北京话口语语料库和北京大学的 CCL 语料库，特此致谢！

表达的都是言者的不满情绪，当然也可以说是“不平、怨望、感慨、不耐烦”。情绪是个复合体，它往往与言者态度纠结在一起。不满的情绪其实也就是一种否定的态度。情绪是不是语言的意义？意义可以有不同的层次，它可以包括词汇意义、语法意义、语用意义。笼统地说，意义是与形式相对的，意义由形式来表达，但是一个形式往往可以有不同的意义。情绪也是意义，语气也是意义，口气也是意义，语用预设和言者态度都是意义。那么它们都属于什么意义呢？它们都与言者的言语行为状态有关。Palmer(2001)将情态范畴扩大到跟动词性复合体有关的一切事件和情景，这其中也包含了狭义的语气范畴(崔希亮 2003)，按照这个理解，我们可以说它们都属于情态范畴。情态是语言的一种句法语义范畴，它通过一定的语言形式表达出来。它表达的言者态度包括言者的好恶、判断、预期、意向、情志等，而言者态度是与认知有关的。赵春利和杨才英(2016)指出：“句末助词不仅具有一定的认知意义，还能表达一定的情感，而一个句末助词的情感成因并非无源之水、无本之木，而是受制于该句末助词的认知意义。”这个看法是有道理的。这是“～嘛”的第一层意义，也是情态意义最外围的一层。

3. 言者态度

我们有一个很强烈的感受，使用“～嘛”的时候说话人的态度是很鲜明的。究竟是一种什么态度呢？我们看例句：

(5) 从清朝要来的就是中国的[嘛]！是不是？开那个会议，为什么还给我呢？你美国承认是我的[嘛]！(CCL：当代\李敖对话录)

例(5)出现的两个“～嘛”都传达出一种十分肯定的语气，表达了言者不容置疑的态度。也可以借用熟语表达言者态度，例如：

(6) 该转弯的时候，要及时转弯。“识时务者为俊杰[嘛]！”(CCL：\当代\史传\李文澄　努尔哈赤)

在我们看到的语料中，这种引用熟语形式来表达言者态度的例子很多，例如“礼多人不怪嘛”“事在人为嘛”“有备无患嘛”“夫贵妻荣嘛”“心宽体胖嘛”“百闻不如一见嘛”“安居才能乐业嘛”“和气生财嘛”“旧的不去新的不来嘛”“不打不成交嘛”“一日夫妻百日恩嘛”，等等。这些熟语代表了大众观念(common sense)①,言者借助于大众观念来表达一种态度,"～嘛"是对这种观念的强势肯定。这种大众观念流行广泛,因此具有"不言而喻"的意味。

(7) 那个太好笑了,好好笑啊! 宪哥啊,你怎么那么好笑! 讲个笑话听听[嘛]!(CCL:当代\口语\电视访谈\鲁豫有约)

例(7)的"～嘛"传达的是言者的另外一种态度:恳切的请求。这种恳求发展到极致即变成了撒娇:

(8) 都不笑场的!!! 人家想要[嘛]!(BCC:微博)

(9) 陈乔治的腮帮给红菱用两个留尖指甲的手指掐住:"别逼人家[嘛]!"(CCL:当代\文学\大陆作家\严歌苓　金陵十三钗)

恳求也可以是一种劝说,例如:

(10) 别不好意思,还去到俺那里去拿些来,不要客气[嘛]!(CCL:当代\史传\李文澄　努尔哈赤)

由劝说可以引申为劝阻:

(11) 你们不要欺负师妹[嘛]!!!(BCC:微博)

之所以说是劝阻而不是禁止,因为"～嘛"口气比较委婉。BCC 语料库一例"严禁～嘛"都没有出现②。

从前面的例子中我们看到言者态度有不同的等级:

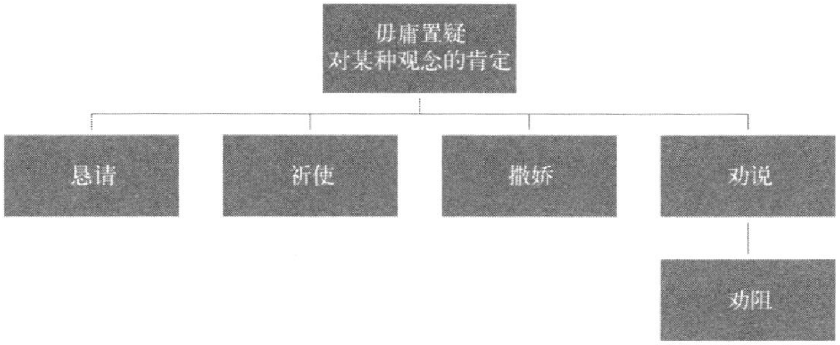

① 参看崔希亮(2005)《汉语熟语与中国人文世界》,北京语言大学出版社。

② BCC 汉语语料库总字数约 150 亿字,包括:报刊(20 亿)、文学(30 亿)、微博(30 亿)、科技(30 亿)、综合(10 亿)和古汉语(20 亿)等多领域语料,是可以全面反映当今社会语言生活的大规模语料库。

4. 预设意义

预设是话语交际中的附带信息,它是双方共同认可的背景知识,这个背景知识在说话人看来是无可争议的。对于言者来说,(a) 言者相信命题 Pi;(b) 言者认定听者知道 Pi 并相信 Pi;(c) 言者认定听者知道言者认定听者知道 Pi 并相信 Pi。言者的认识可能是公众的共同认识,也可能是自己的主观认识(崔希亮 1993)。我们先来看方梅(1994)的例子:

(12) 这就对喽。男人[嘛],就是得靠自己。

在这里言者对"男人应该是什么样子"有明确的预设,而且言者认为这个认识是为大众普遍接受的。"～嘛"表达了这样的信念。类似的例子如:

(13) 所以我觉得说这个,人[嘛],啊,毕竟你走哪路必不是笔直的,啊,得遇见这样儿那样儿的,啊。(北京话口语语料库)

(14) 我那个时候儿,是哇。因为什么你穿一个大褂儿按说规矩呀,买卖人[嘛],戴个帽儿头。你瞧那大褂儿帽儿头啊,那是最规矩。(北京话口语语料库)

这里提到的"人嘛""买卖人嘛"都隐含着言者对"人""买卖人"的主观认识,例(14)的下文还明确表明了听者对言者观念的批评,类似的例子还有很多,如"年轻人嘛""首都嘛""老外嘛""国产的嘛""炎黄子孙嘛""老人家嘛""小孩子嘛",等等,它们都有言外之意,含有"毕竟——嘛"的预设意义。有的时候"毕竟"直接出现:

(15) 毛仁风无论怎么威风八面,[毕竟]也是个男人[嘛],怎么能逃得了这个法则。(CCL:\当代\史传\中国北漂艺人生存实录)

(16) [毕竟]是改革开放之初[嘛]! 在这之前,很少与外国人打交道,更不要说向他们征税了。(CCL:\当代\报刊\人民日报\1998 年人民日报\1998 年人民日报)

(17) [毕竟]大家都是小朋友[嘛],需要磨炼一段时间。(CCL:\当代\口语\电视访谈\鲁豫有约 红伶)

在实际的语言交际中,不仅仅是"男人""女人"这样的名词加"嘛"可以表达这样的预设,还可以是比较复杂的形式。例如:

(18) 在她的观念里，[当歌手嘛]，就是要让别人出钱来捧。(CCL：\当代\报刊\作家文摘)

(19) [为人父母嘛]，自我牺牲是无条件的。(自拟)

言者对“当歌手”和“为人父母”都有先入为主的看法，这种看法是由“～嘛”传达出来的。

(20) 她也拉了一下李槐英的裙子，“人生——[逢场作戏嘛]，我们和那些太太们一起玩玩去。”(CCL：\当代\文学\大陆作家\杨沫 青春之歌)

这个例子中的“～嘛”表达的是言者对命题的强势肯定态度，这种不容置疑的意义来自言者表达的预设意义。言者认为这个预设意义是大家都认可的。“古语说”“老话说”“俗话说”等都在表达这样的预设意义。

5. 语气意义

“～嘛”是句末语气词，当然表达某种语气。什么是语气？语气是在具体的话语中用特定的语言形式表达出来的言者态度。表达语气的手段可以是语气助词、语气词、语气副词。以前我们讨论语气的时候主要有陈述语气、疑问语气、祈使语气、感叹语气等。那么，“～嘛”表达的是什么语气呢？前面我们已经看到了“～嘛”可以表达祈使语气，如例(7)(9)(10)(11)。我们再看下面的例子：

(21) 哎，我也能扛，我就是不，他疼他的，不就是疼[嘛]。哎，反正是吃药呗！(北京话口语语料库)

这里的“不就是疼嘛”表达了言者无所谓的态度，但这是“不就是～嘛”整体表达的。我们在 BCC 语料库中找到很多这个格式。“不就是一点钱嘛”“不就是撒泼嘛”“不就是失恋嘛”“不就是疗养嘛”“不就是过年嘛”“不就是矮点嘛”“不就是演习嘛”，等等，都是一种无所谓的口气①。口气跟语气是一回事吗？“语气”一词在《现代汉语词典》(第五版)中有两个义项：(1) 说话的口气；(2) 表示陈述、疑问、祈使、感叹等分别的语法范畴。可见在日常语言中我们对语气和口气是不加区分的。在话语交际

---

① 张云秋(2002)认为口气是语用平面的问题。

中，口气是言语行为的组成部分，指的是在话语交际过程中言者的语势和表达方式，例如亲昵的口气、轻蔑的口气、不屑一顾的口气、傲慢的口气、无所谓的口气等。行文至此，我们看到“口气”其实也是言者态度的外在表现形式，“～嘛”与某种特定的语言形式结合起来可以表达无所谓的口气。徐晶凝(2000)指出：“陈述、疑问、祁使、感叹语气，是一种语法范畴，作为语法意义的类，它是语言语义功能的体现，英文译作 Mood。交际时，说话者根据交际需要选择适当的 Mood，同时，往往还要附加表达自己对交际内容的某种感情、态度或意向，这种语气，是一种情态(Modality)。Mood 是语气得以实现的场，即 Mood 中可以采取不同的语气表达方式表达不同的语气。”我想这段话是不太容易理解的，但有一点很清楚，徐晶凝认为语气是一种情态意义，它是情态表达的附带意义。也就是说，言者会选择某一种口气来表现某种态度。而这种口气往往与某个语气词共现，甚至与其他的相应语言形式共现。例如由无所谓的态度可以推衍出对某事物的轻视或者小看，形式上可以用无所谓的口气，话语形式表现为“～而已嘛”：

(22) 呦，对不起老大，爆点小料而已[嘛]！(BCC 语料库)

(23) 一面之缘而已[嘛]！(BCC 语料库)

有的时候“～嘛”给人一种“打官腔”的感觉，例如电视剧《我爱我家》里边的爷爷傅老说话就是这样的：

(24) 怎么能比 60 年呢？60 年我好歹还有烟抽[嘛]！当然香烟质量是差一点，人称“紧嘬牌”，必须“背着风，就着灯，儿子叫爸不敢应”——可也聊胜于无[嘛]！(电视剧台词)

“打官腔”本身是一种说话的方式，给人的感觉是“高高在上”，有点傲慢，这也是一种言者态度。

6. 提示功能

有的时候“～嘛”并不能表达言者态度，只是说话人用来提醒听话人这是一个已知信息。例如：

(25) 因为什么闹过意见呢，我刚才不是说[嘛]，我这人好说直话。(北京话口语语料库)

(26) 那阵儿净净搞阶级斗争不是[嘛],就说是,他结婚就是晚,多少次自己也不想这事儿,那。(北京话口语语料库)

"我刚才说过"和"那阵儿净搞阶级斗争"都是已知信息,言者用"～嘛"来提示听者。有的时候言者并未真的说过前面的话,但是也可以这么用:

(27) 不单说交通警负责,而且在这个,走路这方面儿,没告儿您说[嘛],作为我们来说,居委会同志们呢也都是,每天都要值班,巡逻,嗯。(北京话口语语料库)

有的时候"～嘛"并非用来提示听话人,而是言者自我提示:

(28) 是在香山中学呀,教数学的一个老师,是个女孩子。这个岁数儿[嘛],也就二十六七岁。(北京话口语语料库)

(29) 一下儿住了多半年,这是八零年,八一年。我七九年[嘛],三月二十回来的嘛。这不是,在家里就这么呆着。(北京话口语语料库)

这两个例子中的"～嘛"似乎并不传达什么语气意义,也不表示言者态度或者预设等等,这是言者在回忆往事的时候用以自我提示的停顿。

7. 结语

现在我们回过头来看本文开头的那个例子:第一个"～嘛"可以看作是主位标记,或者话题标记,这取决于看问题的视角;第二个"～嘛"可以看作是句子信息结构与主位相配的述位,或者看作与话题相对应的评论,但是这个评论具有强烈的言者主观性,我们说它具有情态意义;最后一个表示劝说,很明显,言者主观意味很明显。这两个"～嘛"都可以概括为"～嘛"的情态意义。

酒嘛 theme/topic 水嘛 rheme/comment/modality 喝嘛 modality

事情并未就此结束,我们分析了"～嘛"出现的语言环境,发现"～嘛"可以表达言者情绪、言者态度、言者语气,而情绪、态度和语气通常是共生的关系,它们虽然隶属于不同的认知范畴,但是在言语行为中常常纠结在一起,因此会给分析者带来困扰。我们也发现,"～嘛"有的时候也可以不表达言者情绪、态度和语气,只有提示功能。综合以上分析,我们得出结论：

一是，语气词“～嘛”有两种功能：一种表达情态意义；一种只是作为话语标记，标示话语的主位/话题，或者仅仅具有一种提示功能。

二是，“～嘛”的情态意义包括言者强烈的不满情绪、对某一命题不容置疑的态度、无所谓的态度和对某一预设的认同，包括与此伴生的口气，这些都可以概括为言者态度。

三是，前贤文中提到的“应知未知”“不言而喻”“显而易见”“怨愤不平”等考语都可以归入言者态度这个范畴；他们没有提到的祈使意义也可以归入言者态度这个范畴。

四是，情态意义是一个句法语义范畴，在句法上有形式标记，语气词就是一类重要的形式标记，在语义上体现言者主观性。语气词表达情态意义时往往与某种情绪、某种口气产生伴生关系，这就是为什么有人从情感类型上去研究它的原因。但是我们必须了解“～嘛”所显现的各种不同的意义和用法属于不同的认知范畴：情志范畴、语义范畴、语用范畴、功能范畴。因为无法把情绪、口气、态度这些不同范畴的东西完全从语气意义中剥离出去，所以我们承认情绪、口气、态度是语气词情态意义的伴生意义而存在的。

参考文献

储诚志(1994)，语气词语气意义的分析问题——以“啊”为例，《语言教学与研究》第4期。

崔希亮(1993)，汉语“连”字句的语用分析，《中国语文》第2期。

崔希亮(2003)，事件情态和汉语的表态系统，《语法研究和探索》(十二)，北京：商务印书馆。

崔希亮(2003)，事件的情态和汉语的表态系统，《语法研究与探索》(12)，商务印书馆。

崔希亮(2011)，语气词“哈”的情态意义和功能，《语言教学与研究》第4期。

方　梅(1994)，北京话语气词的功能研究，《中国语文》第2期。

方　梅(2016)，北京话语气词变异形式的互动功能——以“呀、哪、啦”为例，《语言教学与研究》第2期。

傅　由(1997),小议语气助词"嘛",《中国人民大学学报》(哲学社会科学版)第6期。

高　蕊(2017),现代汉语语气词的情态研究,北京语言大学博士学位论文。

郭　红(2012),汉语传信语气词"嘛"和"呗",《首都师范大学学报》(社会科学版)第5期。

郭　攀(2010),基于第二语言教学的汉语语气范畴若干问题研究,南开大学博士学问论文。

郭　锐(2000),"吗"问句的确信度和回答方式,《世界汉语教学》第2期。

贺　阳(1992),试论汉语书面语的语气系统,《中国人民大学学报》第5期。

李成团(2008),话语标记语"嘛"的语用功能,《现代外语》第2期。

陆俭明(1984),关于现代汉语里的疑问语气词,《中国语文》第5期。

齐沪扬(2002a),论现代汉语语气系统的建立,《汉语学习》第2期。

齐沪扬(2002b),情态语气范畴中语气词的功能分析,《南京师范大学文学院学报》第3期。

齐沪扬(2002c),《语气词与语气系统》,合肥:安徽教育出版社。

强星娜(2007),"他问"与"自问"——从普通话"嘛"和"呢"说起,《语言科学》第5期。

强星娜(2008),知情状态与直陈语气词"嘛",《世界汉语教学》第2期。

强星娜(2010),话题标记"嘛"与语气词"嘛",《汉语学习》第4期。

索　兰(2017),试论语言交互主观性与句末语气助词"吧"的交互主观性功能,北京语言大学硕士学位论文。

王咸慧(2016),现代汉语"啊"的人际互动研究,北京语言大学博士学位论文。

温锁林(2003),汉语中的语气与情态,《南开语言学刊》第2期(总第22期)。

徐晶凝(2000),汉语语气表达方式及语气系统的归纳,《北京大学学报》第3期。

徐晶凝(2003),语气助词"吧"的情态解释,《北京大学学报》第4期。

徐晶凝(2007a),《现代汉语话语情态研究》,北京:昆仑出版社。

徐晶凝(2007b),语气词"呗"的情态解释,《语言教学与研究》第3期。

徐晶凝(2008),情态表达与时体表达的互相渗透——兼谈语气助词的范围确定,《汉语学习》第1期。

杨　曙(2018),情态的多维度研究,《外国语文》第34卷第1期。

张云秋(2002),现代汉语口气问题初探,《汉语学习》第4期。

赵春利,杨才英(2016),句末助词"嘛"的认知与情感的关联性研究,《外国语》第39卷第5期。

赵元任(1926),北京、苏州、常州语助词的研究,《清华学报》3(2):865—917。

郑曼娟(2018),所言预期与所含预期,——“我说呢、我说嘛、我说吧”的用法分析,《中国语文》第5期。

Chu, Chauncey C. (1998), A Discourse Grammar of Mandarin Chinese[M]. New York and Bern: Peter Lang Publishing.

Palmer, F. R. (1986), Mood and Modality, Cambridge: Cambridge University Press.

Palmer, F. R. (2001), Mood and Modality, Second edition, Cambridge University Press.

评注性副词“硬是”“愣是”和“生是”

中国人民大学文学院　张璐
西安电子科技大学宣传部　陈圆

1. 问题

1.1　词典中的“硬是”“愣是”“生是”

“硬是”“愣是”是现代汉语口语中表达行为主体意愿或言者进行主观评价时常用的副词。《现代汉语词典》(第七版)对“硬是”的解释为“就是(无论如何也是)”,“愣是”则是“愣③;硬是②;竟然”[①]。比如[②]:

(1) 就那么在办公室里,当着所有人的面,要打老教授。人家都六十多的老太太了,三十来岁的壮小伙儿,**硬是**下得去手。

(2) 昨天下午,一对情侣**愣是**不听群众的劝阻,结果被困于礁石之上,最后被赶来的110将二人救回岸边。

上两例的“硬是”“愣是”都表示行为主体不管不顾、无论如何都要做某事的强硬意志,但同时也表达了行为主体行为超出言者预期或违反社会常理,言者对此感到“意外”甚至“无奈”的含义。与“硬是、愣是”相仿,副词“生”也表示“违反规律、常理或有关人物的心情”,有时也有“硬是、坚决”的意思[③]。这种用法也可以说成“生是”。如:

---

① “硬是”还有一个义项是:〈方〉实在是,真的是。此义项不在本文讨论范围。“愣是”的第1义项释义为“愣”的第3义项,即“偏偏;偏要”。

② 本文的主要语料来源于北京语言大学BCC语料库和国家语委语料库在线。语料内容以现当代文学作品、报刊用例为主,同时兼顾科技语体。为节省篇幅,不一一标注语料来源。

③ 参看北京大学中文系1955、1957级语言班:《现代汉语虚词例释》,北京:商务印书馆,1982年,386页。

(3) 老徐给魏德华倒了一盅酒，叫暖暖肚，小魏**生**不肯喝。

(4) 胡伯好心好意给他做了碗蛋花羹，他却不肯吃，**生是**让端了回去。

例(4)也可以说成“硬是、愣是”：

(4′) a. 胡伯好心好意给他做了碗蛋花羹，他却不肯吃，**硬是**让端了回去。

b. 胡伯好心好意给他做了碗蛋花羹，他却不肯吃，**愣是**让端了回去。

这说明“硬是、愣是、生是”有意义相通之处，但三者似乎在情态的表达上各有侧重。如：

(5) a. 那家伙身材不高，却是狠辣，上奔下袭，不少兄弟被他的黑手给打趴下了，这家伙还不算完，抬脚就向倒地之人的胯下狠狠踹去，**生是**要将人废了。

b. 这家伙还不算完，抬脚就向倒地之人的胯下狠狠踹去，**硬是**要将人废了。

c. 这家伙还不算完，抬脚就向倒地之人的胯下狠狠踹去，**愣是**要将人废了。

例(5a)“生是”还有一层“活活、活生生”的意思，即“活着状态下，主体强行处置(使某人遭受痛苦或损害)”，带有一定的“摧残”义，因而言者在使用“生是”评述时，含有对此“感到残忍、残暴”的主观情感倾向。而“硬是、愣是”则更多表示那家伙“坚决、不管不顾”的强硬态度，没有言者感到残忍残暴的意思。

“生是”还未被各词典收入为词，但相同的句子如果只用“生”来表达，意义也有不同。如：

(5) d. 这家伙还不算完，抬脚就向倒地之人的胯下狠狠踹去，**生**要将人废了。

例(5d)语感上更侧重行为是“违反常理”“残忍”的，言者对此“不忍目睹”，而行为者“执意如此”的主体意志则有所弱化。因此“生是”其实也开始词化，并具有自己独特的意义。那么，“硬是、愣是、生是”到底在功能和语义上有什么不同？这值得进一步研究。

1.2 前人研究和本文做法

以往研究都是将"硬是""愣是"视为语气副词，认为表示"执意"义并传达说话者对事件及事件人"无奈"的语气，如杨洋(2008)。张谊生、田家隆(2016)是将其视为评注性副词，对"硬是、愣是、就是、偏是"做了细致的描写与解释，其中认为"硬是"重在"坚决而又执拗"，"愣是"突出"全然不顾后果"，"偏是"侧重"故意与众不同"。目前尚没有研究"生是"的文章。

本文也将"硬是、愣是、生是"置于"评注性副词"范围内讨论，但注意到"愣是"并非如张谊生等(2016)所说都具有"全然不顾后果"义。例如：

(6) 不巧，最近我家那台友谊牌全自动洗衣机也出了毛病，**愣是**不能排水，"趴窝"了。(引自张谊生、田家隆 2016)

(7) 邓超的女装造型一直都颇为惊悚，杨幂曾在微博晒出自己和一位"美女"亲密合照，组成新的姐妹花，细心的网友发现原来这位"美女"竟然是邓超所扮，网友惊呼："太美丽，简直 360 度无死角美女""我的妈呀，**愣是**没有认出来"。(引自张谊生、田家隆 2016)

另外与张谊生等(2016)相比，本文选择"硬是、愣是、生是"作为研究对象，首先也是注意到它们都受到了前一语素语义积淀的影响，"硬、愣、生"原本都有形容词和副词的用法，描摹方式或情态，意义本有相近之处，这很大程度上影响了"硬是、愣是、生是"之间纠葛混杂的关系。在这点上"就、就是"是与它们不同的。其次没有选择"偏是"与之一起研究，则是因为它们的用法有一定差别。"偏是"还经常用于行为主体之前，而"硬是、愣是、生是"则主要用于行为主体之后。如：

(8) 玉芬本来在失意的时候，**偏是**他又置之不顾，所以越发急起病来了。

……，他硬是/愣是又置之不理，……。(*硬是/愣是他又置之不理)

(9) 时间长了，他们由熟识而产生了感情。但**偏是**王老头看不过。他以为儿子跟人家寡妇搞在一道，真不体面。

……，但王老头愣是/生是看不过。……(*愣是/生是老王头看不过)

除此,“偏是”可以单纯表示言者认为事件行为出乎意料,与意愿、要求或常理相反,但“硬是、愣是、生是”的这种反预期用法总是伴随着对行为主体意志的评价。如:

(10) 其他的三口里只有些脏水或浮萍,**偏是**这靠近台阶、青瓷的一口,探出了一枝洁白的莲花。

(10′) 其他的三口里只有些脏水或浮萍,只这靠近台阶、青瓷的一口**硬是/愣是/生是**探出了一枝洁白的莲花。

(11) 燕西听到清秋说出地名来,就对她望了一望,好像很诧异似的。清秋见燕西如此,脸色也就动了一动。**偏是**乌二小姐对这事是留了心的,见他二人目挑眉语,越发奇怪。

(11′) 可乌二小姐对这事**硬是/愣是**留了心,见他二人目挑眉语,越发奇怪。

上述替换修改的两例除了表示出乎意料外,都增加了对行为主体意志的描摹和评价,(10′)则增添了荷花缸拟人化描写,青瓷的这口不管外在条件如何却努力生长出一枝洁白的莲花;(11′)则凸显了乌二小姐对燕西、清秋刻意的观察。而使用“偏是”则不具有以上含义。

因此,本文以“硬是、愣是、生是”为研究对象,基于语料库检索并分析三者的句法功能、语用表达和语义特征及语义使用条件。

2. 句法功能与共现组配

2.1 句法功能

就句法功能来看,“硬是、愣是、生是”最典型的分布就是充当句中状语,修饰其后的述谓成分。但要求其后述谓成分须为复杂形式,出现频率最高是动结式、动趋式等述补结构或述宾结构。并且,表达的往往是已然事件,即形式上带有完结成分,如“了”或补语成分。如:

(12) 谁也不会相信,一段短短的肉臂,既无丫也无枝,怎么能拿稳筷子?但他硬是“拿”稳了。

(13) 长江以北,尽归老曹所有,特别是郭嘉此行,愣是以少量兵马逼的刘备弃掉长安西行益州,临末了还大胜了贾诩一回。

(14) 冯子明说着又提着他的头发往墙上猛的一撞,大麻成顿时昏厥了过去，老冯二话没说又把大麻成的头摁进了洼起的一滩泥水里，生是把他给呛醒了。

即使述谓成分没有完结成分，或者表述仍为已然事件，或者事件为常然态，未然事件则出现在假设的情景中，但总体这样的用例极少。如：

(15) 宁城县过去山山沟沟都是杏树，可老百姓愣是守着大山过穷日子。现在，我们企业的杏仁饮料一产出，山沟里的老百姓自然就发动起来了，当地政府再稍微号召一下，漫山遍野都种上了杏子。

(16) 有一位护士长告诉我，我们的病床周转率比苏联小很多，原因之一就是有一种“病人”好了硬是赖着不肯走，总是说自己有病。

(17) 如果敌人硬是要干，咱们就以《沙家浜》里的郭建光、阿庆嫂、沙奶奶为榜样，学习他们对敌斗争的刚强意志和自我牺牲精神，学习他们军爱民、民拥军的好传统，狠狠打击敌人。

以上这些与“硬、愣、生”副词单用的用法不同，“硬、愣、生”可以修饰光杆动词，并且也可用于未然、常然或正然事件：

(18) 那五个人问他：“怎么办，支队长？”“下河，截条船，走！”“碰到水上警察怎么办？”“硬冲！我们的枪也不是吃素的。”（*硬是冲！我们的枪也不是吃素的。）

(19) 他一方面有一股不信邪的劲，不信有攻不下的难题；一方面贵有自知之明，清楚知道自己的短处何在，哪部分缺就愣画，猛攻一段，必有所成。（*……，哪部分缺就愣是画，……。）

(20) 摒弃课堂教学中只是教师讲，学生听，生塞硬给，信号单向传递的旧模式。（？……，生是塞硬是给，……①）

(21) 仆人吓呆了，怔怔地愣站着，身材壮硕的主人正仰躺在地上，沉重而又艰难地喘着气，非常短促，呼吸也渐渐微弱。

(22) 杨妈在外面屋子里等着她，就跟着她到屋子里去，低声道：“老太太，大姑娘究竟是什么病？你不问个清楚明白，让她硬熬着，

① 如果不是并列结构的话，“生是塞”“硬是给”单独成句是不成立的。

那可会出情形啦!”

例(18)—(20)谓语是光杆动词,例(18)是未然事件,例(19)(20)是常态性事件,都不能替换为“硬是、愣是、生是”。例(21)(22)“愣站着”“硬熬着”表述的是正在进行的行为或状态,例(21)替换为“愣是”则和下文的信息焦点有所冲突,句子改为(21′)语义才会自然(原因解释详见本文第三节)。例(22)替换为“硬是”句子尚可接受,但在实际语料库中检索“硬是V着”,用例极少真正表达事件正在进行中,更多作为后续行为的伴随动作方式出现。

(21′) 身材壮硕的主人正仰躺在地上,沉重而又艰难地喘着气,非常短促,呼吸也渐渐微弱。仆人吓呆了,怔怔地愣是站着(不动)。

“硬是、愣是”除了修饰复杂述谓成分,还能在语篇中修饰多个述题,表达言者对整个事件命题的态度、观点和意见。如:

(23) 下午出去的时候,她原想着要回来吃晚饭,就没去拿钥匙,可那些久违的朋友硬是拖住不让走,在这家吃饭,又到那家跳舞,一帮人一直闹到半夜两点。

(24) 最初,别人一小时能读四五十页书,成思危则只能在字典的帮助下读2—3页书,难度很大。但在短短不到三年时间里,成思危愣是凭着一股韧劲儿,发表了十来篇学术论文,赢得了奖学金。

“生是”在语料库中没有检索到修饰多个述题的例子,但上述两例换成“生是”也是可行的。

2.2 与其他状语的共现

“硬是、愣是、生是”在句中做状语时位置比较灵活,与时间、方式、伴随等状语共现时,可在其前后出现。如:

(25) 当时在北京无人可求助,时间又紧迫,于是她把自己关在房间里,从周五到周日硬是3个晚上没合眼,赶出了5万字的简写本。

(26) 你们硬是一个半月都没让敌人发现到行藏,真是厉害啊!

(27) 医务兵要打麻药,陈锋知道药品紧张就没同意,生是拿鱼肠线缝了十七针。

(28) 如此一步不落，生是靠两条腿远行千里，叫归化庄口的众伙友，也吃惊不小。

(29) 张子远不管旁人说什么，愣是领着大伙开发了 5 公里海岸，建起“海上牧场”，养殖、捕捞、加工三管齐下。

(30) 吴恒书记自打上任以来每天工作 14 个小时以上，正是在他的实干精神感召下，村党委领着全村人民愣是把一个远近闻名的“烂村”变成当地的富裕村。

而在与其他描摹性或限制性副词共现时，“硬是、愣是”也总是位于前列，不能置于其后。如：

(31) 中央政策明明规定可以实行多种责任制，有些地方硬是只准实行这一种，而不准那一种。（＊……，有些地方只硬是准实行这一种，而不准那一种。）

(32) 有一天，突然有人兴奋地惊呼，奚志农奋不顾身地冲过去，就像发现了金子一样，愣是趴在地上足足看了几分钟。（＊……，足足愣是趴在地上看了几分钟。）

“生是”在语料中没有找到后跟描摹性或限制性副词的例子，但是上两例换成“生是”也是可说的。

2.3 与谓语其他形式的共现

“硬是、愣是、生是”修饰的复杂谓语还经常包含意愿成分，其中又以否定性意愿成分为主，肯定性意愿成分主要是表强意愿的“要”。比如：

(33) 船上明明有垃圾箱，有些乘客硬是不愿多走几步路，任凭你磨破嘴皮，有人就是我行我素。

(34) 可还有人缺德昧心，就愣是不答应他们的这点要求，就愣是要抢走这些农民工兄弟一年的血汗！（《愤怒的子弹》）

(35) 你真可以呀，跟我摆磨咕阵。两天啦，你生是不露面，你想干啥呀。

这是因为评注还可以针对动作主体实施该行为的主观意愿来展开，即评价动作主体实施该行为的意愿是否合理、恰当、必要等。而意愿成分以否定性形式为主，则与这三词的反预期义有关，事件的否定语义违反了社会常理或言者预期。

"硬是、愣是、生是"还经常与"把"字句、"被/叫/给"字句等组配。

(36) 一些部门把半天能办成的事硬是拖人家三五天,一些干部为了本地方或个人的利益而坑害外来投资者。

(37) 连续4年了,张家口地区持续干旱,有的树已经种下十几年,愣是给旱死了。

(38) 是谁在大白天运砂子,不能晚上运吗? 看这门口淅淅沥沥一地的砂子,羊拉屎一样难看。还有,今天这运砂子的车生是把我的货车挤在墙角,不肯让路,还打了司机。

"把"字句和"被/叫/给"字句都凸显处置义,强调结果,特别是"被"字句往往是消极性的结果,这都与"硬是、愣是、生是"强调主体意志所引发的反预期结果义匹配。综合句法功能来看,"硬是、愣是、生是"都属于典型的强主观性评注副词。

3. 语用功能

3.1 焦点标记

传递信息、表达言者观点态度是语言交际的重要内容,这也是听话人最关心的部分。因而表达言者主观评注的"硬是、愣是、生是"自然而然地承担突出焦点信息的功能。

试比较下面的句子:

(39) 五十年代,年事已高的陈嘉庚硬是不服老,利用各种机会,对祖国统一大业,竭心尽力,坚持不懈。

(39′) 五十年代,年事已高的陈嘉庚不服老,利用各种机会,对祖国统一大业,竭心尽力,坚持不懈。

(40) 由于同行的市高指司机联系有误,这位黑红高大的山东汉子愣是在毒辣辣的日头下等了一个下午,直到太阳西沉才回到营地。

(40′) 由于同行的市高指司机联系有误,这位黑红高大的山东汉子在毒辣辣的日头下等了一个下午,直到太阳西沉才回到营地。

(41) 为了省几块车票钱,从天津到洛阳他舍不得坐卧铺,生是站了一天一夜,腿肿得脱不下秋裤。

(41′) 为了省几块车票钱，从天津到洛阳他舍不得坐卧铺，站了一天一夜，腿肿得脱不下秋裤。

当句子使用“硬是、愣是、生是”时，焦点信息落在其后紧跟的部分，是全句的表义中心。而没有它们时，焦点信息则落到句末自然焦点位置上。显然这里“硬是、愣是、生是”起到凸显焦点的作用，是焦点标记成分。也正是如此，前文中的例(21)的“硬”若替换成“硬是”须改成(21′)的语序。因为(21)中有两个事件，一个是仆人吓呆了导致愣站着不动，另一个是主人躺在地上呼吸衰微，原句是将主人这个事件放在句末自然焦点位置上。如果将“愣”改成“愣是”仆人站着不动则标记为焦点信息，这样就与句末自然焦点发生冲突，调整了语序才使矛盾得以消除，上下文通顺合理。

3.2 反预期信息标记

观察语料不难发现，“硬是、愣是、生是”较为一致地表现出说话者对事件或动作行为结果的意外之感，起到一种反预期表达功能。它们所凸显并评注的焦点信息与该信息的预设命题或言者的预期信息，或者呈现反向对立，或者超出预期。这里又分两种情况，一种是预设命题或预期信息直接出现在上下文中，言者通过直接阐明预设命题或预期信息，增强与结果(焦点信息)之间的对比，由此传达出言者强烈的意外之感。如：

(42) 老大卢楚其决定独自承担责任，并动员兄弟们各奔“前程”，可他们死也不肯，硬是东借西凑给工人发了工资。

(43) 本来花 2 000 万元就可以做出来的片子，制作方愣是多花出去 1 000 万元，投资人也就只好赔掉这 1 000 万元。

(44) “你们日升昌在广东势力无敌，何不也设法撺掇两广重臣，上奏解禁？广东松了口，那可非同小可。”“我何曾没有这样想？可我们老号，一直不叫动，生是摆着架子，要等着朝廷来求我们！”

第二种情况是，预设命题或言者预期的信息为社会常规、常理，通常无须出现在语境中，“硬是、愣是、生是”所评注的事件或命题与之形成反向对立，突出矛盾。如：

(45) 杨为民说：“我和老王共事一场，让我最后陪他一夜吧。”他硬是在太平间守了一夜。

(46) “女姿美”根本就没有什么注册、审批，它就是一个三无产品，但是人家愣是把钱赚着了。

(47) 至于形式更没有必要拘泥,就算在圣诞老人面前和情人互赠巧克力和玫瑰,生是把圣诞节过成了情人节的样子,难道还犯法不成?

正是由于结果或命题与预设如此相反,从而需要“硬是”等这类反预期标记,突显二者的对立。因此,它们也常与转折连词、副词以及典型的反预期标记“偏偏”“竟”等组合共现。如:

(48) 任何男人被女孩子拒绝超过五次,也应该要知难而退了,偏偏赵乾东卯足了劲,硬是不肯放过她。

(49) 笔者在调查中发现,一位青年女体育教师第一回把一位犯错误的学生叫到办公室之后,竟然不知说什么好,好容易把老教师那里学的几招“准备现卖”,却愣是开不了口,最后还是请班主任处理了。

3.3　客观情态和主观情态并存

所谓情态,就是说话人对命题的真值或事件的现实性状态表达的主观态度(参看彭利贞 2007)。Lyons(1977)提出把情态分成主观情态与客观情态的主张,并进行过比较详细的讨论。他认为主观情态与客观情态的主要区别似乎在于,客观情态化的句子,包含一个未加限定的、直言的“我这样说”(I-say-so)成分,即说话人通过客观情态化的句子保证他正向听话人所传递信息的事实性;主观情态化的句子不是一些表示“告诉”的言语行为(acts of telling)。换句话说,客观情态侧重传信,言者描摹行为主体的意志及行为,将信息传递给听者;主观情态侧重传情,言者对行为主体的行为结果作出自己的判断,表达自己的情绪、意见和态度。

“硬是、愣是、生是”兼有表达客观情态和主观情态两种功能。如:

(50) 起初,许复活为了省钱硬是不肯转院治疗,但3次病危通知“逼”得大家只好把他转入北京协和医院继续治疗。

(51) 党支部“一班人”当面锣当面鼓:“训练榜上党员要单独排列,成绩差了哪有说服力!”连队愣是把入党指标返还营里。

(52) 王起明汗流浃背,郭燕的头发跟抹了胶水一样粘在脑门子上,生是把一个特大号的半旧的双人床抬进了卧室。

这些例子是表达客观情态，说话者向听话人确认命题的真实性，即事实真相是某人固执、坚持或故意而执意造成了某一结果，侧重传信。

（53）在先败给海狮又拿下武汉红桃K后，应该说大连万达真把金正男逼到了绝处，但金正男硬是把这粒棋子搬动了。

（54）西韩加时赛仅两分钟，一个连1/32球边都没压线的精彩进球，愣是被人黑掉了！

（55）娘说：“这个满天，平时挺明白的，咋这回这么鲁，生是不来接你们。”

这些例子中的“硬是、愣是、生是”都是突出主观情态的，说话者更侧重表达自己对事件结果与预期或认知不相符的意外之感，侧重传情。

4. 语义分析

4.1 语义指向和语义特征分析

“硬是、愣是、生是”兼有表达客观情态和主观情态两种功能，这两种功能又和“硬是、愣是、生是”的语义指向、语义特征有关。在传达客观情态的句子中，三者语义指前，即指向施事主语；在传达主观情态的句子中，三者语义指后，即指向谓语核心部分。

语义指向指前的“硬是、愣是、生是”，语义都带有[＋主体意志][＋坚持]的特征：

（56）儿女们怎么劝都劝不住，邓老汉硬是从老伴那里把攒了一辈子的2万元钱要了出来。

（57）从前她不住在这里，这个院子其实也是我一个人住的，后来这个丫头耍赖愣是要和我住在一起，便依了她。

（58）那位张大人在老夫人那里呢，身上伤得七七八八地，精神头儿却恁足，生是要认老夫人当干娘。

当“硬是、愣是、生是”语义指向指后时，语义往往具有[＋反预期][＋意外]的特征：

（59）本来在广东5 000元就可买到的家具，在北京的销售价格硬是被抬到了万元以上。

（60）他真的很神：北约重兵和美国特种部队围堵了好几年，愣是连他的一根寒毛都没有碰着。

(61) 后来锥子渐渐恢复记忆、天锥后人粉墨登场,大伙才知道黑白岛的诛大阵根本就不是远古大神所铸,锥子更不是天命而生是被人活活的抽离了元神凝造成天锥。

需要注意的是,“硬是、愣是、生是”的语义也受“硬、愣、生”词义的影响,在语义特征上都具有其个性。

先看“硬是”:

(62) 王建宁患有严重的颈椎病,长时间趴在地上,对他无异于一种痛苦地折磨。可王建宁硬是一寸一寸地将图纸设计完成,确保技改项目的顺利实施到位。

(63) 一次我逗她,说我其实喜欢的是丰满的女孩,接下来一天,无论怎么道歉,怎么赔罪,怎么哄怎么劝,她硬是一句话不说,她不发脾气,也不和我吵,就是一句话不说。

这两句传达的都是客观情态,句中的“硬是”都表示动作行为主体意志上的坚持,并且达到一种“坚决而强硬”的程度。这种对主体意志的强调离不开“硬”的作用。而“愣是”和“生是”虽然也可以表示动作行为主体主观意志的坚持,但是这种坚持的态度,不如“硬是”那么强烈。因此,“硬是”在表达客观情态时还具有[+强硬]的语义特征。

再看“愣是”:

(64) 从来没有见过银川公主这副模样的王语嫣,在听了她这么一番话之后,顿时愣在当场,张了张了嘴,可愣是不知道该说些什么才好。

(65) 他自惭形秽地觉得很累很累,他嘬嘬牙花子,无聊地吐着烟圈儿,脸色青青的,木然地结了一层灰气。他愣是呆傻了似的靠着墙根儿默默无语地朝老蟹湾的方向张望了很久很久。

以上“愣是”表示主观情态,言者是以全能视角站在行为者的角度表达[+反预期][+意外]的语义,但句中往往含有描述行为主体“愣怔呆傻”样态的表达,如“愣在当场、不知说什么好、木然、呆傻了似的、默默无语”。陆俭明(2010)提出了“语义和谐律”:任何语言的任何句子,其诸方面语义,都要求彼此之间处于和谐状态。因此,在上述句子中使用“愣是”

来表达意外的效果比“硬是、生是”都更为和谐，这表明“愣是”的语义还受到“愣”的影响，还带有[＋令人呆愣]的特征，表达“意外”之感比“硬是、生是”更凸显一些。这样，即使前后文中没有出现描写行为主体呆愣的词语，但其行为结果令言者颇感意外，其行为也有“蠢笨呆傻”之感，那么用“愣是”也比“硬是、生是”更为贴切。如：

(66) 第二天，她拿着刚做好的假房产证找到张某，有着房屋中介经验的张某愣是没看出来有假，爽快交了 3 000 元订金。

最后来看“生是”：

(67) 杏儿、枣儿大了，她娘告诉他们说：“你们爹生是让那高音喇叭气死的！”

(68) 只有秋桐，一时撞见了，便去说舌，告诉凤姐说：“奶奶的名声，生是平儿弄坏了的。这样好菜好饭浪着不吃，却往园里去偷吃。”

(69) 围着的坛子胡同居民齐声叹道：“这孩子算废了。”“也不能说培养他就不对。”李大妈说，“经倒是一部好经，生是让这帮和尚给念歪了。”

以及前文举到的其他“生是”例子，这些例子的事件结果大都有一个共同特点，即人在活的状态下身体或精神遭受痛苦、摧残甚至致死，或人生受到很大影响。这里的“生是”还有一层“活活、活生生”的意思在其中，表示“在活的状态下受到损害”。言者使用“生是”时都暗含对这受损的结果“感到残忍、惨不忍睹”的主观评价。因此，“生是”在表达主观情态时，还带有[＋活活受损]的语义特征，这种语义是“硬是、愣是”所不具有的。

根据上面的分析，我们可以对“硬是”“愣是”“生是”的语义特征做如下归纳：

	客观情态			主观情态			
	主体意志	坚持	强硬	反预期	意外	令人呆愣	活活受损
硬是	＋	＋	＋	＋	＋	－	－
愣是	＋	＋	－	＋	＋＋	＋	－
生是	＋	＋	－	＋	＋	－	＋

由此,我们将“硬是、愣是、生是”区分开来。当句子传达客观情态,并且表达动作行为主体坚持按照主体意志行事时,三者可以互换。当句子传达说话者主观情态,句子评注事件结果是违反或超出预期而令人意外时,三者也可以互换。但客观情态句中,如果强调并突出动作行为主体意志十分强硬,用“硬是”表达最为精确;如果传达言者更为意外的主观情态,尤其句中还有致使行为主体处于愣怔状态的表述内容时,用“愣是”最为恰当;而当需要强调相关行为人的身体或精神受到损害、人生受到影响时,则只能用“生是”。

4.2 语义背景分析

马真(1983、2001、2004/2017)和陆俭明(2005)多次提出要充分重视词语使用的语义背景。语料显示,“硬是、愣是、生是”所在的分句不能单独成句,若单独成句则表意不明,必须出现在一个语段中。这些语段都包含一些语义要素,是“硬是、愣是、生是”可以使用的语义环境。这里可分四种情况。

4.2.1 第一种语义背景

① 存在一个客观现实:或是困难重重,或是身体不适;

② 相关行为主体迎着困难或忍着身体不适,坚持采取某一行为;

③ 相关行为主体克服了困难或身体不适,取得某一成果。

(70) 前面又出现一段400米长的深雪地带。雪漫过了李明德的胸部,他用手扒,用脚蹬,**硬是**“犁”出一条通向顶峰的夹道。[①]

(71) 在酝酿扩建有形建筑市场,他的牙病犯了,到医院一次一气拔了5颗牙,疼得他吃不下饭,直咧嘴,可他**愣是**一天没歇,照样回单位工作。

(72) 看着四处爬行的活章鱼,李贤胃里涌上阵阵不适。但为了节目效果,他忍着不适,一闭眼,一捏鼻,**生是**把那只活章鱼吞了下去。

有时,语义背景②在句中可以省略不表达,但由语义背景③可以感知到。例如:

---

① 划“____”部分表示语义背景①;“____”部分是语义背景②;“~~~”部分为语义背景③。下同。

(73) 那年，赵雪珍 29 岁，来自苏州的她在表演景颇族刀舞期间，发生了强烈的高原反应，但她**愣是**坚持完成了全部动作。

4.2.2 第二种语义背景

① 存在一个客观现实：相关行为人提出某种劝阻或反对，或是客观条件造成某种阻碍；

② 行为主体不顾劝阻、反对或阻碍，执意采取某一行为；

③ 说明该行为的结果。

(74) 他将刚才白采香披在他身上的外袍脱了下来，又披在她肩上说道：“这件外袍我不穿，师姊，你的手冷冰冰的，你自己穿着，我回去换一套衣物就行了。”白采香坚决不肯，**硬是**将外袍让风无痕披上。

(75) 一次在印尼比赛，他在场上发毛，王指导批评了他，他不服气，比赛完回旅馆深夜 1 点了，他**愣是**和王指导吵到快 5 点。

(76) 安欢和安乐的脸儿却是垮下来了，但不管他们怎么劝阻，他们的老爹都好像是中了邪似的，不听她们的，偏**生是**要跟着斐龚走。

语义背景②与语义背景③也可以重合：

(77) 张玫从亲友那儿借来了 2 000 元钱，租下一个门市房准备办个小饭店。小屋破烂不堪，蜘蛛网纵横交错，房前是一个蒿草过肩的烂泥塘。许多人劝她别冒这个险，她**愣是**不听。

4.2.3 第三种语义背景

① 存在某个客观条件或事实；

② 按照常理或者预期，在该条件或事实下，相关行为主体应该做出某种反应或行为；

③ 相关行为主体没有做出该反应或行为，而是做出了相反的行为。

(78) 没有得到家人的同意，我仍然得把咪咪留在外面。而我又放心不下，经常出去看她。我住的朗润园小山重叠，林深树茂，应该说是猫的天堂。可是咪咪**硬是**不走，总卧在我住宅周围。

(79) 为给专用厂下岗待岗职工找出路，政府和企业也想了很多办法，比如把他们介绍到一药业企业营业部，让职工穿上白大褂站柜台,按说这工作也体面,也干净舒适,可工人**愣是**不干。

(80) 玉玲气得嘴直哆嗦:“你拉倒吧!你净没事找事,我姐她生不了。”孙二柱说:“生得了生不了,咱上医院去找大夫看看,一看不就清楚了吗!她**生是**不去,这就不讲道理啦。”

但是大多数情况下,语义背景②隐含不现。因为该预期在言者看来是自然而然的行为,不需要特别说明,或者该预期可由与其相反的结果行为推测得出。

(81) 房价太高,又有大片空房卖不出去,可是房价**硬是**落不下来。

(82) 大家心里明明知道这是编的剧、演的戏,可**愣是**任自己的情感世界跟着魏明、艳梅、肖茜的命运往前走。

有时,存在的客观事实也并非预期行为的发生基础,而只是一个背景信息。

(83) 在娘家,她二十岁那年跟一群男人打赌,**生是**挑起了三百多斤的粮担。

4.2.4 第四种语义背景

① 存在某个客观条件或事实;

② 相关行为人陈述事实真相,或给予帮助、表达善意;

③ 按照常理或预期,行为主体应该相信或接受,却不相信、不接受。

第四种语义背景中,与前三种有所不同,一般①②③都会出现。

(84) 南京的一些主要交叉路口上多了“电子警察”,一天24小时自动拍摄违章车辆,在路口又安装了多相位信号灯,配备了信号倒计时器。路上没警察,违章照被抓。有人不以为然:莫非交警是神仙?有这样一个真实的故事:一名的哥**硬是**不相信“电子警察”的神话,一天夜里就把自己的车牌号用毛巾遮了起来,在一个路口先后6次来回压线——“电子警察”眨了6次眼睛。

(85) 赞皇县许亭小流域是“大雨洪水冲青苗,天晴三日冒黄烟”的穷山沟。科技人员把小流域治理的理论带上山,已经认命的老人**愣是**不信:“胡鬼哩,过去的名堂搞得多了,山还不是照样穷?”

(86) “碧盈表弟真是个怪人。”玉凝感叹说,“不接受任何人的好意,似乎也不想欠任何人的情,也不许任何人靠近他。今天胡伯好心好意给他做了碗蛋花羹，他却不肯吃，**生是**让端了回去，我怕胡伯难堪，就给吃了，现在胃里还堵。”

总体来说，从语义背景来看，“硬是、愣是、生是”所在语段需要有一个客观条件或事实作为基础；在该事实或条件下，言者会按照常理或根据自己预期进行预判，认为相关行为主体可能或应该采取某种行为；但是实际上是该行为主体按照自己的意志，做出了与言者预期相违背的行为，从而造成令言者颇感意外的结果。不同在于，第一种和第二种更凸显的是行为主体不畏困难、不惧病痛、不怕阻拦、不顾反对的主体意志，更侧重于表达客观情态；第三种和第四种则是凸显行为主体反预期的行为，令言者意外的主观情态。

5. 结语

综上分析，“硬是、愣是、生是”的相同之处在于：第一，在句法功能与共现组配上，三者的典型功能是做句中状语，位于其他描摹性或限制性副词前，但可与时间、方式、伴随等状语位置互换。修饰复杂谓语成分，往往表达已然事件。复杂谓语形式以述补结构为多，还常包含意愿成分，其中又以否定性意愿成分为主；第二，在语用功能上，三者既是焦点标记，又是反预期信息标记，客观情态与主观情态并重。既可凸显行为主体的意志和行为，传信于听者，又可突出主观性，表达言者对行为主体及行为结果的意见、评价等主观态度；第三，当三者语义指前，指向行为主体，则表达客观情态，具有[＋主观意志][＋坚持]的语义特征；语义指后，指向谓语成分，则表达主观情态，具有[＋反预设][＋意外]的语义特征。而从使用和汉语教学的角度，三者的语义背景使用条件可分为四种情况，前两种表达客观情态，后两种表达主观情态。不同在于：受“硬、愣、生”语义积淀以及篇章语义和谐的影响，“硬是”具有[＋强硬]、“愣是”具有[＋令人呆愣]、“生是”具有[＋活活受损]的独有特征。

参考文献

陆俭明　2005　要重视讲解词语和句法格式的使用环境，《对外汉语研究》第

1 期。

陆俭明　2010　修辞的基础——语义和谐律,《当代修辞学》第 1 期。

马　真　1983　说“反而”,《中国语文》第 3 期。

马　真　2001　表加强否定语气的副词“并”和“又”——兼谈词语使用的语义背景,《世界汉语教学》第 3 期。

马　真　2004/2017　《现代汉语虚词研究方法论》,商务印书馆。

彭利贞　2007　《现代汉语情态研究》,中国社会科学出版社。

杨　洋　2008　《现代汉语执拗类语气副词研究》,西南大学硕士论文。

张谊生　2000　《现代汉语副词研究》,学林出版社。

张谊生、田家隆　2016　从“X 是”的反预期情态看语义积淀对副词主观评注功能的影响——以“硬是、愣是、就是、偏是”的个性差异为例,《语言研究集刊》(第十六辑),上海辞书出版社。

Lyons, John　1977　Semantics. Cambridge University Press.

(原文发表于《澳门理工学报》2019 年第 3 期,有删改)

副词“几乎”的分布验证与语义提取*

暨南大学中文系　赵春利　钱坤

副词一直以来都是语法研究的重点和难点，而“作为一种个性强于共性的词类”（张谊生 2000a：3），每个副词句法分布的精确定位、语义指向的准确分类及其语法意义的正反验证都是提取副词语义并归纳副词词类的基石，不仅有利于辨析近义副词内部的异同，为汉语教学、词典编纂和信息处理提供颗粒度精细的语义信息，而且也有利于准确界定副词词类的句法地位，为阐明副词的语法性质奠定基础。

1. 前人关于副词“几乎”的研究

“几乎”是现代汉语使用频次较高的副词之一，语法学界从共时和历时层面对其句法和语义进行了比较全面细致的探讨，取得了丰硕的研究成果，特别是关于“几乎”表示“非常接近”的语义，大多数学者（吕叔湘 1980/1999：285；北京大学中文系 1955/1957 级语言班 1982：251；侯学超 1998：291；卢福波 2000：297；冯传强、方颐 2002：7；王凤兰 2006：20－21；杨德峰 2015：99－104 等）基本上能达成一致，但在语义性质、语义指

---

* 本项研究得到国家社科基金一般项目“汉语情态副词的语义提取与分类验证研究”（17BYY026）、国家社科基金重大项目（16ZDA209）和（18ZDA291）的资助。本文曾在第九届现代汉语语法国际研讨会（韩国 2017）、第六届现代汉语句法语义前沿学术研讨会（中国香港 2017）和第四届汉语副词研究学术研讨会（中国厦门 2017）上宣读，陆俭明、黄正德、邵敬敏、石定栩、张谊生、潘海华、蔡维天、张伯江、方梅、郭锐、杨德峰等诸多专家提出了宝贵的修改意见和建议，本刊匿名审稿专家提出了宝贵的修改意见和建议，特表谢忱，文中不当之处，当由作者负责。作者简介：赵春利，男，山东德州人，教授，博士生导师，博士毕业于暨南大学，主要研究语法学、汉语教学。钱坤，男，安徽青阳人，讲师，暨南大学文学院中文系博士研究生，主要研究语法学、语言教学。

向、语义特征、语义演变上还存在着争议。

首先,语义性质的范畴归类之争。前人主要把“几乎”归入副词的四个次范畴：一是范围副词(ChaoYuenren1968：781;张谊生 2000b：62);二是程度副词(李泉 1996：384;冯传强、方颐 2002：7－8;岳中奇 2007：27;相亚华 2015：12);三是情态副词(太田辰夫 1987/2003：273);四是语气副词(宋玉柱 1981;邢福义 1991：275;史金生 2003：21;齐春红 2008：90;杨德峰 2008;2015：100－99)。归类不同反映了语义性质的界定不同,并进而反映了语义指向的分类和语义特征的认知不同,据此,四个次范畴大致可以分成两大类：偏向客观的范围程度类和偏向主观的情态语气类。

其次,语义指向的语义类型争议。副词“几乎”的语义指向类型是指其在语义上“非常接近”的语义成分。北京大学中文系 1955/1957 级语言班(1982：251)最早提出了比较笼统的两类：事件或情况,卢福波(2000：297)则具体化为“情况、程度或状态”三类。冯传强、方颐(2002：7)认为有“数量、一般性事实和动作性事实”三类,王凤兰(2006：20－21)也提出了“数量大、程度深、非寻常”三类,而岳中奇(2007：27)认为有“数量、事件结果、有关情状”三类。可以说,语义指向的语义类型是揭示“几乎”的语义特征及其语法意义的语义基础,而句法分布又是揭示语义类型的形式依据,对此,不同的学者却给出了不同数量以及不同名称的语义类型,这说明：语义类型的分类缺乏句法分布的全面细致描写,而句法分布的描写又缺乏语料库的大规模调查。

第三,语义特征的客观主观之争。与关于“几乎”语义性质的范围程度类和情态语气类相关,前人对其语义特征的认识存在着客观论和主观论的争议。客观论认为:“几乎”“客观叙述”(侯学超 1998：291),“只用于如实叙述的情况,……基本上没有”夸张语气(卢福波 2000：298),“表示达到‘接近于’事实的程度,……‘几乎’是客观性的……程度副词”(冯传强、方颐 2002：8)。而主观论认为:“‘几乎’则带有强烈的主观色彩”(王凤兰 2006：22),“‘几乎’的主观性也比‘差不多’强,带有一定的夸张色彩,……是一个纯粹的语气副词”(杨德峰 2015：100－99)。值得注意的是：客观论者(卢福波 2000：298－299;冯传强、方颐

2002：9；相亚华 2015：14）力图通过“几乎”与“简直”的比较凸显“几乎”的客观性，但缺乏正反验证的针对性和解释的系统性，而主观论者一般都是根据实例结合语感做出的判断，既缺乏形式验证，也缺乏系统解释。

第四，语义演变的成词年代之争。从太田辰夫（1987/2003：273）所举的“先秦”例子可以断定，他认为“几乎”于“先秦”成词，而韩陈其（2005：32）则根据一组“有着明显的历史发展脉络的具有累递羡余关系的语词”将成词年代具体化为“春秋战国时代”。而杨荣祥（2003：402）认为“几乎”成词于“宋代”，麻爱民（2010：66）根据语义演变所导致的重新分析论证了这一观点，而张慧颖（2014：110）根据先秦时“几”+[“乎”]的“接近义”到南北朝至唐朝时[“几”+“乎”]引申出“差不多”义，再到宋代时“几乎”引申出“差点儿”义，以印证宋代成词说。那么究竟成词于“先秦或其春秋战国”还是“宋代”？本文认为：现代汉语“几乎”句法和语义的共时描写可以发现成词年代在句法和语义上的相关线索。

总的说来，前人不仅从共时层面对“几乎”的语义性质、语义指向、语义特征进行了比较深入的分析，而且还从历时层面基于语义演变对其成词年代进行了较为系统的论述，取得了极具启发性的学术成果，但存在的争议说明还存在着本文试图解决的三点不足：句法分布描写缺乏精确定位、语义指向概括缺乏系统分类、语义特征提取缺乏正反验证。

2. 副词“几乎”的分布规律

要精确定位副词“几乎”的分布规律，可以按照宏观到微观的顺序从句子功能选择、句法位置分布和关联句法成分三个层面逐层定位。第一，从句子功能上看，副词“几乎”可以进入什么句子功能类型，排斥什么句子功能类型，这是宏观的功能分布。第二，从句法位置来看，副词“几乎”可以分布什么句法位置，存在什么规律性，这是中观的句法分布。第三，从关联成分来看，副词“几乎”与什么句法成分存在着关联性的制约关系，即存在某种句法成分，“几乎”就可以进入，缺乏某种句法成分，则“几乎”就不可以进入，这是微观的关联分布。

2.1 副词“几乎”的句子功能分布

从句子功能分布来看,并非任何一种句子功能类型都可以不受限制地插入副词“几乎”。根据CCL语料库的调查可以发现:副词“几乎”一般不能进入两种句子功能类型:祈使句(1)和感叹句(2),否则不合法,也就是说,“几乎”所分布的句子不能用于抒发感情,也不能用于祈使行为,如:

(1) a. 严禁吸烟!　　*几乎严禁吸烟!
　　b. 滚!　　*几乎滚!
　　c. 请进!　　*几乎请进!
　　d. 别说!　　*几乎别说!

(2) a. 她难过极了!　　*她几乎难过极了!
　　b. 荒唐!　　*几乎荒唐!
　　c. 混蛋!　　*几乎混蛋!
　　d. 神了!　　*几乎神了!

根据调查可知,“几乎”可以进入索取信息的疑问句,但频次极低,在51 989个“几乎”用例中只有61例用于疑问句,仅占1‰,如(3);主要分布于提供信息的陈述句,如(4)。

(3) a. 这些民众怎么几乎一句话都不懂呢?
　　b. 它为什么几乎全军覆没?
　　c. 这是不是几乎所有女人的梦想?
　　d. 这难道不是几乎不言而喻的吗?

(4) a. 这是几乎所有快餐工人的经历。
　　b. 我几乎每年回一次北京。
　　c. 两人的言行几乎完全一致。
　　d. 他几乎说不出话来。

从句子功能的宏观角度看,“几乎”不能分布于抒发感情的感叹句和祈使行为的祈使句,可以用于索取信息的疑问句,但主要分布于提供信息的陈述句。换句话说,副词“几乎”只用于信息的传递句而非情感的抒发句或行为的祈使句。

那么,是不是副词“几乎”可以不受限制地分布于陈述句或疑问句的任何句法位置呢？并非如此，其分布位置具有规律性，其句法功能具有单一性。

2.2 副词“几乎”的句法位置分布

根据CCL语料库的调查，可以发现，无论是陈述句还是疑问句，副词“几乎”分布广而规律强，独具状语功能但有迷惑性。

首先，副词“几乎”既可以独立在主语后谓语前作状语(5a)，也可以在主语后其他状语前作状语(5b)，还可以在句子情态补语前作状语(5c)，甚至在短语结构的动词前作状语，如(5d)：

(5) a. 地铁几乎塞满了人。

b. 他几乎三天两头迟到。

c. 她紧张得几乎说不出话来？

d. 工作人员在几乎毫无防护的情况下销毁可能染有病毒的家禽。

其次，副词“几乎”还可以位于句子主语前(6a/b)、宾语前(6c)、数量补语前(6d)和短语的定语位置(6e)，貌似定语，如：

(6) a. 几乎我们每一个人都被偷过。

b. 几乎所有的人都知道。

c. 他耗费几乎全部的财产。

d. 雷斯林昏迷了几乎一天。

e. 两国在几乎所有的国际问题上立场和观点一致。

尽管“几乎”在名词、代词或者数量词前，好像占据定语的句法位置，但本质上，不是定语而是状语。这可从以下三个方面得到证明。

一是可移至状位而命题意义不变。看似定语位置的“几乎”都可以移位到句子状语位置而不改变原来的命题意义，例(6)中所有位置的“几乎”都可以移至句子状语位置，命题意义保持不变，这说明，“几乎”的状语功能是内在而无标记的，如(7)所示：

(7) a. 我们每一个人几乎都被偷过。

b. 所有的人几乎都知道。

c. 他几乎耗费全部的财产。

d. 雷斯林几乎昏迷了一天。

e. 两国几乎在所有的国际问题上立场和观点一致。

即使在情态补语前(5c)或者短语结构的动词前(5d)的状语“几乎”都可以移至主句的状语位置而命题意义不变,这说明,“几乎”具有主句状语的功能特征,如(8):

(8) a. 她几乎紧张得说不出话来?

b. 工作人员几乎在毫无防护的情况下销毁可能染有病毒的家禽。

二是修饰范围副词和数量词。定语位置的“几乎”与中心词之间要么必须隔着“所有、任何、每、全部、一切、整个、清一色”等范围副词,要么隔着“一半、三年、五分之一”等数量词,“几乎”并非直接修饰中心词,而是修饰范围副词或数量词,去掉范围副词或数量词则句子不合法,如(9a/b/c);要么就是直接修饰“三分之二、五天、一半儿、九千里、十岁”等数量词,如果补出省略的中心语,数量词也不可以省略,算是作状语,如(9d):

(9) a. 几乎整个跆拳道队都对陈中帮助很大。 *几乎跆拳道队都对陈中帮助很大。

b. 大家发出几乎清一色的啧啧声。 *大家发出几乎啧啧声。

c. 几乎一半咖啡树遭到严重摧残。 *几乎咖啡树遭到严重摧残。

d. 这两个人差了几乎十岁(的年龄)。 *这两个人差了几乎(的年龄)。

三是不可直接修饰体词性中心词。副词“几乎”不能直接修饰中心语,如果中心语前没有范围副词或数量词,独立作状语的“几乎”无法移到宾语的定语位置,如(10a/b),而修饰其他状语的“几乎”,也不可能移至宾语前作定语,如(10c/d):

(10) a. 他几乎跑遍了北京。 ——*他跑遍了几乎北京。

b. 她几乎耗尽了养料。 ——*她耗尽了几乎养料。

c. 她几乎每年生一个孩子。 ——*她每年生几乎一个孩子。

d. 他几乎天天去图书馆。 ——*他天天去几乎图书馆。

因此,副词“几乎”的句法功能是单一的状语功能,无论是主句的状语、补语的状语或定语的状语。句法分布规律可以概括为:陈述句和疑问句的句子谓语前、补语前、定语前的三种状语位置。值得注意的是:并非任何一个陈述句或疑问句的这三个位置都可以不受限制地插入副词“几乎”,其分布主要还受到同现成分及其语义特征的制约。

2.3 副词“几乎”的关联成分制约

从关联成分来看,副词“几乎”能否合法进入到陈述句或疑问句的句法位置,还受制于一定的句法成分,比如(11),就不可以直接插入“几乎”。

(11) a. 他喝了酒。　　　　　　＊他几乎喝了酒。

b. 树叶掉了。　　　　　　＊树叶几乎掉了。

c. 他穿着青衣青裤。　　　＊他几乎穿着青衣青裤。

d. 老人都玩麻将。　　　　＊几乎老人都玩麻将。

要使(11)可以插入“几乎”,就必须增加某种句法成分,或者在宾语前插入表示数量义、特别是满量义的定语,或者在谓语后插入表示空量义的补语,或者在“几乎”后插入频量义的状语,或者在把代词主语变成复数并在状语位置插入副词“都”来总括其全量,或者在主语前插入满量义的定语等,可以说,陈述句或疑问句在一定的句法位置上是否存在着指称数量、特别是满空义的句法成分,对“几乎”能否插入某些陈述句或疑问句起着一定的制约作用,如(12):

(12) a. 他几乎喝了一瓶/所有的酒。他几乎喝光了酒。　他们几乎都喝了酒。

b. 树叶几乎掉光了。　　　树叶几乎都掉了。所有的树叶几乎都掉了。

c. 他几乎常年穿着青衣青裤。他们几乎都穿着青衣青裤。

d. 几乎所有的老人都玩麻将。几乎每位老人都玩麻将。

可以说,表示一定数量义的定语、补语、状语等句法成分对副词“几乎”能否进入陈述句或疑问句起着制约作用。

总的说来,从句子功能来看,副词“几乎”主要分布于陈述句和极少量疑问句;从句法功能来看,“几乎”只能分布于陈述句或疑问句的状语位置,主要是句子谓语的状语、定语的状语或者补语的状语,但都可以移位到句子状语位置而命题意义不变;从关联成分来看,“几乎”能否进入某种陈述句或疑问句的状语位置,还受制于句子的定语、补语、状语位置是否存在着表示数量义,特别是满空义的句法成分。这样,大致可以描绘出副

词“几乎”的分布规律,如表1所示:

表1: 副词“几乎”的分布规律

分布 视角	选　择	排　斥
句子功能	陈述句、疑问句	感叹句、祈使句
句法功能	状语(谓语的状语、定语的状语或者补语的状语)	其他句法位置
同现成分	数量义的状语、定语、补语	非数量义句法成分

但是,值得注意的是,句子功能的选择和句法位置的分布都是描写副词“几乎”分布规律的必要条件,而关联成分则是充分条件。换句话说,如果某个句子不是陈述句或疑问句,那么,副词“几乎”就不可以进入该句子;如果某个句法位置不是“状语”或者不能还原到状语,那么,副词“几乎”也不可以进入到其他句法位置。如果某个陈述句或疑问句的状语、定语或补语位置存在着数量义的同现成分,“几乎”就可以插入该句子,但是如果没有数量义成分,有的仍可以插入。如(13):

(13) a. 两套房子几乎一样。
　　b. 妻子几乎像个陌生人。
　　c. 她几乎要发疯了。
　　d. 金元券几乎成了废纸。

尽管没有数量义的句法成分,这些陈述句也可以插入“几乎”,为什么呢? 其实,数量义的句法成分只是可以插入副词“几乎”的形式标记性充分条件而非充要条件,具有标记性制约作用,而决定副词“几乎”句法分布规律的内在深层次原因则是句子是否存在着“几乎”语义所指向的语义类型。

3. 副词“几乎”的语义指向类型

副词“几乎”之所以能且只能分布于陈述句或少量疑问句并占据句子的状语位置,并在形式句法上可以通过具有一定数量义语义特征的关联成分来显示,是因为在语义关系上,句子中存在着副词“几乎”的语义可以指向的语义类型。究竟一个句子具备什么语义条件才能使副词“几乎”入句呢？根据CCL语料库的全面调查，可以发现，“几乎”是一种极性敏感成分（Ladusaw 1979，1996），如果句子中存在着“几乎”语义可以指向的存量满空值、时量高低值、比量异同值、能量偏离值四种有界极值性的语义类型之一，那么，“几乎”就可以进入该句子的三种状语位置之一。

3.1 存量满空值

当句子的某些句法成分指称的是主体、物体、事体在空间上静态存在的数量是满值还是空值时（刘丹青 2013），副词“几乎”的语义就可以指向这一“存量满空值”而进入该句子的状语位置。根据调查，“存量满空值”通常是“满多空少”，指称“存量满空值”的成分主要分布于定语、状语、补语位置，常见的副词有：所有、都、每、各、全、全都、全部、完全、任何、一切、一律、统统、悉数、全然、处处、到处、清一色等，常见的动词或其短语有：为零、没有、没V/N、满N、全V/A、绝V/N、遍V、V满、V遍、V完、V光、V绝、V尽、V罄等。另外，还有“一个一个地、一个不落地、没有一个、一点儿N/V也没有、顿顿、个个、本本”等结构，如(14)：

(14) a. 每个孩子几乎都做过这样的梦。

b. 社会管理几乎处处都离不开大大小小的权力。

c. 有的农田几乎绝产。

d. 她几乎一个一个地掰开我的手指。

这些词语一般都表示事物存在的满值量或空值量，都具有周遍性（陆俭明 1986：161），从区别性看，具有有界性；从等级性看，具有极值性，即有界极值；而“几乎”表示的语义就是接近作为有界极值的满空值。而在有些例子中，“几乎”也可以指向“三分之一、一半以上、百分之X、一瓶、一晚”等有界数量值（沈家煊 1995：368），表面看来，它们不带有极性意义，但从说话者角度看，这个有界数值是出乎说话者意料之外的，具有相对的高极性，因此，也就具有了一定的极值义，如(15)：

(15) a. 他们几乎三分之一受了伤，当了俘虏。

b. 邓肯吸引了几乎一半以上网队的防守力量。

c. 他几乎喝了一瓶酒。

d. 他几乎一晚没睡着。

3.2 时量高低值

当句子的某些句法成分指称的是主体、物体、事体在时间上动态发展的频量是高值或低值,或者时量是长值或短值时,副词"几乎"的语义就可以指向这一"时量高低值"而进入该句子的状语位置。从使用频次来看,时量高低值是"重高轻低"。表现"时量高低值"的成分,既有"总是、常、常常、经常、常年、时时、天天、年年、每天、每月、整天、整夜、整整、永远、从来、从不、从未、一直、很少、不大"等词语,也有"一分钟一次、V1 一次 V2 一次、一个月没……没有一次、没有一天"等结构,还有表示时长的"三个月、五年、一个时代"等数量短语。无论是高低值还是长短值,在说话者看来,其实本质上都是有界极值,副词"几乎"的语义就是接近于频次的高低值或时量的长短值,如(16):

(16) a. 他几乎天天去工地转。

b. 他们几乎去一次兴奋一次。

c. 蒋韵几乎很少出门。

d. 劝业场几乎走完了一个时代。

3.3 比量异同值

当句子的句法成分指称的是主体、物体、事体在关系上基于比较或变化而呈现出比量的异同值或大小值时,副词"几乎"的语义就可以指向这一"比量异同值"而进入该句子的状语位置。从实例来看,比量异同是"重同轻异",常见的词语有:相同、相等、相当、雷同、全同、一致、一样、同时、同步、无别、无异、未变、不变、不同、均等、相近、吻合、持平、齐名、X 倍、像、好像、一模一样、不约而同、无任何不同、没有什么差异、A 成了 B、变成、等于、增加、减少、高出、多出,等等,如(17):

(17) a. 这三个青衣妇女乍看面貌几乎完全一样。

b. 国家队在上下半场派出了几乎完全不同的阵容。

c. 今年投资几乎比去年翻了一番。

d. 她几乎变成了一个男人。

事物之间的比较有两个维度:一是不同事物的空间性比较而产生的异同值;二是同一事物的时间性比较而产生的质量恒变值等。无论异同值还是恒变值,都是表示一种极性界值,副词"几乎"的语义就是接近这个界值。

3.4 能量偏常值

当句子的某个句法成分指称的是主体、物体、事体在情态上的能力状态发生的偏离常态值时，副词"几乎"的语义就可以指向这一"能量偏常值"。从使用频次看，一般都是"重偏轻常"，常见的词语主要有：失 V/N（失明、失控、失传、失灵、失态、失业、失手）、破 V/N（破产、破裂、破灭）、停 V/N（停止、停滞、停顿、停摆、停业）、断 V/N（断炊、断流、断气、断裂）、发 V（发抖、发疯、发狂）、V 倒（摔倒、昏倒、跌倒、晕倒、滑倒、翻倒、瘫倒）、V 死（饿死、淹死）、被 V（被杀、被害、被毁、被擒、被捕、被俘）、崩溃、丧命、丧失、忘了、毫无、毫不、无法、不相信、不知道等，常见的结构就是：可能补语、情态补语等，如(18)：

(18) a. 教授几乎丧命。

b. 他几乎喘不过气来。

c. 他惊奇得几乎不相信自己的眼睛。

d. 我几乎要发疯了。

相对于偏离常态"发展"的"停"、偏离常态"活着"的"死"、偏离常态"拥有"的"失"等，都是一种能力状态的"缺失"的界值，"几乎"的语义指向的就是这一接近偏离正常能力状态的界值。

无论是存量的满空值、时量的高低值，还是比量的异同值、能量的偏常值，都属于有界极值，这一点可通过程度副词"很、有点儿"极少与表现满空值、高低值、异同值、偏常值的典型词语同现看出来，比如：*有点全部、*很常常、*有点一样、*很摔倒。这说明"全部、常常、一样、摔倒"缺乏程度义，不能被分级，其语义特征就是[－程度性][＋界极性]。

总的看来，"几乎"所指向的四种语义类型如表 2 所示：

表 2：副词"几乎"的四种语义指向类型

逻辑视角	语义类型	典型词语	语义特征
空间	存量的满空值	全部、所有、个个	[－程度性] [＋界极性]
时间	时量的高低值	常常、时时、天天	
关系	比量的异同值	相同、同时、持平	
情态	能量的偏常值	失业、停止、自杀	

可以说,副词“几乎”的语义表示的是对有界极值的接近度,即近极性,那么,极性敏感副词“几乎”的语义因受制于必须指称有界极值而具有哪些语义特征呢?

4. 副词“几乎”的语义特征

从根本上说,一个句子是否存在表示有界极值的语义成分,决定了“几乎”能否进入该句子状语位置,或者说,“几乎”能否进入一个句子,决定于该句子是否包含有界极值的语义成分。有界极值的语义成分是“几乎”语义所指的对象,是能否合法入句的决定性因素,那么,必须指向有界极值的“几乎”具有什么语义特征呢?根据分布规律和语义指向,从基调、来源、对象和关系上,可以得出“几乎”的四个语义特征:客观性、估测性、界极性、近极性。

4.1 客观性

从说话基调来看,“几乎”语义具有客观性,这一点可以从四个方面得以证明:一是从句子功能分布上看,只能分布于提供或索取客观性信息的陈述句和少量疑问句,不能分布于表达主观情感或意志的感叹句和祈使句;二是从近义词对比来看,“几乎”与强调主观夸张的“简直”存在着一定的对立,如(19a/b);三是与主观副词的同现来看,“万万、竟然、幸好、刚巧、果真、总算、分明、的确”等情态副词必须置于“几乎”前,否则不合法,如(19c/d):

(19) a. 这简直太奇妙了! ＊这几乎太奇妙了!
b. 我的心情简直糟糕透顶。 ＊我的心情几乎糟糕透顶。
c. 他竟然几乎成功了。 ＊他几乎竟然成功了。
d. 你的确几乎陷害了我。 ＊你几乎的确陷害了我。

四是与话语标记的搭配上看,“准确地说、确切地说、严格地说、毫不夸张地说、据我所知、据说、据悉、其实、据了解、据统计、据报道、听说、众所周知、有人说”(刘简 2011: 12)等强调准确性和依据性的客观性话语标记都可以与“几乎”句组配,凸显了“几乎”句“言以求精、言有所据”的客观性,如(20):

(20) a. 准确地说,史前人类几乎就要灭亡了。

b. 可以毫不夸张地说，译本从头至尾几乎每页都有一二处错误。

c. 这种事据说几乎每天都会发生。

d. 据我所知，这几乎是她身边的绝大部分积蓄。

通过对比可以看到，“几乎”或者排斥主观性较强的感叹句、祈使句、陈述句，或者在陈述句中被主观性较强的情态副词所修饰，或者与准确性和据实性的客观性话语标记组配，从而凸显出“几乎”的客观性语义特征。

4.2 估测性

从话语来源来看，“几乎”语义既不是毫无依据的主观“臆想”，也不是基于认知经验的心理“揣测”，而是有所依凭的客观“估测”，这一点可以通过估测性话语标记“看来、看起来、看上去、看样子、从……看、在……看来、乍看、说起来、听起来”与“几乎”句的同现关系而提取出来，如(21)：

(21) a. 你们的革命，在我看来，几乎是可有可无的。

b. 孙小红嘟起嘴，看样子几乎要哭了出来。

c. 杀人动机呢？说起来几乎简单得有些难以置信。

d. 看上去他们几乎快要打了起来。

可以看出，“几乎”句与估测性话语标记的同现说明，“几乎”语义中带有说话者的估测性特征。

4.3 界极性

从指向对象来看，指向对象具有显示副词语义的作用(邵敬敏 2016：13)，副词“几乎”语义所指对象都具有“有界性、极值性”的语义特征，否则，“几乎”无法合法地进入到句子中，如(22)：

(22) a1. *他几乎没走访所有的农户。 a2. 他几乎走访了所有的农户。

b1. *这件事几乎可能。 b2. 这件事几乎不可能。

c1. *她几乎又吃又喝。 c2. 她几乎不吃不喝。

d1. 他几乎睡着了。 d2. 他几乎没睡着。

(22a)对“所有的农户”的肯定既是有界的，也是极值的，对其否定却只是极值但无界；(22b)中的“可能”是一个开放的集合，是无界无极，而“不可能”则是一个封闭的有界集合，因此，对“可能”的肯定则有极无界，对其否定则有界有极，(22c)的“有吃有喝”和“不吃不喝”的区别就是：前者无界无极，后者有界有极，而(22d)中的“睡着了”和“没睡着”是两个有界极值，不存在“有点睡着”的分级和程度。可以说，必须是有界极值才有资格成为“几乎”的所指对象，从对指向对象的要求来说，“几乎”的语义具有界极性。

4.4 近极性

从指向关系来看，副词“几乎”的语义是无限接近“有界极值”而未达，这一“接近极值而未达”的“近极性”语义特征可以解释“几乎”与对象之间能否同现的原因，如(23)：

(23) a. ＊我几乎有一个贡献。　　我几乎只有一个贡献。
b. ＊他几乎玩儿。　　他几乎天天玩儿。
c. ＊两人几乎抬起头。　　两人几乎同时抬起头。
d. ＊他几乎吃下了饭。　　他几乎吃不下饭。

(23a)中“有一个贡献”与“只有一个贡献”的区别就在于：前者有界但非极值，而后者既有界也是极值。(23b)中“玩儿”与“天天玩儿”的区别是：前者既无界也非极值，后者通过“天天”将整个事件变成了有界极值，也可以通过时量补语“一天”而变为有界极性的事件，即“他几乎玩儿了一天”。(23c/d)中“抬起头、吃下了饭”都是有界非极值，“同时抬起头、吃不下饭”就因为基于关系比较的“同时”和“否定”而变为有界极值。从标记性角度看，“都、完全、只、不、没、非、快要”等副词以及重叠等形式都是将句法成分有界化和极值化的基本手段(袁毓林 2007：308，2014：579)。

总的说来，“几乎”的语法意义、语法性质和句法地位都可以得到界定。

首先，从语法意义来看，把从基调、来源、对象和关系角度分别提取的“客观性、估测性、界极性和近极性”综合起来，就可以界定“几乎”的语法意义：客观估测接近有界极值的极度。

其次，从语法性质来看，“几乎”表示的是无限接近一个范围性“有界极值”的“接近程度”：一方面，副词“几乎”主要用来修饰带有“所有、完全、全部、任何、一切、每、全、总、都、只”等范围副词的有界极值，说明其本身不是范围副词；另一方面，极性敏感副词“几乎”很少与带有“很、十分、非常、最、绝对、老、极”等程度副词的有界极值同现，且不能与带有“挺、略、颇、格外、相当、极其、分外、特别、颇为、万分”等程度副词的结构同现，既说明这些结构不具有“有界极值性”，因此“几乎”对此不敏感，也说明“几乎”本身具有了极性程度，如(24)，把“几乎”可能归入程度副词更具合理性。

(24) a. ＊他们俩交谈的声音几乎很低。

b. ＊法国的损失几乎最少。

c. ＊天气几乎挺热的。

d. ＊情况几乎万分危急。

第三，从句法地位来看，与语义相近的“简直、差(一)点儿、险些”相比，“几乎”低于主观性较强的“简直”而高于事件性较强的“差一点、险些”，即“简直＞几乎＞差一点儿(险些)”(石定栩、孙嘉铭 2016：300)，这一句法地位的排序可以通过 CCL 实例来证明，如(25)：

(25) a. 女人们的裙子简直短得几乎看不见。

b. 构图的精致简直都几乎到了无可挑剔的境地。

c. 小姐太激动了，几乎差一点栽下楼梯去。

d. 今晚的奇才队几乎险些再次陷入深渊。

e. 她儿子满脸污泥，简直差一点认不出来了。

5. 结语

每一个副词都具有自己独特的语法意义，本文根据语义语法理论(邵敬敏 2004；赵春利 2014)，采用从句法分布到语义指向再到语义特征的研究思路，一步一步地提取并力求验证副词“几乎”的语法意义、语法性质和句法地位。

首先，精确定位研究对象是任何一项科学研究的前提条件，为了准确定位副词“几乎”的分布规律，本文主要从句子功能选择、句法位置分布和关联句法成分三个层面逐层定位，“几乎”主要进入陈述句，极少进入疑问句，不能进入感叹句和祈使句，其句法功能主要做谓语的状语，也可以做定语的状语和补语的状语，定语状语和补语状语都可以移位到句子状语而命题意义不变。制约“几乎”能否入句的关联句法成分主要是数量义成分，但这只是从形式角度提出的关联成分制约条件，因为根据语言事实，有些没有数量义成分的句子也可以插入“几乎”,这说明:决定“几乎”能否合法入句的条件是深层次的语义条件而不是句法形式,句法形式可以反映并制约“几乎”的分布规律,但决定和解释“几乎”分布规律的因素是语义:有界极值。

其次,准确提取决定“几乎”分布规律的语义指向类型,按照空间、时间、关系和模态,分别是存量满空值、时量高低值、比量异同值、能量偏常值,四种语义指向类型的共同语义特征是有界极值,也就是说,有界极值不仅是决定并解释“几乎”分布规律的语义条件,而且也是提取“几乎”语法意义、语法性质和句法地位的重要手段。

第三,验证“几乎”的语义特征,并据此界定其语法意义、语法性质和句法地位。从基词、来源、对象和关系上看,“几乎”具有客观性、估测性、界极性、近极性四个语义特征,据此可以提取其语法意义,即客观估测接近有界极值的极度,并界定其具有程度副词的语法性质,句法地位介于“简直与差一点(险些)”之间,从而为近义副词的辨析奠定基础。

参考文献

北京大学中文系 1955/1957 级语言班编 1982《现代汉语虚词例释》,北京:商务印书馆。

冯传强、方颐 2002 现代汉语副词“几乎”和“简直”的语义、语用差异,《胜利油田师范专科学校学报》第 3 期,第 6—9 页。

韩陈其 2005 浅谈“几乎”类语词的形式联系和语义强度,《汉语学习》第 5 期,第 31—34 页。

侯学超 1998 《现代汉语虚词词典》,北京:北京大学出版社。

李 泉 1996 《副词和副词的再分类》载于胡明扬主编的《词类问题考察》,北京:北京语言学院出版社。

刘丹青 2013 汉语特色的量化词库:多少二分与全有无三分《木村英树教授还历纪念中国语文法论丛》,日本:日本白帝社。

刘 简 2011 《引述类话语标记语考察》,华中科技大学硕士学位论文。

卢福波 2000 《对外汉语常用词语对比例释》,北京:北京语言文化大学出版社。

陆俭明 1986 周遍性主语句及其他,《中国语文》第3期,第161—167页。

吕叔湘 1980/1999 《现代汉语八百词》(增订本),北京:商务印书馆。

麻爱民 2010 副词"几乎"的历时发展,《古汉语研究》第3期,第63—67页。

齐春红 2008 《现代汉语语气副词研究》,昆明:云南人民出版社。

邵敬敏 2004 "语义语法"说略,《暨南学报》第1期,第100—106页。

邵敬敏 2016 副词释义的精准度及其方法论探讨,《暨南学报》第1期,第9—18页。

沈家煊 1995 "有界"与"无界",《中国语文》第5期,第367—380页。

石定栩、孙嘉铭 2016 频率副词与概率副词——从"常常"与"往往"说起,《世界汉语教学》第3期,第291—302页。

史金生 2003 语气副词的范围、类别和共现顺序,《中国语文》第1期,第17—31页。

宋玉柱 1981 《现代汉语语法论集》,天津:天津人民出版社。

太田辰夫 1987/2003 《中国语历史文法》,北京:北京大学出版社。

王凤兰 2006 谈副词"几乎",《佛山科学技术学院学报》第6期,第19—22页。

相亚华 2015 《现代汉语副词"几乎""简直"对比研究》,南京师范大学汉语国际教育硕士学位论文。

邢福义 1991 《现代汉语》,北京:高等教育出版社。

杨德峰 2008 《面向对外汉语教学的副词定量研究》,北京:北京大学出版社。

杨德峰 2015 说"差不多"和"几乎",《天中学刊》第3期,第99—104页。

杨荣祥 2003 《试论几个常见副词词尾的来源及其发展演变》载于吴福祥、洪波主编《语法化与语法研究(一)》,北京:商务印书馆,第400—418页。

袁毓林 2007 论"都"的隐性否定和极项允准功能,《中国语文》第4期,第306—383页。

袁毓林 2014 隐性否定动词的叙实性和极项允准功能,《语言科学》第6期,第575—586页。

岳中奇 2007 "几乎"的句法范畴意义及功能,《语言研究》第4期,第27—32页。

张慧颖 2014 "几乎"跨层结构的语法化及其变化动因,《三峡论坛》第2期,第110—113页。

张谊生 2000a 《现代汉语副词研究》,上海:学林出版社,第3页。

张谊生 2000b 现代汉语副词的性质、范围与分类,《语言研究》第2期,第51—63页。

赵春利 2014 关于语义语法的逻辑界定,《外国语》第2期,第2—13页。

Chao Yuenren 1968. A Grammar of Spoken Chinese, University of California Press.

Ladusaw, W. A. 1979. Polarity Sensitivity as Inherent Scope Relations. Ph. D. thesis, University of Texas, Austin.

Ladusaw, W. A. 1996. Negation and Polarity Items, In Shalom Lappin(ed), The Handbook of Contemporary Semantic Theory, Oxford: Blackwell Publishers, 321 - 342.

(本文发表于《语言教学与研究》2018年第3期)

“都”表主观量的规则及相关解释*

河北大学文学院　蒋静忠　魏红华

1. 引言

如果从客观和主观的角度对现代汉语副词“都”的用法进行划分，那么“都”有两种用法：一种是客观用法；一种是主观用法。例如：

(1) 没有，俺一天都在家里，没有出城！（CCL 语料库，以下简写为 CCL）

(2) 我在台湾连续住了 51 年，我一天都没有离开。（CCL）

(3) 秀丫说：“我都等了你一天了。”（CCL）

上面例(1)是客观用法，当重读“都”时，只是客观描述所发生的情况，不包含说话人对“一天”的主观态度、情感和评价。例(2)和例(3)都是主观用法，不可以重读“都”。例(2)除了客观描述之外，还表达了说话人对“一天”的主观评价，即“一天”是一个很短的时间；例(3)除了客观描述之外，也表达了说话人对“一天”的主观评价，即“一天”是个很长的时间。同样是“一天”，为什么在例(2)中被评价为很短的时间而在例(3)中则被评价为很长的时间呢？这种现象被称之为语言表达的“主观性(subjectivity)”。沈家煊(1994)先生指出：“‘主观性’是指语言的这样一种特性，即在话语中多多少少总是含有说话人‘自我’的表现成分。也就是说，说话人在说出一段话的同时表明自己对这段话的立场、态度和感

* 本文受国家社科基金项目“现代汉语主观量副词研究”(13BYY120)、河北省社科基金项目“现代汉语复句中的主观量考察”(HB15YY044)、河北省社科基金项目“濮阳方言副词研究”(HB16YY007)、河北省高等学校人文社会科学研究优秀青年基金项目“现代汉语主观量副词研究”(SY13115)、第二批河北省青年拔尖人才项目“官话方言主观量表达研究”的资助，《汉语学习》匿名审稿专家提出了非常中肯的修改建议，在此一并致谢！文中舛谬，概由第一作者负责。

情,从而在话语中留下自我的印记。”[①]就例(2)而言,说话人在说出这句话的同时表明了自己对“一天”这个时间量的看法,即“一天很短”。例(3)则相反,说话人表达的看法是“一天很长”。

关注语言中量的表达形式,并借以考察人们在表达量的时候用何种手段和方法来同时表明自己对量的主观看法,这方面的研究称之为主观量研究。熊正辉(1979)先生最早关注到这种现象,马真(1981)先生最早系统地考察了汉语副词修饰数量词并表达说话人主观态度的现象,陈小荷(1994)先生最先提出“主观量”这一概念,李宇明(2000)先生最早建构了汉语的量范畴系统以及主观量次范畴系统,形成了完整的理论体系。此后,汉语的主观量研究逐渐成为热点问题,董为光(2000)、李善熙(2003)、张谊生(2006)、陈振宁(2006)、全湘燕(2006)、赵国军(2008)、罗荣华(2012)、王倩(2012)、夏军(2012)、姜其文(2015)等把主观量研究逐步推向深入。本文主要讨论副词“都”的主观用法跟量的关系,具体来说就是“都”会赋予量以什么样的主观评价?这种主观评价有没有规律可循?

2. 前人相关研究概述

王红(1999),张谊生(2005),蒋静忠、潘海华(2013)都提出,副词“都”既有客观用法,又有主观用法,但是没有考察“都”跟数量的关系。马真(1981)、陈小荷(1994)、李宇明(2000)、董为光(2000)、李善熙(2003)都提到了“都”可以指向(或修饰)数量成分,并且使数量成分负载说话人的主观评价。马真(1981:53)指出:“现代汉语里,有一部分副词可以用来修饰数量词,表明说话人对某数量的看法和态度。”她把“都”修饰数量词时表达的看法和态度归纳为“言多”,然后又通过跟“已经”比较总结了“都”表示“言多”时的三个特点。第一,“都”只用于口语,“已经”多用于书面语。第二,用“都”总带着提醒听话者注意的语气,例如,“他都五杯了!”同时包含有“你得注意”这种提醒的语气;“已经”则不带有这种语气。第三,

① 这个观点由 Lyons(1977)提出,沈家煊先生最早译介到国内。

“已经”言多,也言够;“都”只言多,不言够。董为光(2000)指出,“都……了”暗示逐渐积累,以至成为较高的量。例如“不早了,都有十二点了。”因为时间是渐次流逝的,很容易体会到时序推移的趋向,所以“都……了”经常用于时序主观评价。例如“他都十八岁了,该懂事了”能视为渐进过程的不只是时间,还可以是数量,我们也能够说“都三杯了”。董文还考察了“(连)……都/也……”格式,认为该格式可以归入上述渐进性趋向评价方式,作为一个附类。如“一上午,三斤鱼都钓不到”隐含的意思是:五斤钓不到,四斤钓不到,连三斤都钓不到。有一个从大到小的数量评价过程,故而说“都”,其趋向为“量小”。再如“一上午,三斤鱼都钓得到”隐含的意思则是:一斤钓得到,两斤钓得到,连三斤都钓得到。这是一个由小到大的数量评价过程,故而也说“都”,其趋向为“量大”。

专门著文讨论“都”表达主观量规律的有陈小荷(1994)、李宇明(2000)和李善熙(2003)。陈小荷把“都”表达主观量的规律分成两种情况来讨论。第一种情况是“都”用于后指,这时候“都”帮助表达主观大量。例如:

(4) 都五遍了。(转引自陈小荷 1994)(主观大量)

(5) 他都买了十几件了。(转引自陈小荷 1994)(主观大量)

第二种情况是“都”用于前指,这时候情况比较复杂。例如:

(6) 他一百斤都挑得起。(转引自陈小荷 1994)(主观大量)

(7) 他两百斤都挑不起。(转引自陈小荷 1994)(主观小量)

陈小荷把“都”用于前指时表达主观量的规律用比例关系来解释,即:“都”前边的含数量词的体词性短语表示某种数量,“都”后边的谓词表示现实世界中的某种事件。如果数量越大,事件实现的可能性越大,则数量与事件成正比例关系;如果数量越大,事件实现的可能性越小,则数量与事件成反比例关系。在含前指的“都”的句子里,如果存在正比例关系,则“都”前的是主观小量;如果存在反比例关系,则“都”前的是主观大量。在现实世界中,担子的重量与“挑得起”成反比,所以例(6)中的“一百斤”是主观大量,与“挑不起”成正比,所以例(7)中的“两百斤”是主观小量。陈小荷同时指出,“都”前的是主观大量还是主观小量,跟肯定式还是否定式没有必然的联系。例如:

（8）他挑一百斤都累了。（据陈小荷 1994 改编）（主观小量）

（9）他挑两百斤都不觉得累。（据陈小荷 1994 改编）（主观大量）

例（6）和例（8）的谓语都是肯定式，但例（6）中“都”前的“一百斤”是主观大量，例（8）中“都”前的“一百斤”则是主观小量；例（7）和例（9）都是否定式，例（7）中“都”前的“两百斤”是主观小量，例（9）中“都”前的“两百斤”则是主观大量。而以上例子都可以用比例关系来统一解释。担子的重量与“累”成正比，与“不觉得累”成反比，所以例（8）中的“一百斤”是主观小量，例（9）中的“两百斤”是主观大量。陈小荷最终把“都”帮助表达主观量的规律描述为下表：

表 1：陈小荷（1994）“都”表达主观量的规律

	前　指	后　指
都	正比：主观小量	主观大量
	反比：主观大量	

李宇明的观点与陈小荷基本一致。不同点是李宇明认为“都”表达主观量时除了受依变关系（即比例关系）的制约之外，还受到肯定式和否定式的制约。李宇明（2000：127）指出：“在同一种依变关系中，VP 的肯定式、否定式与表主观大量还是表主观小量，具有相应的关系，亦即：若某量在 VP 肯定式中为主观小量，在相应的否定式中为主观大量；若某量在 VP 肯定式中为主观大量，在相应的否定式中为主观小量。因为 VP 的肯定式与否定式与量的依变关系恰巧相反。”例如：

（10）a 一篇课文，十来分钟都背熟了，真聪明！（转引自李宇明 2000）（肯定式，主观小量）

b 一篇课文，十来分钟都背不熟，真笨！（仿造例句）（否定式，主观大量）

李善熙（2003）认为“都”表达主观量跟语序以及肯定式和否定式都有关联。例如：

（11）a 看完那本小说都两天了。（转引自李善熙 2003）（“两天”在“都”之后，主观大量）

b 那本小说两天都看完了。[1]（转引自李善熙 2003）（“两天”在“都”之前，主观小量）

上面例（11a）和例（11b）中“都”跟数量“两天”的语序是相反的，其表达的主观量大小也相反。例（11a）“两天”在“都”之前，表主观大量；例（11b）“两天”在“都”之后，表主观小量。以上两句都是肯定句，如果把肯定句变为否定句，主观量的大小也会发生颠倒。例如：

（12）a 看完那本小说都没两天。（转引自李善熙 2003）（“两天”在“都”之后，主观小量）

b 那本小说两天都没看完。（转引自李善熙 2003）（“两天”在“都”之前，主观大量）

比较例（11a）和例（12a），两者语序相同，例（11a）是肯定式，例（12a）是否定式，前者是主观大量，后者则是主观小量。再比较例（11b）和例（12b），两者也只是肯定式和否定式的不同，表达的主观量也完全相反。以上论述似乎证明：“都”表达主观量跟语序以及肯定式和否定式存在对应关系。其实不然，前面陈小荷已经证明，“都”表达主观量跟肯定式和否定式没有必然联系。李善熙发现“都”表达主观量跟语序也没有必然联系。例如：

（13）a 他都跑过了 500 米。（转引自李善熙 2003）（“500 米”为主观大量）

b 他都跑不了 500 米。（转引自李善熙 2003）（“500 米”为主观小量）

（14）a 他 500 米都跑过了。（转引自李善熙 2003）（“500 米”为主观大量）

b 他 500 米都跑不了。（转引自李善熙 2003）（“500 米”为主观小量）

比较例（13a）和例（14a），两者都是肯定式，语序完全相反，但是表达的主观量相同，都是主观大量。再比较例（13b）和例（14b），两者都是否定

---

① 语料库中没有发现这一类例句，这种句子语料库中都说成“那本小说两天就看完了”，把“都”换成“就”更自然些。

式,语序完全相反,但是表达的主观量相同,都是主观小量。这足以证明,"都"表达主观量跟语序没有必然的对应关系。最终,三位学者又都回到了比例关系(或依变关系)的路子上,认为"都"表达主观量跟比例关系存在对应关系,即正比例关系对应主观小量,反比例关系对应主观大量。

我们认为,前人的研究并非尽善尽美,但为我们进一步研究打下了非常坚实的基础。前人研究的局限主要表现在以下五个方面:第一,没有全面反映"都"表达主观量的情况。(详见下文)第二,没有把"都"表达主观量的所有情况都统一用一个规则来解释,而是分成了两种情况,给出了两个规则。第三,对于"都"用于后指时表达主观量的规律描述不够准确。"都"用于后指时并非都表达主观大量,还可以表达主观小量。第四,对于"都"表达主观量的规律跟语序以及肯定式和否定式的关系,虽有所论述,但最终没有把语序以及肯定式和否定式所起的作用在比例关系(或依变关系)中体现出来。第五,用比例关系来解释"都"表达主观量的规律不够经济。(详见下文)

3. 我们的观点

下面我们将尝试提出一个比比例关系更加经济且覆盖面更广的规则。在提出我们的规则之前,我们需要首先梳理一下"都"表达主观量一共有几种不同的情况。通过考察语料库,我们发现"都"表达主观量时跟数量词语的位置关系主要有三种:第一种是表量词语位于"都"之后,表示为"都+(V)+量";第二种是表量词语位于"都"之前,表示为"量+都+VP";第三种是表量词语分别位于"都"的前面和后面,表示为"量1+都+V+量2"。其中,前两种格式前人已经进行过详细讨论,但是跟我们的观察存在一定的差异;第三种格式则尚未受到学界的重视。下面分别论述。

格式一:都+(V)+量。在这种格式中,肯定式较多。例如:

(15) 我都唱了两三遍了。(CCL)

(16) 都离开三个年头了。(CCL)

(17) 年头太多了,认识都快30年了,离不了啦!(CCL)

(18) 你看翟导,皮带都紧了三个扣了。(CCL)

上面各例中表量词语都是主观大量。李宇明(2000：126)曾指出："当表量词语出现在'都'的后面时,……表量词语之后一般都需带'了'。"确实如此,语料库中绝大多数例句表量词语之后都带"了"。但我们也发现,有些例句虽然带"了"但是并不表达主观大量,而是表达主观小量。有些例句并不带"了"且表达主观小量。这两种表达主观小量的情况有一个共同点,即句子都是否定式,例如：

(19) 我们家的男的都到不了六十岁(就死没了)。(CCL)

(20) 三个人越走越近,彼此的距离都不到两丈了。(CCL)

(21) 拨电话时间都不到一分钟,最后结算营业员竟收了我五点八元。(CCL)

(22) 营业收入等主要指标占全世界总量的比重都不到3%。(CCL)

上面各例有的带"了",有的不带"了",但它们都不表达主观大量,而是恰恰相反,它们都表达主观小量。这跟前辈学者的描述"'都'用于后指时表达主观大量"(陈小荷1994、李宇明2000)有所不同。从语料分析的结果来看,"都"后指时表达主观大量的都是肯定式,"都"后指时表达主观小量的都是否定式。

格式二：量＋都＋VP。这种情况也可以分为肯定式和否定式两种。例如：

(23) 18年你都等了,18天还等不了吗?(CCL)

(24) 一万字都有了!(转引自陈小荷1994)

(25) 人家六岁都上学了。(转引自陈小荷1994)

(26) 他半斤酒都会醉。(转引自陈小荷1994)

例(23)—(26)都是肯定式,这种例子语料库中很少,多用于口语。从主观量的角度来看,有的表达主观大量,如例(23)(24),有的表达主观小量,如例(25)(26)。语料库中否定式的例子非常多。例如：

(27) 她说常从这里打车,每次30元都用不了,所以坚持不上车。(CCL)

(28) 他那时候六十岁都不到。(CCL)

(29) 他在美国政界有关系,由他出面做工作,10个顾维钧都比不了。(CCL)

(30) 要说这方面的故事,十天半月都完不了。(CCL)

上面例(27)—(30)都是否定式,表达的主观量也不相同。例(27)(28)表主观小量,例(29)(30)表主观大量。通过比较"都+(V)+量"和"量+都+VP",我们发现,两者的相同点是:既可以表达主观大量,也可以表达主观小量;不同点是:"都+(V)+量"肯定式表主观大量,否定式表主观小量,而"量+都+VP"中"都"表达主观量跟肯定式和否定式没有对应关系。

格式三:量1+都+V+量2。我们在语料库中还发现一些双量式,这在前辈学者的研究中没有提及过。例如:

(31) 我们十个人都没有他一个人厉害。(CCL)

(32) 她竟一辈子都没有穿过一双鞋。(CCL)

(33) 阿拉排了两天两夜队,都没拿到一张单子,这叫啥个股市?(CCL)

(34) 近3年都没拿到一分钱。(CCL)

在语料库中,我们找到的都是否定式,没有发现肯定式的"量1+都+V+量2"。[①] 在否定式"量1+都+V+量2"中,前面的"量1"是主观大量,后面的"量2"是主观小量。

综上所述,我们要提出的新规则,必须满足两个条件:第一,要能够全面覆盖以上三种"都"表达主观量的情况;第二,要比比例关系经济。我们提出的新规则如下:

(35)"都"表主观量的规则

P1:"都"表达主观大量,当且仅当量在"都"之后;或量在"都"之前但可以换位[②]到"都"之后。

P2:"都"表达主观小量,当且仅当量在"都"之前,且不可以换

① 根据我们的语感,肯定式"量1+都+V+量2"在口语中是存在的,如"他一天都能跑三个来回"。为了保证语料的一致性,我们暂不考虑这种情况。这种情况并不影响我们后面提出的"都"表达主观量的规则。

② 这里故意不用"移位"而用"换位",是为了跟生成语法的移位相区别。换位只是一个方便的说法,意思是数量成分在语义上是核心动词短语VP的指向对象,在语法上可以变换成VP的宾语或准宾语。

位到“都”之后。以上适用于肯定式。若句子为否定式，则主观量大小发生逆转。

我们把以上规则描述为下表：

表 2：本文“都”表达主观量的规则

		P1 规则	P2 规则
都	肯定式	主观大量	主观小量
	否定式	主观小量	主观大量

下面结合具体的例句来对以上规则加以说明。我们先看“都＋（V）＋量”格式。例如：

（36）a 他都买了十几件了。（转引自陈小荷 1994）（主观大量）

b 全体官兵每天都要从 20 公里外的驻地赶来，睡眠时间都不到 4 小时。（CCL）（主观小量）

例（36a）（36b）都属于“都＋（V）＋量”格式，量位于“都”之后，符合 P1 规则。（36a）是肯定式，表主观大量，（36b）是否定式，表主观小量。再看“量 1＋都＋V＋量 2”格式。例如前面提到的例（31）（转写为例 37）：

（37）我们十个人都没有他一个人厉害。（CCL）（主观大量-都-主观小量）

例（37）中的量 1 位于“都”之前，量 2 占据了“都”之后的位置，因此量 1 无法换位到“都”之后，说成“我们都没有十个人他一个人厉害”，符合 P2 规则；又因为是否定式，故量 1 表主观大量。量 2 位于“都”之后，符合 P1 规则；又因为是否定式，故量 2 表主观小量。最后看比较复杂的“量＋都＋VP”格式，例如：

（38）三小时都有了！（转引自陈小荷 1994）（主观大量）

（39）亩产稻谷 600 斤都不到。（CCL）（主观小量）

（40）他半斤酒都会醉。（转引自陈小荷 1994）（主观小量）

（41）十几个月都开不了工资。（CCL）（主观大量）

例（38）和例（39）中的量“三小时”“600 斤”位于“都”之前，但可以换位到“都”之后说成“都有三小时了”“亩产稻谷都不到 600 斤”，符合 P1 规则;因为例(38)是肯定式,故“三小时”表主观大量;例(39)是否定式,故“600 斤”表主观小量。例(40)和例(41)中的量“半斤酒”“十几个月”位于“都”之前,且不可以换位到“都”之后说成“他都会醉半斤酒”“都开不了十几个月工资”,符合 P2 规则;因为例(40)是肯定式,故“半斤酒”表主观小量;例(41)是否定式,故“十几个月”表主观大量。

综上,我们实现了用一条规则统一解释“都”表达主观量的三种情况,同时还把语序以及肯定式和否定式的作用在规则中充分体现出来。除此之外,我们认为,我们的规则还比前人提出的比例关系经济。陈小荷(1994: 23)曾指出:“‘都’用于前指时,主观量的判别主要取决于现实世界的有关知识即数量与事件的比例关系。在用计算机处理自然语言时,必须预先把这些知识‘告诉’计算机。”现实世界中的知识是庞博而复杂的,把这些知识全部告诉计算机,是需要非常大的工作量的。换言之,计算机能够掌握“都”表达主观量的规律,其前提是掌握现实世界中的知识,这是非常不经济的。而按照我们的规则,只需要告诉计算机句法的换位规则,以及肯定式和否定式的判断方法,就可以掌握“都”表达主观量的规律,显然要更加经济。

4. 相关讨论

“都”表达主观量有一定的规律,这个规律可以用语用规则来解释,如陈小荷(1994)、李宇明(2000)提出的比例关系规则(或依变关系规则);也可以用句法规则来解释,如我们提出的句法规则。用语用规则解释的好处是:简明。其缺点是:相对于句法规则来说,不够直观和形式化,不够经济,而且覆盖面不够广,只能解释“量+都+VP”,不能推广到全部三种情况。用句法规则解释的好处是:比较直观和形式化,比较经济,而且可以统一解释“都+(V)+量”“量+都+VP”和“量 1+都+V+量 2”三种情况。缺点是:需要借助肯定式和否定式,需要借助语序(即换位)。

换一个角度来看,借助肯定式和否定式、借助语序也可以看作是我们的一个优点,即我们的规则反映了肯定式和否定式、语序(数量在“都”前还是“都”后)对主观量大小的影响——在特定语境下,变换肯定式和否定式、颠倒“都”跟数量的先后顺序会引起主观量大小的颠倒(李宇明 2000,

李善熙 2003)。根据语料考察的结果,肯定式和否定式对主观量大小的影响是绝对的,即同一个事件(或同一种依变关系),肯定式和否定式会造成"都"表主观量的对立,这在我们的规则中得到了体现(即"以上适用于肯定式。若句子为否定式,则主观量大小发生逆转。")。而语序前后倒置对主观量大小的影响不是绝对的,即同一个事件,语序前后倒置有时候会造成"都"表主观量的对立,如例(42);有时候则不会,如例(43)。

(42) a 那本小说两天都看完了。(主观小量)

b 那本小说都看完两天了。(主观大量)

(43) a 一次都没来。(主观小量)

b 都没来一次。(主观小量)

这里的差异主要在于对"同一个事件"的理解。如果宽泛来说,例(42a)和(42b)都可以看作事件"看那本小说",那么它们是同一个事件。如果严格来说,例(42a)应看作"用两天看完那本小说",例(42b)应看作"看完那本小说后有两天",两者是不同的事件。而例(43a)和(43b)则无论宽严都属于同一个事件"来一次"。换言之,如果语序倒置使得两者不再是同一个事件,那么就会造成主观量大小的颠倒;如果语序倒置之后两者仍然是同一个事件,那么就不会造成主观量大小的颠倒。这样看来,按照严格的"同一个事件"的定义,语序前后倒置对主观量的大小不产生影响。例(42a)和(42b)在主观量大小上存在对立的原因不仅仅是表面上的语序颠倒了,更重要的是事件的性质发生了变化,不再是同一个事件了。基于以上考虑,我们的规则就没有特别强调语序对主观量大小的影响。

为什么比例关系(或依变关系)跟主观量大小会存在必然的对应关系?为什么 P1 规则和 P2 规则跟主观量大小也存在必然的对应关系?这两者的深层原因其实是一致的。我们把句子中的量分为外部数量和内部数量两种。内部数量是在句法上位于动词之后或可以移位到动词之后的数量成分,外部数量是句法上不位于动词之后而且也不可以移位到动词之后的数量成分。从语义上来说,内部数量跟动词关系密切,要么是对动作的受事进行计量,如例(44),要么是对动作本身(发生的次数、持续的时间等)进行计量,如例(45)(46)。

(44) 都买了三本了。

(45) 都去了三次了。

(46) 都写了三天了。

例(44)中的“三本”是对动作“买”的受事(书、杂志等)进行计量;例(45)中的“三次”是对动作“去”发生的次数进行计量;例(46)中的“三天”是对动作“写”持续的时间进行计量。这些量都属于内部数量。内部数量是对动作的计量,这个量越大,动作要进行的次数越多、时间越长。因此,对于要实施这个动作的主体来说,量越大,任务越重,困难越大。跟内部数量相比,外部数量跟动词的关系则不那么密切。例如:

(47) 我三次都(就)可以跳过去。

(48) 我三天都(就)能写完毕业论文。

从表面上来看,例(47)中的“三次”似乎是对动作“跳”的次数进行计量,例(48)中的“三天”似乎是对动作“写”的时间进行计量。其实不然,严格来说,例(47)中的动作不是“跳”,而是“跳过去”,例(48)中的动作也不是“写”而是“写完毕业论文”。为了避免产生误解,我们把我们的观点修正为:内部数量是对事件(而不是动作)进行计量,而外部数量则不对事件进行计量。按照这样的分析,例(47)中的“三次”不是对事件“跳过去”的次数进行计量,即不是“跳过去三次”;例(48)中的“三天”也不是对事件“写完毕业论文”持续的时间进行计量,即不是“写完毕业论文三天”。例(47)中的数量“三次”和例(48)中的数量“三天”只不过是完成事件的次数条件和时间条件。这个量越大,条件就越充分,完成事件的可能性就越大,任务就越轻,困难就越小。

毕永峨(1984)把我们所说的外部数量看作参数,它跟 VP 所表示的事件构成“参数-事件”(parameter-event)这样一种语义框架。内部数量在语义上隶属于“参数-事件”中的事件,在句法上一般位于 V 之后,在一定的条件下可以移位到 V 之前。如例(43a)“一次都没来”中的“一次”就是内部数量,可以看作是从动词之后移位到动词前面来的。从人类的普遍心理来说,对于某个任务,我们总是嫌提供的条件不够充分(即嫌外部数量小),嫌任务太难太重(即嫌内部数量大)。于是在语用上就形成了固定的对应关系:外部数量获得小的主观评价,内部数量获得大的主观评价。当然,如果换成否定式,则情况正好相反:外部数量获得大的主观评价,内部数量获得小的主观评价。

参考文献

白梅丽 1981 汉语普通话的"连……也/都……",《国外语言学》第3期。

陈小荷 1994 主观量问题初探——兼谈副词"就""才""都",《世界汉语教学》第4期。

陈振宁 2006 现代汉语量范畴语义模型初探,四川师范大学硕士学位论文。

董为光 2000 汉语副词的数量主观评价,《语言研究》第1期。

姜其文 2015 主观量标记"好""大""不""没"研究,上海师范大学硕士学位论文。

蒋静忠 2008 "都"指向单数"一量名"的制约规则及相关解释,《语言研究》第3期。

蒋静忠、潘海华 2013 "都"的语义分合及解释规则,《中国语文》第1期。

李善熙 2003 汉语"主观量"的表达研究,中国社会科学院博士学位论文。

李宇明 1997 主观量的成因,《汉语学习》第3期。

李宇明 1999 数量词语与主观量,《华中师范大学学报》第6期。

李宇明 2000 《汉语量范畴研究》,武汉:华中师范大学出版社。

罗琼鹏 2016 匹配性与"都"对事件的量化,《解放军外国语学院学报》第4期。

罗荣华 2012 《古代汉语主观量表达研究》,北京:中国社会科学出版社。

吕叔湘主编 2001 《现代汉语八百词》(增订本),北京:商务印书馆。

马 真 1981 修饰数量词的副词,《语言教学与研究》第5期。

马志刚 2016 总括义"都"字结构三种语义指称的中介语句法实现研究,《汉语学习》第5期。

牛长伟、潘海华 2015 "每+Num+CL+NP+都/各"中数词受限的解释,《汉语学习》第6期。

潘海华 2006 焦点、三分结构与汉语"都"的语义解释,《语法研究与探索》(十三),北京:商务印书馆。

全湘燕 2006 数量范畴及其表现形式,湖南师范大学硕士学位论文。

沈家煊 2001 语言的"主观性"和"主观化",《外语教学与研究》第4期。

王 红 1999 副词"都"的语法意义试析,《汉语学习》第6期。

王 倩 2012 现代汉语增量与减量构式研究,吉林大学博士学位论文。

夏　军　2012　“很＋含数量补语 VP”成立条件研究，北京大学博士学位论文。

熊正辉　1979　南昌方言的子尾，《方言》第 3 期。

熊仲儒　2016　“总”与“都”量化对象的差异，《中国语文》第 3 期。

袁毓林　2007　论“都”的隐性否定和极项允准功能，《中国语文》第 4 期。

张谊生　2005　副词“都”的语法化与主观化——兼论“都”的表达功用和内部分类，《徐州师范大学学报》(哲学社会科学版)第 1 期。

张谊生　2006　试论主观量标记“没”“不”“好”，《中国语文》第 2 期。

赵国军　2008　现代汉语变量表达研究，华东师范大学博士学位论文。

Biq, Y. -O 1984 TheSemantics and Pragmatics of ‘Cai’ and ‘Jiu’ in Mandarin Chinese. Ph. D. dissertation, Cornell University.

(本文发表于《汉语学习》2017 年第 3 期)

“太”“简直”“甚至”的超常高量与隐性否定*

四川大学文学与新闻学院　李宇凤

1. 引言

我们讨论副词“太、简直、甚至”表非字面否定的现象。例如：

(1) 有人认为老百姓胃口太大，要求太高。

(2) 只是后人震于他们画家、印人的盛名，忽略或简直忘记了另外一面了。

(3) 然后我看到别人的苦难就无动于衷，甚至有点幸灾乐祸。

例(1)中“太”表达“过量”，隐含否定评价“过犹不及”。例(2)中“简直”凸显“忽略”以致完全“忘记”的极端情况，隐含对“忘记”的夸大批评。例(3)中“甚至”用比较突出更高语用量级“幸灾乐祸”，表达一定的自我检讨。

“太、简直、甚至”表非字面的评价、情感类附带否定，我们称为隐性否定。其共同点是：(一)它们都通过某种方式表达高量程度；(二)高量程度通过心理参照体现隐性否定。“太”本身是一个表高量程度的绝对量修饰副词，研究者很早就注意到其“过量”或“超限”意义，以及它带有的否定倾向(王兴华 1994；卢福波 2000)。“简直”是语气副词，“强调完全如此或差不多如此，含夸张语气”(吕叔湘 1980：260－261)，通常引入并强调极高且逼近极端的程度(李泉 2014)。“简直”的夸张、确认语气显著，隐性否定用法明显而未见专题讨论。“甚至”的副词用法“强调突出事例”(吕

* 本文研究受国家社科基金资助，项目名《交际互动中的隐性否定研究》(16BYY134)。文中语料来自 CCL 语料库检索并作适当删改。

叔湘 1980：430)，说明事件达到“反预期”的高量或极端突出程度；即语用等级最高，可能性最低(袁毓林 2008)。“太、简直、甚至”表达的隐性否定都与参与比较的高量程度相关，但它们表达和否定高量程度的方式却各有不同，形成不同的否定表达效果。

本文通过研究“太、简直、甚至”表达高量程度的方式讨论高量表达与隐性否定的相互作用规律。主要观点是，程度常模与程度高量偏移的显著对比引起语用评价否定；程度高量是否定的基础，以程度常模为参照标准是高量程度否定评价的决定条件；程度参照的选择、高量程度的形成方式等相互作用，造成“太、简直、甚至”隐性否定的相融与差别。

2. 理想认知模型与程度常模

思维常规(stereotype)是人类处理复杂世界的一种简便有效的选择。我们通过认知活动对世界进行范畴化，形成特定的认知模型，以便忽略细节、为未来的认知活动提供一个简便的参照框架。思维常规是我们认知世界的背景参照，失去背景人们很难做出判断。我们看到完全陌生的对象，比如从未见过的外星事物，就很难描述它，不能判断美丑，甚至找不到判断的出发点，因为没有可供参照的标准。

Lakoff(1987)从语义基础的角度将人类认知的思维常规，称作理想认知模型(ICM)。它既包括整个人类认知的一般化理想模型，也包括这些模型中某个人所拥有的特定认知域认知情境中的理想化模型。理想认知模型是一个多层交叉架构，专门化的特定小模型构成大一点的模型，再构成更大模型，最后到整体共享模型。这些模型在每个人、每个社团中有共享也有交叉变异。

ICM 的认知情境可大可小，包括具体的构成部分和特征描述。比如餐馆就餐的理想认知模型包括餐桌、椅子、服务员、顾客、厨师、老板、菜品等对象，也包括点餐、进食、付费等活动，还包括餐馆风格、卫生情况、食物美味等程度特征。作为相对抽象的特征，程度是特定理想认知模型的一个侧面，用以说明具有程度的对象或活动的常规表现。理想认知模型中关于特定情境特定对象、活动等的常规程度表现构成的一般模式，即程度常模。人类身高的 ICM，根据不同人种、年龄、性别等体现不同的程度常模。亚洲黄种人儿童的程度常模在0.8—1.4米,青年1.5—1.8米,亚洲女性1.5—1.7米常见,男性1.6—1.8米常见等。再如,男性配偶的责任感在不同的文化社团、时代、社会圈层等当中体现为负责任的程度常模。养家糊口、照顾妻子孩子等属程度常模范围,对妻子亲族百依百顺、时时处处让妻子满意等则超过一般的程度常模范围。

程度常模作为一种ICM,具有认知背景参照的作用。在实际语用中,程度常模常用于凸显和评价非常规表现。反过来说,非常规表现在程度常模的对比下,产生焦点效应和主观评价效应。不同于常规模型的现实情况,自然引起注意,具备表述价值、成为表述焦点。超越程度常模的程度表现,都会附带人们基于程度常模的评价倾向,有时候具体的评价态度还会显性化。

下面我们以程度常模为理论参照,从程度体现方式、常模参照标准和超常否定表现三方面,讨论程度的对比与超常量引起的隐性否定,分析其句法语义表现和语用特殊性。

3. "过犹不及"与"太"的超量程度否定

"太"是常用的绝对程度副词,一般修饰性质形容词或者与之程度特性接近的心理动词、助动词结构等。"太"为性质形容词及类似的抽象性状表达赋予一个具体的程度量级。传统认为,"太"属于高量程度副词,功能上体现"超量"和"高量"两种意义,对应否定和肯定两种功能。不断有研究注意到,"太"的超量意义及否定倾向显著(刘元满 1999;王兴华 1994),且有增强的趋势(邵敬敏 2007)。这引起了对"太"的意义功能是分化还是统一的争论。郑天刚(2005)认为"太"都是超量,与传统的"高量"观形成对立。

事实上,"太"根据修饰性状的褒贬性质,体现肯定和否定功能,与超量/高量不完全对应。例如

(4) 听说展览马上要结束,我们感觉时间太短了,太遗憾了。

(5) 她的样子太好看了!

(6) 我太会念书了,所以我的一些经验一些知识都是从书本上来的。

例(4)"短、遗憾"一个中性一个贬义,"太"表否定超量。例(6)"太"修

饰褒义性状“会念书”,表高量肯定。例(5)“好看”为褒义,既可是超量否定,也可能是高量肯定,具体要看语境。

从程度常模的角度来看“太”的语义及功能,可以统一其“高量”与“超量”的用法。“太”所表高量程度,是一种基于某一性质特征的程度常模的比较结果。即“太”的程度常模采用的是某类性质特征的正常程度范围;超过常规程度范围的,称为“太”,即相对“超量”。如果从单纯的程度量级角度考虑,“太”超过正常程度范围、标示出程度域的较高量级,即绝对“高量”。“超量”和“高量”是对同一对象的不同的理论描述视角。

“太”的常模参照“超量”很容易解释为否定,“太”的负面形容词搭配以及否定倾向有增强的趋势。因为传统上认为“过犹不及”,任何过量的情况都容易引起否定。好的方面超过一定限度也会带来负面影响,坏的方面超过限度更是让人难以接受。具体而言,“太”修饰超常负面性状,如“差、无聊、郁闷、讨厌、肤浅、不负责、没有意义”等,突显强烈的批判态度。例如:

(7) 我的邻居借贷消费得太过分了!

(8) 我们看到“公众”和“社会”这种术语太空洞、太含糊,在理性叙述上没有多少科学意义。

“太”修饰中性性状,表示中性特征超过常模,“过犹不及”,需要批评否定。上下文常有表述说明“过犹不及”的具体表现。例如:

(9) 告诫说要考试,要与绩效考核挂钩,等等,给受训者的压力太大。

(10) 住房按揭贷款市场走过头了,出现太多不负责任的放贷行为……

(11) 太宽了影响货架使用率,太窄了顾客无法拿取商品。

“太”修饰褒义性状,表示褒义特征超过常模,带来超预期的“意外”突显评价或“过犹不及”的否定批判。上下文和语境内容常常帮助体现“太”的超量否定意义的不同侧重。例如:

(12) ……这是你可以做的。但整个企业培训的设计对部门经理来讲可能太专业了。

(13) 正如H. W. 马雷特说的,拉采尔的学说“太漂亮了,但不真实”。

(14) 东一句西一句瞎聊了,是啊,是啊,这社会是,真是,太好啦,这社会。

"专业、漂亮、好"都是好事,说话人对正面超量程度肯定强调。超量程度超出说话人常规预期,带有反预期否定性质。例(12)通过上下文暗示"太专业做不了",例(13)直接指出"太漂亮"的负面性质"不真实",例(14)将超量显性化为强调和赞叹。

"太"通过自身的程度量级功能实现超量否定,其否定分负面批评和意外感叹两个语用义凸显侧面。语境分布对"太"的搭配选择和超量否定意义影响显著。通常,在书面连续表述中,"太"多修饰和超量否定中性、负面内容,表达批评态度;在口语对话中,"太"更常用于修饰和超量否定正面内容,表达强烈感叹。

4. "物极必反"与"简直"的极量程度否定

"简直"是个语气副词,"表示完全如此",其夸张语气来自"如此"情况的特殊性。"简直"表示现实情况达到或非常逼近某个代表着极限量的限定标准"如此"(李泉 2014),"此"就是极限标准。丁险锋(2002)认为"简直是"是"简直"的经典句式,各种其他表述都是其分化变体。这种看法是有道理的,"简直"修饰并评价现实情况,将其等同于极限标准。其常用句式"A 简直(是)B"是对等同描述的夸张强调。

"简直"的极量程度表达,植根于其副词语义,通过其修饰对象表现得特别明显。它修饰的语带夸张的"如此"通常字面程度颇高,甚至极端。"简直"常修饰极端类现实状态或行为选择,采用极量修饰结构、全量否定、主观超高极量等,如"烦死了、闷极了、无聊透顶;为所欲为、丧心病狂、令人作呕、发疯、入了迷、玩命;不可理喻、不堪重负、决不允许、没得说、无法无天"等。例如:

(15) 这个地方我简直闷死了。

(16) 要直接阅读有关专著,简直是不可想象。

(17) 海伦读了这些,简直气炸了肺。

(18) 简直一点都没有法子想。

"简直"也引入极端类别名词,代表某种事物类别中的极端类型,如"天书、绝配、天堂、地狱、神仙、奇迹、完人"等。

(19) 你们简直是神仙,碰到你们,我死定了。

(20) 美化他行善积德,存恤孤寡,简直成了地主阶级中的完人。

有时候,“简直”的极量引入,需要依靠语境理解,其参照范围和极量程度不能简单看引入成分的性质本身。例如

(21) 但过了一年半载,也许就会感觉到自己简直与机器人一样……

(22) 驹子为他作了妓女,简直糊涂,因为这完全是徒劳的。

(23) 听他一条一条地分析上一期报纸的得失、点评大家的投稿,我觉得简直就是一种享受。

例(21)这类“跟……一样/没区别/相媲美”等完全等同表达,是极量一致的表达方式,类似的还有“翻版、再现”等。例(22)“糊涂”是无程度的性质形容词,受“简直”修饰后表明其作为“清醒-正常-糊涂”序列的极端量被夸张强调。例(23)中“享受”是针对点评投稿的一种极端“好”的评价,相对于“枯燥-受罪”等而言。

“简直”凸显出其修饰对象的“极量”,其参照的程度常模是人们一般认识中的中等平均程度。这个中等程度常模隐没在认知背景当中,没有具体特定的表现。换句话说,人们认识极量的时候实际上以中等程度为背景,但并未显性考虑极量与程度中等常模的对比,而是直接赋予极量程度一个倾向否定的评价态度,即基于人们对极量的普遍否定。可以认为,极量程度的常模参照结果已经规约化为隐性否定,即“非预期-非常规”。

所谓“物极必反”,是指程度描述达到极限,必然引起规约化否定评价。对于中性正面内容而言,走向极端具有“非预期”(不曾想过)的“意外”和“非常规”性。对于负面内容而言,走向极端会带来“意外”的反感和强烈的批判否定。“简直”通过极量程度表达隐性否定的规约化,表现在语境内容上,是基本没有特定上下文说明其否定意图的。“简直”对极量的规约否定,用在修饰负面、非合意情况上,是对负面内容的内在否定倾向的极端强化。如例(15)(17)(18)。说话人重点表达负面否定评价,同时带有极量否定伴随的“意外”夸张情绪。负面内容的极量否定,极少数会带上跟负面内容相关的否定后续表达。如前例(15)—(23)。调查显示,“简直”通常搭配中性偏负面的极量表达,常常体现批评、责备、愤怒等

否定评价。

整体上，“简直”的“物极必反”之“反”是超出隐性常模的非预期性，附带“意外”相关情绪，如“惊讶、强调、夸张”等。在搭配积极正面极量时，体现为“赞叹”。例如：

(24) 来这里参观的人们从心底里发出赞叹：“这简直是黄土高原的艺术品！”

(25) ……那挥笔的劲儿，简直像指挥家在指挥交响乐。

“简直”的极量否定中，常常遇到“不敢相信、难以置信、不可思议、惊叹不已”等类似表达，都说明“简直”的基本隐性否定意义，是极量带来的“意外”。

“简直”的极量表达，从绝对程度量级的角度划分，理当属于高量。实际上，有些“简直”的搭配，难以区分“极量”还是“高量”。例如：

(26) 以中国的历史文献为例，它简直是浩如烟海、汗牛充栋。

(27) ……一时没有理解儿子的意思，简直如堕五里雾中。

(28) ……一个孩子才 12 岁就开始学习英语，这简直是一件十分稀奇的事。

“浩如烟海、汗牛充栋”肯定是非常多，也可能是极多的。“如堕五里雾”就是很糊涂，或者完全不理解。“十分稀奇”则无疑是个高量程度，但也不排除主观极量的可能。

“简直”的极量跟超量相通，因为超量超出常模，极量也超出常模，彼此的评价角度不同而已。从绝对量级来看，极量和超量也都属于高量程度范围。“简直”主要搭配绝对极量表达，但也会用超量方式表达极量。类似于“更好”可能超过“最好”，构成“最好”的一种表达方式。“简直”用超量表达极量的例子如：

(29) 生活在今天的作家简直太幸运了，有那么多获奖的机会。

(30) 如今要把宝地让给别人，简直比抽经、扒皮还难受。

“简直”通过修饰搭配强调极量，其隐性否定是极量与程度常模背景比照的规约化结果，基本表达“意外”类隐性否定；对负面内容而言，“意外”的极量程度强化了否定批判。“简直”常用于等同句，表达对某种事物的程度描述，其程度常模取决于被描述事物的语境情况。

5. “累增超限”与“甚至”的超高量程度否定

“甚至”是一个引入强调反预期对象的副词兼连词(吕叔湘 1980：430；袁毓林 2008)。从语义来源和发展上看，“甚至”的副词义对其隐性否定更具有说明性：“过度以至于”带来超量极量性质及其否定评价。“甚至”的程度修饰对象是语用量级标尺中的最不可能最不应该的情况，从事件发生的可能程度来看，属高量极量程度。

“甚至”通常引入名词、动词、数词、形容词、介词短语等各种短语、小句等，构成比较序列或单独突出极量情况。本质上，“甚至”是对一种超常事件情况的说明，它引入的各类成分整体上构成的是一个事件情况量级表达，其搭配成分的不同主要是为了突出量级焦点。例如：

(31) 在海王星之外，有一条带，这条带里边有几千万个，甚至上亿个冰石小天体。

(32) 不喜欢你，你就下台，你就走人，甚至坐牢。

(33) 他就问……说好像陈老师讲的问题，你都很明白，甚至你有些方面比陈老师讲得还好，你为什么要来这个培训班呢?

(34) 前面已经预告你，最后它会是一个彻底的悲剧，怎么会是以这样一个甚至是喜剧的收场呢?

“甚至”修饰对象的高量极量特征通过语境中或显或隐的语用量级标尺，对比体现。如例(31)中“千万”到“上亿”构成语用标尺，“甚至”引出天体的极高量“上亿”。例(32)中政治人物的遭遇“下台、走人、坐牢”构成语用标尺，“甚至”修饰最惨的“坐牢”，这是显性极量标尺。例(33)中“明白”是常规基础，“甚至”对比引出“比老师还好”突出学生的极端情况。例(34)通过“悲剧预告”与“喜剧”的反差凸显“喜剧”的至高程度。

“甚至”修饰对象的程度表达，是高量、极量和超量的混合，而最终受“甚”语义影响都是超量的。完整的语用量级标尺、“连”字结构等都能凸显“甚至”的极量修饰。语用量级标尺的极量“甚至”如例(35)“家破人亡”是百姓不幸的极端情况。“连”字结构本身引入极量对象，“甚至”的极量修饰如例(36)中“吃不上饭”是穷的极致，它直接威胁生命。

(35) 为了皇帝玩蛐蛐的爱好，可以让老百姓倾家荡产甚至家破人亡……

(36) 这些话说明韩信曾经是布衣,最贫穷的时候,他甚至连饭都吃不上。

极量程度自然是高量的,反过来高量程度并不一定至极。在特定语境中"甚至"修饰的高量程度可能很高,与极量难以区别。语用量级标尺有时候并没有包括常规极量,只是高量。"连"字句也可引入某个具体例证作为极量的一个抽样代表。例如:

(37) 一个流浪汉要从事政治运动,甚至建立自己的政党,谈何容易……

(38) 丘吉尔甚至连把牙膏挤在牙刷上,这一点,他都不会。

例(37)中对流浪汉来说"从政"已很难,"建党"难度已非常高,属高量标尺。但另一方面来说,"建党"也许是说话人看来流浪汉所能达到的政治生涯极限。例(38)中,"不会挤牙膏"是生活不能自理的极低标准,但现实中当然还有更简单的事,所以"挤牙膏"是一个极端代表即相对极量。可见,极量和高量难于细分。

最后来看"甚至"的超量修饰及其与高量极量修饰的关系。"甚至"的直接语义是程度过甚,语用上累加于原本已经突出的事物情况之上,即"达到 x,甚至 y",y 的程度超越 x。按照 ICM,"甚至"相关的程度常模是零值,即此类程度的情况本不该发生。"甚至"句中的比较基础 x 已经超过相关程度常模,属于突出情况即高量,"甚至"引入的 y 是对超过常模高量的超量,程度更高以至极量。所以,"甚至"不仅高量、极量相关,而且其高量极量都是参照零值程度常模的超量之超量,即"累加超限"。这类程度严重偏离程度常模,必然带来强烈反预期的"意外"等附加情感,具有超高量带来的普遍的强调突显效果。"甚至"的"意外"否定有时候通过上下文语境直接体现。像"惊讶、奇怪、赞叹"等表示"意外"相关情感的词语常用于评价"甚至"的情况,如例(39)(40)。或者在上下文中,说话人会对"甚至"的情况采取否定评价,将其看作"错误、不可能、不能做"等,如例(41)(42)。

(39) 说起来它也是奇怪,刘邦拜韩信为大将军的时候,他并不认识韩信,他甚至也没有说把韩信找来谈一谈,谈谈话,考察考察,看看这个人到底怎么样。

(40) ……牌子的造价惊讶得目瞪口呆,几百块的基本上没有了,动不动就上千甚至上万……

(41) 由于我们极个别的同志,甚至说是相当数量的同志,国际交往的经验比较缺乏,误认为外国人都长得……

(42) 不需要媒妁之言,不要妻子的名分,也不要这个书生的金钱,甚至我还倒过来给你钱。……像这个什么都不要的,对男人无条件奉献的女人有吗?

更多的时候,"甚至"修饰的超高量情况是负面不合意的,它们本身的内容就会在社会认知评价体系中引起强烈否定。例如:

(43) 但是,在实践中,经常出现大段引用甚至剽窃他人作品的情况。

(44) 我最近真的很忙,甚至一天都很难保证有16小时的睡眠!

"甚至"通过超量方式和语用量级标尺体现极量高量,超量与零值预期的程度常模对比,形成强烈的意外否定。"甚至"的"意外"否定适用于各类表达内容,表现为修饰名词、动词、介词短语、小句等各种结构类型,其"意外"适用于社会普遍认知,也可能针对特定目标群体或个人。"甚至"的论理性、书面性比较强,对于中性正面的超量表达体现更多的强调凸显,对于负面内容在突出强调之外更多体现强烈的批判否定。

6. 结语:隐性否定的对比性质——程度常模参照

否定是一种有标记现象,它以肯定为参照,理想认知模型以肯定为常态,以否定为异态。否定总是对应相关肯定而言的,通常不作为始发表达。经过对"太、简直、甚至"的高量程度和语用功能考察,我们发现其隐性否定并不是高量的必然结果,而是程度常模激活和参照对比的必然结果。以程度副词为例,"非常、特别、特、尤其"等都是绝对高量程度副词,但它们的应用中并没有隐含否定。我们不会感觉"非常冷、尤其繁重"等表达带"意外"或批判态度,是因为这些高量程度没有激活程度常模参照对比,并不以"应该、当然"的程度常模去对"非预期、反预期"的实际高量程度进行比照评价。同样,"更、更加"作为相对高量程度副词,虽然体现语境超量"比他更胖、学习更努力"等,但这种超量没有针对理想认知模型中的"应该"的程度常模形成对比,所以没有否定评价意味。

隐性否定带有基于理性认知模型的对比性质。当某种表达激活理想认知模型作为常规的当然的标准,则任何偏离标准的对比项都会以常规标准为参照,体现出对其不符合标准性质的广泛的否定态度。以程度而言,对于特定情境特定事件事物,其常规程度有一个规定的范围或理想值,这是符合人们认知习惯的应该的当然的状态,即程度常模。一旦人们的表达中激活了这个程度常模,就表示采用程度常模作为当然标准,即"对的正常的"。任何偏离的异态程度都不符合预期,属不正常状态,应该带来相应的否定评价,即"不对的不正常的"。"太、简直、甚至"都通过一定手段表达某种高量程度,采用不同的程度常模作为参照,其表达的重点在于所表程度偏离并严重超越常规程度。它们的"超常"是以程度常模为基准的,既然程度常模是"对的正常的",那么"太、简直、甚至"的超常就进入了"正常-非正常""应该-不应该"的评价域并获得相对的否定评价。

程度表达方式、程度常模的选取等决定了"太、简直、甚至"的隐性否定表现。"太"修饰性质类形容词及类似结构,采用性质特征的正常程度范围作为程度常模,超正常界限属超量"太",体现的是"过犹不及"的"意外"及相关否定,语气态度上多夸张感叹或否定批评。"简直"引入极量程度标准,作为程度表达方式,其程度常模为某一性质特征范围的中等平均程度,这一程度常模是规约化背景,极量本身"物极必反"即带否定倾向,语气态度上是非预期的夸张感叹和强烈批评。"甚至"引入名词、动词、形容词、介词等短语或小句作为超量程度焦点,以语境事件的零值为程度常模,体现超量极量带来的强烈"反预期"意外,语用上多是强调、聚焦等凸显效果和强烈批判。"太"常采用上下文明示其否定意图和意外情绪,"简直、甚至"通常不依赖上下文表达其意外否定。"太"短语常常被否定以显性化其隐性否定的性质,"简直、甚至"短语不能被否定。"太、简直"都有夸张、感叹等口语用法,"甚至"更为书面化,一般不用于感叹句。"太、简直、甚至"在高量程度和程度常模参照否定上相通,存在配合和替换使用的交叉表现,但受其句法结构方式和程度来源的相应限制。

参考文献

丁险锋 2002 试论"简直＋……"结构的句法、语义、语用,《语言文字应用》第4期。

李 泉 2014 主观限量强调标记"简直",《国际汉语教学研究》第4期。

刘红妮 2012 "甚至"的词汇化与多种功能的形成,《当代语言学》第3期。

刘元满 1999 "太＋形/动＋了",《语言教学与研究》第1期。

卢福波 2000 关于"太"字结构的教学与研究——谈对外汉语语法教学三个平面的结合问题,《世界汉语教学》第3期。

吕叔湘 1980 《现代汉语八百词》,北京:商务印书馆。

邵敬敏 2007 论"太"修饰形容词的动态变化现象,《汉语学习》第1期。

唐贤清 罗主宾 2014 构式"哪里是A,简直是B"的主观性分析,《语言科学》第4期。

王 倩 2013 "有点＋太＋A"构式的量——兼论"有点"计量层次的迁移,《世界汉语教学》第3期。

王兴华 1994 "太A了",《山东师范大学学报》第1期。

谢翠玲 2003 程度量主观性及副词"太"的相关分析,上海师范大学硕士学位论文。

杨万兵 2016 语气副词"简直"的语法化和主观化,《四川师范大学学报》第5期。

袁毓林 2008 "反预期"递进关系和语用尺度的类型——"甚至"和"反而"的语用功能比较,《当代语言学》第2期。

张明莹 2000 说"简直",《汉语学习》第1期。

郑天刚 2005 "太P"短语和程度常态,《语言教学与研究》第2期。

Lakoff, G 1987 *Women, Fire and Dangerous Things: What Categories Reveal About the Mind*. Chicago: The University of Chicago Press.

短语与结构

“A＋点儿/些”模式的语义语用功能

韩国德成女子大学中语中文学系　姜春华

1. 绪论

在现代汉语中“形容词＋点儿/些”结构可以作句子的主语(快一点儿//好)；可以作句子的谓语(他的病//好一点了)；也可以作句子的宾语(我//希望{快一点儿})；也可以作句子的补语(他//变＋得〈好一点儿〉了)；也可以作状语(你//〔大点儿〕写)；也可以作定语(她//爱穿《大一点》的衣服)。本文主要讨论这一结构作谓语的情况。

谓语位置的“形容词＋一点儿/一些”结构中的“一点儿、一些”在口语中还可以简略为“点、点儿、些”等。这些词语用于形容词后句法语义性质均没有太大的差别，当然，要细研究的话，“形容词＋点”和“形容词＋一点”“形容词＋一点儿”比，结构更紧密一些，接近短语词，后两种是比较典型的短语。“点儿”和“些”也大体相同，略有差别。“A 点/些”和“A 点/些＋了”也有区别。但本文暂且将它们作为一个整体来讨论，并用“点儿/些”来统指这一类词语，对其细微差别留待以后另文讨论。为了简便把“形容词＋点儿/些”表述为“A＋点儿/些”。

对“A＋点儿/些”这个模式，学者们对“形容词＋点儿”关注的比较多一些，而且研究也比较透彻，主要是从形容词的角度进行总结的。是不是所有的形容词都可以进入“形容词＋点儿”这个结构呢？邢福义先生的《现代汉语》一书，将形容词分为普通形容词和非谓形容词(也称作区别词)，而普通形容词又分为状态形容词和性质形容词。“形容词＋(一)点/些”模式，“点/些”与数量词“一”组合成为数量短语可以用在性质形容词(除绝对性质形容词)的后边作补语，数词“一”可以省略，基本不影响语义。总体来看，褒义形容词和中性形容词更容易进入该模式，但是也允许少许贬义形容词进入。单音节形容词比双音节形容词更容易进入该模式。袁毓林在《祈使句和形容词的类》中利用义素分析法，从[人][自主][褒义][贬义]这几个方面进行了详细的论述。马庆株《与"(一)点儿""差(一)点儿"相关的句法语义问题》中对形容词后附着"着"加"点儿"的使用情况，认为后加"点儿/着点儿"构成祈使句的形容词是可控性质形容词。萧国政在《"形容词＋'点'"的入位条件和语义取值》中从语义层面上对"形容词＋点"作了独到深刻的分析，认为其组合附加义的取值类型只有三种：尽量式、稍微式、藏V式。"A点儿"附加义的取值，受A的语义类型，V的已然未然属性和"A点儿"状语心理类型的制约。最近几年从各个侧面分析"A＋点儿/些"的论文逐渐多了起来(参考文献)。

但是，迄今在韩国研究"A＋点儿/些"结构的论文还不太多，而在课堂教学中这一结构的使用频率较高，学生对"A＋点儿"和"有＋点儿"的区别混淆不清。为了解决教学中的问题，本文将分析"形容词＋点儿/些"句的语义语用模式，在第二章里分析"A＋点儿/些"的语义模式；在第三章里分析"A＋点儿/些"的语用模式；第四章是结论①。

2. "A＋点儿/些"句的语义功能

2.1 表程度义

"A＋点儿/些"模式的程度义来自"点儿/些"本身具有的程度义。在汉语中"点儿/些"本身就有表示"少量、稍微"的程度低之义，"A点儿"就是稍微A的意思，表示数量的增减及程度的稍微改变。"A点儿"究竟表示增加还是减少主要取决于A本身的实际含义。"A＋点儿/些"句的结构中，"点儿/些"反映形容词在量幅上的差异，但这差异不大，而且是不定量。所以，"A＋点儿/些"的基本语义可以说是程度义。"A点"是A的量度形式。单个形容词表性质或状态，带"点"的形式A点儿，则增加了性质状态的程度之义，试比较：

宽松 | 宽松(一)点儿红 | 红(一)点儿近 | 近(一)点儿

---

① 本文中的S表示主语，A表示形容词，V表示动词，C表示补语。在句子分析中，//表示主语，____表示谓语，〔〕表示状语，〈〉表示补语，{}表示宾语，《》表示定语，* 表示该句不成立。

粗浅｜粗浅(一)点儿旧｜旧(一)点儿热｜热(一)点儿

上面竖线前面的"宽松、粗浅"等只表一种性质，竖线后面的"宽松一点儿、粗浅一点儿"还表该种性质的程度，表示程度低；同样，"红、近、旧、热"也是如此。

A点所表示的程度是一种量度。这不仅在语言形式上"形容词+'数量'"的形式(A一点儿)可省作"形容词+'量'"的形式(A点儿)，而且还表现为A点儿前加程度副词时，只能加表分量的程度副词"稍(微)"，不能加非分量程度副词"最、极、很、太"之类。试比较：

稍微热一点儿 *最热一点儿 *极热一点儿 *很热一点儿 *太热一点儿

稍微大一点儿 *最大一点儿 *极大一点儿 *很大一点儿 *太大一点儿

表量度是形容词后加数量补语的共同语法功能。如：热一些、容易一些、高了两倍、容易一半。与"一半""两倍"不同，"(一)点儿"是表不定量度，并且所表示的量度是一种微量程度。从静态角度即按短语方式理解，"(一)点儿"是对A的限定性补充，即把A的程度限定在"一点点"的范围内。A点的基本语义就是A一点点的意思。例如：热点是热一点点，快点是快一点点。

A点儿的静态义，是A点儿进入句子前就有的语义，它是由A的词义(词典中A作为形容词所具有的意义)，再加上与"一点儿"的组合所具有的结构义，共同构成。它是A点儿动态语值的重要组成部分。也就是说，"A+点儿/些"从语义层面上来看，具有程度义。"点儿"将这种程度义限定在一定的量级范围之内，相同的句式，其他句法成分不变，试比较加"点儿"与不加"点儿"在语义方面的区别。

(1) A. 他的病好了一点儿，可以吃饭了。

B. 他的病好了(　)，可以吃饭了。

(2) A. 他的批评似乎过分了一些。

B. 他的批评似乎过分了(　)。

(3) A. 灰云薄了一点儿，阳光把松枝照得有点金黄色。

B. 灰云薄了(　)，阳光把松枝照得有点金黄色。

例(1)"好"后"加一点儿"补充说明,将"好"的程度限定在"一点儿"的范围之内。如果是由病得很重变为恢复得很好,前后差距很大,就不能这样表达,前后相比,"好"只能是一点儿,省略后的B句却不受此限制。例(2)"过分"后加"一些",对"过分"的程度进行了限制,而B句却没有对"过分"的程度进行限制,只是描述了一个事实,其程度可以很高,也可以很低。例(3)也是如此。

2.2 表比较义

"A+点儿/些"的结构所包含的主要的语义特征之二是"比较",受"点儿/些"的概念义表量度的影响,"点儿"用在形容词后作谓语,对形容词的性质状态进行了一定程度的量化,将事物或动作行为的性状限制在一定的范围之内,使该形容词具有一定的层级性使整体语义具有一定的比较意味。

吕叔湘先生在《近代汉语指代词》里面谈到过"形容词+(一)些/点"模式,也认为这类句子都有比较的意识,并且对这种句子的具体表现形式作了列举。这种比较可以是显性的,比如带有"比"字的句式;也可以是隐性的,通过一些副词比如"还、更、稍、稍微"等来将这种比较义呈现出来。萧国政先生在《"形容词+(一)点"的信息功能与语义取值》论文中对"A+点儿"的句式赋值及其形式进行了详细的探讨。认为"A+点儿"句式附加义的构成基础是"比较",有三种不同的句式附加义,即同类他比、同物自比和标准量比。本文采取萧国政先生的观点,根据参照点的不同,将比较句式分为三类:同类他比式、同物自比式、标准量比式。根据不同句式中比较类型和参照点的不同,大致可以分为三种情况:"物物比较义(同类他比)""历时比较义(同物自比)""经验比较义(标准量比)"。具体分析如下:

2.2.1 物物比较义

"物物比较义"指不同事物在同一性质状态方面的比较,即同类他比(他较)。参照点是陈述对象同类的另一事物,"A+点儿/些"=比较/相对+"A+点儿/些",是以同类的其他事物或动作行为作为参照点进行比较的句式。这种句式的特点是比较两者在性状方面的差异,程度或高或低。一般会出现比较的对象,标志之一是句中有个"比"字,参照点出现在

"比"字之后。下例(1)是"新村公寓"和"这个"比较,例(2)是北京的日用品和上海的日用品比较,例(3)是东屋和西屋比较,当然这些比较是在相同的性质或状态方面进行的。

(1) 新村公寓//比这个更高级＜一些＞。→物物比较义

(2) 北京的日用品//比上海的便宜＜一点儿＞。→物物比较义

(3) 东屋//比西屋凉爽＜一些＞。→物物比较义

2.2.2 历时比较义

"历时比较义"指同一事物在不同的时期不同的情况下,相同性质状态方面的比较,是陈述对象不变,以陈述对象之前或之后的情况为参照点,之前与之后进行对比,性质状态发生的变化,即同物自比(自较)。因参照点是同一陈述对象在前的情况,"A＋点儿/些"＝变成"A＋点儿/些",表示和之前的情况相比发生了新的变化。在一般情况下,除了"A＋点儿/些"的基本语义结构外,还可加入表新变化发生的助词"了",凸显这一语义特征。其具体表现形式可以由如下四种结构来表示:结构①"A＋点儿/些"、结构②"A＋了＋点儿/些"、结构③"A＋点儿/些＋了"、结构④"A＋了＋点儿/些＋了"。其中结构①是基本结构;结构②③④加入了表变化的助词"了"强化变化义,都具有历时比较语义。这四种结构的语义具体分析如下:

结构① 她//漂亮＋一点儿。→基本义(隐含历时比较义)

结构② 她//漂亮＋了＋一点儿。→历时比较义

结构③ 她//漂亮＋一点儿＋了。→历时比较义

结构④ 她//漂亮＋了＋一点儿＋了。→历时比较义

结构①"A＋点儿/些":

(1) 她的心情现在//稍微好＋＜一点儿＞。

(2) 今天的月亮//圆＋＜一些＞。

(3) 今年他//胖＋＜点儿＞。

以上例子是"A＋点儿/些"的基本语义,着重表达性质、状态的比较。虽然历时比较项没有明确出现,但句子仍明显含有历时比较义。例(1)是现在的心情与刚才的比较;例(2)是今天的月亮与昨天的比较;例(3)是今年的体重与去年的比较。这一类的比较中包含了变化的因素,隐含了变

化义:“好一点”是由不好向好的变化,“圆一些”是由不圆向圆的变化,“胖点儿”是由不胖向胖的变化。把隐含的部分用括号补出来的话,就变成下列句子:

(1) 她的心情现在//(比刚才)稍微好+＜一点儿＞。

(2) 今天的月亮//(比昨天)圆+＜一些＞。

(3) 今年他//(比去年)胖+＜点儿＞。

表示历时比较的“A+点儿/些”结构中决不能插入“着”,这是因为“着”所表示的持续性和恒定性与这类结构所包含的变化义相抵触。但有时可以插入“了”,这样就变成了结构②③④。

结构②“A+了+点儿/些”

(4) 瑞丰//僵硬+了＜一些＞。

(5) 他觉得,今天手腕子//也好像比过去强劲+了+＜些＞。

(6) 谈了这许多话,心里//倒爽快+了+＜些＞。

这类结构表示变化,是对某一事物不同时期、不同情况下的同一性质或状态方面的比较。例(4)“僵硬了一些”是由不僵硬到僵硬的变化;例(5)“强劲了些”是由不够强劲向强劲的变化;例(6)“爽快了些”是由不爽快到爽快的变化。

这和表示历时比较的结构①“A+点儿/些”(例(1)(2)(3))语义基本相同,只是由于形容词后加上了表示新变化产生的助词“了”,其表示历时变化的语义得以凸显,相对表示静态比较的意义就弱化了。

结构③“A+点儿/些+了”

(7) 她//下午舒服+些+了。

(8) 今天的天气//热+点儿+了。

(9) 这个月的收入//高+点儿+了。

例(7)中的“舒服些了”是由(下午以前的)不舒服到(下午的)舒服的变化;例(8)中的“热点儿了”是由(昨天的)冷到(今天的)热的变化;例(9)中的“高点儿了”是由(上个月的)低到(这个月的)高的变化。句末加“了2”更强调情况的变化和状态的改变。

结构④“A+了+点儿/些+了”

(10) 她//现在胖+了+点儿+了。

(11) 妈妈的病//好+了+点儿+了。

(12) 他的动作//慢+了+点儿+了。

例(10)中的"胖了点儿了"是由(以前的)不胖到(现在)胖的变化;例(11)中的"好了点儿了"是由(以前的)不好到(现在)好的变化;例(12)中的"慢了点儿了"是由(以前的)快到(现在)慢的变化。

比较带"了"和不带"了"的结构,可以看到:不带"了"的结构①"A+点儿/些"着重表达性质、状态的比较,隐含变化义;带"了"的结构②③④着重表达性质、状态的变化,凸显变化义,相对表示静态比较的意义就弱化了。其中加入两个表"变化"的助词"了 1+了 2"的结构④,其变化义显得最明显些,程度比较的意味相对最弱些。但值得注意的是,形容词后带"了"的格式,有时也表静态的性质状态比较,这时总有表示(静态)性质状态和表示(动态)性质状态的变化两种同形的格式。如:

(13) (两所房子比较)那别墅//旧+了+些。→静态性质状态比较→他较

(半年没来)那别墅//(又)旧+了+些。→动态性质状态变化→自较

(14) (跟其他孩子比较)这孩子//大了+点+了。→静态性质状态比较→他较

(半个月没见)这孩子//(又)大了+点+了。→动态性质状态变化→自较

2.2.3 经验比较义

"A+点儿/些"模式的语义取值都有一个比较的参照点,这个参照点可以是客观存在的,也可以是说话者主观臆断的,与说话人的价值取值或者说是期待值相关。"经验比较义"是指比较的即照对象不是具体的事物,而是我们头脑中的一般概念或标准,即标准量比,即照点是心中的某一标准。"A+点儿/些"=偏离了 A 的标准"点儿/些"。也就是说,这种比较即照物,不是具体的另一事物,也不是事物发展的前一阶段,而是说话人头脑中的标准。"这张桌子小了点",是拿一张具体的桌子跟我们经验的桌子(标准)相比较。"这件衣服贵了点",是拿这件衣服的价格跟我们头脑中想到的价钱作比较。

这样的比较,其结果反映在言语中大概有两种情况,一种是只反映比较的结果。如"这张桌子比较大""这座山比较高"等;另一种是在反映客观结果的同时,还表达出差异的程度。也就是说,事物与我们头脑中已有的标准不合,偏离于我们头脑中的标准,"点儿/些"反映出偏离的幅度。如:

(1) 胸与肩够宽,可惜脸上//白+了+些,不完全像个兵。

(2) 他思想端正,作风正派,不过头脑反映//稍迟钝+了+些。

例(1)中的"脸上白了些"是说原来我们头脑中的兵应该黑一些;例(2)中的"反映稍迟钝了些"是说就我们头脑反映的正常标准来讲,他的反映不够灵敏。这类句子中所反映的"偏离义"表达了说话人对事物不太满意的主观情绪。这从语用上对能进入该结构的形容词作了限制,要求形容词具有消极的语义特征。换句话说,那些含有主观上积极评价的积极义形容词不能进入这一结构。"白"是中性义的;"迟钝"和"冒失"是消极义的,若换成"灵敏"和"稳重"就不能成立。

表偏离义的"A+了+点儿/些"结构前面可以有表示偏离幅度的状语"稍、稍稍、稍微",构成非连续性短语"稍、稍稍、稍微+一点儿",强调地表达程度轻微。句法上副词"稍、稍稍、稍微"都是修饰整个"A+了+点儿/些"结构的。如:

(3) 这双鞋//稍+小了+点儿。

(4) 这题//稍微+难了+点儿。

三种比较义跟"A+点儿/些"格式的言语功能类型有关:1)"物物比较义"的句式用在侧重"性质状态比较"的句子里;2)"历时比较义"的句式用在侧重"性质状态变化"的句子里;3)"经验比较义"的句式用在侧重"性质状态评议"的句子里。换言之,比较义共同存在于三种类型中,只是1)"物物比较义"句式构成的语义基础是比较,句中的言语功用也是比较;2)"历时比较义"句式构成的语义基础也是比较,但句中的言语功用是使变;3)"经验比较义"句式构成的语义基础也是比较,但句中的言语功用是评价。

2.3 表祈使义

结构①"A+点儿/些"用在祈使句中,用于提出要求或期望,表祈使语气。这种祈使句中的"A＋点儿/些"结构的基本语义与陈述句中的"A＋点儿/些"结构的基本语义一样，表示程度较低；但是语义语用功能不同，不是陈述程度比较的结果，而是较委婉地提出要求或期望。如：

(1) 褒义形容词→可控

谦虚点儿！客气点儿！大方点儿！灵活点儿！坚强点儿！

主动点儿！耐心点儿！细心点儿！虚心点儿！积极点儿！

(2) 中性形容词→可控

远一点儿！高一点儿！大一点儿！粗一点儿！浓一点儿！

近一点儿！低一点儿！小一点儿！细一点儿！淡一点儿！

但是，并不是所有的形容词都能进入"A＋点儿/些"这一祈使句格式。这种祈使句对形容词的选择性，取决于形容词的语义特征。首先，只有褒义形容词(1组)和中性形容词(2组)能进入"A＋点儿/些"这一祈使句式，而要求或期望一般不会是贬义的，所以"贬义形容词"通常不能进入这一句式。例如，我们不能说：

(3) 贬义形容词→±可控

*滑头点儿！*骄傲点儿！*自满点儿！*冒失点儿！*胆小点儿！

*粗心点儿！*散漫点儿！*悲观点儿！*啰嗦点儿！*疲塌点儿！

*嘈杂点儿！*小气点儿！*笨一点儿！*呆一点儿！*倔一点儿！

同样，要求或期望一般也不会是不可控制的，因而有一部分形容词虽然是褒义的，还是不能进入这一祈使句式。例如"聪明"，虽是褒义形容词，但不能进入这种祈使句，我们不说"聪明点儿！"警告他人时只说"放聪明点儿！"。这是因为祈使句是要求对方达到某种要求，这种要求应该是可能达到的，换句话说，是"可控"的。"聪明"是一种天赋，不是对方可以控制的；"放聪明(点儿)"是一种态度，是对方可以控制的，即"可控"的。"可控"是这类祈使句的另一个语义特征。下面是类似的祈使例子：

(4) 褒义形容词→非可控

*出色一点儿！*高尚一点儿！*健康一点儿！*棒一点儿！*帅

一点儿!

*可爱一点儿! *平凡一点儿! *伟大一点儿! *崇高一点儿!

上述(1)组、(2)组和(4)组形容词比较,存在着"可控"和"非可控"的语义特征区别:(1)组、(2)组形容词都具有"可控"的语义特征,(4)组形容词不具有"可控"的语义特征。所谓"可控",是说形容词所表示的性状,人是可以控制的;所谓"非可控",是说形容词所表示的性状,人是不能控制的。譬如说(1)组的"谦虚""大方",B组的"(离得)远""(离得)近"等所表示的性状,人是可以进行一定的控制的,可以使自己仅量做到谦虚、大方、"(离得)远"、"(离得)近"。但(4)组的"棒""高尚"等所表示的性状,人是不能控制的,一个人"棒不棒""高尚不高尚",是要让别人来评价的,而不是自己要棒就棒,要高尚就高尚的。说话人用"形容词+点儿/些"这个祈使句式,就是要听话人做到句中形容词所表示的那种性状。这就不难理解为什么具有"可控"语义特征的褒义形容词能进入该句式,而不具有"可控"性状的褒义形容词就不能进入该句式。假如我们取三组语义特征:一组是[±褒义];一组是[±贬义];另一组是[±可控]的话,上述(1)组、(2)组、(3)组、(4)组形容词的语义特征分别为:

(1) 组:[+褒义,一贬义,+可控]

(2) 组:[一褒义,一贬义,+可控]

(3) 组:[一褒义,+贬义,±可控]

(4) 组:[+褒义,一贬义,一可控]

了解了各组形容词的语义特征,我们就可以知道,哪些形容词能进入"A+点儿/些"这一祈使句格式,哪些形容词不能进入这个祈使句式。能进入"形容词+点儿/些"祈使句的形容词,只限于"(1)组"和"(2)组"。它们的语义特征可概括描写为:形容词是[+可控,一贬义]的①。

这种祈使句在汉语教学中,可以分为几种具体的交际功能,分别适应不同的语境。

第一,性状的主体是人的时候,这种结构表示较委婉地对人提出要求:您慢点儿、你们安静点儿、大家随便些。这类结构表示要求某人具有

① 上述观点和例文参照了陆俭明《现代汉语语法研究教程》,北京大学出版社,2003。

某一性状，而这一性状是当事者通过自主的意识活动或者自身的努力来实现的。结构的语义状况要求能进入这类结构的形容词具有“自主自变”的语义特征，也就是说，只有自主形容词才可能进入这类结构中。同时，这种结构在语用上要求形容词是非消极意义的。如我们一般不说：*你//卑鄙点儿、*大家//拘谨点儿。限制消极义形容词进入这类结构的原因是运用祈使句的心理目标。人们运用祈使句对别人提出要求，希望别人按好的、积极的方面去做事情，所以这种要求总是积极的。一般情况下我们不会希望别人“卑鄙”或者“拘谨”。

第二，要表示“自变”的语义特征时，表祈使义的这类结构中形容词和“点儿”之间有时可以加助词“着”。如：快着点儿、老实着点儿、机灵着点儿。“着”字的隐现规律则很不明显，这可能是因为这类结构中的形容词动态性都比较弱。我们知道，“动词＋着＋点儿”结构中的“着”是不能随意去掉的，如：“看着点儿”“学着点儿”等，都是要求动作持续一段时间。而祈使句中的“A＋点儿/些”结构则不同，结构中的形容词都具有“自变”的语义特征，属于静态形容词，其性状本身都具有持续性，所以“着”在句中的隐现并没有硬性的规定，“着”有时也可以去掉。如：快点儿、老实点儿、机灵点儿。

2.4　表动态义

一般说来，“A＋点儿/些”结构充当谓语时动态意义最强；作状语、补语时动态意义比较强；作定语、宾语时其动态意义最弱，甚至很难表现出动态意义。如：

(1) 一定要先给人一个印象，干活//主动＋点。→谓语→动态义最强

(2) //〔早＋点儿〕回来，等你吃晚饭。→状语→动态义较强

(3) 他//变得＜好＋一点儿＞了。→补语→动态义较强

(4) 她//爱穿《大＋一点儿》的鞋。→定语→动态义弱

(5) 我//希望{快＋一点儿}。→宾语→动态义弱

另外，人称也影响着动态意义的呈现，“A＋点儿/些”在第二人称中动态意义最明显。即使表示人称的词语不出现，一般也理解为第二人称。

(6) 张三，//快＋点儿！→第二人称→动态义明显

(7) 爸，//(过马路)当心＋点儿！→第二人称→动态义明显

(8)(你)//放松+点儿!→第二人称→动态义明显

3. “形容词+点/些”句的语用功能

3.1 凸显语义焦点

“点/些”用在形容词后,有凸显语义焦点的作用。不论“A+点儿/些”在句中是作定语还是补语,或者状语,或者是谓语,“形容词”必为句子的语义焦点,是说话人传递的信息强度最高的部分。“点/些”的作用是将这个焦点凸显。由于句子的焦点是形容词,那么相应地句子的重音也就落在了形容词上。下例(1)句语义焦点为“节省”而不可能是其他成分,例(2)句语义焦点也是“过分”,例(3)句“厉害”也为语义焦点。这些形容词都是通过“点儿/些”将语义焦点进一步凸显的。

(1) 早餐叫到屋里来吃,另外要付费,还要给小账,因此决定替人家节省一点。

(2) 但是发乎情,止乎礼,这样的齐打伙儿举起哀来,似乎过分了一些。

(3) 她既以为这没有什么下不去的地方,那么在方法上她就得厉害一点。

3.2 凸显语体色彩

“点儿”同形容词组合有一个条件,就是它只能跟口语性的形容词发生组合构成“A 点儿”,而不能与之同义的非口语性的形容词发生组合。而“A 点儿”一旦形成,它本身就是一个口语性的结构。即口语性是形容词跟“点儿”发生组合的语体要求。

高点—*巍峨点漂亮点—*美丽点

快点—*迅速点干净点—*清洁点

慢点—*缓慢点困倦点—*疲惫点

“A 点儿”跟“A 些”在语用上还有一个明显的区别就是语体色彩的不同,既是口语性与书面语性的差异。从整个句子的语体色彩上来看,而并非针对某一个词语而言,“A 点儿”明显具有口语性,而“A+些”的口语色彩不是那么明显,相反书面语色彩要浓一些。例如下面(1)(2),A 句口语色彩浓一些,而 B 句书面语色彩浓一些。

(1) A. 那就在附近随便找个地方吧，简单点儿。→口语

B. 她还是这样，直到我毕业，有了事做，生活比先前安定些。→书面语

(2) A. 走到大道时，才稍微平静了点儿。→口语

B. 踏上黄色大道时，才算稍稍平静一些。→书面语

3.3 凸显语气强弱

“A点儿”与“A些”在使用过程中还有语气强化与弱化的区别。如果形容词为双音节形容词，这种区别就不是很明显。但是如果是单音节形容词，选用“点儿”与“些”的不同，就会造成句子语气上的差别，尤其当数词“一”省略的时候，这种差别会更明显。选用“点儿”，句子语气更加紧促，如果选用“些”，句子语气要舒缓一些。如下面的例(1)(2)，A句跟B句相比，“点儿”对句子语气有强化作用，而“些”对句子语气有相对弱化作用，使说话者语气更加平缓。

(1) A. 不过，弄十几个盒子来还不费事，死马也比狗大+点儿！

B. 不过，弄十几个盒子来还不费事，死马也比狗大+些！

(2) A. 这么说您更好懂+点儿，我只是要像王明水那样照料您一天。

B. 这么说您更好懂+些，我只是要像王明水那样照料您一天。

3.4 凸显亲近语气

“A点儿”在语气上表示提醒、关心、祈求。为了表达的更加明确，往往带有后续句作补充说明，语气与“A点儿”一致，也使用祈使语气。后续句即补充说明A的原因，又强调了补A的结果。“A点儿”表示说话者希望对方在程度或数量上增加或减少。其实也说明被叮嘱的人以前“少A”“多A”或“不够A”。比如说“小心点儿”“仔细点儿”就意味着说明对方不够小心、不够仔细或不小心，同时也表明说话者对对方的性情、行为是比较了解的。后续句常常有表否定的词“别、不要”等。一方面补充说明A点儿的原因，同时进一步给出“不A”的结果。

(1) 端水杯小心+点儿，别烫着。

(2) 写作业仔细+点儿，别再错了。

(3) 利索+点儿，别迟到了。

(4) 慢着+点儿，小心摔跟头。

这些略带责备、暗示后果的祈使句往往适用于对方关系较为亲近的场合。“A点儿”句式中两个祈使句的连用即表达了说话者对对方担心、挂念,也显示出双方关系的亲近。我们会对亲朋好友说“路上小心点儿,慢点儿……”,而对关系较疏远的客人则说“慢走,欢迎再来”。西方人对中国人送客时说“路上小心点儿!”等很反感,他们会不高兴地想:“难道我是不小心的人吗?”这个事例恰恰印证了“A点儿”具有明显述人(品行等)的特征,也说明“A点儿”不能乱用,否则会显得自作多情,弄巧成拙。

总之,在语用中“A点儿”与后续句的使用相辅相成,前一分句要求做什么,后一分句要求不做什么或改进什么,这种句式通常使用于关系较为亲近的双方,是一方提醒另一方的主观意愿的表达方式。但有时候很严厉的训斥也可以用的,比如“没吃饭啊?就不能快一点啊?”等,这可能是来自“一点儿”所表示的要求不高、不多的语义。

3.5 凸显已然未然

“A点儿”结构中A后可附加“着”或“了”。例如我们可以说“小心点儿”“简单点儿”“快点儿”“谦虚点儿”,也可以说“小心着点儿”“简单着点儿”“快着点儿”“谦虚着点儿”或“小心了点儿”“简单了点儿”“快了点儿”“谦虚了点儿”,等等。后加“着”表示持续性和恒定性,表示未然;加“了”表示已经过去,表示已然。譬如:

(1) 午饭//简单着点儿。→未然
　　午饭//简单了点儿。→已然
(2) (你)//谦虚着点儿。→未然
　　(你)//谦虚了点儿。→已然
(3) (你们)//快着点儿。→未然
　　(你们)//快了点儿。→已然

3.6 凸显主观色彩

“A+点儿/些”是对人或事物的客观描述和评价,不带主观色彩;“A+了+点儿/些”则有较强的主观色彩,它表示说话人所不喜欢、不希望的事实。如:“这件衣服大了一点儿”同“这件衣服大一点儿”一样,也暗含了一种他较关系,即“这衣服”是同另外衣服(或一个既定标准)相比是“大了一点儿”。当然也可以把句中没有出现的比较对象补出来,说“这衣服比那衣服大了一点儿"。并且,"大了一点儿"也是对"这衣服"作共时的、静态的描述,即不表示历史变化的过程,这跟"大一点儿"也是一样的。二者所不同的是:"大一点儿"是对人或事物的客观描述和评价,不带主观色彩;"大了一点儿"则有较强的主观色彩,它表示说话人所不喜欢、不希望的事实。

我们设计了一个"买鞋"的语言环境,用以证明我们的观点。某人去鞋店买鞋,如果营业员给他拿的鞋他嫌太大,他一定说"这双鞋大了一点儿",而不说"这双鞋大一点儿";如果买衣服人挑了好几双鞋,都嫌太小,营业员找到一件大一点儿的鞋,并且要客观地把这一事实告诉买鞋人,那一定是说"这双鞋大一点儿",而不会说"这双鞋大了一点儿"。

4. 结论

在汉语中"A+点儿/些"句使用频度较高,又是韩国汉语教学中的难点之一。所以,搞清这一结构的同时澄清这一结构的语义、语用问题,对韩国汉语教学很有现实意义。

"A+点儿/些"结构的语义特点,与"点儿/些"的基本语义密切相关,"点儿/些"基本意义是表示数量少、程度小,"A+点儿/些"这一结构的基本用法就是用于表示(形容词)的程度差异小,其他用法是在此基础上衍生出来的。即"点儿/些"的基本语义衍生出"A+点儿/些"结构的语义特点是具有程度义、比较义、祈使义、动态义。

"点儿/些"本身就表示"少量、稍微"的程度义,"点儿/些"反映形容词在量幅上有差异,但这差异不大,而且是不定量。"A+点儿/些"的结构用在陈述句中时,所包含的最主要的语义特征是"比较",三种比较义跟"A+点儿/些"格式的言语功能类型有关:"物物比较义"的句式用在侧重"性质状态比较"的句子里;"历时比较义"的句式用在侧重"性质状态变化"的句子里;"经验比较义"的句式是用在侧重"性质状态评议"的句子里。即"物物比较义"句式构成的语义基础是比较,句中的言语功用(言语交际类型)也是比较;"历时比较义"句式构成的语义基础也是比较,但句中的言语功用是使变;"经验比较义"句式构成的语义基础也是比较,但句中的言语功用是评价。"A+点儿/些"在祈使句中的用法,可以视作前边用法的引申。祈使句通常被用来提出要求或请求,这一结构用于祈使语气,一方面含有要求对方改变目前状态的意思,如”快一点“是要求对方改变速度,要求对方比现在快;一方面因结构中的“点儿/些”,也含有要求改变的程度不高的意思,这样提出要求就显得比较委婉。“A+点儿/些”结构充当谓语时动态意义很强,在第二人称中动态意义最明显。

“A+点儿/些”结构的语用特点,与此结构的语义特点密切相关。“A+点儿/些”结构凸显语义焦点。“A+点儿/些”的句子中形容词必为句子的语义焦点,“点/些”的作用就是将这个焦点凸显。而且凸显语体色彩。“点儿”带有儿化,通常用于较随意的口语场合,而“些”相比则要庄重些,因而从语体色彩看,“A+点儿”更口语化,“A+些”更书面化。“A+点儿/些”又凸显语气强弱。“A点儿”与“A些”在使用过程中还有语气强化与弱化的区别。如果形容词为单音节形容词,选用“点儿”与“些”的不同,就会造成句子语气上的差别。选用“点儿”,句子语气更加紧促;选用“些”,句子语气要舒缓一些。“A+点儿/些”还凸显亲近语气。“A点儿”在语气上表示提醒、关心、祈求,往往适用于对方关系较为亲近的场合,表达说话者对对方担心、挂念,也显示出双方关系的亲近。“A+点儿/些”还凸显已然未然。“A点儿”在具体语境或与不同助词“着”或“了”搭配,凸显已然未然。后加“着”表示持续性和恒定性,表示未然;加“了”表示已经过去,表示已然。

“A+点儿/些”又凸显主观色彩。“A+点儿/些”结构可用于陈述比较的结果,若用于两事物的客观比较则不带主观色彩;若客观事物与说话人已经确认的标准相比较,则常常含有偏离标准的意思,也就具有一定主观色彩。“A+点儿/些”是对人或事物的客观描述和评价,不带主观色彩;“A+了+点儿/些”则有较强的主观色彩,它表示说话人所不喜欢、不希望的事实。

参考文献

吕叔湘　1980　现代汉语八百词,北京:商务印书馆。

赵元任　1968　《汉语口语语法》,北京:商务印书馆。

朱德熙　1982　《语法讲义》,北京:商务印书馆。

陆俭明　2003　《现代汉语语法研究教程》,北京:北京大学出版社。

邢福义　1991　《现代汉语》,高等师范学校教学用书,北京:高等教育出版社。

袁毓林 1999 祈使句和形容词的类,《袁毓林自选集》,广西:广西师范大学出版社。

袁毓林 2012 差点儿"中的隐性否定及其语法效应,《王力学术讲座》第61讲。

马庆株 1990 与"一点儿"、"差一点儿"相关的句法语义问题,《第6次现代汉语语法学术讨论会论文集》。

王俊毅 1999 谓语位置的"形容词+点儿"结构,《语言文化研究集刊》,北京:北京语言大学。

张冬红 2004 浅谈型+点的句法结构语义语用价值,《张家口职业技术学院学报》第17卷第1期。

萧国政 2005 状位形+点的信息功能和语义取值,《汉语语法的事实发掘与理论探索》,武汉:湖北人民出版社。

刘睿研 2004 浅析形和点搭配,《长春师范大学学报》第23卷第2期。

周元琳 1998 祈使句式"V着点儿!"对动词的语用、语义和句法选择,《安徽师大学报》3期。

卢华岩 2007 句末"点儿"的语法功能和认知模式分析,《语言文字应用》第1期。

邹晓玲 2006 现代汉语"形容词+'一点'"研究,《湘潭大学硕士论文》。

修美丽 2002 一点儿"的句法语义分析,《北京语言大学硕士论文》。

张宝胜 2007 也谈状位形+点的入位条件和语义取值,《语法研究论稿》,上海:学林出版社。

张宝胜 2007 A一点儿和A了一点儿,《语法研究论稿》,上海:学林出版社。

姜春华 2004 "形容词+点儿/些"句的结构研究,韩国《中国语文论丛》第27辑。

姜春华 2002 汉语"形容词/心理动词+得+补语"的韩语对应语法分析,《中国语言学论集》。

“R 不是一般的 X”构式的高程度性质及其获得途径*

上海师范大学人文与传播学院　宗守云

1. 引言

先看几个例子(本文用例主要来自 CCL 语料库,有些用例经过一定的处理,对比性语料为自拟,现代汉语语料不注明出处):

(1) 你想象这个镜子不是一般的镜子,是一个魔镜,它可以照出你的“原形”。

(2) 我看你刚才上床时,床直晃悠,而且还不是一般的晃悠,是那种要散架的晃悠。

(3) 那不是一般的好,那是相当的好啊!

例(1)—(3)都包含“R 不是一般的 X”这样的形式,尽管 X 性质不同,例(1)—(3)分别是名词、动词、形容词,但都表达高程度义,意思是“超过一般 X 的程度”:例(1)是超过一般镜子的程度(有魔力);例(2)是超过一般晃悠的程度(要散架);例(3)是超过一般好的程度(相当好)。例(1)—(3)的高程度义都有后续小句的提示,表面看似乎都是受到语境制约的,其实即使脱离语境,“R 不是一般的 X”还是表达高程度义的,比如:“他不是一般的人”一般只理解为他在某方面超过一般人的程度;“这种研究不是一般的研究”一般只理解为这种研究超过一般的研究;“今天不是一般的冷”一般只理解为今天非常冷,超过一般的冷。因此,“R 不是一般的 X”的高程度义已经是规约意义,不是隐含意义。

* 本文得到上海市高峰学科“中国语言文学”计划项目资助。本文在第九届现代汉语语法国际研讨会(延世大学 2017 年 10 月 14—15 日)交流,得到多位专家指正,谨此致谢。

前人关于"R不是一般的X"研究成果很少,目前只有赵彩红(2016)一篇专门文献。赵彩红(2016)的研究有一定的创获,但有些概括不够准确,有些观点不够正确,因此还需要进一步研究。本文在赵彩红(2016)研究的基础上做进一步的提升。

在具体讨论之前,需要首先排除一种情况。例如:

(4) 这些能够扰乱经济市场的人,不是一般的小商小贩,而是大资本家和大商人。

(5) 真正带动财流、物流、信息流的人流,绝不是一般的旅游者和普通民工,而是带来资金、技术、物资的投资者。

例(4)(5)"R不是一般的X"是一般的否定句,不是高程度构式。从语义上看,例(1)—(3)"不是"在语义上都指向"一般",并不对X进行否定;例(4)(5)"不是"指向X,是对X的否定。从形式上看,例(1)—(3)"一般的"不能删除,因为删除后意义完全不同;例(4)(5)"一般的"可以删除,删除后意义基本不变。以下我们只讨论作为高程度构式的"R不是一般的X",不讨论一般否定的"R不是一般的X"。

2. "R不是一般的X"构式的高程度性质

"R不是一般的X"是一种高程度构式,其构式意义可以概括为:说话人强调R超过了一般X的程度。

2.1 高程度性质的统一性

赵彩红(2016)只概括了X为AP时"R不是一般的X"的构式意义,认为"R不是一般的AP"的构式意义为"主观评价性的对A/AP程度大量的强调和肯定"。赵彩红(2016)的概括仅限于X为AP的情形,实际上,所有的"R不是一般的X"都具有高程度性质,可以进行统一概括,如果说X因NP、VP、AP的不同而不同,那只是大同之中的小异,并没有本质的差异。AP本身具有程度性,"R不是一般的AP"的高程度性质很容易被观察到。NP、VP本身没有程度性,但在构式中被赋予了高程度性。"R不是一般的NP"是由于NP的"属性凸显"而具有高程度性,NP具有多种属性,在"R不是一般的NP"中,NP的某种属性被凸显而具有高程度性;"R不是一般的VP"是由于VP的"程度激活"而具有高程度性,VP

具有潜在的程度性,在“R不是一般的VP”中其高程度性被激活。“R不是一般的NP/VP”的高程度性质不容易发现。“R不是一般的X”都具有高程度性质,这是大同;而其高程度性质是直接获得的,还是构式赋予的,这是小异。例如:

(6) 我过去几年接触的人可不是一般的多,而是非常之丰富多彩,从北京的官员到地方官员,从工人到民工,从警察到秘密警察……

(7) 亨利扼杀了一个儿童,不是一般的杀人犯,当属犯罪学上的“不可救药者”。

(8) 令人惊愕的是,这还不是一般的争吵,简直快到了撕破脸“骂娘”的程度。

例(6)“多”本身具有程度性,例(7)“杀人犯”和例(8)“争吵”则是构式赋予的程度性。“杀人犯”具有多种属性,在例(7)中,杀人犯亨利在心理属性上达到不可救药的程度,“不是一般的杀人犯”被赋予高程度性。“争吵”本来只是一种行为,但有潜在的程度意义,“争吵”可以是厉害的,也可以是不厉害的,在例(8)中,“争吵”到了快要撕破脸“骂娘”的程度,“不是一般的争吵”被赋予高程度性。例(7)(8)都是在构式中被赋予了高程度性。

高程度性质的统一性,还可以从以下两层关系获知。

首先,R和X的判断关系。无论X为什么成分,R和X都是判断关系,即“R是X”。“R是X”是“R不是一般的X”的衍推义,即当且仅当“R不是一般的X”为真时,“R是X”也为真。例(6)—(8)R和X的判断关系是:

(6′) 我过去几年接触的人是多。

(7′) 亨利是杀人犯。

(8′) 这是争吵。

不论X是NP、VP还是AP,“是”都是判断动词,正如沈家煊(2016:209)所说:“‘是’字统一的语法性质就是判断动词,起强调作用,而不是其他什么东西。……‘是’后面是名词性成分还是动词性成分这在汉语里不重要,‘是’表示的判断可以是‘客观的等同或性属’也可以是‘主观的认同或归认’。”既然如此,“R是X”性质都是相同的,“R不是一般的X”性质也都是相同的,其构式意义也是统一的。

其次,"不是"和"一般的 X"的否定关系。"不是"都是对"一般的 X"进行否定,但根据"辅重"原则(Lu & Duanmu 2002),"不是"所否定的是"一般",而不是 X。这是汉语中一种常态的否定现象。但和一般"不是"否定辅助成分不同的是,"不是"否定其他辅助成分,不一定能够获得一个肯定的信息,比如"这不是我的书",可能是"你的",也可能是"他的";"他不是经常来",可能是偶尔来,也可能是天天来。而"不是"否定"一般的 X"获得的是肯定是信息,即"超过一般的 X"。

就否定对象而言,赵彩红(2016)认为 X 为 NP、VP、AP 时否定对象是不同的,分别是否定指称、否定陈述、否定程度。这只是表面现象。沈家煊(2016: 338)认为,汉语的否定词首先不是区分"否定名词"还是"否定动词",而是区分"直陈否定"和"非直陈否定",或者说"有的否定"和"非有否定"。"不是"属于"非有否定",所否定的内容不论用何种形式表现,即无论是 NP、VP 还是 AP,都没有本质的差异。就"R 不是一般的 X"构式而言,"不是"否定的都是 X 程度的一般性。

2.2 高程度性质的主观性

用"R 不是一般的 X"来表达 R 超过了一般 X 的程度,其实并不是简洁明快的表达方式,汉语系统中有更加简洁明快的方式来表达 R 超过了一般 X 的程度。例(1)—(3)可以这样表达:

(1′) 你想象这个镜子很有魔性,是一个魔镜,它可以照出你的"原形"。

(2′) 我看你刚才上床时,床直晃悠,而且晃悠得厉害,是那种要散架的晃悠。

(3′) 那特别好,那是相当的好啊!

例(1′)—(3′)和例(1)—(3)真值意义相同,但例(1′)—(3′)在表达上更加简洁明快。问题是,说话人放着简洁明快的表达方式不用,为什么故意违背语言的经济原则,而选择这种冗长隐晦的方式表达呢?

根据 Levinson(1987: 199)的"方式原则",说话人不会无故使用冗长、隐晦、有标记的表达式,如果他使用了这样的表达式,一定与本来可以使用的无标记表达式意义不一样。和一般的高程度表达相比,"R 不是一般的 X"反映了说话人的主观态度,说话人强调 R 超过了一般 X 的程度。

试比较：

(9) a. 他是很有造诣的人。 b. 他不是一般的人。

a. 他骂得特别厉害。 b. 他不是一般的骂。

a. 他特别帅。 b. 他不是一般的帅。

例(9)a既可以是客观报道,也可以反映说话人的主观情态,反映说话人主观情态的时候可以加上语气、语调等非语段成分;例(9)b只能反映说话人的主观态度,说话人强调R超过了一般X的程度。

根据沈家煊(1993),“R不是一般的X”是语用否定句,具有“引述性否定”“辩解式否定”的性质。沈家煊(1993)原例如下：

(10) 这不是个“一般”问题,而是个关系到原则的大问题。

沈家煊(1993)认为,语用否定都具有引述性否定的性质,“被否定的引述性成分一般是别人刚说过的话,但也可以是自己刚说出而又觉得不合适的话;可以是已经明说的,也可以是未曾明说的,还可以是大众普遍接受的‘名言警句’。”对“R不是一般的X”而言,被否定的引述性成分有时是别人刚说过的话,例如：

(11) 美玉:“他是大王的臣下,大王对臣下,没有必要非回答他的问话不可。”齐宣王:“他不是一般的臣下,他是统帅齐国军队的大将军,寡人还需要他收复边城,保卫齐国。”

(12) 曹扬冷笑道:“一个女人拿到剑又有什么用?拿不好的话,还会弄伤了自己。”钟离春:“我可不是一般的女人,我进宫之前,也是一个玩剑的人……”她说着漂亮地玩了几个剑花。

(13) “我说了算是吗?那就顺个便呗,这回队里正好有几个枪法还过得去的家伙,聚餐完即兴一下。”连长促狭地笑了笑……“您说过得去那都不是一般的好了,听副营长指示。”

例(11)美玉只说他是臣下,没有说他是大将军,这容易使人理解为“他只是一般的臣下”,齐宣王用“他不是一般的臣下”强调实际情形。例(12)曹扬说钟离春是女人,但很可能不知道她是会玩剑的女人,所以没有说出这个意思,钟离春用“我可不是一般的女人”告知曹扬实情。例(13)副营长说有几个人枪法还过得去,其实这几个人的枪法相当好,连长根据以往经验认为副营长是低调保守的表达,没有反映实际情况,连长说“不是一般的好”旨在把实际情况表明出来。

有时是自己刚说出但又觉得没有说清楚而需要补充的话。例如：

(14) 说了一大圈绕脖子的话，其实告地状，就是乞讨，当然不是一般的乞讨，而是要讨一大笔钱，料理死去的亲人。

(15) 世界卫生组织发言人在日内瓦宣布说，这是一种病毒的暴发传染，它不是一般的病毒，“我们现在可以肯定地说，这是埃博拉病毒。”

例(14)说话人(作者)先说“告地状就是乞讨”，但又觉得说得不够清楚，容易使人理解为一般乞讨，因此在后面追补说“不是一般的乞讨”；例(15)世卫组织发言人先说“这是病毒”，后面紧接着追加说不是一般的病毒，而是埃博拉病毒，这样接受者就不会误解了。

有时被否定的引述性成分是未曾明说的，但根据语境或社会常规是可以获知的。例如：

(16) 芮小丹说：“可人家爱不爱我还两说着，这哪叫恋爱，这叫剃头挑子。”芮伟峰说：“你不是一般的丫头，能让你看上的人一定不简单。我不担心你这个，我是担心这种男人你驾驭得了吗？”

(17) 在冬天的武汉，他拍了 15 天的戏，都是雨戏，衣服几乎都没干过，曾经为了一个镜头在水里泡了三天，吃的不是一般的苦。

(18) 那每一幅，无论是老汉、婆姨、女子、后生，还是拦羊的、石匠、背庄稼的、骑毛驴子的，都不是一般的“像”，而是陕北人的灵魂。

例(16)芮小丹没有明说“我是个丫头”，但芮伟峰认为对方话语中应该包含着这样的意思，芮伟峰说“你不是一般的丫头”旨在告诉对方实际情况，因为对方并不一定了解自己。例(17)基于社会常规的引述成分应该是“拍戏是会吃苦的”，说话人说“拍戏吃的不是一般的苦”，从而说明真实情形。例(18)基于社会常规的引述性成分应该是“那些画都画得像”，说话人在认可“像”的同时，认为社会常规的理解不能深刻地反映实际情况，所以说“不是一般的‘像’，而是陕北人的灵魂”，从而说明这些画的特殊价值。

“R 不是一般的 X”是一种基于交互主观性的描述，说话人针对或明或暗的引述性成分进行“论辩”(argumentativity)，归根到底是要影响对方或社会常规的思想和观念。语言的这种“论辩”功能比传递信息功能更加基本,是第一位的,因为语言在本质上是交际的产物(Anscombre & Ducrot 1989,Verhagen 2005:10)。

总之,“R不是一般的X”构式除了表达“R超过一般X的程度”这样的意义之外,还包含着说话人的强调,说话人在承认“R是X”的情况下,还强调R不是一般的X,而是超过一般X的程度,这是“R不是一般的X”构式和一般表达式的差异所在。

3. “R不是一般的X”构式高程度义的获得途径

“R不是一般的X”构式表面看是否定的,但其构式义则是高程度性质的。“R不是一般的X”构式高程度义的获得,遵循着“否定一般性,获得程度性”的一般规律。

先从否定说起。根据奥托·叶斯柏森(何勇等译1988:470),语言否定是把一个概念变成它的矛盾概念,大多数语言的一般规则是“不”表示“少于、低于”的意思,或者说介于所修饰词和零之间,比如“不好”表示的是“差的、次的”,而不包括“好极了”的意义;“不温”低于“温”的程度,介于“温”和“冰冷”之间,而不是介于“温”和“热”之间。但也有例外地表示“多于”的意思,只是跟在not后面的词必须重读,通常在整个词组后面还跟有一个更精确的说法。沈家煊(1999:58)把“少于、低于”意义的否定称为无标记否定,把“多于”意义的否定称为有标记否定,并指出,从使用频率上看,有标记否定大大低于有标记否定。

就“R不是一般的X”而言,如果按照数学否定(奥托·叶斯柏森1988:470),理论上应该有两种情况:1. R不及一般的X;2. R超过一般的X。但“R不是一般的X”只有第2种意义,这和一般的否定规则不同。也就是说,“R不是一般的X”只有“多于”意义,是有标记的否定。其实不仅仅是“R不是一般的X”如此,在汉语中,凡是否定一般性的语言形式,都表达“多于X”的高程度意义。例如:

(19) 作者显然对主人公生活的时代相当熟悉,在描绘王公显贵、哲人、炼金术士、贩夫走卒、女佣等各类人物时,娴熟自如,准确生动,显示出不一般的功力。

(20) 有一个叫罗建光的跟陈炳锡关系非同一般的好,既是陈的马仔也是陈的司机。

(21) 这可不是普通的鸟。这种鸟,不飞则已,一飞将要冲天;不鸣则已,一鸣将要惊人。

(22) 连最笨的丁远超,都远远超过陈水扁的智商,可见陈水扁不是普通的笨。

例(19)"一般"用"不"否定,例(20)"一般"用"非同"否定,例(21)(22)"不是"否定的都是"普通",虽然和"R 不是一般的 X"具体形式不同,但都是对一般性的否定,在意义都具有高程度意义,都是超过一般的 X。可见,无论具体形式如何,只要是否定一般性,就会获得高程度性意义。

像"R 不是一般的 X"这样的否定一般性的语言形式,其获得高程度性的认知途径包括两步:第一步是通过常规推理获得特殊性意义;第二步是通过回溯推理获得高程度性意义。

3.1 通过常规推理获得特殊性意义

在逻辑上,外延全异的两个词项可以区分出两种关系——矛盾关系和反对关系:矛盾关系的两个词项没有共同的外延,其外延之和等于它们属词项的外延,如"奇数"和"偶数"、"生"和"死"、"真"和"假"等;反对关系的两个词项也没有共同的外延,其外延之和小于它们属词项的外延,如"物理"和"化学"、"开始"和"结束"、"大"和"小"等(陈波 2008: 78)。否定矛盾关系的其中一项,必然得到另一项,比如否定"奇数",必然得到"偶数";否定反对关系的其中一项,不一定得到另一项,比如否定"大",不一定能得到"小","不大"不一定"小"。

从逻辑看,"一般"和"特殊"是矛盾关系的两个词项。在词义关系上,"一般"和"特殊"是绝对反义词。在词典释义中,"特殊"一词往往用对"一般、平常、普通"的否定来解释,如《汉语大词典》解释为"特别,不同一般",《现代汉语词典(第 7 版)》解释为"不同于同类的事物或平常的情况的"。因此,否定一般性,按照常规推理,就获得特殊性意义。正因为如此,"R 不是一般的 X"有时与包含"特殊"的分句并列呈现:

(23) 人所共知,药品不是一般的商品,具有其特殊性。

(24) 美国司法界也认为,对慈善机构的捐助不是一般的赠予,具有特殊性。

表面看,例(23)(24)都表达 R 具有特殊性意义,即"药品是特殊商品""对慈善机构的捐助是特殊的赠予",其实仍然是高程度性意义,例(23)包含着"药品超过了一般商品的程度,可以治病救人"的意义,例(24)包含着"对慈善机构的捐助超过了一般赠予的程度,具有社会关怀"的意义。这样的高程度义是通过回溯推理获得的。

3.2 通过回溯推理获得高程度性意义

"R 不是一般的 X"表面可以推出特殊性意义,而通过回溯推理又可以推出高程度意义。根据常识,达到很高的程度,一定是特殊的;相反,特殊的,不一定是达到了很高的程度。如果只有特殊性,没有高程度性,就不能用"R 不是一般的 X"构式:

(25) a. 他不是一般的人,他武功超群。

b. *他不是一般的人,他是个聋哑人。

(26) a. 这项研究不是一般的研究,而是造福全人类的研究。

b. *这项研究不是一般的研究,而是语言学研究。

(27) a. 今天不是一般的热,是酷热。

b. ? 今天不是一般的热,是干热。

聋哑人也是特殊的人,但不能用"R 不是一般的 X"来表达,是因为只有特殊性,没有高程度性;语言学研究也可以看作是特殊的研究,有特殊的研究对象和研究方法,但也不能用"R 不是一般的 X"来表达,因为不具有高程度性;干热也是特殊的热,但程度不够高,因此用"R 不是一般的 X"表达很难接受,除非把干热也理解为高程度。

"R 不是一般的 X"高程度义是从特殊义通过回溯推理获得的:达到很高的程度,就是特殊情形;说话人说"R 不是一般的 X",是特殊情形,很可能要表达达到很高程度的意义。因此,从特殊义推出高程度义,是非常自然的认知过程。

需要说明的是,"R 不是一般的 X"高程度义的获得,并不是历时的演化途径,而是共时的认知过程。也就是说,在历时材料中,并不存在"R 不是一般的 X"先出现特殊性意义,后出现高程度性意义的情形,"R 不是一般的 X"甫一出现就是高程度意义,而从字面的特殊性意义到实际的高程度性意义，是基于认知分析的构建过程。从历时看，"R 不是一般的 X"在民国出现，在《雍正剑侠图》中，X 为 NP、VP、AP 都出现了，而且都是高程度义。例如：

(28) 怨不得何二说这老赶厉害。看他二目含蓄，内力惊人，不是一般的武艺。（常杰淼《雍正剑侠图》）

(29) 这个爱护可不是一般的爱护，近于溺爱，有的时候就成了放纵。（常杰淼《雍正剑侠图》）

(30) 张旺的坏，可不是一般的坏，他的眼光看得比较远。（常杰淼《雍正剑侠图》）

赵彩红(2016)认为 X 是从 NP 扩展到 VP 和 AP 的，应该说，这一分析是合理的，但需要说明的是，这一分析并不能得到历时语料的印证，因为 X 为 NP、VP、AP 是同时出现的(非高程度意义的同形结构不具有共时和历时的同一关系，予以排除)，其扩展仍然是基于认知的分析。

特殊性和高程度性的这种关联在语言中是很常见的，符合"异常态"到"程度高"这一普遍的语法化路径的模式。张谊生(2013)、吉益民(2017)都指出异常状态与极性程度具有较强的认知联系，吉益民(2017)还进行了解释：异常态可以从反面预设一个常规界域的存在，异常态都是"越界"状态，超出了常规性状所允准的极限。我们赞同这一解释，而且汉语的历时事实也充分说明了这种情形。根据武振玉(2004)，"非常、异常"都是从特殊意义发展出高程度意义的，其中表特殊意义是述宾词组，表高程度意义是程度副词。"非常"在先秦已见，是述宾词组，意为"超出正常，非同寻常"，在魏晋南北朝时期发展出程度副词用法。"异常"汉代始见，作为述宾词组，意为"与正常不同，异于正常"，在魏晋南北朝时期也发展出程度副词用法。再如，"特别"在元代出现，是形容词，意为"特殊，非同寻常"，例如：

(31) 数日，见桑麻地土特别。吕布问："此处是那里?"（元话本《三国志平话》）

(32) 得架大人权，比蒲葵白羽特别。（曾瑞《般涉调·哨遍·秋扇》）

到清代，"特别"发展出程度副词用法，意为"十分，非常"。例如：

(33) 且说这一年高竹坡又到了回家之期，那年镖行的生意还是特别

兴隆。(张杰鑫《三侠剑》)

(34) 谷朋接笑道:“不羁之才,当有特殊的教法,或者以前几位老师,虽然久拟皋比,却不曾教过这等特别聪颖的学生。”(无垢道人《八仙得道传》)

不仅汉语如此,英语中特殊性和高程度性也有着高度的关联,有的语言形式既有特殊义,又有高程度义,如 very、specially 等;有的语言形式词根为特殊义,如 especial、unusual、uncommon 等,派生的副词为高程度义——especially、unusually、uncommonly。可见,特殊义和高程度义的关联并不是偶然的,而是有着深刻的认知基础的。

4. 结论

以上我们讨论了“R 不是一般的 X”构式,揭示其高程度性质,并就“否定一般性,获得程度性”的一般语言规律进行了分析。基于上述分析,我们可以得出如下结论:1. “R 不是一般的 X”有统一的构式意义,其构式意义不因 X 性质的不同而不同;2. “R 不是一般的 X”是表达高程度意义的构式,说话人强调 R 超过了一般 X 的程度;3. “R 不是一般的 X”高程度义的获得遵循着“否定一般性,获得程度性”的一般规律,具体说来,首先通过常规推理获得特殊性意义,然后通过回溯推理获得程度性意义;4. 特殊性和高程度性的关联,在语言中是普遍的。

参考文献

奥托·叶斯柏森　1988　《语法哲学》,何勇等译,北京:语文出版社。

陈　波　2008　《逻辑学十五讲》,北京:北京大学出版社。

吉益民　2017　主观极量唯补结构的建构机制与运行状况,《世界汉语教学》第4期。

罗竹风　1986/1993　《汉语大词典》,汉语大词典出版社。

沈家煊　1993　“语用否定”考察,《中国语文》第5期。

沈家煊　1999　《不对称和标记论》,南昌:江西教育出版社。

沈家煊　2016　《名词和动词》,北京:商务印书馆。

武振玉 2004 程度副词"非常、异常"的产生与发展,《古汉语研究》第 2 期。

张谊生 2000 现代汉语副词的性质、范围与分类,《语言研究》第 2 期。

张谊生 2013 程度副词"到顶"与"极顶"的功能、配合与成因——兼论从述宾短语到程度副词的结构与语义制约,《世界汉语教学》第 1 期。

赵彩红 2016 "不是一般(的/地)+A/AP"构式解析,《语言科学》第 3 期。

中国社会科学院语言研究所词典编辑室 2016 《现代汉语词典第 7 版》,商务印书馆。

Anscombre, Jean-Claude and Ducrot, Oswald 1989 Argumentativity and Informativity, in Michel Meyer(ed.), *From Metaphysics to Rhetoric*. Dordrecht: Kluwer, 71-87.

Kuno, S., and E. Kaburaki 1977 *Empathy and syntax*. Linguistic Inquiry 8. 627-672.

Kuno, Susumo 1976 Subject, Theme and the Speaker's Empathy —a Reexamination of Relativization Phenomena. In Charles N. Li. (ed.) *Subject and Topic*. New York: Academic Press.

Levinson, S. C. 1983 *Pragmatics*. Cambridge: Cambridge University Press.

Lu, Bingfu & Duanmu San. 2002 *Rhythm and Syntax in Chinese: A Case Study*, Journal of Chinese Language Teachers Association, (37)

Verhagen 2005 Constructions of Intersubjectivity: *Discourse, Syntax and Cognition*, New York: Oxford University Press.

(本文发表于《当代修辞学》2018 年第 5 期)

从大数据看话题标记“就/从 X 来说”的差异性与趋同性*

暨南大学华文学院 周 静 肖 童

1. 引言

话题标记介词框架“就 X 来说”与“从 X 来说”(以下简称“就”框架、“从”框架)在引出具体的介引对象时,二者既同中有异,又异中有同;但即使介引相同对象时二者在话题标记的功能上也依然呈现细微差别。关于“就”和“从”相关的问题前人已有所涉及(马贝加,1997;马贝加、徐晓萍,2002;黄敬轩,2007)。关于“就 X 来说/而言”和“对/对于 X 来说/而言”也有所讨论(陈昌来、杨丹毅,2009)。但我们均未见到专门比较“就 X 来说”“从 X 来说”两个框架异同的文章。本文在大数据(本文语料除标明外,均来自本文所依托的 5 大数据来源)①及计算的基础上,比较两个框架的差异性与趋同性,并做出相应的解释。

2. 典型标记的差异性

作为话题标记,多用“从/就 A 来说,B”或“B,从/就 A 来说”框架,其中 A 是介引对象,位于介词和助词之间,起限定话题范围的作用;B 是论

---

* 本文得到国家社科基金项目“汉语虚词词典编撰的方法论创新及其实践”(项目编号:12BYY101)“汉语动名组合的生命度定位与摆度研究”(项目号:14BYY123)资助。

① 两个静态语料库:1. 近现代书面语体。以北大现代汉语语料库(CCL)5.8 亿字(1919~2006)为代表。2. 综合书面语体。以北语库(BCC)科技库 30 亿(1948~2015)为代表。三个动态在线数据:1. 当代在线正式语体。以人民网新闻(http:people.com.cn)38 亿(2010—)为代表。2. 学术标题语体。以期刊网(www.cnki.net)标题约 15 亿(1916—)为代表。3. 自媒体语体。以新浪微博(http://s.weibo.com)5353 亿(2009—)为代表。

述对象，主要位于介词框架之后。

本文将介引对象大致分为四个领域：社会、行为主体、时空和观察[①]。相关的大数据显示，二者的核心功能差异在于：“就”框架针对标的；“从”框架选定视角。二者不能互换。

2.1 针对标的

“就”框架在介引对象A时，A与前文的话题具有包含关系。即话题隐含着多个与A平行的对象，之所以选定A，是因为A是整个话题所凸显的标的，也就是整个框架所针对的对象。“就”框架此时具有精准的针对功能，对其所论述的事件(事件要素：a时间、b空间、c人、d行为、e发展、f结果)聚焦于某一要素从而展开论述。如评判事件的性质、影响、对错以及提出言者的看法等。如：

(1) 因此，我们应该将反思置于一个更为广泛和深层的基础之上，其中之一就是基于现代化的发展所带来的控制风险之上。就**突发公共事件的应对**来说，其本质是“控制”，即控制事件传播、社会混乱、社会恐慌、连锁危机等。

(2) **转基因作物的开发与推广**，除了作为食品本身的安全性，还受到其他许多复杂因素的影响，比如环境、政治、经济、伦理等。但是，**就作为食物的转基因作物来说**，只要被批准上市了，就没有什么不能吃的。

例(1)话题“反思现代化发展所带来的风险控制”，排除了隐含的平行对象“环境污染、精神文明建设、有组织犯罪”等，选取A“突发公共事件应对”作为标的，论述其“本质(是“控制”)”。例(2)话题“食品安全”与“转基因作物的开发与推广”，排除了隐含的平行对象“作为饲料的转基因作物、作为油料的转基因作物”等，选择A“作为食物的转基因作物”，这是表明其立场“只要被批准上市了，就能吃”。

以上是“就”在整个话题中所针对的标的，凸显了论述重点，实现了精

① 1. 社会领域(文、理、工、衣食住行等社会生活所涉及的活动领域)。2. 行为主体领域(个人、企业、国家等行为发出者)。3. 时空领域(时间、空间构成的物理环境)。4. 视角观察领域(脱离事物本身从外部来考察事物的角度)。

准聚焦功能,这是不能用“从”替换的。

2.2 选定视角

“从”框架是从事件或与之相关(a 时间、b 空间、c 人、d 行为、e 发展、f 结果)的外部选取某个视角(g 即时评价、h 学科定位、i 现实意义、j 历史评价、k 社会影响……)展开论述。介引对象 A 是一个完全独立于话题与论述对象 B 之外的第三方视角,即“外部视角”。“外部视角”又可分为“具体视角”和“抽象视角”两类。与“就”框架的针对标的不同,“从”框架具有“选定视角”的标记功能。

2.2.1 具体视角

“具体视角”大多指从某个学科、某个标准的角度来展开论述。如:

(3) 广州市妇女儿童医疗中心产前诊断中心副主任医师韩瑾介绍,**从医学的角度来说**,生育二胎有不少挑战。

(4) **从艺术上来说**,拉斯科洞穴壁画令人惊讶的一点是:在一万多年之前,人类的艺术创作和概念竟然已经达到了不可思议的地步。

例(3)话题为“生育二胎的挑战”,其实挑战可以从多个视角切入,如家庭、经济、社会、教育等,选取的 A 是“医学的角度”论述生育二胎有不少挑战。例(4)话题为“拉斯科洞穴壁画令人惊讶的一点”,令人惊讶可以是保存时间如此之长的条件、古人的生活环境、壁画的材质等,选取的是“艺术上”视角进行论述,达到了不可思议的程度。

但大多数具体视角都是从百科知识领域或行为主体来选择的,并标出“角度”或“上”等,这样为论述对象提供一个明确而客观的视角。“从”框架和“就”框架在介引“具体视角”的大数据(见表 1)。

表 1:“从”“就”视角数据统计表

—[的]角度/—上	从 X 来说			就 X 来说		
	人民网	北京大学现代汉语语料库	微博	人民网	北京大学现代汉语语料库	微博
文化	33	4	130	0	0	4
经济	192	18	156	0	0	3

(续表)

一[的]角度/一上	从X来说			就X来说		
	人民网	北京大学现代汉语语料库	微博	人民网	北京大学现代汉语语料库	微博
政治	11	8	133	0	0	0
文学	19	1	93	0	0	7
艺术	49	2	147	0	0	1
教育	44	2	83	0	0	0
农业	1	0	9	0	0	0
穿衣	0	0	13	0	0	1
工业	1	0	8	0	0	0
生物学	58	5	233	0	0	4
物理学	27	0	118	0	0	2
医学	253	6	183	2	1	9
哲学	14	3	213	0	0	1

大数据表明,“就”框架不具备“选定视角”功能的依据,只是一种个别例外而非普遍规律,频率仅1.5%(见表2)。这表明:“就”的“选定视角”功能只是在自媒体(We Media,新浪微博)这一特定平台中的特定人群使用。而自媒体平台是发布者自采自编自发的信息,语言运用游戏化、娱乐化倾向强,且随意性强缺少相应的规范,因此用“就”框架来“选定视角”论述话题只是个别例外而非普遍规律。

表2:“从/就”视角使用频率数据统计表

介引对象	从X来说		就X来说	
	总数	比率	总数	比率
具体视角	2270	98.5%	35	1.5%

2.2.2 抽象视角

抽象视角是一个相对封闭的类,常见的有“根本上、本质上、表面上、宏观上、微观上、总体上”等。这些只是为更深入了解论述对象提供更为概括、贴切的切入角度。主要从宏观、本质、方向、规划、政策等层面来展开论述的。如:

(5) 由此可以看到,人才的规格问题,**从根本上来说**,是个性全面发展的问题。

(6) **从宏观上来说**,企业经济效益下降是经济降温过程中不可避免的现象。

例(5)话题是“人才的规格”,只选取视角 A 即从“根本上”进行论述(个性全面发展)。例(6)话题是“企业经济效益下降”,选取视角 A 是从“宏观上”进行论述(……不可避免的现象)。

这一视角多用“从”框架(99.2%)而极少用“就”框架(0.8%),可见抽象视角是选择的结果而非针对标的的结果。二者的差异明显(见表 4)。

表 3:“从/就”标记介引抽象视角数据统计表

	从 X 来说			就 X 来说		
一上	人民网	北京大学现代汉语语料库	微博	人民网	北京大学现代汉语语料库	微博
根本	1 291	136	626	0	0	0
本质	1 168	32	597	3	0	27
宏观	80	5	198	0	0	3
微观	41	2	57	0	0	1

表 4:“从/就”抽象视角使用频率数据比较表

介引对象	从 X 来说		就 X 来说	
	总数	比率	总数	比率
抽象视角	4 233	99.2%	34	0.8%

3. 非典型标记的趋同性

“就”框架和“从”框架与“限定空间”和“切换立场”的交叉和共存的趋同性。

3.1 限定空间

当介引对象为“空间范围”时，“从”框架和“就”框架的话题标记功能完全相同，即将论述对象置于介引对象所划定的空间范围之内进行详细论述。例如：

(7) 南方日报：广东可以为“一带一路”建设作出什么样的贡献？

王义桅：**从全国来说**，广东在“一带一路”沿线的布局是最领先的，广东不少企业早早就起步了。

(8) 从第一次提出“人权”这个伟大的名词后，多少世纪以来，各国人民为争取人权作出了不懈的努力，取得了重大的成果。但是，**就世界范围来说**，现代社会还远没有能使人们达到享有充分的人权这一崇高的目标。

例(7)话题为“广东在‘一带一路’建设中的作用”，论述为“广东……的布局是最领先的”。“从”框架的作用是范围限定(全国)，即“广东从全中国范围看……布局最领先”。例(8)话题为“人权的实现”，“就”框架的作用是范围限定(全世界)，即“人权在全世界……还远没有能使人们达到享有充分的人权……目标”。

用“全国(范围)”“全球/世界范围”为验证项，来验证“从”框架/“就”框架限定空间功能。大数据显示：二者的出现频率几乎相等(见表5)，相差不超过4.5%(见表6)。“从”“就”互换标记义基本不变，这表明，在介引限定空间方面二者功能趋同。

表5：“从/就”标记可实现互换用例表

介引对象	从X来说	就X来说
全国(范围)	233	269
全球(范围)/世界范围	119	54

表6：“从/就”可实现互换用例出现频率比较表

介引对象	从X来说		就X来说	
	总数	比率	总数	比率
空间范围	352	52.1%	323	47.9%

3.2 切换立场

当介引对象为“百科领域、行为主体、时间范围”时,“从”框架和“就”框架都有“切换立场”的功能。当话题范围广、涉及多个行为主体、时间节点时。言者如要凸显重点转换立场进行全面论述时,“从”框架和“就”框架便起到了介引不同立场的作用,从而进行全面地论述。

3.2.1 百科领域

介引对象为“百科领域”时“从”框架和“就”框架的使用,例如:

(9) 在全球化的文化交流中,民族性与世界性的关系成为我们无法忽视的问题,仅**从文学来说**,就涉及创作以及翻译等诸多方面。

(10) 台湾青年作家伊格言说,互联网时代信息交换便利,两岸青年差异不大,或者说差距逐渐缩小。**就文学来说**,两岸青年面临同样情境——对于彼岸的了解还处于老一辈的状态。

例(9)话题是“文化交流”、例(10)话题是“两岸青年差异”二者都用“从”框架标记“文学”立场展开深入地论述。“从”框架起到了很好的介引和标记作用。

我们统计了 14 个涉及各个百科领域的介引对象,结果显示“从”框架和“就”框架的使用频率接近。这表明二者在介引对象为“百科领域”时“切换角度”功能相近(见下表 7、8)。

表 7:“百科领域”对象统计表

对象	从 X 来说	就 X 来说
文化	51	34
经济	64	57
政治	23	28
历史	38	40
文学	30	41
艺术	24	47
教育	66	57

(续表)

对象	从X来说	就X来说
农业	10	12
工业	5	9
穿衣	13	10
生物学	20	6
物理学	14	3
哲学	14	9
医学	11	7

表8:"百科领域"对象统计表

对象	从X来说		就X来说	
	总数	比率	总数	比率
百科领域	383	51.9%	360	48.1%

3.2.2 行为主体

介引对象为"行为主体"时"从"框架和"就"框架的使用情况,例如:

(11) 当下,哪些具体措施能有效改善医患关系?**从医院来说**,要提高医护人员从业门槛,加强内部管理……;**从患者来说**,应与医院建立起良好的互信关系,遇到医疗纠纷和事故,要通过法律渠道解决问题,用科学的态度来理解医学、理解医务人员。

(12) 家庭医生签约服务还是个新事物,能否见到成效,取决于患者和医生两个群体,……**就患者来说**,如果在社区附近,就能获得有针对性的指导、耐心详细的解答、科学高效的分诊,那没有理由舍近求远、舍实惠而选昂贵。

例(11)话题为"改善医患关系"涉及:医疗管理部门、医疗事故鉴定部门、医院、医生、护理人员等;患者、患者家庭、单位;工会、仲裁部门等多个方面,本例用"从"框架介引"医院、患者"两个最主要方面,分别从二者的角度对医患问题进行深入论述,比较全面。例(12)专从"患者"视角论述话题“家庭医生签约服务”。

大数据显示 8 个常见的行为主体,“就”框架频率略高于“从”框架(见表 9、10)。

表 9:“行为主体”对象数据表

对象	从 X 来说	就 X 来说
患者	10	3
医院	17	12
学校	9	12
家长	14	8
中国	33	90
美国	22	77
个人	204	279
社会	35	23

表 10:“行为主体”对象频率表

对象	从 X 来说		就 X 来说	
	总数	比率	总数	比率
行为人	344	40.6%	504	59.4%

3.2.3 时间范围

介引对象为“时间范围”时“从”框架和“就”框架的使用情况,例如:

(13) 中国汽车流通协会相关专家告诉记者:**从目前来说**,传统汽车经销商依然最主流,且符合消费者购车需求的模式。

(14) 看完三大科技媒体对黑鲨手机的中肯评价,着实让我这个游戏重度用户都有冲动在 4 月 20 日开售时抢购一部。**就目前来说**,黑鲨手机各方面都尽心尽力地去做一个游戏手机该有的样子。

例(13)用“从”框架介引时间,从“目前”视角论述话题“汽车经销商(最主流/符合购车需求)”。例(14)用“就”框架针对标的“目前”对“黑鲨手机”展开论述(尽心尽力地去做)。大数据显示在以“时间范围”为介引对象的实际语言运用中,“就”框架远远高于“从”框架(见表11、12)。

表11:“时间范围”对象数据表(语料来源:人民网、北京大学现代汉语语料库、微博)

	从X来说	就X来说
现在	31	235
目前	360	1 488
今年	10	111
去年	3	36

表12:“时间范围”对象频率表

对象	从X来说		就X来说	
时间范围	总数	比率	总数	比率
	404	18.8%	1870	81.2%

这表明“就”框架的重心在时间而“从”框架的重心在切换立场。从认知角度看,“就”是针对凸显,目前人们的时间碎片化、语言运用游戏化,重视时间,针对性强是理所当然的;而立场的表达总是要从一定的视角切入,因此用“从”框架来标记介引也是符合认知规律的。

4. 典型标记差异与非典型标记差异

典型的“就”标记是针对标的;典型的“从”标记是选定视角。非典型的“就”标记是限定空间的;非典型的“从”标记是切换立场。二者在语义上存在差异:(1)典型标记是显性的、特定的,因此标记“就”与“从”不能替换。(2)非典型标记是隐性的、一般的、两可的,因此用“就”框架就具有“主观性”和“聚焦性”;用“从”框架就具有“客观性”和“散焦性”。

4.1 主观性与客观性

同样是换一种角度来论述话题,“就”和“从”却有因角度不同而带来主客观两种不同的情感认知色彩。“就”框架在介引角度时有主观性倾向,而“从”框架在介引角度时有客观性倾向。如:

(15) 也许有人说,**就一个方言来说**,调查时本书好些例子用不上,即一个例子捞不到一条鱼。对!每一个方言不可能具有所有方言特点的总和。用本书调查时第一步不妨只挑选书中本大方言区和临近方言区的例子来调查,第二步再扩大调查面。

(16) 美国通俗文学比起其他国家来尤其丰富多彩……,至少**从社会学的角度来说**,是很有意义和价值的,尽管其中有很多是垃圾和糟粕。

例(15)和例(16)都是典型标记差异的用法,"就"框架不能选择外部视角"社会学的角度"为介引对象,"从"框架也不能针对一个细化的具体标的"一个方言"为介引对象。因为"就"框架介引的话题本身就是一个标的,是就针对标的进一步的论述,而排除了其他因素的影响,有很强的主观性。而"从"框架选择一个外部的视角来观察论述话题,有距离和客观性。

(17) 人生从来不是一次性博弈。至少**从教育方面来说**,有自我教育、家庭教育、学校教育、社会教育。起点高低只是出发点,最终命运还是在自己的手中。

(18) 我对现在的教育不是很满意。的确是到了大学我们很自由,可以去做更多自己想做的事情,但是**就教育方面来说**,我觉得不是很完善。

例(17)和例(18)是非典型标记的使用,介引对象都是相同的"教育"。例(17)"从"框架选定"教育方面"视角论述有一个大概公认标准的教育分类,带有明显的客观性。例(18)"就"框架针对"教育方面"标的论述"我"个人对于大学教育的看法,这明显是因人而异的带有主观性的论述。

大数据显示,立足于"我"的视角论述大多选择"就"框架而非"从"框架(见表13、14)。

表13:"就我来说"使用统计表

介引对象	从X来说			就X来说		
	人民网	北京大学现代汉语语料库	微博	人民网	北京大学现代汉语语料库	微博
我[个人]来说	177	22	23	315	78	535

表 14:"就我来说"使用频率表

介引对象	从 X 来说		就 X 来说	
	总数	比率	总数	比率
我[个人]	222	19.3%	928	80.7%

4.2 聚焦与散焦

聚焦指"就"框架具有将论述的焦点随时集中于所介引标记的 A 标的上而不总是在总述话题上,即随时使分述话题成为论述的焦点。散焦指"从"框架具有将论述的焦点随时都集中在总述话题上,即使出现一或多个分述话题,焦点也不会只偏向某个分述话题上,而是会均匀地分散在各个分述话题上,共同服务于总述话题。如:

(19) 二次手术,肉体上的痛苦暂且不提,但**就经济来说**,小赵这样的家庭恐怕承受不起,于是家里人开始寻求更加适合小赵的治疗方法。

(20) 海南**从经济来说**仍是小省,2012 年地方一般性财政收入为 409 亿元,比另一特区深圳少 1 000 余亿,也低于江苏南通等普通城市。

例(19)总述话题是"二次手术",分述话题是"小赵家经济",分述"家庭承担不起、家里人寻求更适合的治疗方法",总述话题和分述话题联系并不那么紧密,"就"框架介引了"经济"之后,论述焦点就落在了对于小赵家经济情况的描述,这里"二次手术"只是"小赵家经济"的一个引子而非重点。例(20)总述话题是"海南",分述话题是"经济",整个话题的焦点一直聚集在"海南"上:海南的财政收入、比深圳少,低于南通。这是用数据多方证明海南是"经济小省"。

5. "就/从 X 来说"差异性动因

"就/从"框架的差异:一是主客观不同情感色彩的差异。这种差异显性地体现在典型标记功能中,"就"框架的"针对标的"带有不可忽略的主观色彩;隐性地体现在非典型标记功能的差异中,而"从"框架的"选定视角"的标记功能就体现了较强的客观性。二是聚焦与散焦的功能差异。

这是由各自附带的主客观情感色彩延伸而来。主观视角更易于聚焦,强化针对性。客观视角更易于散焦,强化客观性。

5.1 实义的浓缩痕迹

关于语言中的语法化现象,Hopper(1991)提出了五条原则,其中一条为保持原则①,即实词在经历了语法化过程后其原本的实义并未完全消失殆尽,而是在现在的用法中依然保留有当初的实义的特点。这种特点,本文认为是实义浓缩痕迹。正是这种浓缩痕迹,影响了使用。如介词"就"和"从"都是由实义动词发展而来,尽管现在已高度虚化,但依然还能影响两个介词框架的框架义。

5.1.1 "就X来说""就"的实义浓缩痕迹

介词"就"可以引进对象、处所、范围。"就"框架中的介词"就"是由处所介词"就"发展而来。"就"的本义为"至、趋",原作动词用。根据《说文解字》:"就,高也。""京""尤"会意。"京"意为"高","尤"意为"特别"。本义"到高处去住"。因此"空间位移"可以视为"就"字最原始的义项,后引申有"至、趋"义。对这个实义进行分析可以得出三个义素[+主体][+运行][+目标](见图1)。

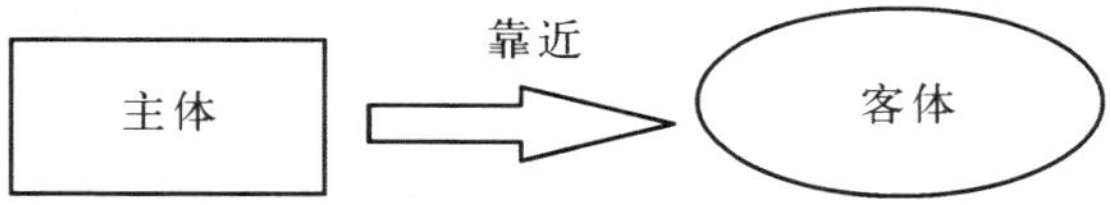

图1:"就"的基本义素示意图

"就"后来向介词发展离不开对本义的引申,具有极强的目标性和方向性,并且这两种特性贯穿了动词"就"向介词"就"语法化的整个历程。然而图1所示的动词"就"的基本义素——运行主体向目标靠近,其实义逐渐浓缩,到现代汉语介词"就"中还留有实义的痕迹。

先秦时期,动词"就"有"至、趋"义,即"到往某处"之义。例如:

(21) <u>就</u>有道而正焉。(《论语》)

---

① Hopper. P. 1991 On some principles of grammaticalization. In Traugott & Heine (eds);(1):17-36.

（22）吴王许诺，乃退就幕而会。（《国语》）

例（21）—（22）表明，“就有道”是动词，而“退就幕、就席坐”为“就”的虚化提供了重要的先决条件，在过去式中“就”为次要动词，语义开始泛化。介词“就”的语义发展线索如下所示：

动词“就”↗对象介词“就”（表示师从者、求索者、交与者）
↘处所介词“就”（表示所在、所始、所向、终点）
范围介词“就”（表示针对X在X当中）（马贝加，1997）

动词“就”几乎在同一时期衍生出对象介词和处所介词的用法，再由处所介词引申出范围介词的用法。在介词的语法化中，范围介词都是由处所介词引申而来的。介词“就”的用法在南北朝时期就已基本定型。介词“就”作为处所介词的用法，例如：

（23）令诣河东就乐洋学经。（蜀书　任苏杜郑仓传注；裴松之引《魏略》）

（24）起向月中行，来就潭中浴。（白居易：香山寺石楼潭夜话）

介词“就”作为范围介词的用法，例如：

（25）就中更有梵天王，相貌巍巍多自在。（敦煌变文集·维摩诘经讲经文）

以上对介词“就”语法化历程的梳理可以看出“就”框架的介词中的残留实义是如何由本义为“至、趋”的动词“就”发展而来的。

5.1.2　“从X来说”“从”的实义浓缩痕迹

《说文》：“从，随行也。”“从”本指“跟随”，随行时主体和客体始终是在一起的，而随行这一事件的发生必然具有时空背景，所以随行的过程中，主体与所通过的背景空间也是始终在一块的。而“从……来说”框架中“从”是介词，引进时间、处所、范围、对象和方式等。由此，“从”由“随行”衍生出“通过某一地点”即“经由”之义。处所介词“从”由表“通过某一地点”之义引申出“自某一地点出发”即“始发点”之义。根据这个语义我们可以分析出三个义素：[＋主体][＋运行][＋背离]，由处所介词“从”后来意义的发展可以看出，“从”的背离性一直贯穿其词义的始终（见图2）。

“从”在人们认知中的运行模式如图2所示。同样地，“从”框架中的

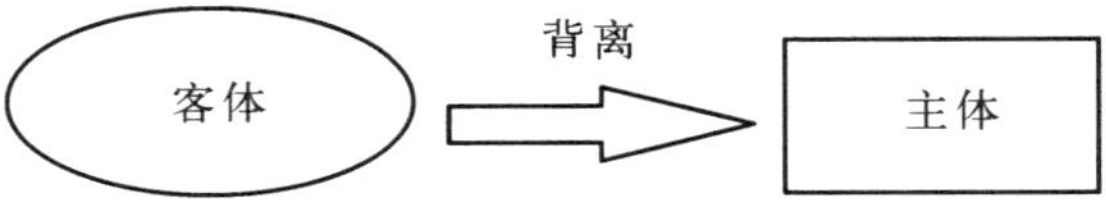

图 2:“从”的基本义素示意图

介词“从”到现在还残留着贯穿着介词“从”语法化历程始终的基本义素——主体由起点出发做背离起点的运行。

“从”表示“通过某一地点”的用法最早见于春秋末年,在秦汉时期就已有相当多的用例,例如:

(26) 公子侧行辞让,从东阶上。(史记·魏公子列传)

“从”表示“自某一地点出发”的始发点之义用法在《史记》中被大量沿用,东汉后持续发展。如:

(27) 君臣无礼,何从有福?(史记·龟策列传)

由此我们可以梳理出介词“从”一路由表“跟随”义的动词“从”不断语法化的过程,即使语义虚化至今,依然还对“从”框架的介词“从”的语义留有影响。

5.2 主观性与客观性对立

5.2.1 认知运行模式的方向对立

介词“就”和“从”原始的认知运行模式中,二者的主体位移方向恰好相反。在这里,主体为论述行为的发出者,即说话人,客体为论述对象。动词“就”的认知运行模式(图 1 所示)为主体向客体靠近,那么这就为“就”框架增添了强烈的主观色彩,因当主体即说话者与论述对象的距离越拉近时对它的观察就难以获取除对象本身之外的客观角度,会不可避免的越带有主观性。而动词“从”的运行模式(图 2 所示)为主体向客体背离,这就为“从”框架的客观性色彩提供了优势,因只有说话人与客体的距离拉大才有可能从外部的视角对其进行观察,也因而更能获得一种客观的认知。

5.2.2 准助词意义的辅助

在两个介词框架中,除了前置介词,后置准助词也有作用。已有介词“就”和“从”实义的浓缩痕迹的区别在前,后面的准助词的残留的实义也对于框住不同的心理视角起到了不可忽视的辅助作用。

同“来说”一样，准助词“来看”也是由实义动词虚化而来的。原本也是动词短语，后在双音节化和弱化后降格固定为介词框架的后置准助词。与介词框架中的前置介词类似，准助词虚化后依然有实义的浓缩痕迹在其中，这为理解介词框架提供了凭据。“来说”和“来看”两个准助词的重要区别在于实义动词“说”和“看”。如果用语言来区分内部视角和外部视角两个不同的心理视角，那么在实际运用中就会产生这样的对应关系：“来说→主观/客观”“来看→客观”。动词“看”是一个空间性很强的动作，主体发出这个动作时其投射的方向都是由主体到客体。而动词“说”则空间性很弱，没有具体的动作投射方向。所以“来看”倾向于配合客观的表达，而“来说”则主观、客观都能表达。大数据显示使用频率“就/从＋来说”远低于“就/从＋来看”(见表 15)。

表 15：6 个功能相类似介词框架使用频率比较表
(语料来源：北京大学现代汉语语料库)

	PX 来说		PX 来看	
	就 X 来说	从 X 来说	就 X 来看	从 X 来看
总数	53	34	13	241
百分比	13.25%	8.5%	3.25%	60.25%

用“第 1、第 3、国家”验证“P＋X 来说”“P＋X 来看”和“P＋X 而言”三个框架的针对性、选择性、主观性、相关性。大数据显示：都能表达“引进关于某方面的论述”，准助词“来说”兼主客观性，“来看”倾向于客观、“而言”以上三个框架跨越口语与书面语，因而使用频率更高(见表 16)。

表 16：第一人称、第三人称、国家视角比较表

		P＋X 来说		P＋X 来看		P＋X 而言	
		就 X 来说	从 X 来说	就 X 来看	从 X 来看	就 X 而言	从 X 而言
我	%	86/20.8%	42/10.14%	4/0.97%	1/0.24%	280/67.63%	1/0.24%
他	%	5/17.24%	2/6.9%	3/10.34%	0/0	19/65.52%	0/0
中国	%	99/14.73%	47/6.99%	2/0.3%	19/2.83%	505/75.15%	0/0

6. “就/从 X 说”差异形成的机制

介词“就”和“从”的实义的浓缩痕迹对介词框架的主客观性的对立有一定的解释作用,根本原因是人们在认知上有对事物进行不同角度理解的需要,所以才会有体现在语言上的直观表达差异。正是“就”和“从”实义的浓缩痕迹为人们表达心理视角的差异提供了语言构筑材料。

6.1 空间隐喻机制

人们的语言表达中隐喻着人们对于空间的认知。即我们会借助对于物理空间的认知来组织我们的语言,表达我们对于各个事物的关系和性质的认知(George Lankoff & Mark Johnson, 2003)。我们有出于不同方面来认识一个事物的需要,而在介词“就”和“从”中所浓缩的空间位移以及不同的位移方向的认知运行模式就为人们的这种对于事物的认知需求提供能够使之外显于语言的构筑材料。换句话说即“就”框架和“从”框架的空间性隐喻了人们对于事物的认知模式。如在两个框架博弈后最终实现妥协性分布的两个语义辖域“内部视角”和“外部视角”实际上是介词“就”——主体靠近客体的认知运行模式和介词“从”——主体背离客体的认知运行模式对人们两种不同的思维模式——切割和整合的空间隐喻。

6.2 心理视角机制

根据语言的主观性原则,沈家煊(2001)提到 Edward Finegan 提出人们的语言表达会受三个方面的影响:说话人的情感、说话人的认识、说话人的视角①。即人们在进行表达时会转换不同的视角,而视角不同我们对于事物的认知也会不同,自然这种认知模式的不同也会最终体现为语言表达上的差异。人的认知和思维就像一个黑洞,难以穷尽,但出于表达精细的需要,语言会对其形式做尽量细致的划分以求尽可能地表达人类的各种认知模式。人们认知的差异产生了语言表达差异的需求,现有的语言材料为在形式上来区分这种认知上的差异提供了可能。

6.3 切割与整合认知模式

人们认识事物有需要从事物本身的性质和构成来认识以及借助其他介质来认识的必要。这也就产生了我们对于事物两种基本的认知模

① 沈家煊 2001 语言的主观性和主观化,《外语教学与研究》第4期。

式——切割和整合。切割即是一种分析式的认知模式，将事物切割成不同的部分，分别就每一部分有什么特点来得到对事物的认知。整合即是一种综合式的认知模式，将事物视为一个整体，全面地来认知事物。这两种不同的认知模式需要采取不同的视角，而这也使得我们在认识事物时会产生主观和客观两种不同的倾向——距离近时偏主观性，距离远时偏客观性。由于与论述对象十分靠近，自然地也对于其认识也会主观化一些。由于论述对象距离较远，认知者往往持有一个特定的立场或借助一个特定的角度，以此为介质来获得对事物的认知。与论述对象拉开一定距离对其进行观察，对于其的认识自然就会更客观化一些。两种认知模式(见图 3、图 4)。

图 3：切割认知模式示意图

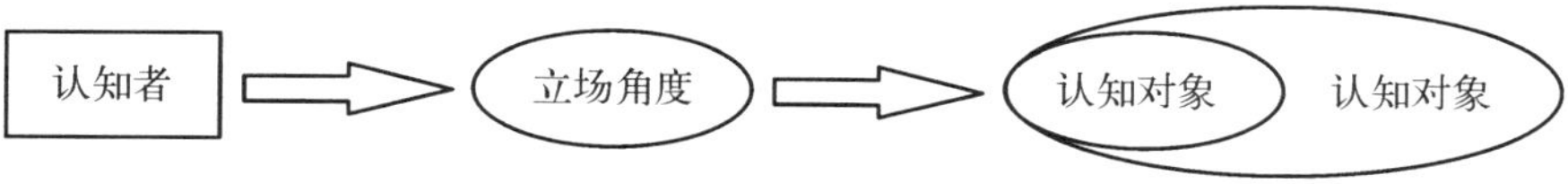

图 4：整合认知模式示意图

我们可以看到，在这两种认知模式中，认知者和认知对象具有更明显的空间关系和方向关系。因此语言在表达这两种认知模式时需要更为细化的构筑材料。而如上文所述，介词“就”和“从”实义的浓缩痕迹的方向性的差异为表达这两种不同的认知模式分别提供了各自所需的语言材料，因而使得“从”框架和“就”框架带上了客观、主观不同的偏向。

7. 结语

人们的认知模式是一个极其复杂的系统，为了将其适当地表达出来，语言有不断细化其表达功能的需求。但是同时为了交流和理解的便利，又有了简化语言表达结构的趋向性。这两种丰富化和经济化的原则体现在语言的各个方面，本文所探究的两个介词框架在实际语言运用的过程中不断竞争博弈,最终形成了“就 X 来说”和“从 X 来说”框架,在话题标记功能中产生了典型标记功能的差异性和非典型标记功能的趋同性现象。从本质上看,语言从根本上来说是一个流动体而非静止体,它处在不断地变化转换之中,我们这里的分析也只是在语言发展的时间流上截下的一个瞬时剖面,而两个框架的互动仍在继续。

参考文献

陈昌来、杨丹毅　2009　介词框架“对/对于……来说/而言”的形成和语法化机制,《华东师范大学学报(哲社版)》第 1 期。

黄敬轩　2007　汉语介词“就”的语法化历程,《双语学习》第 4 期。

吕叔湘　2007　《现代汉语八百词》,北京:商务印书馆。

马贝加　1997　介词“就”的产生及其意义,《中国语文》第 2 期。

马贝加、徐晓萍　2002　时处介词“从”的产生及其发展,《温州师范大学学报(哲学社会科学版)》第 5 期。

强星娜　2011　话题标记与句类限制,《语言科学》第 2 期。

沈家煊　1994　语法化研究综观,《外语教学与研究》第 4 期。

沈家煊　2001　语言的主观性和主观化,《外语教学与研究》第 4 期。

杨国萍、向明友、许硕　2017　话语标记语语法化研究述评,《语言学研究》第 2 期。

周小兵　1997　介词的语法性质和介词研究的系统方法,《中山大学学报(社会科学版)》第 3 期。

Hopper On some principles of grammaticalization. 1991 In Traugott & Heine, vol. 1, 17 - 36.

Langacker, R. W. 1993. Reference point construction. Cognitive Linguistics4: 1 - 38.

Trautgott, E. C. & E. Konig. 1991. The semantics-pragmatics of grammaticalization revisited in Traugott &Heine(eds.). 1991. vol. 1. 189 - 218.

George Lankoff & Mark Johnson. Metaphors We Live By. University of Chicago Press, 2003 - 4 - 15.

(本文发表于《当代修辞学》2019 年第 1 期)

关于同位性“PP＋一个＋VP的”的入句允准、话语功能与生成机制*

哈尔滨师范大学文学院 李广瑜

1. 引言

指称是当代语言研究中的重点问题之一，以往的指称研究多集中在单纯性指称成分上，近些年来复合性指称构式逐渐引起学者们的重视，如唐雪凝(2013)、李劲荣(2013)、刘探宙和张伯江(2014)、吉益民(2014)、白鸽(2014)、李广瑜和陈一(2016)、李文浩(2016)均曾对现代汉语中的同位性复合指称构式做过不同程度的探讨。“PP＋一个＋VP的”是一种特殊的同位性复合指称构式，由人称代词PP、数量构件“一个”与“的”字词组“VP的”构成，吉益民(2014)细致地分析了该构式的结构语义。在对相关语言事实进行深入考察之后，我们发现已有研究尚未触及“PP＋一个＋VP的”在线生成的动因与机制，而这又涉及构式的句法语义允准条件、构式使用的语用心理以及相关构式的概念整合等诸多层面的问题，因此有必要做进一步的专门讨论。

2. “PP＋一个＋VP的”的入句允准与话语功能

作为一个非自足构式，“PP＋一个＋VP的”一般不能独立成句，后面需要伴随其他述谓性成分方可参与交际表达。“PP＋一个＋VP的”所在句的句子类型与话语功能是我们探索“PP＋一个＋VP的”的入句允准与话语功能的重要切入点。

* 本文得到黑龙江省哲学社会科学一般项目(18YYB172)资助，曾在哈尔滨师范大学语言学沙龙上交流，陈一、陈颖、程书秋、刘丹诸位师友对本文提出宝贵意见和建议，在此谨致谢忱。

2.1 “PP+一个+VP的”的入句允准

所谓入句允准,指某语言单位参与构成合格句子的允准条件。关于“PP+一个+VP的”的入句允准,可以从句类和语义两个角度来分析。

从句类上看,“PP+一个+VP的”的所在句可以是评议性陈述句、反问句,也可以是一般疑问句、特殊疑问句、隐含否定义的祈使句。如:①

(1) 你一个看澡堂的配不上人家!

(2) 他一个做饭的,能有什么真知灼见呢?

(3) 大哥,我一个做个税的,你能理解我的苦么?

(4) 他一个卖果子的,何以名之鉴赏家?

(5) 你一个学法律的想对其他领域指手画脚之前先掂掂自己斤两。

通过考察BCC语料我们发现,“PP+一个+VP的”所在句主要是评议性陈述句与反问句,一般疑问句、特殊疑问句、隐含否定义的祈使句的数量则极少,具体统计结果如下:

表1:“PP+一个+VP的”所在句的句类分布统计

	评议性陈述句	反问句	一般疑问句	特殊疑问句	祈使句	总数
数量	38	34	2	1	2	77
比例	49%	44%	3%	1%	3%	100%

从统计结果上看,评议性陈述句与反问句占到了全部例句的93%。为了得到关于“PP+一个+VP的”入句允准的更全面的概括,我们还需要就“PP+一个+VP的”所在句的语义共性作出分析。

从语义上看,我们发现,无论“PP+一个+VP的”所在句属于何种句子类别,这些句子都表现出语义上的共性,即均具有评议性。评议性陈述句自然具有评议性,如例(1)。“PP+一个+VP的”所在的反问句同样具有评议性,如例(2)通过反问“他能有什么真知灼见”表达了言者的否定性评议。此外,该构式所在一般疑问句、特殊疑问句、祈使句也均具有评议性,如例(3)暗含着“我一个做个税的很苦”的评议性内容,例(4)暗含着

① 本文语料均来自BCC语料库,限于篇幅,不一一标注出处。

"他一个卖果子的竟然被称为鉴赏家"的评议性内容,例(5)暗含着"你一个学法律的对其他领域指手画脚未必具有资格"的评议性内容。

特别需要指出的是,即使在后面伴随的述谓成分缺省的情况下,"PP＋一个＋VP的"所在句的评议性仍不难体会,如:

(6) 记得一个晚上,丈夫对我说:"小静现在生活得不开心,咱们把小静接来住吧。"我说:"抚养一个孩子要靠心,人家都说姑妈亲,姨娘亲,我一个做婶婶的……"

该例中,"我一个做婶婶的……"中虽然省略了述谓成分,但依靠上下文我们依然可以明确感知说话人话语的评议性内容:小静这个孩子跟我一个做婶婶的不会那么亲。

由此可见,从语义方面看,"PP＋一个＋VP的"的入句允准是要求所在句表现评议性内容。以此来看,"PP＋一个＋VP的"句类方面的入句允准是要求所在句为评议句。

2.2 "PP＋一个＋VP的"的话语功能

李广瑜、陈一(2016:401)指出,"PP＋一个＋NP"所在句具有表达评议、质疑、推测、询问、决心、建议等功能。"PP＋一个＋VP的"是"PP＋一个＋NP"的一个子类,其所在句确实也可以表达评议、质疑、询问或建议等话语功能,具体统计参看表2。

表2:"PP＋一个＋VP的"所在句的话语功能统计

	评议	质疑	询问	建议	总数
数量	38	34	3	2	77
比例	49%	44%	4%	3%	100%

通过考察语料可以发现,"PP＋一个＋VP的"所在句的话语功能与句子类别存在很强的倾向性对应关系,即评议性陈述句表达评议功能,反问句表达质疑功能,一般疑问句和特殊疑问句均表达询问功能,祈使句表达建议功能,例见(1)—(5)。因此,不难发现表2与表1的统计对应性比较强。

值得指出的是,虽然BCC语料中没有发现单独表达推测、决心的"PP

＋一个＋VP 的"句,但是可以见到"PP＋一个＋VP 的"所在句与推测小句、决心小句共现的用例。如:

(7) 我一个搞技术的从来不玩古董字画,要知道价值几十万元我也不能要啊。

(8) 我一个刨地球的,不是不能说,说多了也不管用……还是不见吧。

例(7)中,"我一个搞技术的"激活了专门从事技术职事人员的社会评价意义,"从来不玩古董字画"突出了评议功能,"要知道价值几十万元我也不能要啊"则借助虚拟假设引出推测功能。例(8)中,"我一个刨地球的"激活了从事农业生产职事人员的社会评价意义,"不是不能说,说多了也不管用"突出了评议功能,"还是不见吧"则突显了决心功能。此外,语料中还有"PP＋一个＋VP 的"所在句与质疑小句以及祈使小句共现的用例。如:

(9) 你一个做节目的如此心胸狭隘,还能做什么呢?

(10) 我一个带兵打仗的,我回部队是正经事,你少给我掺和!

以上用例表明,虽然"PP＋一个＋VP 的"所在句可以与表达不同话语功能的小句共现,但评议功能才是"PP＋一个＋VP 的"所在句话语功能的核心。这恰恰与"PP＋一个＋VP 的"入句的语义允准是表现评议性内容构成了齐整的呼应。

从适切语境来看,"PP＋一个＋VP 的"所在句有强烈的口语对话语境选择倾向,例见(1)至(10)。在我们统计的 77 个用例中,68 例用于典型的对话语境,其余的 9 例虽然表面上不是用于说听双方的现场在线对话,但都与过程性、事件性突显的叙事语境无涉,都可以看成是用于言者自问自答或言者与读者对话的非典型对话语境。如:

(11) 他一个卖果子的,何以名之鉴赏家?汪先生几个细节,数句对话,便把叶三刻画得呼之欲出。

(12) 我不过是写小说的,不是当官的。我们梁家,并没因出了我一个写小说的而改换门庭么!

通过对比可发现,无论是出现在典型的听说双方即时对话的语境中,还是出现在非典型的言者自问自答或言者与读者对话的语境中,"PP＋

一个＋VP 的”都起到了一个话语引导与视角调控的功能。具体说，说话人引导听话人注意 PP 所指对象的身份属性，调控听话人的观察视角，并以这一身份属性和观察视角为切入点引导听话人注意后面评议、质疑、询问或推测的合理性。从这个角度看，“PP＋一个＋VP 的”不仅具有主观性，而且具有交互主观性，是一种主观性和交互主观性交织的评议性复合指称构式。

在明确了“PP＋一个＋VP 的”的入句允准与“PP＋一个＋VP 的”所在句的话语功能、适切语境后，我们认为“PP＋一个＋VP 的”的话语功能可以做如下概括：说话人通过明示行为定位转指人称代词 PP 所指对象的身份类属，引导听话人以这一身份属性作为观察视角，激活相关身份属性的社会评价意义，衬证说话人针对相关当事人进行评议、质疑、询问或推测等的合理性。

3. “PP＋一个＋VP 的”在线生成的动因与机制

口语交际具有即时性、互动性，在一定程度上可以说，口语交际中交际双方使用的话语都具有在线生成性。从适切语境来看，“PP＋一个＋VP 的”也具有明显的在线生成的特点，下面重点探讨该构式在线生成的动因和机制。

3.1 “PP＋一个＋VP 的”在线生成的动因

刘探宙、张伯江(2014：219)指出，汉语同位同指组合是说话人先想到并且先说出已知信息 NP_1，为了使这一信息更加立体丰满，然后说出跟它相关的一个或几个侧面的信息 NP_2 的在线包装过程。本文认同汉语中的同位同指组合具有在线生成的特点，需要进一步指出的是，汉语同位同指组合的后项成分与同位同指组合后面的评议性述谓成分存在着相容共生关系，这种“同位指称＋评议述谓”的句法语用格局的生成与说话人的交际意图密切相关。具体说，“PP＋一个＋VP 的”这类多参项复合性指称构式之所以能够在线生成，与说话人要引导听话人以某种身份属性作为观察视角衬证说话人针对相关当事人进行评议、质疑、询问或推测等的合理性密切相关。

语言顺应论认为，语言使用者使用语言的过程是一个不断进行语言形式选择的过程(Verschueren, 2000)。在语言的动态使用中,说话人可以顺应交际目的选择相关语言形式在线构建相关当事人的身份,以增加交际意图的实现机率(Bucholtz & Hall, 2005;陈新仁,2013)。然而,使用哪一种语言形式来指称相关当事人以进行在线的身份构建,往往反映了语言使用者的不同的言语策略(方梅,2005)。在我们看来,说话人之所以会在线生成"PP+一个+VP的"这一复合性指称构式参与构成评议句来表现评议、质疑、询问或推测等话语功能,而不是仅仅采用人称代词PP这一单纯指称形式,其实有着深刻的语用心理动因。具体说,说话人是为了站在"一个+VP的"这一身份属性上评议、质疑、询问或推测相关当事人,这会使得评议、质疑、询问或推测的客观理据性大大加强,从而大大提高了评议、质疑、询问或推测的说服力。从信息组织策略上看,"一个+VP的"为人称代词PP所指对象提供了身份属性这一信息,但却在句法上被编码为PP的同位成分,这说明说话人是有意将"一个+VP的"这一身份属性作为背景信息来组织的。由此可见,身份信息的背景化是"PP+一个+VP的"在线生成的重要动因。

3.2 "PP+一个+VP的"在线生成的机制

沈家煊(2007: 394)指出,用一种新的说法来表达原来没有的主观义,往往是通过两种已有说法的糅合,糅合才产生新的意义。作为一种认知操作,糅合不限于语言,也包括思维,糅合造句本质上是一种概念整合。(沈家煊,2006)我们认为,概念整合恰恰正是包括"PP+一个+VP的"在内的同位性"PP+一个+NP"在线生成的机制。例如:

(13) 他一个做饭的,能有什么真知灼见呢?

(13′) 他能有什么真知灼见呢?

(13″) 一个做饭的,能有什么真知灼见呢?

例(13)是说话人在交际现场针对言谈所涉及的交际双方之外的第三方"他"在线生成的质疑性评价话语。就针对"他"进行质疑性评价而言,(13′)已经可以实现这一交际目标,但显然(13′)的质疑性评价缺少共识性依据,纯粹是说话人的个人主观评价。与(13′)不同,(13″)所表现的质疑性评价则更容易在人群中达成共识,个人主观化色彩大大降低。由此,当说话人针对"他"进行质疑性评价时,依托于自己的主观意图(13′)与自己的背景知识(13″)，为提高质疑性评价的理据性和说服力，就会在线生成一个既可以对“他”进行身份阐释又可以与后面的质疑性评价话语“能有什么真知灼见呢?”具有相容共生关系的兼具述谓性与指称性的成分“一个做饭的”。从这个角度来看，(13)的在线生成是说话人对(13′)与(13″)进行概念整合的结果。

利用现有相关构式进行概念整合、构式整合配置成新构式，是表达特定话语功能的一个有效的现实选择途径(陈一、程书秋，2016)。说话人为衬证针对相关当事人进行评议、质疑、询问或推测等的合理性在线生成“PP＋一个＋VP 的”，正是基于主观意图和背景知识对相关构式进行概念整合、构式整合的结果。当然，由于“PP＋一个＋VP 的”的非自足性，“PP＋一个＋VP 的”的概念整合、构式整合过程需要结合所在的评议性构式“PP 一个 VP 的＋$VP_{评议}$”来观察。

从概念结构上看，一个评议过程由评议主体、评议客体、评议行为三个有机部分构成。根据认知语言学的句法象似性理论，句法结构与概念结构之间有一种自然的联系(Haiman，1985；沈家煊，1993)。由于评议主体通常以言者身份隐藏在话语之外，因此评议性构式通常由“评议对象＋评议性述谓成分”构成。结合例(13′)与(13″)可知，现代汉语中存在着“PP＋$VP_{评议}$”与“一个 VP 的＋$VP_{评议}$”两个构式，二者有明确分工：前者针对言谈现场所涉及的具体对象进行评议，如(13′)；后者针对言谈现场之外的一类对象进行评议，如(13″)。“PP 一个 VP 的＋$VP_{评议}$”构式的在线生成恰恰是对“PP＋$VP_{评议}$”与“一个 VP 的＋$VP_{评议}$”这两个源供构式进行认知整合的结果，这一整合基于两个源供构式都包括对象成分和评议成分的构件相似性，属于“糅合型整合”，生成过程经历一个概念整合、构式整合的过程，即选取“PP＋$VP_{评议}$”与“一个 VP 的＋VP 评议”的不同项“PP”和“一个 VP 的”进行概念整合，保留二者共有项“VP 评议”，压缩成新构式“PP 一个 VP 的＋$VP_{评议}$”。由此可见，概念整合是同位性复合指称构式“PP＋一个＋VP 的”得以在线生成的重要机制。

应该指出的是，同位性“PP＋一个＋VP 的”是同位性“PP＋一个＋NP”的一个下位子类型，本文关于“PP＋一个＋VP 的”的入句允准、话语功能、生成动因、生成机制的分析同样适用于“PP＋一个＋NP”。限于篇幅,这里不再举例论证。如果将考察的范围扩大,我们会发现,同位性复合指称构式是一个很大的构式家族,排除了“PP＋一个＋NP”这一类型,其他同位性复合指称构式在入句允准、话语功能上有何特点?这些同位性构式的生成动因、生成机制又该如何认识?这些问题值得进一步思考解决。

参考文献

陈新仁　2013　《语用学视角下的身份与交际研究》,北京:高等教育出版社。

陈一程、书秋　2016　“我别VP(了)”的构式整合机制及其语用价值,《世界汉语教学》第2期。

方　梅　2005　篇章语法与汉语篇章语法研究,《中国社会科学》第6期。

吉益民　2014　人称复指结构“PP＋de－C”探析,《世界汉语教学》第2期。

李广瑜、陈一　2016　关于同位性“人称代词单＋一个NP”的指称性质、语用功能,《中国语文》第4期。

李劲荣　2013　汉语里的另一种类指成分,《中国语文》第3期。

李文浩　2016　也谈同位复指式“人称代词＋一个NP”的指称性质、语用功能,《中国语文》第4期。

刘探宙、张伯江　2014　现代汉语同位同指组合的性质,《中国语文》第3期。

沈家煊　1993　句法的象似性问题,《外语教学与研究》第1期。

沈家煊　2006　“糅合”和“截搭”,《世界汉语教学》第4期。

沈家煊　2007　“移位”还是“移情”?,《中国语文》第5期。

完　权　2016　《“的”的性质与功能》,北京:商务印书馆。

Bucholtz, Maryand Hall, Kira. 2005 Identity and Interaction: A Sociocultural Linguistic Approach. *Discourse Studies*, 7.

Haiman, John. 1985 *Natural Syntax*. Cambridge: Cambridge University Press.

Verschueren, Jef. 2000 *Understanding Pragmatics*. Beijing: Foreign Language Teaching and Research Press.

句法与句式

话题句法化与句法双中心试议*

日本明海大学　史有为

1. 话题驱动中心

1.1 话题的句法化

1.1.1 关于话题语法化的理解

现在已普遍认识到，话题的特点有二：话题（topic，T）与说明（comment，C）之间是被陈述与陈述的关系；话题成分具有有定性。为了处理话题在语法平面上的位置，有人也提出话题语法化，而且已经有不少试探。袁毓林（2003）曾这样评述："徐烈炯、刘丹青（1998）尝试把像汉语这种话题优先型语言中的话题看作是句法平面的成分，自觉地从句法角度对话题进行探讨，努力地从句法理论上确立话题的句法地位。"①接着，在同一段落中，袁毓林承认他在1996年还是话题属语用、主语属语法的传统观点，而到2000年改变为温和的立场，"承认汉语中的话题正处于语法化的过程之中，尚未彻底完成，因而某些成分具有话题和主语或宾语这种两重性"。②

* 本文原题《话题句法化与句法双中心》，因文集字数限制而删去六千余字，故改为此题。

① 见袁毓林：《汉语话题的语法地位和语法化程度——基于真实自然口语的共时和历时考量》[G].《语言学论丛》第25辑（2002：57. 北京：商务印书馆）。文中涉及徐烈炯、刘丹青的《话题的结构与功能》[M].（1998：300. 上海：上海教育出版社）。

② 见袁毓林，2003，《话题的结构与功能》评述[J].《当代语言学》，2003(1)：54－63.

为了与之前的讨论有所区分,本文以“句法化”①来表达我们对原属语用平面的话题在语句中地位的认识。所谓话题句法化也就是 T-C 或话题结构演化为句法基本结构,是非句法范畴在句法层面上的语法化。语法化一词现在集中使用在实词的虚词化或功能词化的区域内。广义上看,语法化可以理解为非语法范畴组件因环境变异而从不同角度进入语法范畴的演化。广义的语法化可以有三个方面:典型的是实词的虚词化,即功能词化,是目前狭义概念下的语法化;第二种是跨段(跨结构或跨层)非词组词串的词汇化,是一种句法单位化;第三种是非语法/句法层面成分的句法化。话题原属语用平面,话题转化为句法的成分,话题结构演化为句法基本结构,即属此。

1.1.2 汉语话题句法化的证明

以往的研究有个缺憾,缺乏对话题语法化的证明。本文认为汉语话题结构已句法化的理由有四:

1) T-C 格式已定型化。汉语的话题句,尤其是那些在西方人看来的“怪”格式句,基本上都可以整体应用到许多语用环境,而并不必随语用环境的需要而临时变动。这就证明这些句子并非临时兴起,而是已经定型化。定型化是句法平面的一个特点。由此也证明它们已属于句法范畴,是一种句法结构。例如(以下例句若有需要,则用“◐”隔开 T 与 C):

(1) 台上◐坐着主席团。

(2) 三块◐一斤。

(3) 八个人◐坐一张桌子。

---

① 目前语法化研究中并无句法化一语。本文使用该词并非来自西方文献。生成语法曾使用 Syntacticization(一般译为“句法化”)一词。据司富珍(《语用信息在句子和名词短语层面的句法化》[J].《伊犁师范学院学报(社会科学版)》2011(02):92-95)所述:生成语法将句法、语义和语用“编码在句法结构层次上,成为句法结构的一个重要组成部分。”并“把这种现象称作语用信息的句法化(Syntacticization of Pragmatic Information)。”“被句法化后记录语用信息的功能层称作为句法结构的语用层”认为“句子结构和名词短语的结构各自分别存在论元(语义)层和语用层两个层次,居于结构上层的语用层即是语用信息在句法层面句法化的结果。”可见,生成语法虽然也确认语用信息可句法化,但其语用仍然是句法结构的部分,这与功能学派的观点不同。生成语法中,Syntax(句法)与传统所指的 Grammar(语法)大部分相同,并有扩大。本文的句法化也仅在词汇表面层次上与生成语法相同。

(4) 辫子◐剪了。

(5) 青岛队◐打败了。

(6) 什么情况◐[我]也不知道。

印欧语眼光中的话题是在语用需要的时候才临时移动到句首的。而语用话题出现后的句子,不能固定化为一种句法格式。

2) T-C 可作为句子成分。大部分 T-C(话题-评述)组合可以作为一个成分,担任“宾语”“话题”等句法成分,由此证明汉语的 T-C 确实已句法化为一个句法结构。例如:

(7) 台上坐着主席团的时候,你还没到。(依靠“的”,担任定语)

(8) 八个人坐一张桌子的规格,能接受吗?(依靠“的”,担任定语)

(10) 青岛队打败了的那个时候,我相信你也不好过。(依靠“的”,担任定语)

(11) 什么情况也不知道的人,你能依靠吗?(依靠“的”,担任定语)

(12) 我要三块一斤的。(组成“的”字结构,担任宾语)

(13) 我还见过台上坐着猴儿呢。(担任宾语)

(14) 台上坐着个死人,是什么滋味?(担任主语)

(15) 三块一斤,很便宜。(担任主语)

按理说,语用成分只出现于具体交际时候的句子,只能作为“句子”的一个成分,不能作为“短语”被包含于句子。这样的语用 T-C 就绝对不能担任句法成分,一定要将语用话题消除,或回归它原先的句法位置。反之,那就证明该话题已经跳出了语用,进入句法层面。

3) T-C 结构具有递归性。从语用层面看,话题只能是一个,不可能有多个。出现多个话题,却又适合句法的直接成分分析法,可以用多层 T-C 套叠来解释,也就是用递归来解释。而递归或直接成分层次构成属于句法层面。由此证明,汉语的话题已经属于句法的成分。反过来说,出现多个话题,也只能用句法的递归来解释。因为印欧语理论中的句子话题仅仅允许一个。至于这些话题怎么称呼,则是次要的技术问题,办法有的是。例如:

(16) 这本书◐[我◐要了]。(一次递归)

(17) 你◐[这◐是耍的什么把戏]?(一次递归)

(18) 老张嘛,◐[三间房子◐卖了两间]。(一次递归)

(19) 明天◐[你◐[北海◐还去不去]]?(二次递归)

(20) 你◐[下午◐[哪儿◐也别去]]。(二次递归)

4) 话题在"原位"并无移动前的痕迹。汉语中的话题,如果理解为提前到句首的话题,那么在所谓的"原位"上应该有痕迹。事实是,大部分T－C都不能接受用代词复指的"痕迹",也不能"归位/复位",有些则不等同。这也证明汉语的C－T是一种正常句法次序,并无缺位。例如:

(21) 张老师,◐我认识(他)。(≈我认识张老师。)

(22) 我们◐打败(＊□)了。(≠? 打败了我们。)

(23) 三局◐我(＊□)都胜(/＊□)了。(≈我胜了三局。)

(24) 红楼梦◐我已经看完(＊它)了。(≈我已经看完红楼梦了。)

(25) 台上,◐主席团坐着(＊那儿)。(≠主席团坐在台上。)

由上可知,汉语的话题不属于语用层面,而已归属于句法层面,应改称"句法话题"(Ts),相对的则称为"句法说明"(Cs)。T－C结构不但是汉语句子的架构,同时基本上也是词组/短语的架构。该结构也可称为"句法话题结构"或"句法T－C"(TCs)。

1.2　句法话题导致的宾语补足化

句法话题的强势出现,造成动词主导句法结构的弱化与变异。印欧语意义上的主语不在各种语义类别的话题占据"主语"位置,为了满足信息相对足够的交际需求,相对于此的动词后"宾语"位置不能不发生功能变异,于是就出现了不同于印欧系语言的补足需求:在离动词最短距离内补足表述最需之指称性关涉论元。顺理成章地,宾语位置就成为相对于句法话题的最需补足关涉元的驻所。所补足的关涉论元可以称为"补足语"。与英语object相当的仅仅是补足语之一。这也许可以认为是对称性的"镜像"机制。例如:

(26) 挖沙土(施动对象)|挖水沟(达成对象)

(27) 跑龙套(角色)|走人(施动者)

(28) 写毛笔(工具)|泡时间(时间过程)|跑车票(原因-目的)

(29) 跑上海(到达地点)|写黑板(动作场所)

(30) 吃食堂(动作依凭)|走夜路(行为方式)|滑旱冰(行为方式)

几乎可以这样说：话题中可以出现的指称性词语，都可以直接出现在宾语位置上。以传统所指的处所宾语而言，可以分成终点、起点、经路、方向、起点-终点、坐标、动作场所等七类。① 这显示汉语话题句法化具有一种倾向于"宽约束化"的特点。

1.3 话题结构与停顿及语气词②

1.3.1 话题后停顿

1）必有停顿。这是一种句法必需，具有"话题支持"的功能。这样的停顿可称为"句法停顿"。例如：

（31）鲁迅，◐浙江绍兴人。（缺少系词的名词句）

（32）打篮球，◐我也喜欢。（动词短语话题的）

由"关于、至于、对于"开头的介宾短语之后的也是必有停顿。介宾短语是由动宾短语降格、去动作性而来。"关于、至于、对于"有更多的去动作性与话题性，因此只能安置于句法话题之前。例如：

（33）关于住房改革，◐任重道远，很难一夕而成。

（34）至于老张他们，◐钢琴卖了，书也卖了。

（35）对于来犯者，◐我方必须坚决回击。

2）可有停顿。原本没有停顿，可以增加的停顿，则是非句法的语用停顿，达"话题确认"的语气。例如：

（36）他，◐去过广州，不想去了。

（37）孩子，◐长得挺壮实的。

3）不可停顿。这是一类特殊的结构，由任指疑问代词作为起首话题（该种话题可写作 Tsq，这类结构可写作 TCsq）。Tsq 之后无法插入停顿，也不能带语气词。例如：

（38）哪儿◐都不去。

（39）谁◐也不认识他。

---

① 此据史有为（1997，处所宾语初步考察[G].《大河内康宪教授退官纪念·中国语学论文集》，东京：东方书店）对孟琮等《动词用法词典》（1987，上海：上海辞书出版社）的统计与研究。

② 史有为（1995，主语后停顿与话题[J].《中国语言学报》第 5 期，北京：商务印书馆）曾认为停顿与语气词是话题标记。本文是对此观点的自我否定。

它们仍然是 TCs,因为这类 Tsq 相当于周遍性词语,显示 TCsq 结构是个不能分拆的紧固性整体结构。

1.3.2 话题后语气词

几乎所有句首话题都可以带提顿语气词"嘛/嘿/么、呐/呢、吧/罢、啊/呀/哪"。而句中处于第二层的话题,带这四种语气词就有较大的限制。这种语气词都与停顿同现。如果没有停顿,语气词就不可能出现。因此,停顿是第一位的;语气词是第二位的,也是可有可无的。不管是必有停顿之后还是可有停顿之后,这些语气词表达的是对话题"突显-考虑"的语气,即对所提起问题加以突出,并加重考虑的气氛,期待后面对此话题加以陈述或回答。"提顿"语气词的"提",就是"突显","顿",就是"考虑"。"突显-考虑"是一种在句子实现状态(即言语)下的语用功能,属于语用范畴。例如:

(40) 他呀,◐去过广州,不想再去了。(与可有停顿同现)

(41) 孩子吧,◐长得挺壮实的。(与可有停顿同现)

提顿语气词可以与必有停顿同现。二者原有的功能不变。请看:

(42) 鲁迅呢,◐浙江绍兴人。

(43) 李阿姨吧,◐钢琴卖了,书也卖了。

(44) 老张啊,◐(我)认识。(所谓宾语提前话题)

(45) 主席团呐,◐台上坐着。

(46) 台上嘿,◐主席团坐着。

(47) 打篮球嘿,◐我也喜欢。

(48) 关于住房改革嘛,◐任重道远,很难一夕而成。

话题后是否都可以带语气词,好像还不能这么说。下例 47a 用 TCs 做话题,就不能。

(49) * 台上坐着个死人呢(/嘛/吧/啊),◐是什么滋味?

究其原因,"台上坐着个死人"可能是可成句词组,加语气词后就会实现为句子,丧失词组的资格,因此无法再成为另一句的话题。

另外,这些提顿语气词还可以出现在完全不可能成为话题的词语后面,例如:

(50) <u>所以呢</u>,那天我们就撤了,不跟他谈了。(连词+语气词)

这里的语气词与话题后语气词在功能上并没有什么区别。如果还要坚持“话题标记”观，就可能导致“话题标记”满天飞[①]。我们应当还句中提顿语气词以本来面目。

1.4 话题性的降幂[②]

“话题性”就是某已知信息被说明的性质，或者具有定指与被说明的性质。话题性集中体现于句法组合的 Ts（话题）上。相对立的则是“说明性”，是以新信息来说明话题的性质。既然汉语的 TCs 结构允许有限递归，那么就必然会在线性维度出现多于 2 的话题列。这些话题除了句首的话题外，余下的话题都处于不同层次的 Cs（说明）区域，既然如此，那余下的话题必然带有该说明层次的某些说明性。每个成分表达的信息是个常量。话题性＋说明性＝常量。如果余下的话题兼有说明性，那它的话题性必然下降。由此形成话题列的话题性降幂，而其说明性却由 0 逐渐升幂。在一般情况下，句首话题的说明性为 0。如果这样去认识汉语，那么所谓的“次话题、次次话题”就是不必要的。例如：

(51) 明天你上海不用去了。（“你”与“上海”的话题性逐步下降）

话题性降幂与评述性升幂都限定于具体句子/词组范围内，离开原来的句子/词组，应做另外分析。例如在特定语境中同样表达例 51 意思的句子：

(52) 你上海不用去了。（“你”的话题性并无下降，仅“上海”有下降）

(53) 上海不用去了。（“上海”的话题性并无下降）

(54) 你不用去了。（“你”的话题性并无下降）

2. 动词驱动中心

2.1 动词施发的作用

动词驱动中心是句法学传统的观点。如果将形容词系词视为动词的

---

① 汉语的话题不是“话题标记”标记出来的。以此观之，徐烈炯、刘丹青（1998，《话题的结构与功能》[M]. 上海：上海教育出版社）所指的那些“话题标记”可疑。

② 降幂（Descending power）是数学用语，常用于三角。多项式各项的先后按照某一个字母的指数逐渐减少的顺序排列，叫做这一字母的降幂。此处借用来形容结构中的一列话题的话题性的递降，与降幂相反的则称为“升幂”（Ascending Power）。

另一种不同的极端状态，将名词句无系词时的停顿视为零音段的系词，那么汉语以广义动词作为Cs区域内的中心就是可能的。汉语动词在如下方面影响着句法结构：

2.1.1　汉语动词的短距辐射

汉语动词的影响力一般局限于紧靠动词前后的距离。这跟汉语缺乏形态有关，又跟动词后位置上可出现各种补元与补语有关。如此，动词涉及的单一事件与单一状态的表达在短距离内即可满足，由于这种短距辐射，形成动词结构长度短的特点。其中，最短的是两个字甚至一个字，也最容易成为语法词与韵律词；三个字最有适应力，也最适宜成为惯用语；四个字则最为稳定，也最适宜成为固定短语。例如：

(55) 看书|回家|奏乐|说话

(56) 打残|骂够|坏得很|踢进去

(57) 往东走|慢慢走|对人好|跟他打

(58) 想当然|走江湖|拍马屁|敲竹杠

(59) 浅浅一笑|断然否定|淡然处之|幡然悔悟

(60) 能说会道|助人为乐|能歌善舞|靠山吃山

如果词组进而实现为句子，那就形成汉语以短句为主，以短句(单句、分句、小句)为舒服的景象。这可能就是汉语母语者的思维特点。而TCs后尾部的开放性提供了适宜的条件，支持了动词结构的短距辐射，更助长了该特点，使得许多不同分支的丰富内容(相当于长定语、长状语)不必在一个动词上表达。

相反，目前汉语书面出现的许多欧化长句，实际上是一种对话题中心的抗拒，是强化动词驱动、将动词辐射延长化的行为。这是与汉语本土特点相反的趋向。因此，不难解释，汉语母语者何以对欧化长句会产生理解或接受不适应的感觉。

2.1.2　动词表示的行为动作可以直接或间接关涉到事物并形成右向规则

这些事物概念映射到语言中，其中的直接关涉者(施事、受事、系事、工具等)就是所谓的论元；另一部分则是目的-原因、处所、时段、方式等多种间接关涉者。关涉者中有一部分可以用动词的“向”①/“价”来表示，但学界对其范围的认定分歧多多。汉语由于受到话题的限制，又缺乏“格”的形态，因此对两种关涉者较为平等，不认为这些间接关涉者就是异类。无论具体事物或时空都可以进入动词紧邻的位置，上面例 26—30 就是这种情况。下面再举双宾语的例子来说明：

(61) 给你（获益者）一本新书（所获物）|送她（获益者）一本书（所获物）

(62) 抢他（失物者）一个包（所失物）|偷东家（失物者）粮食（所失物）

(63) 关他（对象）三年（时长）

(64) 卖你（对象）十五块（价格）

(65) 踢了我（对象）两脚（动量）

2.1.3 与动词有关的各种表现均围绕并依附动词前后

动词所表示的动作必有各种表现，包括：时体、动量、程度、情态、结果、趋向、状态，等等，它们也围绕着动词表达。例如：

(66) 看了好多次|吃过螃蟹|打了个痛快|正在开会（动词前后的体标记）

(67) 罚得很重|输惨了|走过来|睡下去|骂怕了（各种补语）

(68) 能说会道|可大可小|乐于助人（助动词）

2.1.4 介宾短语对动词的依附性

由于主要动词的影响，介词逐渐消除了所由来的动作性，使介宾短语整体丧失独立性。在前成为状语，在后成为补语。这种依附性还表现介词的省略上。在方位处所的情况下，由于动词的强势作用，某些介词可以被省略，甚至可以成为一种格式。介词结构在前的例子如：

(69)（到）里边坐|（到）屋里坐

(70)（在）床上坐|（在）前边儿走

介词结构在后者，某些介词（如“在、到”）往往受动词影响，在口语中

① 朱德熙先生称汉语动词的“价”为“向”。“价”来自化学元素的化合价（Valence），“向”则直接来自动词的指向。朱先生的“向”还包括动词结构具有的“向”。这是一种理论创新。可惜，我们对后者没有进一步的开掘，却都投靠了西方的“价”理论。

弱化为过渡音或干脆丢失，由动词直接领受这个“宾语”。例如：

(71) 住在东城→住[tə/də]东城→住东城|放在家里→放[tə/də]家里→放家里

由上可知，汉语动词也是一种驱动或影响的中心。只不过与话题中心相比，动词的影响比较偏于 Cs(评述/谓语)。如果从 TCs 来看，这种驱动或影响带有一定的局部性。

2.2 “施事-动作”框架的作用

2.2.1 话题与施事的重合

话题属于句法范畴；施事、受事、当事等属于语义范畴。二者可以重合。人类最基本的思维框架是“施事-动作(-其他关涉者)”。由于施事乃是动作之源。同时，汉语母语者存在另一思维框架，即“当事①-动作/性质(-其他关涉者)”，相当于说明句(包括描写句)。从古以来，典型汉语中没有被动式，今日的被动式是后起的。请对比：

(72) 鸡[施事话题]不吃了。→[91b]鸡不吃东西了。

(73) 鸡[当事话题]不吃了。→[92b]鸡，我不吃了。→[92c]*鸡不被吃了。

(74) 鸡[当事话题]很嫩。

(75) 鸡[当事话题]早没了。

例 91a 话题中施事的存在以及与动词的关系是自然的，也是最紧密的。“施事-动作(-受事)”必是第一顺位的理解。而例 92a 的“鸡”，就跟例 95、96 的“鸡”差不多，都只是 Cs 的被说明者。受事在典型汉语口语中不存在被动句这样的特殊待遇。

3. 句法双中心造成的句子结构

3.1 话题驱动导致 TCs 后尾部的开放性

汉语的话题驱动是一种开放性的驱动，也是一种强势中心。以话题驱动，意味着 Ts 与 Cs 的关系是松散的，动词后位置是开放的。而动词

① 当事，本文指相当于传统形容词谓语句以及名词谓语句的主语。凡是仅仅被说明，而非施事者，均可纳入本文的“当事”。在汉语思维中当事与施事是相对待的。

驱动又可导致动词结构后的“接龙”，接上另一动词结构造成复谓结构（包括连动式、递系式）。话题驱动还允许接上语气词形成完句格式，接上句子碎片造成话尾巴句。例如（表示后接）：

（76）借钱▶买车|借自行车▶骑（连动式）

（77）跳着▶疼|笑着▶说（连动式）

（78）有人▶看|上面派人▶接管企业（递系式）

（79）让他▶来▶管理文件|走着▶去▶开会（递系式）

（80）看电视▶看得眼睛都疼了（拷贝结构）

（81）人到齐了▶没有？（正反并列疑问方式）

（82）（你）去哪儿▶你？（话尾巴句）

3.2 汉语句子的非结构性终结

汉语中与短距辐射相关联的另一个特点就是句子完结并不完全依赖句子结构。汉语一方面以短句达意，另一方面又以多句表达复杂义，形成简短而延续的多小句的句子格局。在英语里，只要有一个定式动词，那该动词宾语后面就是句号的所在。而汉语很难。汉语的句子不必都需要“主语”（话题），汉语动词没有定式与非定式的区别，因此，句子无法根据结构来确定。话题与动词双驱动的特殊性，造成汉语句子的终结与语意相对完整度有更高的关联度。所谓语意完整度，也可以理解为最小事件的完整度。语意或最小事件完整度不足（即言不尽意），就很难煞句。因此，这也就是汉语不习惯复杂命题在一个长单句内完成表达，而喜欢使用连续的流水句的原因。这显示了汉语母语者特殊的思维方式或思维格局。由此，我们就容易理解：为什么现代以前的文章采用句读标点，为什么中国人常常一逗到底，而且同一文章不同人会有不同的标点。我们可以用林希《“小的儿”》作为地道汉语的典型，举例如下（我们将第二种断句的可能所在加标方框“□”。标[，]者表示也可以改成句号，标[。]者表示此处也可以改成逗号）：

（83）和马姓人家比起来，我们侯姓就是暴发户了[，]我的先曾祖父大人，生前就任日本三井洋行中国掌柜，买办，吃洋饭的[，]没有根基，门第不高，也算是不齿于名门望族的小门小户，上不得高台

面。(林希《"小的儿"》第一节第四段)

我们往前看看,清代以至宋元,句子的煞尾也是如此:

(84) 闲话休提。这太太因等不见喜信,正在卸妆要睡,听得外面喧嚷,忙叫人开了房门,出去打听。那门上的家人早把报条接了进来,给老爷、太太、公子叩喜。这一番吵吵,安老爷也醒了,连忙披衣起来,公子呈上报条看了,满心欢喜。一时想起来,自己半生辛苦,黄卷青灯,直到须发苍然,才了得这桩心愿,不觉喜极生悲,倒落了几点泪。(清・文康《儿女英雄传》第一回)

(85) 那周瑞家的又和智能儿唠叨了一回,便往凤姐处来。穿夹道,从李纨后窗下过,隔着玻璃窗户,见李纨在炕上歪着睡觉呢。遂越过西花墙,出西角门,进入凤姐院中。走至堂屋,只见小丫头丰儿坐在凤姐的门槛子上。见周瑞家的来了,连忙摆手儿,叫他往东屋里去。(清・曹雪芹《红楼梦》第七回)

(86)"权令媒氏与问名某氏之属,至于成迎筵宴为备焉,仍邀诸从事赴会。铮亲见女容质异常端丽。及成礼,遽遭殴辱,左右婢仆皆是扶同,共相毁詈,不胜其苦。乃是茂权诈饬无须少年数辈,皆穠装艳服以给之。然后茂权自赴会大笑。"(宋・李昉《太平广记》卷二六二"嗤鄙五杨铮")

可见,小学生的一逗到底,并非全是学生之错。而不同作家不同作品会有数种不同标点的可能,也并非完全关乎标点者之水平。此均乃汉语特点使然。

3.3 怪句是什么机制造成的?

可能是 TCs 与"施事/当事-动作"框架重合后又加上动词的多义性所导致。例如:

(87) 他们[话题//施事]在晒被子。

(88) 他们[话题⋗当事]在晒太阳。

(89) 中文系[话题//施事]打败了历史系。

(90) 中文系[话题>当事]打败了。

(91) 李大夫(忙着呢,)正在看病。

(92) 张老大爷(挂上号了,)正在看病。

汉语中这样的怪句还存在多少？它们还存在什么样的制约机制？我们需要继续探索。

4. 结语：方法论层面的思考

话题驱动会导致语句有较大的不确定性，或“句法说明”会有较自由的空间。动词驱动则导致“句法说明”有相对的确定性或较限制的空间。双驱动中心是一对矛盾，但并非绝对冲突。从语言发展变化的角度看，二元才有差别与矛盾，才会发生在不同环境下的语言变异。双中心作为句法内部演变的一种机制，可以较合理地解释汉语何以成为现在这般模样，又可以合理地解释何以汉语可以容纳欧化句，并可解释何以会出现汉语母语者对欧化翻译的不适应。句法双中心则是一种多元观。如果这种观念成立，可能会导致以往分析法的更新或增添新的操作因素。

传统的语法是形式为主的。汉语母语者在理解汉语形式时是否就单纯依靠意义？是否如此理解就是所谓的“意合法”？形式在汉语处理中究竟有多少作用？是否语法-语义范畴就是一种最合理的设计？

话题句法化以及形式与意义的处理涉及普遍语法中共性与个性的命题。我们依然需要保持共性与个性间的沟通。双中心不但是理论的，同时也是实践的。必须做出具体而合理的实例分析才能说服人们。无论如何，由于意义的加入，句法学就必须主动关照人的主观，必须主动纳入主体意识。这是一种人本主义，也是对传统机械主义的挑战。

句式意义分析的观念、路径和原则*
——以"把"字句为例

北京语言大学语言科学院　施春宏

1. 引言

句式作为特殊的论元结构构式(argument structure construction),其形式和意义一直广受学界关注,研究焦点主要集中于两个方面:就形式而言,集中于句式的配位方式及生成机制;就意义而言,集中于各个句式所表现的语法意义。具体到语法意义,它是指由语法形式(如语序、结构关系、虚词、功能类别选择等)所负载的结构意义,既区别于词汇意义,也区别于语用意义。为简便起见,本文以"句式意义"专指"句式的语法意义"。

句式意义的性质主要从两个角度来认识:一是结构意义,即作为结构整体的意义和组构成分之间的关系意义;二是区别性意义,即该句式与其他句式相区别的语法意义。因此,概括句式意义可从内外两个方面来考察:内,指相关成分之间的结构化关系;外,指不同句式意义之间的共性和个性。基于此,无论是认识(句式性)构式的形式还是意义,都需要立足于构体(构式的整体结构)和构件(构式的组构成分)①、此构式和彼构

---

* 本项研究得到北京语言大学科研项目"基于多重互动关系的语法理论探索与应用研究"的支持。

① 为有效区别和说明构式的整体和组构成分及其特征,我们将构式(construction)分为构体和构件两个方面,由此构式特征也包括构体特征(whole-body feature,即作为构式而具有的整体特征)和构件特征(component feature,即作为构件而具有的组构特征)两个方面。也就是说,构式并不只是等于构体(由此构式特征也不只是指构体特征),它包括构体和构件这样的整体和部分两个层面的内容。

式之间的互动关系。

构式语法(construction grammar)强调任何构式都是一个完形,是形式和意义/功能的配对体(form-meaning/function pair),而对句式形式结构和意义结构之间匹配关系的研究,正是句式意义分析的根本。然而目前学界对此关注得不够充分。对句式性构式而言,论元结构和配位方式互动关系的分析对认识构式的形式和意义及其关系非常重要。因此,对形义关系的匹配方式、过程和机制的分析,是我们认识句式意义的基本路径。基于构式观念的形义匹配关系分析或可将其推进一步。就句式意义研究而言,既需要基于构式分析的基本原则对特定句式的形式和意义做出概括,还需要关注该句式所赖以存在的句式系统及其相互关联的结构化机制,在系统中确立各个相关句式具有区别性特征的结构意义。

在汉语句式意义的研究中,"把"字句作为一种极具汉语个性的特殊句式,备受关注,而且取得了相对瞩目的成果。然而,"把"字句研究中存在一种甚为常见的情形,即就"把"字句论"把"字句,而对"把"字句与其他相关句式的语法意义之间的系统关联少有说明。这样的分析路径容易带来一些问题。首先,基于结构主义方法论原则下的系统性原则和区别性原则(或曰差异性原则),这种就单个句式论单个句式的研究方法,很容易将相关句式语法意义的共性看作是某个句式的个性。其次,即便是对"把"字句个性的概括,也容易割裂特殊句式形式和意义之间的关联,尤其是两者之间结构化的匹配关系。

基于汉语句式研究现状和构式语法基本理念,本文以"把"字句语法意义的分析为例,来探讨句式意义分析中的一些元语言学意义上的问题。本文的基本思路是:首先通过梳理"把"字句语法意义研究中的重要发现及存在的问题,揭示其所折射出来的基本观念和方法;然后进一步概括出句式意义研究过程中的主要分析模式,并提出本文所主张的分析策略;最后探讨句式意义研究中所应遵循的若干原则问题。

2. "把"字句语法意义分析的基本观念

关于"把"字句的语法意义,自王力(1943)提出"处置"说后,就一直成为研究"把"字句所关注的焦点,但始终伴随着各种争议。其中基本上贯穿着一根主线，即“处置说”与“致使说”的争论。基于此，我们首先探讨两说各自的合理性根源何在，揭示了怎样的问题实质，两种思路对研究句式语法意义有何启发。

对“把”字句语法意义的研究历程，学界已有较多整理，在概括既有描写成果的基础上力求做出结构和认知、功能上的解释，如叶向阳（1997、2004）、沈家煊（2002）、郭锐（2003）、王红旗（2003）、胡文泽（2005）、施春宏（2006）、刘培玉（2009）、施春宏（2010a）、翁姗姗（2012）、席留生（2014）、陆俭明（2016）、施春宏（2018）等。这里并不试图全面概括各种理论背景下“把”字句的研究状况，而是拟从句式意义研究方法论的角度来对相关研究观念做出新的梳理。为表述方便，下面关于“把”字句结构成分的说明，大多按照目前的术语系统来叙述。

2.1 构件义还是构体义

句式意义研究存在的一个方法论问题为：所概括的句式意义是某个特定槽位出现的词汇意义还是整个句式的语法意义？若从构式语法的观念来认识，它是属于构件义还是构体义（即一般所言的构式义）？句式意义指的是独立于句式中特定词项的意义而存在的构体意义，而“把”字句语法意义的研究有时并没有对构件义和构体义进行明确区分。

王力（1943）关于“把”字句的处置说影响深远，很长时期里的讨论都围绕此展开。对于“处置”，王力先生是通过正反两个方面来说明的。王力（1943）通过列举正面类型来理解处置式：处置式是把人怎样安排，怎样支使，怎样对付；或把事物怎样处理，或把事情怎样进行。王力（1944）则指出表示精神行为（如“我爱他”）、感受现象（如“我看见他”）、不能改变事物状况的行为（如“我上楼”）、意外遭遇（如“我拾了一块手帕”）和“有、在”（如“我有钱”“他在家”）这五类叙述词（即述语动词）无法进入“把”字句。①

受当时的学术背景所限，王力先生并没有明确“处置义”是词汇意义

① 王力先生主要从述语动词的语义特征认识“把”字句；吕叔湘（1984）则看到了其中的不足，认为只有“看见”类和“有、在”类不能用于“把”字句，其他三类在述语动词前后补上某个成分就可以了。

还是句式意义，且对“把”字句限制条件的考察，也主要限于述语动词的语义特征。对处置说而言，解释力度最强的是由宾格(accusative)动词或宾格性动结式构成的“把”字句。[①] 例如：

(1) a. 晴雯把扇子撕了　　　　b. 晴雯把蜡烛吹灭了

例(1a)可理解为晴雯通过“撕”的方式处置了扇子；例(1b)则是晴雯通过“吹”的方式处置了蜡烛并使蜡烛灭了。然而，由作格动词(ergative)或作格性动结式构成的“把”字句则是处置说的一个疑难点。例如：

(2) a. 他昨天不小心把钥匙丢了　　　　b. 一句脏话就把他气坏了

我们很难将例(2)理解为某人通过“丢”的方式处置了钥匙(实际上“丢了”是一种结果状态)、“一句脏话”通过“气”的方式处置了他而使他变“坏”了。面对这种情况，王力先生将它们归为“处置式的活用”，有些学者则尝试扩大对处置的理解，进而提出广义处置说[②]，认为这里的“处置”应该是一种语法上的处置，而非逻辑上的处置。这种认识至今也是一种重要的理解策略，虽然每个阶段的理解或有差异。

也有学者看到了处置说的困境，进而提出了致使说(包括一般意义上的因果说)。对致使说而言，情况似乎正好相反，它最方便说明的是由作格动词或作格性动结式构成的“把”字句。这类句式虽无明显的施事，但有明显的致使/因果关系蕴含其中。例如：

(3) a. 偏又把凤丫头病了　　　　b. 把老王急疯了

它们可以理解成“(某件事)偏又使凤丫头病了”和“(某件事)使老王急疯了”。由于这种致使说偏重述语动词或动词性结构的语义特征，我们可以称作词汇性致使说(lexical causativity)。然而，词汇性致使说却不好说明宾格动词或宾格性动结式构成的“把”字句中致使的含义。如“晴雯把蜡烛吹灭了”，将它理解成“晴雯使蜡烛吹灭了”，显然很勉强；而理解成“晴雯吹蜡烛”致使“蜡烛灭了”，则更合乎实际。这便是句法性致使说(syntactic causativity)的理解。

---

① 将宾格性动结式以及下文关于作格性动结式的概念引入这种分析中，显然已经扩大了对“处置”的理解，但一般坚持处置说的文献实际上是包含它们的。

② 如王还(1957)、潘文娱(1978)、宋玉柱(1979、1981)、马真(1981)等。

有鉴于此,近些年来学界普遍关注到了处置义或致使义的负载者或来源:是句式,还是"把"字句中的述语动词,甚或是"把"。目前较为普遍的看法是,这种处置义或致使义从根本上说是一种句式意义,即句式性构式义。认知语言学(尤其是构式语法)兴起之后,对这方面的认识更加明确了,做出了很有启发性的探索。但对这种句式意义如何由"把"字句来体现,目前的认识差异仍然很大。

与之同时,由于看到了"把"字句系统存在不同次类,有学者便区分了不同语义类型的"把"字句①,采取分而治之的研究策略。然而更多研究者则从现代语言学理论所追求的"一致化"(uniformity)目标出发,尝试从新的角度对这一句式进行概括,如将该句式的认知结构概括为位移图式(张旺熹 2001),是表达"事项界变"的手段(张黎 2007)。而更多的研究则是将其语法意义明确概括为"致使"②,尽管这种句法性致使说在不同研究之间存在较大差异。此外,仍有研究坚持处置说,但都对处置的内涵做了新的阐释,如提出"主观处置"(沈家煊 2002)、将处置理解为"控制性的致使"(王红旗 2003)等。

综上,仅仅从句式主要槽位中的词汇意义(即构件义)来说明其语法意义显然存在着困境,要说明句式意义(即构体义),既要考虑整体义和主要动词词汇意义的互动关系,也需要说明构件组合如何整合浮现出构体义,以及意义和形式之间的匹配互动关系如何。将词汇意义看作句式意义固然不可取,但割裂了两者之间的联系同样不足取。这就存在一个首先要处理的方法论问题:如何区分构体义和构件义,并在两者之间建立合理的互动关联?

2.2 语义自主还是形义互动

句式意义研究的方法论问题之二是:对句式意义的概括是否具有构式形式的依存性?若具有依存性,则句式的语法意义和语法形式之间存

---

① 如邵敬敏(1985)区分出致态类和致果类,金立鑫(1993)区分出结果类、情态类和动量类,崔希亮(1995)区分出结果类和情态矢量类,范晓(2001)区分出处置句和使动句,邵敬敏、赵春利(2005)区分出有意识"把"字句/处置"把"字句和无意识"把"字句/致使"把"字句等。

② 如薛凤生(1987)、戴浩一(1989)、叶向阳(1997、2004)、郭锐(2003)、施春宏(2006、2010a、2016b)等。

在着怎样的结构化关系？

结构化(structuralization)是现代句法理论的基本目标之一。不仅是形式，意义的组构成分之间也存在结构化关系。只有将语义结构跟特定表达形式关联起来，并在形式和意义的结构性互动关系中去考察其限制条件，所得的语义内容才是特定句式的语义结构。

“把”字句在句法和语义上的限制一直是人们关注的重点之一。如吕叔湘(1948)讨论了“把”字句什么时候非用不可，什么时候绝不能用，什么时候可用可不用。后来人们对“把”字句结构成分及其功能特点的描写都是在此基础上展开的。遗憾的是上述研究思路未能深入下去，缺乏严格的条件表述。结构类型的归纳并非简单的线性描写，而与理论背景亦紧密相关。广义处置说和词汇性致使说试图在“把”字句语法意义结构化方面有所突破，但仍受限于词义结构本身的认识，而未能充分认识“把”字句形式和意义之间的关系。在事件语义结构分析方法引入句式分析之前，人们主要是根据谓语部分的表达形式来归纳“把”字句的结构类型，并借此概括其语法意义。

在此基础上，研究者开始关注这些附加在述语动词前后成分的性质和作用，以及它们和述语之间的语义关系，从各个句法成分在表达“把”字句语法意义的结构中的不同权重来分析其句式意义。狭义处置说强调的是述语动词；广义处置说和词汇性致使说从本质上说也是如此，但已经有了明确的结构化认识。如提出“广义的处置”的潘文娱(1978)指出，VP这一行为动作是对“把”后名词性成分施行的，VP有广义的结果，广义的结果必须落在“把”后名词性成分上。

这方面分析得比较充分的是句法性致使说及其相关认识，如薛凤生(1987、1989)将“把”字句的结构描写为“A把B+C”，其中A、B代表“把”字前后的名词性成分，C充当句子的谓语，表现为动词短语VP，用来说明由于某一行动而造成B的某一状态的描述语段。“把”字句的语义被诠释为：“由于A的关系，B变成了C所描述的状态。”这应该是“把”字句语法意义研究中结构化程度很高的分析。然而，由于将B后的成分笼统地看作一个描述语段，便放弃了对“把”字句中述语动词及其前后成分的句法语义特征的认识，也即，放弃了对C内部进行结构化分析(而这一点对于

分析“把”字句这种论元结构构式十分关键),从而使不少“把”字句难以得到解释。例如:

(4) a. 孩子把妈妈哭醒了(“哭”是孩子的动作,“醒”是妈妈的状态,但“哭醒”不是妈妈的状态)

b. 你去把大衣熨熨(“熨”重叠,全句没有显性的“造成……状态”之义)

c. 他把工资喝了酒(“喝”后带宾语,全句没有呈现状态义)

其后,很多研究在结构化方面有了新的认识,尽管有的分析重点不在结构化本身。如崔希亮(1995)将典型的“把”字句的语义描述为:VP是一个描述性语段,其功用在于说明B在某一行动的作用下所发生的变化;杨素英(1998)认为“把”字句表现某物、某人、某事经历一个完整的变化过程,或者有终结的事件。张伯江(2000)基于构式语法理论将“把”字句“A把BVC”的整体意义概括为:“由A作为起因的、针对选定对象B的、以V的方式进行的、使B实现了完全变化C的一种行为。”这是对“把”字句相关句法成分及其关系的至为全面的考察①,然而这一概括恰恰更好说明的是汉语史上曾经出现过的动结式隔开式,如“今当打汝两前齿折(《贤愚经》)”。但这是对“把”字句语法意义的高度结构化的认识,非常有启发性。持致使说(句法性致使说)的胡文泽(2005)则将“把”字句“A把B+C”的语法意义概括为:“A使‘把’字宾语B处于C描写的致使结果状态中”。该文对“把”字句的处置、致使、“话题—说明”的分析和对结果在“把”字句中的地位和表现有重要的认识,但由于将“把”字句的结构分析为“A把B+C”,这样概括出来的语法意义同样难以完全避免薛凤生

① 其中也有一些不好解决的问题,如沈家煊(2002)指出其中“实现完全变化”的认识不能用来说明吕叔湘(1948)所说的“偏称宾语”现象,如“怎肯把军情泄露了一些儿”;郭锐(2003)则指出该文并未交代上述整体意义是否适用于那些VP不是述补结构(VC)的“把”字句,如“把衣服洗洗、把钱满地撒”。其实,即便是对“阿Q踢坏了大门”这样的动结式,也大体可以做出这样的理解。另外,该意义说明由“去除义”动词构成的“把”字句比较方便,而“获得义”动词则不然。如“他们把房子建好了”,“房子”是成品结果,在“建”之前并不存在,难以作为“选定对象”,如作者文中所言B“居于动词的前面,语义上要求它有自立性,因此排斥结果宾语”;此时若解释为房子因“建”而“实现了完全变化”,则理解上也有些曲折。

(1989)中存在的问题,但"使……处于……致使结果状态中"这一认识已较薛文有很大进展。

叶向阳(1997、2004)、郭锐(2003)则从事件结构语义学的角度对"把"字句语义结构做出较为系统的分析,将"把"字句看作具有致使关系的两个事件。如"晴雯把蜡烛吹灭了"表达的是"晴雯吹蜡烛"致使"蜡烛灭了"这样的语义关系。此外,他们还根据"把+NP"后的成分在形式上是表达单事件还是双事件,将"把"字句分为双述"把"字句(显性层面有两个述语谓词)和单述"把"字句(显性层面只有一个述语谓词),进而对"把"字句语义结构的各种类型都做了细致的分析。这是一种结构和语义/功能相结合的分类。然而,这种分析仍重在对"把"字句语义结构的分解,而未进一步说明这样的语义分解结构如何投射为"把"字句的句法形式(即没有把语义结构和形式结构结合),其他句式的语义结构是否也有此表现。施春宏(2006)进一步对"把"字句的构造过程及其形义关系做出系统性的派生分析,但"把"字句形式和意义的互动关系仍有待进一步说明。

现代句法理论的一个重要认识就是,对语义结构的分析应该重视语义结构的句法化(syntacticization)表现,即需要对句式语义结构的句法实现有所分析,就"把"字句而言,就是"把"字句的配位方式如何实现"把"字句的语法意义。因为如果不这样,很可能因对句式的语义结构类型认识不充分而不能实现一致性的理论追求。因此,我们有必要将句式意义看作是一种由相关语义成分整合而成的结构化意义,而不能只看成句式中某个句法成分的意义;研究句式意义,必须结合该句式中各个语义成分的表达方式及相关表达形式之间的结构化方式,从形式和意义的互动匹配关系入手找到语法意义的句法表现形式。这种句法和语义的互动关系包括两个方面:句法结构如何适应语义结构要求;语义结构如何实现为句法结构。即需要进一步研究句式的句法结构和语义结构相互作用的构造过程。

2.3 语义特性还是语义共性

句式意义研究的方法论问题之三是:所概括的句式意义是该句式的特性还是相关句式的共性?就"把"字句而言,则是:目前所概括的语法意义是"把"字句的特性还是相关句式的共性?这可以从汉语句式系统和语言类型比较两个层面来认识。

就汉语句式系统而言,如前所述,目前的处置说、致使说等基于“把”字句本身的认识,虽然可以在一定程度上说明“把”字句的句法意义,但所概括出来的句式意义并非为“把”字句所独有。如“晴雯把扇子撕了”和“晴雯把蜡烛吹灭了”固然有处置或致使的含义(无论是广义理解还是狭义理解),然而“晴雯撕了扇子”和“晴雯吹灭了蜡烛”这样典型的主动宾也有此含义。甚至“扇子被晴雯撕了”和“蜡烛被晴雯吹灭了”类典型“被”字句亦然。也即处置或致使实际上是一系列相关句式的共性,而非“把”字句的个性。即使是将“把”字句语义结构概括为主观处置、表示位移图式等的认知语言学研究,仍然无法摆脱这一困境。因而处理好句式的个性意义及其与相关句式的共性意义之间的关系,是讨论句式意义的重要问题之一。

就语言类型比较而言,“处置”或“致使”是各种语言中的普遍范畴,如英语的“Mary broke the vase”,自然具有处置或致使的意义;“He wiped the table clean”类动结构式和“He put a book on the table”类使移构式更是如此。汉语“把”字句同其他语言可相类比的结构在表达相似的句式意义或语法范畴上,有什么共同点,又有什么区别,这不仅仅具有普通语言学上的理论意义,也能帮助学界深化对汉语致使结构及相关特殊句式形义关系的认识。因此,对“把”字句语法意义的概括似宜放到更大的类型学背景上去认识。

以上指出的三个方法论层面的问题,实际上均涉及句式形义关系研究的基本观念。根本问题集中在本体论和方法论两个方面:从本体论方面来看,“把”字句的语法意义到底是什么?从方法论方面来看,如何对“把”字句及相关句式的语法意义进行概括?接下来我们便在进一步概括“把”字句语法意义分析路径的基础上探讨如何定位“把”字句的语法意义问题,并对句式意义分析的基本原则做出概括。

3. “把”字句语法意义概括的基本路径

任何学术概念都只有在相应的理论范式(paradigm)或分析模式(approach)中才能呈现其特殊的含义。“把”字句的语法意义也是如此。

通过上面的分析可以看出，人们对“把”字句语法意义的认识，基本上围绕处置和致使而展开。这就会引出这样一个问题：长期争执不下的处置说和致使说是不是一个问题的两个方面？亦即处置和致使的基本语义结构是相近或相关的，理论刻画的侧面却有所不同。

正如上文已经指出的那样，经典意义的处置说并不能充分概括“把”字句的多样化表现。在此情况下，如果试图寻求一致性解释，必然面临两种选择：或者扩展对处置的理解，或者另寻出路，重构概念并发掘其理论效应。这样庶几可以揭示“把”字句的典型现象和非典型现象所体现出来的一致性和差异性。

由此，关于“把”字句乃至一般句式的语法意义，学界形成了两种分析模式和路径类型，这也是学界在阐释核心概念及其理论效应时常见的基本策略。

3.1 链推式的概括路径

人们一般认为某个句式的典型现象应该出现得比较早，使用的频率比较高，比较容易观察到，也相对比较容易对它的语法意义做出概括；而次典型现象、不典型现象等非典型现象应该是典型现象功能扩展的结果。扩展发生后，对典型现象语法意义的概括未必能够涵盖非典型现象。这个过程简单地看就是从一种语法意义逐渐推演出另一个语法意义，或从典型现象所表示的语法意义发展出非典型现象所表示的语法意义。从句式意义概括的实际过程来看，通常首先对典型现象做出概括，此时最容易将核心词项义（构件义）理解成结构义（构体义）；随着对共时平面上典型现象与非典型现象共存格局的关注，则建构出多义共存的语法意义系统。“把”字句语法意义研究的推演过程可以做出这样的刻画：见图 1。

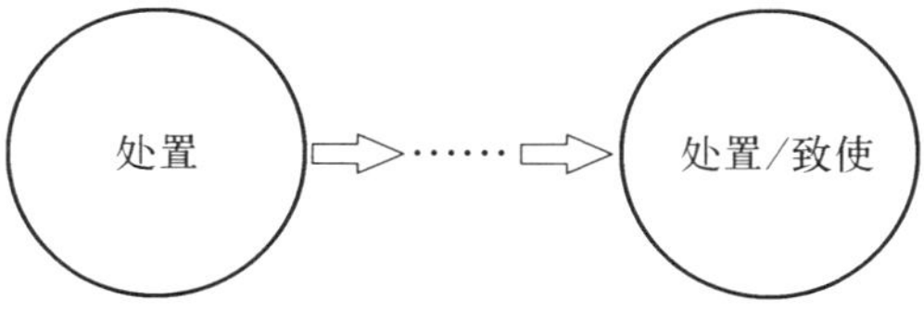

图 1：链推式图示

王力先生对处置式及其活用的理解,在一定程度上体现了链推关系。这也是引起后续研究者对处置和致使都有所怀疑的地方,因为根据这种关系,无论哪一种理解,都只能说明部分现象而忽视另一部分现象。不过,这种概括路径既有理论支持也有现实基础,词义的引申及分立义项就是采取这种策略。它体现了词汇意义分析和句式意义分析的平行性。所有将语法意义分成几种类型的分析都是这种路径下的具体表现,因此都可以看作由这种路径衍推而来。即便是下面就要讲到的蕴涵式,在做出一致性概括之后同样需要对其内部不同层次的语义关系做出链推式刻画和解释。

3.2 蕴涵式的概括路径

链推式概括路径采取的是分析本义和引申义之间关系的研究策略,然而,人们对语法意义的分析似乎更愿意做出某种统一的概括。也即将某种语法意义的含义作扩展性理解,而后将另一种语法意义看作这种语法意义的特殊现象或典型现象,这种现象需要加上某些条件或置于某个特定的理论背景下加以说明。这又有两种情况。

第一种情况是将链推式中较早出现的语法意义(一般是从典型现象中归纳出来的语法意义)看作这个句式的基本意义,晚出的意义则看作一种有标记的情况,因而可以通过扩大或限制对基本语义的理解来解决问题。就“把”字句而言,也就是将处置义作为它的基本语法意义,而致使义只是一种特殊的处置。可以用“蕴涵A式”图表示,见图2(图中箭头指语义分析的特化认知路径)。

如潘文娱(1978)、马真(1981)、宋玉柱(1979、1981)和沈家煊(2002)等都将“把”字句的语法意义归纳为处置。但他们的处理方式也有差异。如潘文娱、马真等都认为不要对处置作狭义理解,特殊现象也能包含在广义的处置当中;[①]沈家煊则从语言表达的主观性的角度提出新的解释,认为“把”字句的语法意义是表示“主观处置”,即说话人认定主语甲对宾语乙作了某种处置。这些理解都使得致使义包含在了处置义当中。

① 马真先生后来则采取了叶向阳(1997)的看法,参见北京大学中文系现代汉语教研室(2003)。

第二种情况是将链推式中比较早的意义看作是比较晚的意义的一种有标记的情况，而将整个句式的意义看作比较晚出的意义，晚出的意义涵盖的范围比较广，抽象度高。就“把”字句而言，也就是将致使义作为“把”字句的基本语法意义，而处置义只是一种特殊的现象。可以用“蕴涵 B 式”图表示，见图 3(图中箭头指语义分析的泛化认知路径)。

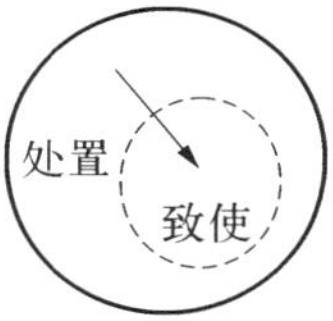

图 2：蕴涵 A 式：特化

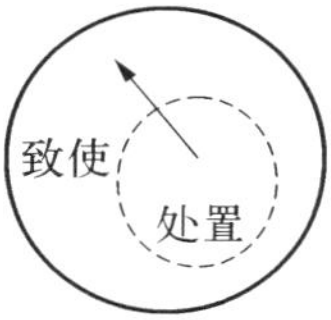

图 3：蕴涵 B 式：泛化

如薛凤生(1989)、戴浩一(1989)、胡文泽(2005)等和叶向阳(1997/2004)、郭锐(2003)等就将“把”字句的语法意义归结为致使，而与处置相关的则是施事-受事关系和动作-结果关系都特别具体明确的情况(形如“晴雯把蜡烛吹灭了”)。但如前文所述，他们的处理方式也有差异。

概括起来，蕴涵式的两种处理办法就是：或者扩充对典型意义的理解，扩大其适用范围；或者提出一个具有更大概括性的概念，而将典型意义作为它的特例。显然，这种研究策略潜在地将句式意义和词汇意义的分析模式分别处理了。

3.3 不同概括路径的现象基础

其实，链推式和蕴涵式都体现了人们对特定语法现象认识的加深。它们都试图说明共时的复杂现象之间的多义关系和层级关系，同时又有历时发展层级的背景，因此可以看作是共时现象的历时方法考察。这些方法之所以有效，既是基于对原型(prototype)观念的认识和运用，也是基于对共时现象是历时的沉淀这一语法化观念的认识和运用。它们对特定现象的刻画是互相推进的。链推式直接反映了句式意义扩展过程的脉络和人们对这个“异质”系统的发展过程的刻画。对这个过程刻画得越精细，就越能够刻画共时平面上各种现象之间的关系。既然共时平面上的句法系统是历时的沉淀，共时平面的语法现象的参差性便体现了异质演变的结果。当然,就句式的共时研究而言,人们还是希望对特定句式语法意义的概括既能涵盖典型现象,也能涵盖非典型现象。

这样看来,"把"字句到底是表示处置义还是表示致使义,似乎还有继续争论下去的趋势,但追求对现象的一致性解释则基本成了共识。其实,争议的最关键之处在于处置的施动力和致使的使动力的表达及其对处置或致使的对象的作用方式。我们可以将施动力和使动力这两者合在一起看作动因。从句法结构着眼,动因的表达往往跟动词或动词性成分的情状类型有关联。如宾格动词"杀、砍、切、种、建筑、发射"等,它们的主体论元能够主动地发出动作行为,可以看作施动因。而役格动词如"气、急、累"等,它们需要通过引入外在事件作为产生某种结果的原因,可以看作使动因(如"奶奶突然病重,把她急坏了"),有时这种外在原因不出现,可以看作隐含的使动因(如"把椎间盘累突出了")。狭义上的处置是由施动因造成的,而狭义上的致使是由使动因造成的。但处置本身蕴涵着使被处置的对象产生某种结果,这自然使处置含有致使的意义。这就是蕴涵A式的理解。而如果我们不侧重对原因的分析,而是侧重某个事件带来的结果,那么,这种结果是由某种原因而得以出现的,这就自然使处置包含于致使的含义之中。这就是蕴涵B式的理解。

如果一个句式由典型意义向不够典型的意义的发展过程脉络清晰,则人们比较愿意采取链推式的观察角度和理解策略。而一旦一个句式发展得比较成熟,各种发展的空间已经基本实现,人们则比较愿意采取蕴涵式的观察角度和理解策略,更希望为这种句式找到较为一致的解释,用概括面较大的概念来抽象这种过程。也就是说,蕴涵式是链推式发展到一定阶段的必然概括,而二者都既是特定句式的发展过程,也是观察、描写和解释的过程。对此有一个比较充分的认识,可以使我们在不同认识之间构造一个合理的对话空间。

这样看来,处置和致使实际是一个问题的两个方面,或者说是两个不同的视角。处置强调的是事件主体的施动性,致使强调的是事件主体的使动性。因此,如果只着眼于述语动词的语义特征对整个句式语法意义的贡献,处置说必然将由役格性成分构成的"把"字句看作是广义的处置,致使说必然将由宾格性成分构成的"把"字句看作是特殊的致使。然而,如果着重于"把"字句语义结构的句法表达，致使说似乎比处置说在系统解释各种"把"字句类型时更为方便简洁。含施动因的视为典型处置，含使动因的视为典型致使，蕴涵 A 式是处置蕴涵致使，即将由役格性成分构成的"把"字句看作是广义的处置；蕴涵 B 式是致使蕴涵处置，即将由宾格性成分构成的"把"字句看作是特殊的致使。

4. 相关句式语法意义的系统性和区别性

上面提到的句式意义的概括方式和路径，不管是链推式还是蕴涵式，总体而言都是就"把"字句而看"把"字句，句式的形式结构与意义结构相结合的考察做得还不够充分。基于此，我们提出一种新的分析路径，即结合形式和意义的匹配关系和结构化过程，将特定句式放到相关句式系统中去考察，得出关于句式意义的基本认识：所有的句式意义都是一种区别性意义，这种区别性意义又同时基于句式系统中的语义共性而存在。这种分析路径是由结构主义对语言成分及其价值的基本认识所决定的：系统决定关系，关系决定价值。

4.1 句法结构和语义结构的匹配关系

我们首先从"把"字句句法和语义的结构化过程来看"把"字句的语法意义。为便于说明问题，下面以动结式为述语谓词的句式为例：

(5) 拨亮：a. 袭人拨亮了油灯　　b. 袭人把油灯拨亮了
c. 油灯被袭人拨亮了　　d. 油灯被拨亮了
e. 油灯拨亮了　　f. ？袭人拨亮了
g. 油灯袭人拨亮了　　h. ？袭人油灯拨亮了

既然"把"字句表达的语义范畴可归入致使，而表达致使的句法结构化方式有很多表现形式，那么最好的办法就是将相关句式的构造过程联系起来，通过分析其句法结构方式的差异来透视其语义结构方式的差异。致使范畴所表达的致使事件由使因事件和使果事件这两个子事件所构成，经由概念结构概括为语义结构并向句法结构投射。典型致使结构的语义成分包括：致事(Causer)、动作、役事(Causee)、结果，其语义内容是：致事通过某个动作对役事施加影响而使役事发生结果所呈现出的变化。以袭人拨油灯(使因事件)致使油灯变亮了(使果事件)为例，这两个子事件的论元结构及其关系是：拨(袭人，油灯 1)cause 亮(油灯 2)，其中，油灯 1＝油灯 2。两个子事件的论元结构经过整合，形成动结式“拨亮”的论元结构：拨亮(袭人，油灯 1＋2)。这种论元结构投射到句法结构中，根据施春宏(2005、2008、2015)提出的论元结构整合原则“界限原则”及相关的配位准则系统，其基础结构就形成了(5a)这样的表达。这是一般句法理论都认可的表达方式。根据施春宏(2006、2010a)，例(5)中其他句式都可以在(5a)的基础上派生(包括初级派生和次级派生等不同派生层级)而来。参照施春宏(2004a、2010a、2015)的分析，将例(5)中的各句分别命名为：(5a)致使性施受句(下文简作施受句)、(5b)“把”字句、(5c)长“被”字句、(5d)短“被”字句、(5e)受事主语句、(5f)施事主语句、(5g)受事话题句、(5h)施事话题句。如此一来，这些显然具有表达致使范畴特性的结构共同构成了一个基于相同底层论元结构的句式系统。由此可见，它们的句法意义一定具有共同特征(共性)，但由于派生的路径和结果不同，其语法意义也就呈现出某种差异(特性)。就此而言，在句式系统中结合句式的句法形式的结构化过程来考察其语法意义就成为必要的路径。

4.2 在句式群中定位相关句式的语法意义

基于结构主义方法论的基本原则，任何语言成分都是因区别于系统中的其他成分而获得价值。句式自然也不例外。然而，“句式系统”这个概念比较宽泛，某个句式放到什么系统中考察其价值、如何在该系统中进行考察，学界少有明确的说明。因此施春宏(2010a)便引入了一个内涵具体且外延相对明确的新概念：句式群(sentential construction group)，并提出了一个系统的分析思路：在句式群中考察“把”字句及相关句式的语法意义。这样可使句法意义的分析变得具体明确，可操作性强，同时既便于证实，也便于证伪。

顾名思义，“句式群”就是相关句式构成的集合，这些句式之间具有某种相同或相关的形式和/或意义特征。如施春宏(2010a、2010b)将具有相同底层语义结构(论元结构)关系而表层配位方式不同的句式所构成的系统看作句式群，像例(5)和下面的例(6)就分别属于不同的句式群。

(6) 看蒙：a. 宝玉看《西厢记》看蒙了　　b. ？《西厢记》看蒙了宝玉
c. 《西厢记》把宝玉看蒙了　　d. 宝玉被《西厢记》看蒙了

e. ? 宝玉被看蒙了　　f. 宝玉看蒙了

g. ?《西厢记》宝玉看蒙了　　h. ? 宝玉《西厢记》看蒙了

当然，由于例(5)和例(6)都是致使句，因此也可进一步概括为致使性句式群(causative sentential construction group)。

就此而言，“把”字句的语法意义应该区别于同一句式群中其他句式的语法意义。以例(5)为例，显然，“致使”并非“把”字句所独有的语法意义，因为上面“拨亮”句式群中的各个句式表达的都是致使事件。同样，“处置”也并非“把”字句所独有的语法意义，因为各句式中的动词“拨”具有处置性，或者进一步说，“拨”和“亮”之间具有处置-结果关系。那么，(5b)“把”字句的语法意义是什么呢？这就需要将它跟(5)中的其他句式相比较。这里主要讨论(5a)—(5e)五种句式的区别性语法意义，其他几种句式语法意义的分析从略。

与(5a)施受句相比，从配位方式来看，其他句式有个共同点，就是役事“油灯”出现在了动结式之前，从而凸显了致使性影响的结果。

再进一步看它们之间的区别。先拿“把”字句和长“被”字句来比较，两者配位方式存在根本不同(致使和役事的句法地位不同，成分序列和标记形式不同)并由此带来侧显(profile)内容的差异，因而所表达的语义结构关系便有差别。就此可以概括出两者语法意义的异同：①“把”字句是“通过某种方式的作用，凸显致事对役事施加致使性影响的结果”；长“被”字句是“在某种方式作用下，凸显役事受到致事施加致使性影响的结果”。这样的概括，是将语法意义的结构化关系和语法形式的结构化关系对应起来。由此可以回过头来看出施受句的语法意义：致使性施受句是“通过某种方式的作用，凸显致事将致使性影响的结果施之于役事”。通过上述追求一致性与区别性的概括，我们力图将各相关句式语法意义的结构化关系与语法形式的结构化关系对应起来。

此时短“被”字句和受事主语句的语法意义，就不难推导出来了。可以假定它们与长“被”字句的派生路径是：短“被”字句由长“被字句”删除

---

① 关于“把”字句及相关句式语法意义的具体概括参见施春宏(2010a)，这里在分析观念上有所充实，具体句式意义的概括上也有局部调整。

被降格的致事而来,因此短“被”字句的语法意义是:“在某种方式作用下,凸显役事受到致使性影响的结果。”受事主语句则是长“被字句”删除被降格的致事及其格位标记而来(也可直接由短“被”字句删除格位标记而来),因此其语法意义是:“在某种方式作用下,凸显役事出现致使性影响的结果。”

上面所概括的五个句式意义的结构中,致事、役事的配置方式及显隐情况有变化,而致使方式和结果的句法地位和语义地位保持一致,这是致使性句式群的建构基础。“把”字句凸显致事通过某种致使方式而使役事出现某种结果;而长短“被”字句及受事主语句则是凸显役事在致事的某种致使方式作用下而出现某种结果。就致使关系的表达系统而言,将汉语视为结果凸显型语言(result-prominent language)(施春宏 2018:369-372),具有比较强的解释力和预测力。

以上所述的是典型的“把”字句,实际上,“把”字句还存在着一些边缘类型。例如:

(7) 他把所有的房间都扫了(结果隐而不显的“把”字句)

(8) 一个趔趄,把一桶水都洒了(述语动词隐而不显的“把”字句)

(9) 孩子把信封剪了一个角(带保留宾语的“把”字句)

对此,施春宏(2016b)做了系统说明,限于篇幅,此处从略。这里想要特别强调的是,即便是边缘“把”字句,在句法和语义上跟常规“把”字句仍然呈现出一致性,也是“凸显致使的结果”的表达方式,只是其结果是隐性的,而常规“把”字句的结果是显性的。

5. 句式意义分析的基本原则

鉴于学界关于“把”字句语法意义研究的基本历程、所持理念和分析路径,并基于上文对“把”字句及其相关句式的语法意义的分析,下面便从句式形义关系研究的基本观念和方法出发,对句式意义分析的基本原则做些思考。

5.1 在多重互动关系中认识句式意义

意义是与形式相互依存的,而形义匹配关系又依赖于更多相互作用的因素而存在。因此,要想更为准确地定位句式的语法意义,就需要在多重互动关系中去认识。首先是“形义互动”，即句法形式和句法意义之间的互动关系，“这种互动关系不是简单的形式和意义之间的相互验证的关系，而是形式结构化和意义结构化过程中相互适应、相互推动的关系”（施春宏 2010a）。这是准确定位句式意义的最基本的关系。其次，对句式这种图式性构式（schematic construction）而言，其互动关系进一步体现为“构体互动”，这可以从三个方面来理解：一是句式中不同组构成分（构件）之间的互动关系；二是构体和构件之间的互动关系；三是不同句式之间的互动关系。上文所述的互动，主要强调的是构体互动中的“不同句式之间的互动关系”。第三重互动关系则是“界面互动”，“即影响构式结构体形式和意义的作用因素之间的互动，如语言系统内部各个界面（如音系、韵律、词汇、语义、词法、句法、形态、功能，篇章，语法、修辞，等等）、各种范域（如语体、文体，也可归入广义的界面）两两之间的相互作用和多界面、多层面的相互作用”（施春宏 2016a）。就“把”字句研究“把”字句、就语法意义研究语法意义，有时难以充分观察其本。对构式多重互动方式的刻画和多重界面互动机制的分析将会成为考察构式形义关系的突破口。

当然，无论是构体互动还是界面互动，都是以句式形义互动为基础，二者之间的匹配关系是认识句式作为构式的基础，而这种匹配关系实际上存在着一个相互适应和建构的互动乃至互驯的过程。既然强调形义互动关系，就需要重视句式的每个结构成分在形式结构和语义结构中所起的作用，句式成分的语序安排和句式意义的信息安排之间所存在的对应、匹配关系，句式成分的显隐对句式语义结构和信息结构侧显的影响等。如在“把”字句的生成过程中，有一种强制性“把”字句：

(10) a. 王熙凤把所有的气都撒在了尤二姐身上（比较：*王熙凤撒所有的气在了尤二姐身上）

b. 他们把沟挖浅了（比较：*他们挖浅了沟）

强制性提宾“把”字句，是相应的施动受句式受特定因素制约的结果，这是形式和意义/功能互动的结果。这种强制性提宾现象，不仅出现于“把”字句，而且涉及整个动补结构和动宾结构体系，是构体互动和界面互动相互作用的结果。如例(10a)涉及句法形式和韵律结构的相互作用，在现代汉语句法系统中，动词的支配对象不能插入动词和介词性结果补语之间,也不能置于句末,于是只能前置;例(10b)涉及句法形式和语用信息的相互作用,补语表示预期结果的偏离(陆俭明 1990;李小荣 1994;马真、陆俭明 1997),这种非常规结果通过句法上凸显的方式(即焦点后置)而得以体现,而汉语句法系统中的“把”字句刚好能够实现这样的形义匹配关系。

与此相关的是,对特定句式发展过程的考察也要立足于多重互动关系的动态调整过程。以例(6)为例,“《西厢记》把宝玉看蒙了”和“宝玉被《西厢记》看蒙了”的出现与动词拷贝句“宝玉看《西厢记》看蒙了”有着密切的关系,这样的“把/被”字句只有到了相关动词拷贝句发展得相当成熟了的阶段才能出现(施春宏 2010b、2014)。据此可以推论:一种语言或方言存在“宝玉看《西厢记》看蒙了”这样的动词拷贝句,是存在上述相应的“把/被”字句的必要条件。此所谓“有之不必然,无之必不然”(《墨子·经说上》)。就“把”字句而言,这种句式的语法意义只能看作致使性的了,而且其形义匹配关系比“袭人拨亮了油灯”这样的一般“把”字句要复杂多了。

5.2 在结构化配置中概括句式意义

本文强调对句式意义的研究要基于形式和意义的互动匹配关系,考察意义如何结构化,通过语义侧显来选择句式群中相应的句法形式。因而对于意义的研究也应走结构化之路。

从“把”字句的典型结构形式“A＋把 B＋V＋C”来看,如果只考虑其语义结构成分而暂不考虑各个成分的来源及其句法表现,典型“把”字句的语义结构就应该包括这样一些成分:致使者 A(包含施动者),致使行为或方式 V,受使者 B(包含受动者),受使结果 C。而这些正是致使事件所包含的要素,不只是为“把”字句所独有,“把”字句所表达的语法意义只是致使范畴的一种类型。然而“把”字句在其句法配置的结构化方式上有其特殊之处。简言之,典型“把”字句的句法结构和语义结构的配置关系是:首先,表达使因事件和使果事件的两个述谓成分(包括介词结构做补语)先后紧邻,这两个底层论元结构需要整合成一个上层论元结构;其次,表达结果的句法成分置于句末,以凸显句义焦点;再次,结果凸显的要求迫使役事论元只能到述谓成分之前去寻找句法位置;第四,致事和述谓结构之间恰好有一句法位置,可供经“把”引入后的役事落脚。这便是“把”字句的句法语义配置,既能凸显结果,又保留了主动式的信息表达需求。①

这些配置方式是相互作用的,单个成分的配置方式未必为“把”字句所独有,但合力作用则构成了现代汉语句式系统中这一特有的表达方式。在分析句式的句法语义配置关系时,每个成分的配置都应该在共时句法系统中找到句法结构和语义结构上的理据。

这种基于形式和意义结构化配置方式的考察,有利于说明句式意义的形式依存性,即形义配对关系的特异性。如表示致使关系并不必然导致构造出“把”字句,“晴雯吹灭了蜡烛”和“晴雯把蜡烛吹灭”这两种句式一定有语义上的差别,而且这种差异可以通过一般性的结构化配置方式得到说明。句式意义的概括正是基于这种配位方式系统性差异得出的。

由此进一步说明,“把”字句的语法意义实际上是一种结构化意义,而不是单个动词和/或“把”所具有的及物性关系意义,虽然这两者在典型“把”字句中有很强的联系。而且这种结构化意义是与其他句式的结构意义相区别而存在的。如果想进一步认识“把”字句的结构性语义关系,一条便捷而有效的路径就是从“把”字句的构造过程入手。由于构造过程受到语义关系的促动,因此认识了“把”字句的构造过程,实际上也就同时认识到了跟“把”字句具有相同的基本语义结构关系的相关句式的构造过程;认识了“把”字句的语法意义,实际上也就同时认识到了跟“把”字句具有相同的基本语义结构关系的相关句式的语法意义。

对句式意义结构化配置方式的概括路径更容易凸显在句式发展过程中形式和意义的结构化是如何相互平衡、相互协调的,从而更容易对所考察对象的句法、语义特征做出一致性的描写和解释。

5.3 在句式系统中揭示语法意义的共性和个性

由于形式和意义之间在结构化过程中存在互动关系,因此相关句式

① 这里对“把”字句形义关系结构化配置的说明,只是就典型“把”字句而言的,其实还有更为复杂的情况需要说明,主要有两种:一是像例(6b)“《西厢记》把宝玉看蒙了”那种来自动词拷贝句“宝玉看《西厢记》看蒙了”“把”字句;二是强制性提宾而形成的各种“把”字句。限于篇幅,这里不再展开。

之间在形式和意义上必然既有共性又有个性,而且这种共性和个性是有层级性的。因此需要立足于句式系统(如句式群),在句法形式和句法意义的互动中建构句式形义关系的层级,进而描写和解释句法形式和句法意义的共性和个性。

我们上面的讨论基本上是基于现代汉语的特定句式系统所作的分析。就致使说而言,“把”字句确实表达致使,但不能反过来说表达致使为“把”字句所独有。对于特定的语言系统,只有在句式群(构式群,construction group)中才能区别出各个句式(构式)的特殊意义。我们通过上文的分析已发现,表达致使是相关句式的共性,“把”字句只是相关句式系统中标记性比较高的一种构式。对此,上文已多有说明(尤其是第四部分“相关句式语法意义的系统性和区别性”),此不赘述。下面再从两个方面来进一步拓展相关认识。

一方面,除了上文章的基于特定语言系统共时层面的考察,关于语法意义的共性和个性,还可以从跨语言比较和语言历时研究的角度认识。

从语言类型学上看,句式意义存在跨语言共性和具体语言个性的问题。致使范畴(causative category)是语言的基本范畴之一,所有的语言都有致使性语义关系的表达形式,而各个语言的表达形式却自成系统。也就是说,“致使”不但不为“把”字句所独有,而且也不为汉语所独有。但是相对于英语的致使性构式家族(causative constructional family,如双及物句式、使移句式、结果句式等),“把”字句的配位方式又具有汉语的个性。英语的双及物句式(如 He bought Mary a book)、使移句式(如 He pushed a book into the box)、结果句式(如 He shot a dog dead)等在表达致使关系时,各个句式都是只有一种主动句的句法配置形式,没有强弱的对立,而汉语中“晴雯把蜡烛吹灭了”比“晴雯吹灭了蜡烛”处置意味更重,结果更为凸显,由此可见汉语句式系统中处置意味的表达显然更具有个性特点。

从历时语言的研究来看,句式意义也有共性和个性的问题。在汉语史上,“把”字句是后起的句式,而致使或处置的表达却是任何时期都存在的。只是“把”字句的出现,调整了汉语致使表达系统的格局,而且这种格局调整是逐步发展而来的。相较于唐宋之前的汉语句式系统,“把”字句发展成熟之后的句式系统，汉语结果凸显型的特征更加鲜明。因此，在考察汉语史上这些句式的来源和流变时，如果某个形式上类似“把”字句的表达并不侧重凸显致使的结果，就仍然不能看作成熟的“把”字句。

另一方面，即便在处置和致使之外对“把”字句的语法意义做出新的分析，也需要对共性与个性的关系有明确的认识。例如，张旺熹(2001)在语料统计的基础上指出，典型的“把”字句突显的是一个物体在外力作用下发生空间位移的过程。张伯江(2000)也曾指出“把”字宾语有位移性特征，并通过统计数据“证明了‘位移’意义在‘把’字句语义中的基本性”。这样的认识就“把”字句本身而言是没有什么问题的。然而这种位移图式或意义也同样存在于与“把”字句有相同底层论元结构的其他句式之中。也即，“位移图式”理论上应该是致使性句式群的共性而非“把”字句的个性。这样就可以做出预测：跟“把”字句在派生过程中属于同一层级的“被”字句，位移图式同样是它的一个基本特征。

为此，我们统计了发表于《小说月报》2008 年第 11 期的两部中篇小说(川妮的《玩偶的眼睛》和傅爱毛的《天堂门》)中“被”字句的使用情况(不含“被迫”1 例)：①

表 1：两篇小说中的“被”字句统计

	字数	“被”字句数	表位移例数	位移例占比
《玩偶的眼睛》	约 43 千	58 例	27 例	46.6%
《天堂门》	约 31 千	34 例	24 例	70.6%

两篇小说合计出现“被”字句共 92 例，其中表示物体发生空间位移的占所有用例的 55.4%，这与张旺熹(2001)中表示“位移图式”的“把”字句的使用比例(51.8%)基本一致；而《天堂门》的“被”字句位移例占比高出很多。可见，“位移图式”同样是句式群中相关句式的一种共性。当然，如

① 因为两者的语言风格有异，因而我们分开做了统计。在统计过程中我们发现，文本内容及叙述方式对句式的选择有影响。《玩偶的眼睛》故事性强，动作描写较多；《天堂门》故事性弱，心理描写多些。

果从句法结构的配置方式和语义结构的凸显侧面来说,“把”字句常是主动发出作用力而使对象发生位移或变化,具有致动性;而“被”动句则是因承受某种作用力而发生位移或变化,具有受动性。因此,“把”字句的“处置”意味比较显著,至少相对于“被”字句而言是如此;而处置的结果往往是使物体发生了明显的位置移动、状态改变、数量增减等,这些方面若从更宽泛的说,都可以视为“变化图式”的不同表现。由此还可以进一步推测,受事主语句(如“衣服放柜里了”)中表达位移或变化的使用频率也不低。当然,它没有“把”字句的致动性,而更接近受动性,但受动的作用力来源并不呈现。

由此可见,在研究句法意义时,必须基于相关句式(如具有相同的底层论元结构)的形义关系所形成的特定句式系统,以此为背景逐层考察相关句式之间的共性,并通过句式间的形式对立来考察其意义对立,进而揭示出特定句式语法意义的个性。

6. 余论

在分析特殊句式的语法意义时,若就某个句式而研究该句式,难以说明所概括出来的句式意义是该句式的个性特征还是普遍范畴;即便是拓展相关范畴的理解以适应例外,也难以将特定句式的语法意义从相关句式中区别出来。有鉴于此,本文立足于结构主义基本原则(系统性原则和区别性原则),以“把”字句语法意义的分析为例,将特定句式放到句式群这样的句式系统中去对比分析,从而揭示出相关句式的语法意义及其共性和个性特征,而且这种语法意义是一种结构化意义。对任何构式意义的认识,都需要以这种结构化特征为基础,以构式系统中形义结构匹配关系作为分析问题的切入点。

由于“把”字句结构特殊,类型多样,语义复杂,有学者试图用分而治之的策略进行更精确的描写和解释。然而,一致化的解释仍然是学界所追求的目标。本文也希望在这方面做一些尝试,试图将对句式意义的分析结构化、句法化,从而实现一致化的目标。

然而,随之而来的问题是,所有从一致性出发所概括出来的句式意义,往往都是句式的典型义,而实际上,所有的句式作为一种构式,都是一个原型范畴，原型范畴的多义性在句式中也同样体现了出来。如何描写和解释多义构式的一致性和差异性、原型性和多样性、抽象性和层级性之间的关系，则是构式研究的重要论题。仅就“把”字句的语法意义研究而言，也是一个需要进一步探讨的过程。

与此相关的另一个问题是，任何句式都有一个“成长”的过程，当下使用的句式也只是演变过程中的一个阶段。这就意味着，句式的形义关系实际上是个动态的关系，是句式化（构式化）过程中的阶段性产物。那么，如何从多重互动关系（尤其是形式和意义互动关系）的角度来认识每个发展阶段的构式形式特征和意义特征及其相互关系，又是一个新的研究任务。尤其是在句式化过程中，各个结构化因素如何调整而导致句式的用变和演变，更需要通过组构成分的特征差异和范畴变化来做出精细的分析。

参考文献

北京大学中文系现代汉语教研室 2003 《现代汉语专题教程》，北京：北京大学出版社。

崔希亮 1995 “把”字句的若干句法语义问题，《世界汉语教学》第3期。

戴浩一 1989 以认知为基础的汉语功能语法研究，收入戴浩一、薛凤生编《功能主语与汉语语法》，北京：北京语言学院出版社，1994年。

范 晓 2001 动词的配价与汉语的“把”字句，《中国语文》第4期。

郭 锐 2003 “把”字句的语义构造和论元结构，《语言学论丛》第28辑，北京：商务印书馆。

胡文泽 2005 也谈“把”字句的语法意义，《语言研究》第2期。

金立鑫 1993 “把OV在L”的语义、句法、语用分析，《中国语文》第5期。

李小荣 1994 对述结式带宾语功能的考察，《汉语学习》第1期。

刘培玉 2009 《现代汉语把字句的多角度探索》，上海：华中师范大学出版社。

陆俭明 1990 “VA了”述补结构语义分析，《汉语学习》第1期。

陆俭明 2016 从语言信息结构视角重新认识“把”字句，《语言教学与研究》第1期。

吕叔湘 1948 “把”字用法的研究，《汉语语法论文集》（增订本），北京：商务印书馆,1984年。

马　真　1981　《简明实用汉语语法》,北京:北京大学出版社。

马　真　1985　“把”字句补议,载陆俭明、马真《现代汉语虚词散论》,北京:北京大学出版社。

马真、陆俭明　1997　形容词作结果补语情况考察,《汉语学习》第1、4、6期。

潘文娱　1978　对“把”字句的进一步探讨,《语言教学与研究》(试刊)第3集。

邵敬敏　1985　“把”字句及其变换句式,《研究生论文选集、语言文字分册》,南京:江苏古籍出版社。

邵敬敏、赵春利　2005　“致使把字句”和“省隐被字句”及其语用解释,《汉语学习》第4期。

沈家煊　1999　“在”字句和“给”字句,《中国语文》第2期。

沈家煊　2002　如何处置“处置式”——试论“把”字句的主观性,《中国语文》第5期。

施春宏　2004　汉语句式的标记度及基本语序问题,《汉语学习》第2期。

施春宏　2005　动结式论元结构的整合过程及相关问题,《世界汉语教学》第1期。

施春宏　2006　“把”字句的派生过程及其相关问题,《语法研究和探索》(十三),北京:商务印书馆。

施春宏　2007　动结式致事的类型、语义性质及其句法表现,《世界汉语教学》第2期。

施春宏　2008　《汉语动结式的句法语义研究》,北京:北京语言大学出版社。

施春宏　2010a　从句式群看“把”字句及相关句式的语法意义,《世界汉语教学》第3期。

施春宏　2010b　动词拷贝句句式构造和句式意义的互动关系,《中国语文》第2期。

施春宏　2014　动词拷贝句的语法化机制及其发展层级,《国际汉语学报》第1辑。

施春宏　2015　动结式在相关句式群中不对称分布的多重界面互动机制,《世界汉语教学》第1期。

施春宏　2016a　互动构式语法的基本理念及其研究路径,《当代修辞学》第2期。

施春宏　2016b　边缘“把”字句的语义理解和构造机制,《语言教学与研究》第6期。

施春宏 2018 形式和意义互动的句式系统研究——互动构式语法探索，北京：商务印书馆。

宋玉柱 1979 "处置"新解——略谈"把"字句的语法作用，《天津师范学院学报》第3期。

宋玉柱 1981 关于"把"字句的两个问题，《语文研究》第2期。

王红旗 2003 "把"字句的意义究竟是什么，《语文研究》第2期。

王 力 1943 中国现代语法，北京：商务印书馆，1985年。

翁姗姗 2012 现代汉语非典型"把"字句研究，北京大学博士学位论文。

席留生 2014 《"把"字句的认知语法研究》，北京：高等教育出版社。

薛凤生 1987 试论"把"字句的语义特性，《语言教学与研究》第1期。

薛凤生 1989 "把"字句和"被"字句的结构意义——真的表示"处置"和"被动"？，沈家煊译，载戴浩一、薛凤生主编《功能主义和汉语语法》，北京：北京语言学院出版社，1994年。

叶向阳 1997 "把"字句的致使性解释，北京大学中文系硕士学位论文。

叶向阳 2004 "把"字句的致使性解释，《世界汉语教学》第2期。

张伯江 2000 论"把"字句的句式语义，《语言研究》第1期。

张 黎 2007 汉语"把"字句的认知类型学解释，《世界汉语教学》第3期。

张旺熹 2001 "把"字句的位移图式，《语言教学与研究》第3期。

（本文原刊于《汉语学报》2019年第1期）

再论汉语两类双宾结构的构造机制*

首都师范大学　大学英语教研部　毕罗莎
香港中文大学　语言学与现代语言系　潘海华

1. 引言

双宾结构或双宾句式中最典型的是“给予类”和“偷抢类”结构。例如：

(1) a. 张三送(给)了李四一辆汽车。　　　　(给予类)
　　b. 张三偷(走)了李四一个钱包。　　　　(偷抢类)

关于这两类双宾句式的句法构造和语义关系，前人虽已有不少研究成果，但仍有一些遗留问题始终无法得到统一的解释和说明。本文将简要综述前人的研究并讨论所存在的问题，并尝试运用“信息结构理论”，即从信息传递影响语序的角度，重新解释两类双宾结构的关联与差异。本文提出，现代汉语“给予类”和“偷抢类”双宾结构在句法构造上虽不尽相同，但却都是“双动词结构”，而且都是信息结构驱使下形成的结构，只不过二者在新信息表达方式上有所差异。

2. 前人关于双宾结构的研究

目前对汉语“给予类”和“偷抢类”双宾结构的构造研究大致沿着两种思路进行。一些研究者认为两类双宾结构句法构造相同，二者的区别仅在于双宾语结构中的某个投射层表达的意义有所不同。如 Zhang(1998)和邓思颖(2003)等都认为两类双宾结构共用一套句法生成机制“[VPH

---

* 本研究获国家社会科学基金青年项目(18CYY048)“汉语的两种特殊“带宾被动句”及被动句的信息焦点选择与语义力度调节研究”资助。

[VH[VPL DP1[VL'[VL DP2]]]]]]",其中当"VL"的语义取值为"给"时,得到"给予类"双宾结构;当"VL"的取值为"走"时,得到"偷抢类"双宾结构。何晓炜(2008)认为区分"给予类"和"偷抢类"两类双宾结构是在VP层之上的功能层"G",这个功能层表达了一种"传递"的概念而非任何"拥有"或"丢失"之意。当其取值为"[+G]"时,间接宾语被赋予表示"目标"的语义角色;当取值为"[-G]"时,间接宾语得到表示"来源"的语义角色。孙天琦(2015)在施用理论框架下讨论了两类双宾结构的句法构造。她认为汉语"给予类"和"偷抢类(取夺类)"双宾语结构均为低阶施用结构,表达施用宾语与客体宾语之间存在的领属转移关系。"给予类"双宾语结构隐含了施用词缀"给","偷抢类"双宾语结构隐含了施用词缀"走、掉"。

与上述这种看法相反,还有一些研究者则认为"给予类"和"偷抢类"双宾结构应该各自具有独立的生成机制。这种分析也有语言事实的支持,如下面(2)和(3)所示,"给予类"结构中只有直接宾语"(三个)苹果"可以被动化,而"偷抢类"结构中可被动化的只能是间接宾语"他"。显然如果将两类双宾结构看作是完全相同的句法构造,彼此的句法差异就不容易解释了。比较:

(2) a. 张三送(给)了他三个苹果。 (给予类)
b. 苹果被张三送(给)了他。
c. *他被张三送(给)了三个苹果。

(3) a. 张三偷(走)了他三个苹果。 (偷抢类)
b. *苹果被张三偷(走)了他。
c. 他被张三偷(走)了三个苹果。

黄正德(2007)也曾指出,"给予类"和"偷抢类"两类结构在语义上也存在着一些细微但又重要的差异,并试图把"给予类"和"偷抢类"两类双宾结构在句法上区分开来,这个思路很有启发性,但是仍有进一步探讨的空间。例如黄正德(2007)认为,"给予类"双宾结构属于致使范畴,即由两个轻动词相互叠加表达"使得……拥有"的意义,同与格结构不存在句法衍生关系。但这一分析并不全面。汉语"给予类"双宾结构实际上包含了两种类型:"致使型给予类"和"施动型给予类"双宾句。致使型双宾结构中,主语是由“无生命、无施动力和意愿力”的名词组充当，如下面(4)中的“这场胜利、那场事故、这次培训”。作为无生命体名词，无法真正实施动作行为，因此只能理解成这三个事件导致了间接宾语拥有直接宾语。这类双宾结构无对应的与格形式(如(4)括号中例句所示)，而“施动型给予类”双宾结构是存在对应的与格结构的(如(5)括号中例句所示)。比较：

(4)“致使型给予类”双宾句

a. 这场胜利送给了他一枚勋章。(＊这场胜利送了一枚勋章给他。)

b. 那场事故留给了他一道伤疤。(＊那场事故留了一道伤疤给他。)

c. 这次培训带给了张总一个更现代化的厂子。(＊这次培训带了一个更现代化的厂子给张总。)

(5)“施动型给予类”双宾句

a. 张老师送了一本书给李四。(张三送给了李四一本书。)

b. 李四的父亲留了一笔财产给李四。(李四的父亲留给了李四一笔财产。)

c. 张三带了一个消息给李四。(张三带给了李四一个消息。)

实际上，“给予类”双宾结构的这一内部区分也常见于其他语言中。如英语就存在两种给予义双宾结构(参考 Pesetsky, 1995; Hale & Keyser, 1996 等)。例如：

(6) a. The interview gave Mailer a book. (＊The interview gave a book to Mailer.)

b. John gave Jack an apple. (John gave an apple to John.)

(6a)为“致使型给予类”双宾结构，表达的是一种致使义，即“这个采访促使 Mailer 完成了一本著作”，此句没有所对应的与格形式。(6b)为“施动型给予类”双宾结构，有其对应的与格表达形式。至少从这一角度看，黄提供的分析只适用于“致使型给予类”双宾结构，并不适用于典型的“施动型给予类”双宾结构。

Sybesma(1999)和沈阳(2009)曾经试图用“小句理论”并引入空动词

“there/有”来处理包含与格和受格成分的结构。沈阳(2009)认为“我送一束花给女朋友/我送女朋友一束花”两句的底层结构同为“[我送[SC2 PP 给女朋友 VΦ(有)NP 一束花(不定指)PP 给女朋友]”。当空动词“有”之前的介词短语“[PP 给女朋友]”删掉,就得到与格结构“我送给女朋友一束花给女朋友”;空动词之后的介词短语[PP 给女朋友]删除,就得到双宾语结构“我送给女朋友一束花给女朋友”。这种处理的问题在于,这样一来,句子的主动词并不支配任何名词成分或给予名词组任何论元角色,而是在补足语位置上支配一个小句。这或许适用于分析动补结构,如“张三骂跑了路人”有一种解读就是“[张三骂]导致[路人都跑了]”。但是汉语双宾结构或与格结构则不同,其中的直接宾语一定是主动词(给予义动词)支配的论元名词,或者说主动词一定会带一个名词性成分做宾语而不是去支配一个小句。比如“送(给)他一本书”或“送一本书给他”中的“送”必须支配“一本书”。可见“小句分析”并不适用于双宾结构。

此外,“给予类”和“偷抢类”双宾结构还有个很重要的特点需要加以注意。如下面(7)所示,两类双宾结构中的直接宾语“(三个)苹果”通常都以无定 NP 或“数-量-名”的形式出现,而间接宾语并没有这样的限制,甚至往往必须是光杆名词(如“朋友”)或代词(如“他”)。

(7) a. 张三送了/偷了朋友三个苹果。(*张三送了/偷了朋友苹果。)

b. 张三送了/偷了他三个苹果。(*张三送了/偷了他苹果。)

3. 信息结构与语序的排列

言语交际的过程实质上是一个信息交流的过程。说话人希望通过对信息的编码使听话人对语言解码后接收到新的信息,完成交际任务。Chafe(1976),Lambrecht(1994)等学者据此提出了“信息包装(information packaging)”的概念,即在话语交流中,说话者往往会通过一些方式或手段引导听话人从句子中获取有效信息。如何将所传递的信息以最优方式输入到听话人的知识系统是信息包装所要考虑的问题,而这里所指的“最优方式”很大程度上也就是指语句中“语序(word order)”的安排。

从语言类型学的角度看,语言可以大致分为"构型性语言(configurational language)"(也常被称为"主语突出型语言(subject-prominent language)")和"非构型性语言(non-configurational languages)"(又被称作"话题突出型语言(topic-prominent language)")。前一种语言中语序十分固定,这种"固定"更多情况下是为了标记句中的主语成分和谓词成分。这类语言对话题和焦点的标记通常靠语音(重音、语调)的手段来实现(如英语就是如此)。相比之下,后一类语言缺乏语法角色(grammatical role)与句法结构的对应关系,因而语序十分灵活,句中成分排列完全出于对信息结构表达的要求(如匈牙利语、日语等就是如此)。汉语也是"话题突出型"语言,因此句法结构和语义结构之间也并不存在直接的映射关系,语序安排在更大程度上就是取决于说话者想传递或包装的信息方式。至少目前的研究普遍认为,汉语中的信息传递是按照"句首话题-句末信息焦点"的顺序逐次推进的(张伯江、方梅,1996;刘丹青、徐烈炯,1998;徐烈炯,2002;Xu, 2004 等)。为了让听话人接受到不同的新信息,说话人对同样的一个命题可以有不同的编码方式。如下面(8a)中这样的一个命题,就可以(但不止于)有(8b－e)几种基本编码方式。各种变式都是合乎语法的句子,他们之间的不同仅在于对所要传递信息的编码方式不同。

(8) a. 张三打碎了一只花瓶。
    b. 那只花瓶张三打碎了。
    c. 是张三打碎的那只花瓶。
    d. 那只花瓶被(张三)打碎了。
    e. 张三把那只花瓶打碎了。

关于"信息结构(Information Structure)"的句法地位,学界尚未达成一致。有学者认为"信息焦点"应该是在 PF 层(语音层)进行标记,也有学者认为应该是在 LF(逻辑语义层)或者 LF 的衍生层上标记(相关讨论见 Chomsky, 1976、1981;Huang, 1982、1984;Rochemont, 1986 等)。关于汉语信息结构中各个成分的句法位置,前人的讨论更不多见。Xu(2004)认为信息结构的表达提出了一个独立的句法层(F－Structure)以确保信息焦点的实现。Bi(2015)根据对"汉语带宾被动句"的研究成果进

一步提出信息焦点标记的位置应该居于SS层(句法层)与LF层(逻辑语义层)之间的一个独立的结构层。这一看法如(9)所示:

(9)

对于像汉语一类的“话题突出型”语言,当句子在“大拼写(Spell-out)”前完成句法语义匹配运算后,会需要一个独立的结构层或者额外的空间,即“信息结构层”,按照信息传递的要求将已得到的合法句子进行语序的重新整理。在这个结构层上,赋予新信息特征的语法项会被置于结构层的最末位置,而旧信息项则被前置到句首位置,从而得到具有传递信息功能的语句。

我们认为上文提到的关于两类双宾结构存在的差异,将有可能采用“信息结构分析”得到合理解释。比如,汉语“给予类”和“偷枪类”在句法上存在宾语的不对称现象(如(2-3)所示),以及两类结构中直接宾语均由无定名词短语充当(如(7)所示),等等,这些都是信息结构对语序影响的句法结果。

4. “给予类”双宾句式的信息结构分析

先看现代汉语“给予类”双宾结构。对这类双宾结构的讨论目前主要有两种观点:一个是“衍生说”,一个是“非衍生说”。支持“衍生说”的学者(如Larson, 1988;Fujita, 1996;顾阳,1999等)认为,双宾结构是从与格结构衍生出来的,即两种结构存在句法关联。而支持“非衍生说”的学者(如Jackendoff, 1975;Harley, 2003;Krifka, 2004等)指出,与格结构主要表示“致使-位移(caused motion)”,施事者(或致使者)致使受事论元达到与事论元的位置上(NP1 causes NP2 to be at NP3);而双宾结构强调的是“致使-领属(caused possession)”,即施事者(或致使者)致使间接宾语拥有直接宾语(NP1 causes NP3 to have NP2):两类结构的意义并不完全一致,因此不存在衍生关系。Cheng et al.(1999)、黄正德(2007)

等学者就曾采用这些观点分析汉语“给予类”双宾结构。

除此以外,有学者注意到“给予类”的与格结构和双宾结构中直接宾语的语法形式也有差异。“给予类”双宾结构的直接宾语一般不能为人称代词或有定名词组(如(10)所示),而与格结构中无此要求(如(11)所示)。而这一现象在现有理论中很难得到合理的解释。因为无论是(低阶)施用理论、致使结构理论,或生成句法框架下其他理论,都无一例外的将双宾语中的直接宾语“一本书”当作是由动词或动词性词缀直接管辖的补足语成分,与一般宾语别无二致。但一般句中动词宾语的有定性是不受限制的,如“我看见了一个人/我看见他了”,而在双宾结构中的直接宾语的有定性就有明显的限制。比较:

(10) a1. 张三送了一本书给我。 (与格结构)

a2. 张三送了它给我。

b1. 张三送了一本书给一个学生。 (与格结构)

b2. 张三送了一本书给这个学生。

(11) a1. 张三送(给)了我一本书。 (双宾结构)

a2. *张三送了我它。

b1. ? 张三送(给)了一个学生一本书。 (双宾结构)

b2. *张三送(给)了一个学生这本书。

我们承认“给予类”双宾结构与与格结构在句法、语义和名词成分的语法形式上有所差异,但这些差异并不能完全否认“给予类”的双宾语结构与与格结构在句法上存在着衍生关系。我们认为可以这样来看:“给予类”与格结构是基础结构,是无标记的,而“给予类”双宾结构是衍生结构,是有标记的。只不过这种衍生关系不是单纯靠句法关系维持的,其中“信息重组机制”起到了更重要的作用。在信息结构的驱使下,原“给予类”与格结构中的“内主语成分”进行了“信息焦点化”,这才得到相对应的“给予类”双宾句式。这类结构的句法生成方式可描述如下:

(12) 张三送给我一本书。

如(12)所示,双宾结构“张三送给我一本书”的底层结构为“[vP 张三 [v' 送i [VP 一本书[V'ti [PP 给我]]]]]”。当符合语法的句子在句法层内生成完毕后,整句话会先进入信息结构层(IS),在这里新旧信息会

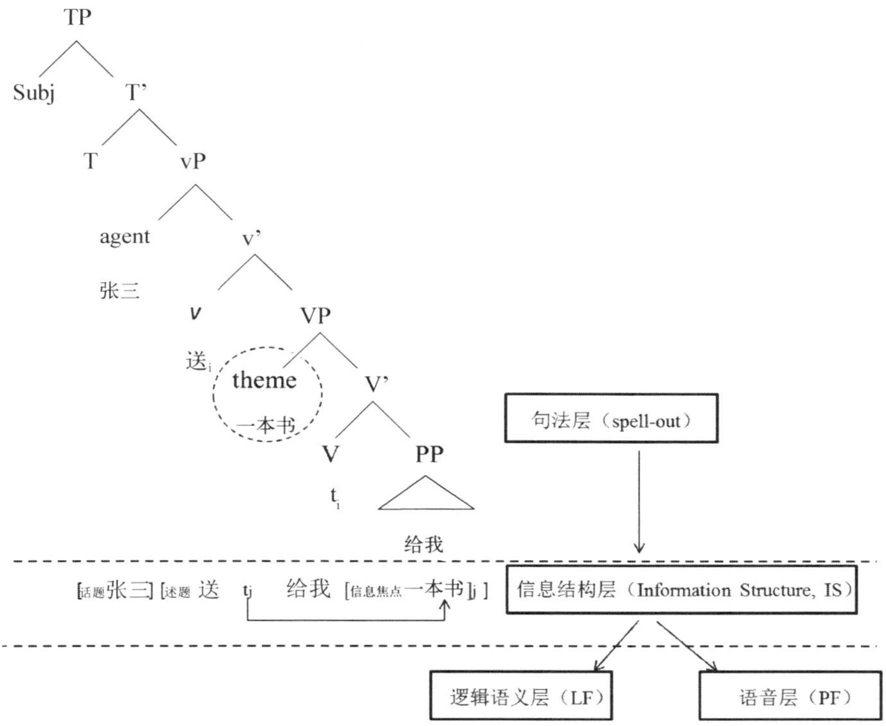

按照由旧到新的层级从句首到句尾依次排列，以完成对句子信息的重组配置。如果认定底层结构中的介词宾语“我”或整个介词短语“给我”是新信息成分，那么这个介词短语在信息结构层上就会被投射到句末信息焦点的位置，主语“张三”则投射在话题位置，得到与格句“张三送了一本书给我”。但如果底层结构中的名词组“一本书”需要做新信息解读，那么内主语成分“一本书”就会被投射到信息焦点的位置，便得到双宾句“张三送（给）我一本书”。作为整个双宾结构的信息焦点，名词组“一本书”须以无定名词形式出现在句中信息焦点（或者说句末焦点）的位置。这就解释了为什么双宾结构中的直接宾语需要以无定形式出现，而与格结构中却没有这种限制。实际上“给予类”双宾结构中直接宾语表现出的无定性特征正是体现了对新信息选择的需要。这也就是为什么前面（11a1）中间接宾语所采用的有定形式“我”在语感上要比所对应的无定形式“一个学生”(11b1)更自然、更容易接受,因为汉语双宾结构中间接宾语具有话题性的特点(徐烈炯、刘丹青 1998：77－79)。

那么为什么双宾结构中后置的宾语作为信息焦点必须以无定形式出现,而一般句中的动词宾语或与格结构中的介词宾语的有定性似乎不受限制呢？这是因为新信息与名词的无定性本无直接关联,只有当天然携带旧信息性质的成分作新信息解读时,才会对此成分的有定性加以限制。对于树形图递归方向嵌套最深的成分,当它被投射到信息结构层的信息焦点位置时,该成分的有定性保持不变,即可以是有定形式也可以是无定形式,但同时做新信息解读。如一般主谓宾句中的有定宾语“张三打我”,又如与格句中的介词宾语“张三送了一本书给我”,两处宾语“我”均为句中的信息焦点,属新信息成分。不同于上述结构,双宾结构的形成是将树形结构中的内主语成分(如“张三送书给我”中的“书”)投射到信息结构层的信息焦点位置。内主语成分的名词短语具有天然的话题性,表达旧信息。若想改变其表达信息的性质,则需辅以对名词组的无定性标注。类似的名词无定形式指派现象在胡建华(2008),潘海华、韩景泉(2008),孙天琦、潘海华(2012)等所讨论的汉语句法结构中均有涉及。

5. “偷抢类”双宾句式的信息结构分析

下面再来分析现代汉语“偷抢类”双宾结构。前人对这一结构的研究很多,主要集中在讨论这类结构中的两个宾语如何支配及相关问题。如果我们假设“偷抢类”双宾语的主动词具有派两个格位的能力,如“张三抢了我五百元钱”,动词“抢”先给直接宾语“五百元钱”赋“受格”(结构格),而后又给间接宾语“我”赋“与格”(固有格),那么我们不得不承认“汉语动词不论类别都可带上一个固有格”(黄正德,2007)。这不但有明显特设之嫌,而且按照这种假设,似乎可以推断汉语中所有动词都应有相应的双宾语形式。但事实并非如此。如下面(13)中各例就说明,并不是所有动词都具有赋“固有格”的能力。要让句子合法就必须引入另一个具有赋格能力的成分,如介词“为、给”等,这时介词词组也只能出现在动词前当状语,而非核心论元成分或双宾结构中的宾语成分。

(13) a. *他做了我一个蛋糕。(他为/给我做了一块蛋糕。)

b. *他放了我三盏灯。(他为/给我放了三盏灯。)

c. *他拎女朋友包。(他为/给女朋友拎包。)

d. *他准备了孩子一桌饭菜。(他为/给孩子准备了一桌饭菜。)

e. *他看了我红榜。(他为/给我看了红榜)

我们认为,不妨假设这类结构的谓语部分除了主动词以外,还含有另外一个表示“失去”义的动词性成分,可能更为妥当。只不过这个动词(如“掉、走”)在语法化或其他句法构造过程中通过“词义吸收”和“词形合并”最终在表层结构中变得“看不见”了(参考沈阳,2009)。其中一个有力证明来自在间接和直接宾语中插入“各”。下面(14)中“各”可以出现在间宾和直宾之间,说明两者之间存在动词性短语成分(Lin, 1998;Soh, 2005等),也就是说,(14a)中间接宾语“我俩”与直接宾语“一个苹果”之间以及(14b)中间接宾语“三个邻居”与直接宾语“一百元钱”之间存在一个隐性的动词性成分,即表消失义的“掉、走”。这种动词省略现象在被动式中表现得更为明显,如下面(15)所示。

(14) a. 张三吃(掉)了我俩各一个苹果。

b. 张三偷(走)了三个邻居各一百元钱。

(15) a. 我被张三偷(走)了一个钱包。

b. 我被抢(走)了五百元钱。

c. 王五被喝(光)了三瓶茅台酒。

d. 李四被张三吃(掉)了三个苹果。

除了存在隐性动词性成分以外,“偷抢类”双宾结构中的直接宾语成分同样受到无定限制。比如“张三偷了李四一个钱包/? 钱包/*这个钱包”中,直接宾语“钱包”在语法形式上更接受无定形式“一个钱包”,一般语境下最不能接受的是有定形式“这个钱包”。

根据“偷抢类”双宾结构的上述句法语义特点,我们将这类结构的句法生成方式描述如下:

(16) 张三偷(走)了我一个钱包。

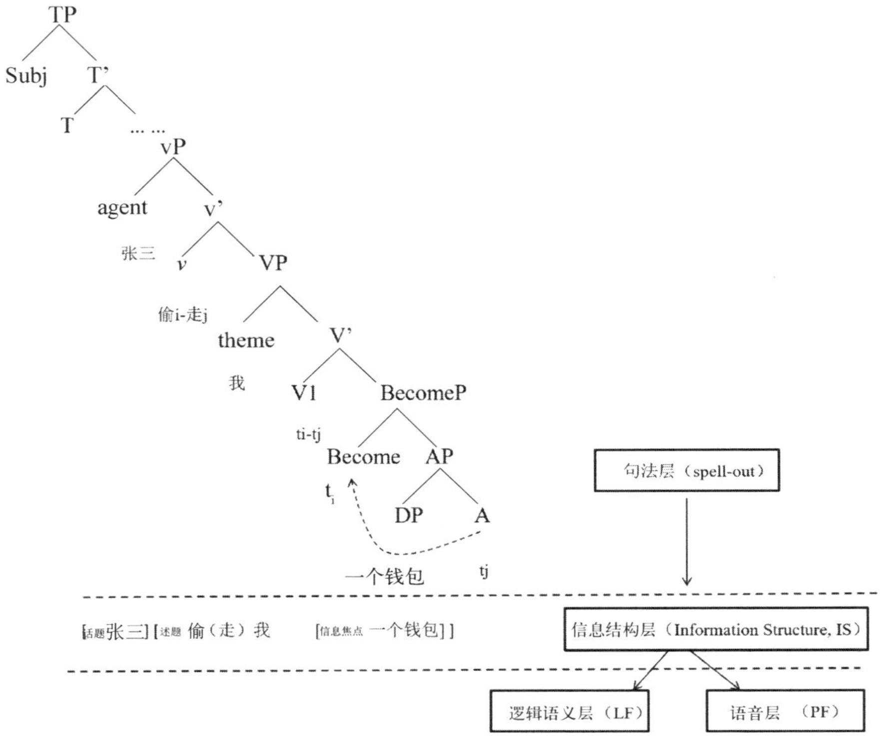

如(16)所示,汉语“偷抢类”双宾结构中的两个宾语成分分别依附于一个动词层(VP)和一个用来标记“状态改变”的功能层(BecomeP)。直接宾语“一个钱包”作为历事论元在BecomeP的投射下,表示经历变化的主体;主动词“偷”在补足语位置上合并了表状态义的BecomeP,又在标志语位置上引入间接宾语“我”。“偷抢类”双宾结构中直接宾语的无定性与功能层BecomeP有直接关系。BecomeP在语义上强调“变化”或“出现、消失”。从认知的角度来讲,表出现或消失的事物是有别于背景的凸显物,会成为整个事件的认知焦点,也是整个事件所要表达的新信息所在。因此,这类论元成分通常以“数-量-名”的形式出现(如“一个钱包”),以便更好地表达事物的个体性(古川裕,2001)。当句子进入信息结构层(IS)后,在句法运算时被标记过新信息的成分“一个钱包”会被直接派送到信息焦点的位置，于是形成汉语“偷抢类”双宾句。

以上我们根据汉语“给予类”和“偷抢类”双宾结构的句法语义特点，分别对两类结构的句法生成提出了分析方案。两类双宾结构同为“双动词结构”，即结构中所含的两个宾语成分分别受不同动词的管辖支配。另外，这两类结构在句法生成过程中都受到了信息结构和信息重组的影响，直接宾语成分都带有显性的新信息标志，语法形式实现为“无定 NP”。二者的唯一的区别在于，“给予类”双宾句中对新信息的认定是在信息结构层上，作为整句话的新信息成分，主动词的论元（直接宾语）在信息结构层上被指派到句末位置，形成语序为“动词-（给）-间接宾语-直接宾语”的双宾结构形式。“偷抢类”双宾句的新信息成分认定则发生在句法运算之时，作为 BecomeP 的直接管辖论元，具有天然的新信息特点，在通过信息结构层时会被直接派送到句末信息焦点的位置，得到了语序为“动词-（走）-间接宾语-直接宾语”的双宾结构形式。

6. 结语

对汉语信息结构的研究，学界谈论不少。尤其是近些年来，人们逐渐认识到单纯以“主-谓-宾”的结构形式分析汉语语法现象（尤其对一些“特殊句式”来说）会显得“力不从心”。越来越多的学者开始关注汉语句法结构与信息结构的接口问题，为汉语语法分析提供了新的思路。其中不少相关研究，如胡建华（2008）、孙天琦、潘海华（2012）等对汉语不及物动词带宾语句的分析，叶狂、潘海华（2012）对汉语“把”字句的分析，潘海华、韩景泉（2008），Bi（2015）等对带宾被动句的分析，曹道根（2014）对汉语含结果性成分小句的分析，都采用了信息结构分析。陆俭明（2016）更是借助信息结构框架，为汉语多个语法难题提供解释，并强调信息结构视角不仅能够更好地推动汉语语法研究、汉语修辞研究，而且有助于汉语教学。本文在前人研究的基础上，对汉语两类双宾结构提出新的解释，认为两类双宾结构的形成是在信息结构的驱动下，迫使语序重新排列的结果。这一假设不仅可以为汉语双宾结构中直接宾语的无定性提供合理解释，同时也指出了“给予类”双宾结构与与格结构之间存在的内在联系。如果文中假设成立，那么本研究将会为信息结构存在的独立性以及信息结构对汉语语序的影响性提供又一支持性证据。

参考文献

曹道根 2014 汉语含结果性成分小句中的信息重组机制,《中国语文》第3期。

邓思颖 2003 《汉语方言语法的参数理论》,北京:北京大学出版社。

古川裕 2001 外界事物的“显著性”与句中名词的“有标性”——“出现、存在、消失”与“有界、无界”,《当代语言学》第4期。

何晓炜 2008 最简方案框架下的英汉双宾语结构生成研究,《现代外语》第1期。

胡建华 2008 现代汉语不及物动词的论元和宾语——从抽象动词“有”到句法-信息结构接口,《中国语文》第5期。

黄正德 2007 汉语动词的题元结构与其句法表现,《语言科学》第4期。

刘丹青、徐烈炯 1998 焦点与背景、话题及汉语“连”字句,《中国语文》第4期。

陆俭明 2016 从语言信息结构视角重新认识“把”字句,《语言教学与研究》第1期。

潘海华、韩景泉 2008 汉语保留宾语结构的句法生成机制,《中国语文》第6期。

沈 阳 2009 词义吸收、词形合并和汉语双宾语结构的句法构造,《世界汉语教学》第2期。

孙天琦、潘海华 2012 也谈汉语不及物动词带“宾语”现象——兼论信息结构对汉语语序的影响,《当代语言学》第4期。

孙天琦 2015 汉语的双宾结构与施用操作,《语言教学与研究》第1期。

徐烈炯、刘丹青 1998 《话题的结构与功能》,上海:上海教育出版社。

徐烈炯 2002 汉语是话语概念结构化语言吗,《中国语文》第5期。

徐烈炯、潘海华 2005 《焦点结构和意义的研究》,北京:外语教学与研究出版社。

叶 狂、潘海华 2012 把字句的跨语言视角,《语言科学》第6期。

张伯江、方 梅 1996 《汉语功能语法研究》,南昌:江西教育出版社。

BI, Luosha 2015 Bi-verbal construction and Mandarin indirect passives: an information structure approach. Hong Kong: City University of Hong Kong dissertation

Chafe, Wallace 1976 Giveness, contrastiveness, definiteness, subjects, topics and point of view. In C. Li (ed.), *Subject and Topic*, 25 - 55. New York: Academic Press.

Cheng, Lisa Lai-Shen, C.-T. James Huang, Y.-H. Audrey Li, & C.-C. Jane Tang 1999 Hoo, hoo, hoo: Syntax of the causative, dative, and passive constructions in Taiwanese. In Pang-Hsin Ting (ed.). Contemporary Studies on the Min Dialects, *Journal of Chinese Linguistics Monograph* 14: 146 - 203.

Chomsky, Noam 1976 Conditions on rules of grammar. *Linguistic Analysis* 2: 303 - 351.

Chomsky, Noam 1981 *Lectures on government and binding*. Dordrecht: Foris Publications.

Fujita, Koji 1996 Double objects, causative, and derivational economy. *Linguistic Inquiry* 27: 146 - 173.

Gu, Yang 1992 On the locative existential construction in Chinese. In D. Bates (ed.) *Proceedings of the Tenth West Coast Conference on Formal Linguistics*. Standford: The Stanford Linguistic Association.

Hale, Ken & Jay Keyser 1996 On the double-object construction. Cambridge, MA: MIT dissertation.

Harley, Heidi 2003 Possession and the double object construction. In Pierre Pica and Johan Rooryck (eds.). *Linguistic Variation Yearbook* 2, 31 - 70. Amsterdam: John Benjamins.

Huang, C.-T., James 1982 *Logical relations in Chinese and the theory of grammar*. Cambridge, MA: MIT dissertation.

Huang, C.-T., James 1984 On the distribution and reference of empty pronouns. *Linguistic Inquiry* 15: 531 - 574.

Jackendoff, Ray 1975 Morphological and semantic regularities in the lexicon. *Language* 51 (3): 639 - 671.

Krifka, Manfred 2004 Semantic and pragmatic conditions for the dative alternation. *Korean Journal of English Language and Linguistics* 4: 1 - 32.

Lambrecht, Knud 1994 *Information structure and sentence form: topic, focus, and the mental representation of discourse referents*. Cambridge: Cambridge University Press.

Larson, Richard 1988 On the double object construction. *Linguistic Inquiry* 19:

335－392.

Lin, Tzong-Hong 1998 On GE and other related problems. In Liejiong Xu (ed.), *Collection des cahiers de linguistique*, *Asie oriental* 2, *The referential properties of Chinese noun phrases*, 209 － 253. Paris: Centre de Recherches Linguistiques sur l'Asie Orientale.

Pesetsky, David 1995 *Zero syntax*: *experiencer and cascades*. Cambridge, MA: MIT Press.

Rochemont, Michael 1986 *Focus in generative grammar*. Philadelphia: John Benjamins.

Soh, Hooi Ling 2005 Mandarin distributive quantifier GE "each", the structures of double complement constructions and the verb-preposition distinction. *Journal of East Asian Linguistics* 14(2): 155－173.

Sybesma, Rint 1999 *The Mandarin VP*. Boston: Kluwer.

Xu, Liejiong 2004 Manifestation of informational focus. *Lingua* 114: 277－299.

Zhang, Ning Niina 1998 Argument interpretations in the ditransitive construction. *Nordic Journal of Linguistics* 21, 179－209.

从动词的语义范围看汉语句法类型特点*

日本中央大学　石村广

1. 引言

英语是 SVO 结构(mono-clausal structure)极为发达的语言,而汉语连动结构(serial verb construction)很发达。汉语动词并不包含动作行为的结果。这一动词语义范围问题并非在一部分的动词中才看见的,也不是在一部分现象中结束的,而应该是和语法体系的各个部分的特征有密切关系的。以往的汉语语法研究似乎不太注重这一点。基于上述观点,本文拟讨论汉语致使性动补结构的形成机制,并主张徐通锵(1998)所指出的"自动与使动"的对立与交替可认为是汉语所无法摆脱的一个重要特征。

2. 汉语动词的语义范围问题

动词的语义范围是有关体貌(Aspect,也称 Aktionsart)①特性的问题。池上(1981：266)认为,日语动词和英语动词之间无法直接对应的例子很多。动词内在的自然终结点(delimitedness)的有无,可以用下面列举的"结果勾消句"来判断(＊表示不合语法的例子,下同):

(1) a. 燃やしたけど、燃えなかった。(我点火了,但是没烧起来)

a′ ＊I burned it, but it didn't burn.

---

* 本文是日本学术振兴会科研费(课题编号：15K02528)的研究成果的一部分。

① 所谓体貌(或时态)是指对场面(situation)、现象的内部结构的各种各样的看法。体貌分类的基准,主要有动/静、持续性/非持续性、点/线、限度性/非限度性、完结点等基本性质。参照 Comrie(1976)。

b. 沸かしたけど、沸かなかった。(我烧水了,但没烧开)

b′. *I boiled it, but it didn't boil.

日语的句子都没有包含预期结果的达成的意思,但是英语的句子却包含了用动词表示的行为的结果的达成的意思。这一偏差就通过合法性判断的差异表现出来。Chu(1976)、荒川(1982)、Tai(1984)、Smith(1990)、顾阳(1999)、Lin(2004)等很多学者也对汉语动词的语义范围问题进行了热烈的讨论。

荒川(1982)对日语和汉语的动词的语义范围的差异进行了详尽的研究。他指出,在乍一看好像是对应的一对动词里,大部分日语动词的语义范围都含有结果,但是大部分汉语动词的语义范围却只放在行为本身(转引自荒川 1982:83):

(2) a. 抓了,可是没抓住。

a′. ?(ドロボーを)捕まえたが、捕まえられなかった。

b. 借了半天,可是没借到。

b′. *ずいぶん借りたが、借りられなかった。

c. 买了半天,可是没买到。

c′. *ずいぶん買ったが、買えなかった。

上述各句子中的合法性判断的差异明确显示了汉语中动作行为的影响范围和日语的影响范围是不同的。因为汉语和日语的行为动词的语义范围也并不一定都是1对1对应的。有趣的是,在这种情况下,不包含结果的,经常是汉语动词。如果将汉语和英语的动词进行比较的话,也会得出同样的结果:

(3) a. *I burned it, but it didn't burn.

a′. 木头烧了半天也没烧着。

b. *I woke my father, but he remained asleep.

b′. 父亲叫了半天也没叫起来。

c. *I opened the door, but it didn't open.

c′. 我开了半天门,可是没开开。

Tai(1984)运用 Vendler(1967)和 Dowty(1979)提出的动词类型分析了汉语的实例后指出,汉语中表示动作行为的一般动词里面缺乏"完结"

(Accomplishment)类动词：

(4) a. ＊John killed Peter twice, but Peter didn't die.

b. 张三杀了李四两次，李四都没死。

在使用英语动词kill的(4a)中，勾消结果的表现无法成立。如果直译成日语的话当然也无法得到承认，但是在汉语里却能成立。就是说，"杀"这一动词里面不包含宾语"李四"的"死"的信息。

有些学者认为单纯依据上面的表达法来把握汉语动词体貌(lexical aspect)是不可靠的，这是与表达焦点的语用需要联系在一起的。① 但是，在汉日英三种语言中，英语的动词结果达成的含意最强，汉语最弱。关于这些三种语言间的"规则性对应"(池上1981：267)得以承认的理由，光靠"受其所搭配的成分的影响""基于上下文语境的推论"这种外在因素好像无法解释清楚。也就是说，动词的这种语义特性与个别语言具有的思维取向问题是相通的。这种语言特性在致使性很强的汉语动词中也可以看到。例如：

(5) a. 我吓了他几次，可是他没被吓着。

b. 我气了她几次，可是她没生气。

c. 他灭了半天火，可是没灭掉。

d. 那块大石头我移了半天，也没移开。

比如说，"吓""气"分别表示"使害怕""使人生气"的意思(《现代汉语词典》第7版，北京：商务印书馆，2016年)。即使是致使意义很强的动词类，在汉语里也可以"勾消结果"。有人指出非宾格动词带对象宾语并不罕见，比如"爸爸碎了一筐石头"。但是，"爸爸碎了好几次石头，但是它没有碎成"这种说法也可以成立。从语义上来看，上例的汉语动词似乎属于表示致使义的动词，但是严格地说，这些也都是把重点放在动作行为上，对动作对象的变化结果没有多大关心的动词类。

① Tai(1984：292)和Smith(1990：313)认为"我昨天写了一封信，可是没写完"这样的句子是合语法的。但是，在笔者进行的语言调查中，认为这个句子不自然的中文母语者较多。Lin(2004)在将英语完结类的用例(write a letter、paint a picture等)换成汉语来验证时，不加数量词，就把宾语直译过来，结果发现在汉语中勾消结果的表现是可以成立的。

3. R、VR 是一对语法范畴

本文认为,考虑动词语义范围才有可能带来人类语言的多样性的发现。根据 Dowty(1991)的语义角色理论和观点,受事(patient)是作为被动性(affectedness)最高的东西出现在直接宾语的位置上的。袁毓林(2002,2003)也主张,汉语有 17 种语义角色,他把其中受到施事行为影响的事物称为"受事",并指出它的语义特征有三个:1) 自立性;2) 变化性;3) 被动性(causally affected)。但是,汉语是语言类型学所说的连动结构极为发达的语言,我们不能把像英语那样的 SVO 式语言的观点原封不动地用来分析汉语。全裕慧(1999:55)以与英语及物动词对应的汉语为例,举过下述的动结式的例子:

(6) a. What time shall I wake you? a′. 我什么时候叫醒你呢?
b. He broke my pencil. b′. 他弄断了我的铅笔。
c. We emptied all the room. c′. 我们腾空了所有的房间。

补语指向宾语的汉语动结式(记作 S+VR+O)是高度能产的,但在功能上像一个词。王力(1943/1985)强调,与只表示一个概念的西方的 causative 不同,汉语的是通过两个概念的结合来构成的,有多样性。王力先生称其为"使成式"。它是动结式系统中最为典型的一类。

一般认为动结式是一种前正后偏式结构,长期以来似乎已成通说定论。采用西方语法理论的汉语句法分析正是以这种观点为基础的。比如说,Huang(2006:27)举了"张三踢破了球鞋"这一例子,认为这一句子是通过第一动词"踢"和轻动词 CAUSE"融合"(merge),然后转化为致使动词才产生的。但是"只管动作,不包含结果"的汉语动词通过和 CAUSE 那样的概念谓词结合来变成致使动词,这是几乎不可能的。

石村广(2016)指出,典型的汉语动结式具有"给结果添加原因"的形成模式。它是以补语为重心所形成的。具体地说,从汉语的语法体系上看,结果补语是非宾格动词或形容词,也就是说,它是缺乏及物用法的类。例如"*我醒了他""*他断了铅笔""*我们空了所有的房间"之类的说法都不能成立。这些词语如果要带对象宾语,必须在前边加上表示原因的动词,如例(6a′,b′,c′)。这一 VR 结构的派生模式可以如下所示:

(7) R(不及物用法)→ VR(及物用法)

从共时的角度来看,R、VR是汉语动词的一对语法范畴。R是VR的结构重心,但它并不是西方语法理论所说的核心词(head)。VR的致使意义不依赖词和词缀这样的语法成分,是靠语序来实现的(石村广2016)。因此,如果我们把核心词定义为"决定短语整体的句法特征的语法成分",那么动结式中就不存在"核心词"。正如从"善恶""长短""青红皂白"这样的词语中也可以看到的那样,汉语原来是一种喜欢词与词之间的非阶层性连接的一种语言。在汉语动补结构中,行为和结果之间存在着明确的"分工"。请比较下面的两个例句:

(8) a. 他把我的手表修好了。 b. 他把我的手表修坏了。

例(8)的a句和b句,在结果补语部分使用了反义词。a句表示行为的结果是必然的归结,而b句却叙述了"他想修理我的手表,那个手表坏了"这样的意外情况。[①] 在我们的现实世界里,导致这样的结果的可能性是不能排除的。之所以汉语"得"字句很发达,是因为汉语的行为和结果之间存在着"分工"的缘故。

(9) 洗得很干净{干干净净的/不干净/不太干净/非常干净……}。

汉语的补语并不是第一动词支配的补足成分。因此,汉语中结果成分可以较为自由地扩张。以往的"动词带补语"这一传统看法无法摆脱印欧语眼光的束缚。上面所示的语言事实跟汉语动词的语义范围正好吻合。

4. D、VD也是一对语法范畴

一般认为,动趋式和动结式在语法上有共同的表现:二者都可以有可能语气(potential mood),当中可以插入"得"和"不"。朱德熙(1982)把这两类合起来总称"粘合式动补结构"。除此之外,这两种结构还共有句子形成模式。

汉语学界的共识是这样的:复合趋向补语指用在动词后由表示人和事物趋向的动词"回、过、进、出、上、下、起"等(以下,略记为D)和表示与

① 叙述无法预料的结果的b句受到必须使用"把"字句这样一种语用制约。

说话人的立足点相关的位移关系的“来、去”所组成的补语。例如：

(10) a. 他带回一些水果来。 b. 他带回来一些水果。

c. 他把水果带回宿舍来。

以往的研究认为，如果宾语是表示一般事物的名词，可以放在复合趋向补语中间，如例(10a)，也可以放在复合趋向补语之后，如例(10b)。一般说来，谓语动词表示未实现的动作时，宾语经常放在两种补语中间。谓语动词表示已实现的动作时，宾语经常放在“来、去”之后。不过，如果宾语是表示处所的词语，那么必须把它插在两个趋向补语的中间，如例(10c)。

石村广(2003)认为，D类趋向补语能带处所宾语这个功能就是解决动趋式的形成问题的最大关键。例如：

(11) a. 她走进屋里去。 b. *她走屋里进去。

c. *她走进去屋里。

从词语搭配上看，D类趋向补语和处所名词能够搭配，但是动词和处所名词、趋向补语“来、去”和处所名词一般不能搭配。本文着眼于D类原有的实词性，把它叫做“趋向动词”。动趋式的形成也是不及物动词D向及物动词转换这一动因所引起的。VD是汉语谓词体系上的一个单位。请看下面的例子：

(12) a. 媳妇端上一盘炒鸡蛋来。 b. 他拿出钥匙来。

c. 他搬回一把椅子去。 d. 陆大夫从护士的手里接过病历。

在语法上，除“起身、出兵、进货、回信”等少数例子外，趋向动词只具有不及物动词的功能，所以“*上一盘炒鸡蛋”“*出钥匙”“*回一把椅子”“*过病历”等说法都不能成立。但是加V之后的VD获得了支配宾语的能力，能在后面带上对象宾语。这种不及物与及物的对应关系可以简化为：“上-V上”“下-V下”“进-V进”“出-V出”“回-V回”“过-V过”等。这一转换可用下面的符号来表示：

(13) D(不及物用法)→VD(及物用法)

日语一般用词尾表示不及物动词与及物动词的对应关系，如“入る/入れる”(入/使之入)、“上がる/上げる”(上/使之上)、“下りる/下ろす”(下/使之下)等，而汉语中与不及物动词D所对应的及物动词可以由VD

充任。也就是说,D、VD 是汉语动词的一对语法范畴。我们比较一下英汉动趋式的句法结构。请注意对象宾语与处所宾语的位置关系:①

(14) a. I will take the things back to the terrace.

b. 我要把这些东西送回露台饭店。

英语动词 take 所带的宾语是位移对象的名词成分,处所名词用介词来表示,这一点汉语和英语完全不同。"送回"所带的宾语不是对象名词而是处所名词。对象名词则用"把"字前移,成为介词"把"的宾语。因为汉语动趋式以能带处所宾语的趋向动词为重心,所以在结构上汉语的处所宾语优先于对象宾语。"V 到"也可以同样处理。它可以直接带上处所宾语,如"她把包裹寄到了上海"。这是因为"到"可以单独带处所宾语的缘故。

总之,在表示致使位移的汉语动趋式中,宾语不是插在两个补语之间,而是 VD 结构所带上的。杨德峰(2005)对 VC1C2 形成的四种句式(即 VC1C2O;VC1OC2;VOC1C2;把 OVC1C2)的运用情况进行具体的考察,并指出 VC1OC2 是原型句式或无标记句式,使用频率最高,其他三种句式都是边缘句式或有标记句式。该论文的结论证实了本文的分析。

5. 带有"介词短语补语"的句子

按照我们的观点,"介词短语补语"这一类型也有值得商榷的地方。请看例句:

(15) a. 小王把碗放在(了)桌子上。

b. 老板把事务所迁往(了)郊区。

c. 雷锋把手榴弹投向(了)敌人。

d. 他生于北京。

e. 她们都来自农村。

李临定(2013:137)指出,介词有几十个,而构成短语能用于动词后面补语位置的只有上边的几个:"在、往、向"这一类在口语里说,它们都表

---

① 下面的对照例句转引自美国·海明威(Ernest Hemingway)"The Old man and the Sea"(1952 年)和它的中译本(《老人与海》(吴劳译,上海译文出版社,1999 年)。

示动作趋向("在"后边可以加"了",相当于"到")。"自、于"是书面用法,"自"介词短语只限用于"来、引"等少数动词后面,而它的同义词"从、由"都不能用作补语。根据李临定(2013)的看法,我们把前三例和后二例分开讨论。如果采取"介词短语补语"说,那么上面的例(15a－c)分别分析为"V|在 L""V|往 L""V|向 L"(L 表示处所宾语)。我们不采用这种看法。这一类应当分析为"V 在|L""V 往|L""V 向|L"。朱德熙(1982)对此指出三个理由:1)如果动词有体貌助词,它都在介词后面而不附于动词后面;2)在没有体貌助词的情况下,动词和"介词"在语音上连得很紧,其中有停顿,介词和后面的名词反而较松;3)在北京方言中"V 在 L"格式常常说成"V de・L"。

除了这三个以外,我们还要指出,例(15a－c)中的"在、往、向"所指向的不是谓语动词也不是施动者,而是受动者。就是说,它们构成了动补结构,就可以表达致使情景。这是我们把它们跟介词用法,即例(15d,15e)区别对待的主要理由。具体地说,例(15a)表达的是"通过动作使事物留在某个地方"这样的位置变化,在桌子上的是"碗",不是"小王"。同样,例(15b)和例(15c)表达的是像"通过动作使事物向某个处所去或朝着某一方向去"这样的趋向。跟"往、向"搭配的动词只限于很少的几个单音节动词,能产性不高。前例中,往郊区的是"事务所",不是"老板"。后例中,向敌人的是"手榴弹",不是"雷锋"。这两个"介词"的词性跟如"一个往东,一个往西"、"大门向南"那样的实词用法很相近。在这一点上,这类补语的语法功能跟上文所提到的结果补语、趋向补语没有差别。

在此做一个补充说明,"放"是典型的放置义动词,表示"使处于一定的位置"的意思(《现代汉语词典(第 7 版)》)。袁毓林(2010)、范晓(2001)、陈昌来(2002)等很多学者认为,这个动词跟英语动词 put 一样,是一个带有"施事""受事""位事"这三个名词短语的三价放置动词,如例(15a)。"挂、搁、种、摆"也是三价动词,因为它们能进"S＋把＋N＋V＋(在)＋L"形式的三价放置句。的确,英语动词 put 是一个三价动词,它的词汇性特征就是以客事(Theme)和终点(Goal)为域内题元,以施动者(Agent)为域外题元。因此,如果不给这个句子赋予一个和终点相当的语句,(16a)就不能成立。

(16) a. * He put the book. b. He put the book on the desk.

(16a)的句子有必要加进(16b)中的 on the desk 这样的表示结果位置的语法成分。也就是说，在英语动词 put 中已经包含了“某人将某物放置于某处”这样一种信息，为了满足这一动词的词汇语义信息就要求三个名词成分能充当义务性配价(obligatory valent)。相反，汉语的词汇语义并不要求表示结果位置的成分，如：“他去放书了”。这和上面提到的汉语动词体貌特性的问题紧密相关。动作对象的结果位置，用动词“在”来表示。事实上，和结果补语连接时，它的词性就变得很稀薄，有时候会起到不及物动词的作用，如：“她放乱了顺序”。

徐丹(1994)、赵金铭(1995)表明，V 在 L 句式中出现的动词主要与手的动作有关，如“留、存、摆、洒、挂、插、藏、种”等都是表示接触性动作的动词，而表示位移性动作的动词不能出现于 V 在 L 的格式中。虽然标志[终点]的“在”和动作动词在语法功能上有交叉，但原因和结果的“分工”还是比较清楚的。据我们的观点，“V 在”的复合化是“在”向及物动词的转换这一动因所引起的。其转换可符号化为：

(17) 在 L(不及物用法)→V 在 L(及物用法)

按照(17)的转换方式，我们可以把动词后的“在”假设成是一实词性的谓语动词，即把整个“V 在”解释为一个致使性复合谓语，它所带的处所名词不能脱落，是必备的语法成分，因为 V 在 L 结构的语义和认知重点偏重于最后到达的结果位置。①

综上所述，这类不及物与及物的对应关系可以简化为：“在- V 在”、“往- V 往”、“向- V 向”。例(15a - 15c)中出现的处所宾语是由复合谓语整体带上的。因此，助词“了”出现时，要放在该复合结构的后边。与此相对，例(15d,15e)中的“自、于”无疑是介词，因为它们既不能单独做谓语，也不能表达动作对象的空间位移。例如“ * 她把礼物寄自/于北京”这种说法都不能成立。“介词短语补语”是封闭类，用作补语的“在、往、向”一定程度上仍保持着原有的谓词性，在体系上不宜看作介词。介词“自、于”

---

① 金立鑫(1993)认为，V 在 L 结构的核心意义是“致使原来 L 中不具有的事物留存于 L 中”。

是古汉语的遗留物，像朱德熙(1982)所说的那样，它们排除在现代汉语的补语之外较为妥当。

6. 总结

考虑动词语义范围才有可能带来人类语言的多样性的发现。本文从动结式、动趋式和动介式的并行性的角度来讨论了从结果向原因的派生模式。徐通锵(1998：13)明确指出："印欧语的基本句式是主动与被动，而汉语的基本句式是自动与使动"，并且主张应该以自动与使动为轴心吸收西方语法理论。可是他的卓见很难说被充分重视。按照他的看法，本文中所示的致使性动补结构的派生模式可以改为如下：

自动态(non-causative)①　　　　**使动态**(causative)

(R、D、到、在、往、向)→(VR、VD、V 到、V 在、V 往、V 向)

汉语动词只管动作，不包含结果这一语义特征，不仅和汉语动词类型有关，而且和汉语句法类型、汉语配价语法问题等有着深刻的关联。本文探索的是一种假设性的分析框架，尚未解决的问题还很多，今后还需要做更进一步的研究。

参考文献

陈昌来　2002　《现代汉语动词的句法语义属性研究》，上海：学林出版社。

池上嘉彦　1981　《「する」と「なる」の言语学》，东京：大修馆书店。

范　晓　2001　汉语的动词配价与汉语的"把"字句，《中国语文》第4期。

顾　阳　1999　动词的体及体态，徐烈炯主编《共性与个性——汉语语言学中的争议》，北京：北京语言文化大学出版社。

荒川清秀　1982　中国语の语汇，《讲座日本语学12外国语との对照Ⅲ》，东京：明治书院。

金立鑫　1993　"把OV在L"的语义、句法、语用分析，《中国语文》第5期。

① 在藏缅语族语言中，自动与使动是普遍的语法范畴与使动态相对立的自动态，实际上是一个除了不及物动词(intransitive)外，也包含着不含有动作对象之变化结果的及物动词(transitive)的概念。

李临定 2013 《汉语语法理论要略》，北京：商务印书馆。

全裕慧 1999 “使动”义的“动词＋结果补语”结构的教与学，《汉语学习》第5期。

沈家煊 2012 汉语语法研究摆脱印欧语眼光，《中国语文法研究》2012卷，京都：朋友书店。

石村广 2003 表示使动义的趋向性复合动词，《现代中国语研究》第5期，京都：朋友书店。

石村广 2016 动结式的致使意义和使动用法的双音化，《当代语言学》第3期。

王 力 1943/1985 《中国现代语法》(上册)，北京：商务印书馆。

徐 丹 1994 关于汉语里“动词＋X＋地点词”的句型，《中国语文》第3期。

徐通锵 1998 自动和使动——汉语语义句法的两种基本句式及其历史演变，《世界汉语教学》第1期。

杨德峰 2005 VC1C2带宾语的位置及形成的句式，《汉语教学学刊》第1辑。

袁毓林 2002 论元角色的层级关系和语义特征，《世界汉语教学》第3期。

袁毓林 2003 一套汉语动词的论元角色的语法指标，《世界汉语教学》第3期。

袁毓林 2010 《汉语配价语法研究》，北京：商务印书馆。

赵金铭 1995 现代汉语补语位置上的“在”和“到”及其弱化形式“·de”，《中国语言学报》第7期。

朱德熙 1982 《语法讲义》，北京：商务印书馆。

Chu, C. 1976 “Some Semantic Aspects of Action Verbs,” *Lingua* 40: 43 - 54.

Comrie, B. 1976 *Aspect*. Cambridge University Press.

Dowty, D. 1979 *Word Meaning and Montague Grammar*. Dordrecht: Reidel.

Dowty, D. 1991 “Thematic Proto-roles and Argument Selection,” *Language* 67: 547 - 619.

Huang, C. T. James 2006 “Resultatives and Unaccusatives: a Parametric View,”『中国语学』253: 1 - 43.

Lin, J. 2004 *Event Structure and the Encoding of Arguments: The Syntax of the Mandarin and English Verb Phrase*. Doctoral dissertation, MIT.

Smith, Carlota S. 1990 “Event Types in Mandarin,” *Linguistics* 28: 309 - 336.

Tai, James H-Y. 1984 “Verbs and Times in Chinese: Vendler's Four Categories,” *Papers from the Parasession on Lexical Semantics*. 289 - 96. Chicago Linguistic Society.

Vendler, Z. 1967 *Linguistics in Philosophy*. Cornell University Press.

语用与认知

“V不了”与“不能V”“不会V”的语用特征

日本文京学院大学　鲁晓琨

1. 引言

鲁晓琨(2014)(2016)分别对“V得/不了”与“能不能VP”、“V不了”与“不会VP”在情态上、在结构上特别是在语法意义上的同异进行了辨析①。综合两篇论文,得出以下结论:

1.1　三者的情态表现及关联范围②

表示V能否实现的“V得/不了”可分成两个:一个表示非认识情态意义;另一个表示认识情态意义。其判别标准是:当V为可控动词时,“V得/不了”表示非认识情态意义;当V为形容词和不可控动词时,“V得/不了”表示认识情态意义,一般限于否定式。不过一个动词是否可控有时要在语境中判断。

助动词“能”一般表示非认识情态意义,“能/不能VP”与同是表示非认识情态意义的“V得/不了”构成语义、语用交叉。

---

① “V得/不了”的“V”不仅包括动词,也包括形容词。刘月华(1980)、李宗江(1994)都把“V得/不了”分成两个:一个是表示“了”实现的可能性,如“这个西瓜太大,咱们俩吃不了”。另一个是表示V实现的可能性,如“你呀,看不起我,怕我给不了房租”。李宗江(1994)把前一类叫作“V得了1”;把后一类叫作“V得了2”。这两篇论文和本文所探讨的都是表示V实现的可能性的“V得/不了”。

② 鲁晓琨(2004)在研究助动词的语义时,基于“认识情态”提出了“非认识情态”这个概念,并对助动词“能、会、应该、该、要、得”的非认识情态意义和认识情态意义进行了系统研究。关于“认识情态”的定义,该文引用了沈家煊(2001):“认识情态是说话人对某一命题为真的可能性所做出的推测”,在此基础上该文把“非认识情态”概括为:“是说话人把自己的判断作为一种客观事实来传达”。助动词的“认识情态意义”都是以“非认识情态意义”为基础的。

助动词“会”表示认识情态意义,否定形式“不会 VP”与同是表示认识情态意义的“V 不了”构成语义语用交叉。

1.2 三者的语法结构及关联范围

“能/不能 VP”和“不会 VP”中,VP 可以是一个复杂的结构,“V 得/不了”只能带宾语,构成“V 得/不了(O)”,V 前面的修饰语也受到很多限制。因此,在结构上的关联范围仅限于“V 得/不了(O)”与“能/不能 V(O)”,“V 不了(O)”与“不会 V(O)”。

1.3 三者的语法意义及关联范围

“V 得/不了(O)”无论是非认识情态意义还是认识情态意义都表示 V(O)具备或不具备其实现的主体能力条件、外在条件。

“能/不能 V(O)”表示主体具备或不具备实现 V(O)的主体能力条件、主体意愿条件、外在条件。

“V 得/不了(O)”与“能/不能 V(O)”的相同语义特征是:V(O)的实现条件里都可以包含主体能力条件、外在条件。二者可以互换时一定要体现这一相同的语义特征。“V 得/不了(O)”与“能/不能 V(O)”的不同语义特征是:“能/不能 V(O)”中,V(O)的实现条件里包括主体的意愿条件,“V 得/不了(O)”中,V(O)的实现条件里不包括主体的意愿条件。体现这一区别特征时二者是不能互换的。

“会”①表示主观推测某种情况出现或存在的必然性。因 VP 是否可控其语法意义有别。意义 1:当 NP 能控制 VP 时,“会”表示通过推测主体的主观决定来推测某种情况出现或存在的必然性。这一语法意义的否定形式“不会 V(O)”与“V 不了(O)”意义完全不同。由于“不会 V(O)”意义 1 与“V 不了(O)”具有不同的语法意义,二者是不可互换的。意义 2:当 NP 不能控制 VP 时,“会”表示根据某种条件来推测某种情况出现或存在的必然性。这某种条件也不外乎是主体能力条件、外在条件。“不会 V(O)”意义 2 与“V 不了(O)”都表示根据主体能力、外在条件所做出的推测,二者具有相同的语法意义,二者可以互换时一定要体现这一相同的语法意义。

① 这里不包括表示技能的“会”,而是通常所说的表示可能的“会”。

这两篇论文都明确了"V得/不了(O)"与"能/不能V(O)"、"V不了(O)"与"不会V(O)"可以替换时,必须表示相同的语法意义。但是反过来表示相同的语法意义时,二者就都可以替换吗?鲁晓琨(2014)没有涉及;(2016)只略有涉及。张素娟(2017)注意到这一问题,在鲁晓琨(2014)的基础上,对"不能V"与"V不了"在相同语法意义的条件下却不能替换的情况进行了探讨。在我们看来,主要发现了两种类型不可替换的语言事实。

A类:这个机器太复杂了,我{修不了/*不能修}。(原文例8)

B类:系统可能坏了,密码我改了好几次都{改不了/?不能改}。(原文例12)

该文把不可替换的原因归纳为推理过程的不同。"不能V"的推理过程为"条件→动作",而"V不了"的推理过程为"结果→动作"。

该文发现了二者在语用上的一些区别,是值得肯定的,但还仅仅是一个开端。首先关于推理过程的分析存在着两个问题:一是该文认为"不能V"的推理过程为"条件→动作",而"V不了"的推理过程为"结果→动作"。似乎"V不了"的动作实现就不需要条件了,然而,"不能V"和"V不了"的动作实现都是以条件为前提的。二是关于"结果→动作"的推理,我们不赞成"结果"的用法。因为汉语的动词本身一般不包含结果,这也是汉语存在大量结果补语的原因。石村(2017)根据20世纪80年代以来近十位汉语学者的研究,总结为"汉语动词本身不包括结果,动作发生了,动作目的不一定实现。但多数情况下,动作目的的实现要靠追加结果补语来表达。"例如:

(1) a. 沸かしたけど、沸かなかった。

b. *I boiled it, but it didn't boil.

c. 我烧水了,但没烧开。

在(1)a里日语他动词"沸かした"不表达结果,否定结果用自动词的否定式"沸かなかった"来表达;在(1)b里英语转折句不成立,说明"boiled"已经包含结果;在(1)c里汉语动词"烧"不表达结果,结果由结果补语"开"来表达。概括起来可以说,英语动词里已包含结果,日语只有自动词包含结果,汉语的动词里不包含结果,结果要靠结果补语来表达。

如果说“V不了”的推理过程为“结果→动作”，那么就必然牵连到跟结果补语的区别问题。语言中的任何问题都不是孤立存在的，当我们把它放到相关系统中去观察就会发现“结果”的用法是有问题的。

其次，张素娟(2017)发现的二者不能替换的两种语言现象，属于不同的语用类型，只用“结果→动作”是概括不了的。至于属于什么类型，本文将在有关部分论及。另外，该文里把本应属于结构区别的例(16)(17)(18)，本应属于语法意义区别的例(25)(26)(27)也归入语用区别。

更主要的是该文没有探讨相同语法意义条件下的“不能V”与“V不了”语用区别形成的原因。

本文将揭示“V不了(O)”与“不能V(O)”、“V不了(O)”与“不会V(O)”[①]在具有相同语法意义的条件下语用特征的差异以及由此产生的不可替换或难以替换现象，并进一步挖掘出形成不同语用特征的具体动因。

2. 相同语法意义的“V不了(O)”与“不能V(O)”的语用特征

2.1 由“V不了(O)”与“不能V(O)”的语法构式形成的不同语用特征

2.1.1 “不能V(O)”与“V不了(O)”的不同语法构式

不言而喻，这两种可能表现语法构式完全不同。“不能V(O)”是V(O)前加助动词否定式，而“V不了(O)”是V后加补语否定式。二者的构式决定了其不同的侧重点。鲁晓琨(2004)把“能”所在句分为三个部分：NP+能+VP。把表示可能的“能”的语法意义概括为：“能”表示NP具备了实现VP的条件。那么“不能”就表示NP不具备实现VP的条件。本文VP只限于“V(O)”，也就是说“不能V(O)”的侧重点在于表示NP不具备实现V(O)的条件。

---

① 在此处想说明一下，本文为什么把语用特征的探讨仅限定在否定式上。由于肯定式“V得了(O)”与“能V(O)”跟否定形式一样也存在语义交叉，因此，鲁晓琨(2014)是肯否一并探讨的。但是，我们发现“V得了(O)”与“能V(O)”仅靠语法意义的辨析就可以区别开来，所以需要辨析语用特征的就只限于否定式了。关于这一点，笔者将在下一篇论文中详述。而“V得了(O)”与“会V(O)”由于在情态表达上的不同，二者不存在语义、语用交叉，为此，鲁晓琨(2016)也仅限定在否定式。

本来"能"/"不能"可以涵盖整个VP,"V(O)"只不过是VP表现形式的一种,但这种表现形式却有自己专用的"V得/不了(O)","得/不了"是V的补语,其句法位置决定其指向V。因此,"V不了(O)"的侧重点在于表示"V(O)"不具备实现的条件。

这两种句式的区别,从结构上已经得到证明:"不能"侧重点在NP,它又涵盖整个VP,所以当V前出现描写性等状语时,"不能"就否定其状语而不是否定"V(O)";而"V不了(O)"的侧重点在"V(O)",它不能否定V前状语实现的可能。这两种句式的区别,从二者的语法意义上也已经得到证明:由于"不能V(O)"的侧重点在于表示NP不具备实现V(O)的条件,NP又多是行为主体,"不能V(O)"的实现条件里就自然包括主体意愿条件,而"V不了(O)"的侧重点在于表示"V(O)"不具备实现的条件,就排除了意愿条件。张国宪(2005)总结出,状语和补语的一个显著区别特征是状语的有意性和补语的无意性。"不能V(O)"与"V不了(O)"的语法意义在是否包括意愿条件上的对立,也体现出状语和补语的这一显著区别特征。

"V不了(O)"与"不能V(O)"这种构式上的区别也直接影响着二者的语用特征。

2.1.2 由二者的不同语法构式形成的语用特征

我们发现"V"为"领导"类动词时,虽然二者多数情况下可以互换,但少数情况下"不能V(O)"和"V不了(O)"不可互换。例如:

(2) 为了重振西点,当时陆军部决定让麦克阿瑟去当西点军校的校长。麦克阿瑟当时并不愿意去,他说:"我不是教育家,我是打仗的,况且西点许多教授都教过我,我不能再当校长去。我对他们只能尊重,不能领导(*领导不了)他们。"他拒绝了。

(3) 领导者用行动领导,身教重于言教。以身作则给部属看,部属会完全相信你说的是对的,他会照做。若你说给他听,但自己做不到,他不会完全相信,也不一定照着去做。叫他服务顾客,自己不服务,这样的领导是领导不了(*不能领导)人的。

例(2)中的"不能领导"是因为不具备"领导"的能力条件即我不具备"领导"西点军校教授的资格,却不可换成同样可以表示能力条件的"领导不了”;反之,(3)中的“领导不了”也是因为不具备“领导”的能力条件,却不能换成同样可以表示能力条件的“不能领导”。这是为什么呢?

我们发现一般动词的行为发生和行为目的实现是重合的。因此,否定了行为发生的可能,也就否定了行为目的实现的可能,反之,否定了行为目的实现的可能,也就否定了行为发生的可能。而“领导”类动词不同,行为发生和行为目的实现可以分两个阶段:前一阶段是行为的发生;后一阶段是行为目的的实现。行为发生可以不意味着行为的实现,只有行为目的达到了才意味着行为的实现。这时“不能 V(O)”和“V 不了(O)”就出现了分工。(2)里“不能领导”是说“领导”这一行为不具备发生的条件,否定的是行为发生的可能;(3)里,“领导”行为已经发生,但是被领导的人不接受这样的领导,领导的目的无法实现,“领导不了”否定的不是行为发生的可能,而是行为目的实现的可能。

我们还发现“领导”类二者不可以互换时,都带指人宾语,也就是说 V 的受事也具有能动性。因此,行为发生的可能可以只取决于主体的条件,而行为目的实现却要取决于具有能动性的受事是否让主体达到行为目的。虽然二者都表示不具备能力条件,“不能领导”是说没有使“领导”行为发生的能力,而“领导不了”则是说没有使“领导”行为目的实现的能力。“领导”类常见的有“教育”“统治”“管”“管教”“说服”“娶”“欺瞒”“讨好”“收买”“改变”“阻挡”“劝阻”等。“领导”类并不是都不可互换,只有在语境需要把行为发生和行为目的实现区别开来时,才不可以互换。我们再看一例对比:

(4) “我一直觉得父母不喜欢我,在我印象中,母亲从来未曾紧紧拥抱过我,我们从来没有互相诉过衷情,可是他们待燕和是截然不同的,相信你看得出来。”韶韶吞一口涎沫。“但是你已是成年人了。”奇芳微笑。“呀,可是我一直有自卑,一个人如果连父母都不能讨好(*讨好不了),还能讨好谁呢?”

(5) 东海之中,黄靖为了恭贺这巫族重出,却也大宴天下宾客,多有那隐士前去做客,一来走动走动,即便讨好不了(*不能讨好)那成教门下,也不至于得罪这帝江祖巫。

例(4)里的“不能讨好”是行为主体奇芳说自己没有讨好父母的能力,

无法使讨好这一行为发生，这里不能换成"讨好不了"；(5)"讨好不了"是隐士们已经使讨好的行为发生，但成教门下如果不买他们的账，他们讨好的目的就无法实现，这时不能换成"不能讨好"。

"不能 V(O)"和"V 不了(O)"的这一语用特征区别可以概括为：有些动词行为发生和行为目的实现可以分为两个阶段，当语境要求只表示其中一个阶段时，"不能 V(O)"可以只表示行为的发生，而"V 不了(O)"可以只表示行为目的的实现。这时二者是不可互换的。

"不能 V(O)"和"V 不了(O)"的这一语用特征区别源于二者在构式上的不同："不能 V(O)"的侧重点在 NP，NP 不具备条件，V 就不能发生。"V 不了(O)"的侧重点在"V(O)"，即使 NP 具备了条件，行为可以发生或已经发生，如果其行为目的无法达到，"V(O)"仍然不具备实现的条件。

我们前面提到的张素娟(2017)B 类"系统可能坏了，密码我改了好几次都{改不了/? 不能改}"就属于这一类。在这一句式里，"V 不了(O)"都不能换成"不能 V(O)"。例如：

(6) 我说服他好几次都说服不了(*不能说服)他。

(7) 我骗了他好几次都骗不了(*不能骗)他。

这种句式，明显表示行为已经多次发生，只是行为目的无法实现，所以只能用"V 不了(O)"。

2.2 "了"的"完""尽"等义的残留及"V 不了(O)"的语用特征

2.2.1 "了"的"完""尽"等义的残留

李宗江(1994)将"V 得了"分为"V 得了 1"和"V 得了 2"。该文通过历时研究证明"V 得了 2"来源于"V 得了 1"。"V 得了 1"中的"了"是表示"完""尽"的实意动词，"V 得了 1"表示"了"实现的可能性；"V 得了 2"中的"了"已经虚化，"V 得了 2"表示 V 实现的可能性。"了"的"完""尽"义产生于汉代，"V 得了 1"产生于宋代，"V 得了 2"大约产生于元代。

该文还明确了区别"V 得了 1"和"V 得了 2"的标准。在"V 得了 1"中影响"了"实现的主要因素是 V 的受事的量，而且往往是特定场合下存在的确定的事物的量。作了以下对比：

(8) 这瓶酒他喝不了。("V 得了 1")

(9) 他喝不了一斤酒。("V 得了 1")

(10) 他喝不了酒。("V 得了 2")

例(8)(9)受事"这瓶酒""一斤酒"显示了确定的量,所以是"V 得了 1"。(10)里"酒"没有特定量,所以是"V 得了 2"。如果在语境中"酒"是特定的,就要理解为"V 得了 1"。例如:

(11) 快把酒喝了,酒喝不了不准吃饭。

但是,还有一种介于两者之间的表现。例如:

(12) 睡不了三个小时。

(13) 挣不了几个钱。

(14) 做不了那么好。

(15) 好不了多少。

李宗江(1994)没有提及此类。黄文龙(1998)单列出一类:"当'V 不了'后面跟着表示量度的补语时,其否定焦点转移到否定量度补语上,即否定量度补语的达到。"鲁晓琨(2014)略有涉及,把这类看成"V 得了 1"的非典型表现。我们认为否定补语的量与否定受事的量有其共同点:都是对量的否定。在与"不能 V(O)"的对比中,我们发现这一类同典型的"V 得了 1"一样,都不能变换成"不能 V(O)",这也为我们把其归入"V 得了 1"提供了一个旁证。

综合以上内容,"V 不了"的"了"的语义及演变过程可以表示为:

"不了"否定受事全量("完""尽")

↓

"不了"否定 V 的程度量

↓

"不了"否定 V 的实现

"V 不了(O)"中"了"的"完""尽"意义虽然已经虚化,但仍活在语用中。不但"了"的"完""尽"义,"了"的程度义也直接影响"V 不了(O)"的语用特征。

2.2.2 由"了"程度义的残留形成的"V 不了(O)"的语用特征

我们已经清楚像(12)～(15)那样否定 V 的程度到达的"V 不了"都不能换成"不能 V",据此我们把它归入"V 不了 1"。但是,在"V 不了 2"

的用例里[①]，也有一些隐含程度的情况，这时也不可换成"不能V(O)"。

前面提到的张素娟(2017)A类就属于这一类，该文发现了不少这种用例：

(16) 徐佳莹的歌真是好听，一般人{唱不了/＊不能唱}。 (原文(6)b)

(17) 老舍的东西谁都写不了。(＊不能写) (原文(7)b)

(18) 这么好的字，我{写不了/＊不能写}。 (原文(20))

(19) 这个问题太难了，我{回答不了/＊不能回答}。 (原文(21))

这些用例上文都显示了一种程度，"V不了(O)"都表示达到这一程度的V无法实现。(16)是说歌手徐佳莹的歌难度大，一般人达不到唱徐佳莹歌的程度，所以用"唱不了"；(17)里老舍是人们熟知的名作家，其作品有其独特的风格，谁也无法表现老舍的风格，所以用"写不了"。(18)(19)也可作同样的解释。我们还发现了一些程度更为隐蔽的用例：

(20) 如果还想要更高级的东西，在这颗星球上就满足不了(？不能满足)了。

(21) 这些事情必须要她配合的，她不配合，光靠我一个人是解决不了(？不能解决)的。

(22) 就说象是一条鞭子，一堵墙，一把扇子，但是对于象的整体却把握不了(？不能把握)。

这些用例也都含有一种程度，都表示达到这一程度的V无法实现，因此也很难换成"不能V(O)"。

语言事实表明，当语境隐含着某种程度时，要用"V不了(O)"，不可换成或很难换成"不能V(O)"。因此，"V不了(O)"和"不能V(O)"的这一语用特征区别可以概括为："V不了(O)"可以否定V的程度，表示达到某种程度的V无法实现，"不能V(O)"不能否定V的程度。"V不了(O)"的这一语用特征来源于"不了"否定V的程度量的用法，如(12)～(15)。如果说(12)～(15)"V不了(O)"否定的是一种显性程度，那么

① 上文沿用李宗江(1994)的表示法，统称"V得了$_1$"和"V得了$_2$"。由于本文只研究否定式，这里改称"V不了$_1$""V不了$_2$"。

(16)～(22)“V 不了(O)”否定的就是一种隐性程度。这种用法，可以说是“了”否定 V 的程度量的用法在“V 不了 2”中的残留。就像“了”否定 V 的显性程度量时都不可换成“不能 V(O)”一样，“V 不了(O)”否定 V 的隐性程度时也不可换成或很难换成“不能 V(O)”。

2.3 由“意愿条件”的影响形成的“V 不了(O)”与“不能 V(O)”的语用特征

我们已经明确了“V 不了(O)”与“不能 V(O)”的语义特征区别。“不能 V(O)”可以表示因不具备三个条件：1 主体的意愿条件；2 主体的能力条件；3 外在条件，而使 V(O)无法实现；“V 不了(O)”排除意愿条件，只表示不具备 2 和 3 两个条件，而使 V(O)无法实现。例如：

(23) 这个工作我不能干(＊干不了)。

(24) 这个工作我干不了(＊不能干)。

因此，(23)(24)的“不能干”和“干不了”是不可互换的。因为在没有语境限定的情况下，(23)的“不能干”含有“不愿”之义，而(24)的“干不了”只表示没有能力。但是由于二者都可以表示“主体的能力条件”“外在条件”，当语境显示出这两个条件时，二者很多情况下又是可以替换的。例如：

(25) 他说，这些天他根本就没有吃东西，硬挺着，也没有参加队伍的任何工作，头晕眼花什么都干不了(○不能干)。

例(25)由于“头晕眼花”显示了能力条件，“干不了”也可以换成“不能干”。但下面的句子“干不了”显然是表示因不具备外在条件使“干”无法实现，却不能换成“不能干”。

(26) 女工们表示：自己的社保关系还在单位，而社区工作又不能提供社保，想干也干不了(＊不能干)。

例(26)的“想干也干不了”不能变换成“想干也不能干”①。不仅此例，“想 V 也 V 不了”句式中的“V 不了”都不能换成“不能 V”。例如：

(27) 早要你走，你偏偏赖在这里不走，哼！现在想走也走不了(＊不能走)啦！

① 如果变换成“想干也不能干”意义就变了，“不能”就表示情理上不容许了。这一用法是“不能”的又一义项，超出了本文研究的范围。

(28) 在我的逼视下，李玉豹的眼睛里流露出一丝恐慌，这是他想掩饰也掩饰不了(＊不能掩饰)的。

那么，为什么“想V也V不了”都不能换成“不能V”呢？这是因为“V不了”表示V无法实现时，排除不具备意愿条件。在表示不具备其他条件时，自然含有“非不愿”之义，把“非不愿”这一双重否定变成肯定形式就是“愿”。因此，“愿而不具备其他条件”是“V不了(O)”的典型用法。“想V也V不了”是“V不了”的典型用法的显性表现形式。即使不用“想V也V不了”这一句式，上下文明显表示出“愿而不具备其他条件”，也要用“V不了(O)”。例如：

(29) 沈居安喝尽自己杯里的酒，从苏韵锦手中接过她那一杯，淡淡地对程铮说：“不介意的话，这杯我代韵锦干完。”程铮嘴角微微扬起，语气却生硬，“这是我和她之间的事情，只怕你代替不了(＊不能代替)”。

(30) 被打的人也不是记者，是职业偷拍的狗仔，对方不道德，咱也顾及不了(＊不能顾及)法律。

例(29)明显表示由于“这是我和她之间的事情”这一外在条件，你“代替不了”，但语境中却含有你想代替的内容，所以，“代替不了”不能变换成“不能代替”。例(30)明显表示由于“对方不道德”这一外在条件，“顾及不了法律”，但含有本想顾及法律的心情，所以也不能换成“不能顾及法律”。

与“V不了”相反，“不能V(O)”离开语境，本来含有“不愿”之义，试想一下，离开语境如果说“愿而不能V(O)”，那就成了“愿而不愿”了，显然是相互矛盾的，所以“想V也不能V”中的“不能V”都表示情理上不许可。语境虽然可以排除意愿条件，“不能V”也可以只表示由于不具备“主体的能力条件”或“外在条件”使V无法实现，但是，它区别于“V不了”用法却是不能含有“愿而”这一部分。相反，在表示不具备“主体的能力条件”或“外在条件”同时，却可以暗含“不愿”之义。例如：

(31) 于是，他便向原设计负责人提出新的设计方案。哪知这个负责人却摇头说：“原设计方案已定，不能改变(＊改变不了)。”

(32) 她的头脑太清醒了，不能满足(＊满足不了)一个专横的男人；她太自傲，不能佯装驯顺。

例(31)“不能改变”是因为“原方案已定”，显然是因为外在条件，但是语境中却透露出行为主体“这个负责人”“不愿”的心情；例(32)“不能满足一个专横的男人”是因为“她的头脑太清醒了”这一能力条件，但很明显她也“不愿”满足一个专横的男人。例(31)(32)都不能换成“V 不了”，如果换成“V 不了”，“不愿”的情绪就消失了，反而含有“愿而”的意思了。

“V 不了(O)”与“不能 V(O)”的这一语用特征区别可以概括为：在表示由于不具备主体能力条件或外在条件而 V(O)无法实现时，如果“愿而不具备其他条件”含义得以突出时只能用“V 不了”，相反如果含有“不愿”的情绪时，只能用“不能 V(O)”。如前所述“不能 V(O)”与“V 不了(O)”的这一语用特征区别显然是源于二者有无意愿条件的对立。

由于“V 不了”和“不能 V”的这一语用区别，有时好像可以互换，但互换后的语用效果不一样。我们来看下面的对比：

(33) a 小姐，我和小雅是丫头，是你的婢女，不管小姐怎么待我们，这个身份不能改变。

b 小姐，我和小雅是丫头，是你的婢女，不管小姐怎么待我们，这个身份改变不了。

例(33)都是表示由于外在条件决定的婢女身份不可能改变。例(33)a“不能改变”只是传达客观事实，没有我们不愿当婢女，想改变身份的意思；例(33)b 换成“改变不了”，句子仍然成立，但就含有我们不愿当婢女，想改变身份的意思了。

3. 相同语法意义的“V 不了(O)”与“不会 V(O)”的语用特征①

3.1 由“V 不了(O)”和“不会 V(O)”在情态表现上的差异形成的不同语用特征

鲁晓琨(2016)已经明确“V 不了(O)”在表示认识情态时与同是表示

---

① 鲁晓琨(2016)里对“V 不了(O)”和“不会 V(O)”在语用上的区别略有涉及。一点是“V 不了(O)”的多义“V”对应“不会 V(O)”的复数“V”。例如，在“错不了”里“错”可以有两种意义：一个是“对”的反义词，一个是“好”的反义词。“不会错”的“错”只能是“对”的反义词。因此，“错不了”对应“不会错”和“不会差”。另一点是“V 不了(O)”可以表示一定期间内的结果，“不会 V(O)”只能表示最终结果。这一点后来发现不符合语言事实，在此订正。

认识情态的“不会V(O)”构成语义、语用交叉。“V不了(O)”与“不会V(O)”都有根据主体能力条件、外在条件推测“V”不能实现的语法意义。也就是说二者都表达说话人的主观推测,而说话人的推测不是凭空想象的,是以能力条件、外在条件为根据的。我们发现二者虽然都以条件为根据,但是条件的可信度却有高低之分。这种可信度的高低就体现在二者的语用上。我们先以“假不了”和“不会假”为例来观察二者的区别。

(34) “容貌可以整型,但DNA却假不了(? 不会假)。”士奇得意地徵扬着剑眉。“这件事交给我吧!我会查出陈芝雯究竟是不是陈教授的女儿?”

(35) 回复照片很珍贵,敬重洪老,怀恋洪将军回复多吃天然品,少吃保健品:山芋假不了(? 不会假),保健品就难说了。

例(34)(35)都有难以否认的科学或事实根据,即可信度高。例(34)DNA是父子鉴定的科学手段,所以推测“假不了”;例(35)山芋就是山芋,不可能是别的东西,所以推测“假不了”。这里的“假不了”,很难换成“不会假”。

相反,当可信度较低时,一般用“不会假”,不用“假不了”。例如:

(36) 宗仪却说他们是他的子侄辈,刚才他把两家的功夫演练得如此纯熟,看来似乎不会假(? 假不了)。

(37) 张玉朗道:“我不是女人,可不知道这是什么情况,但是我相信不会假(? 假不了)。”

例(36)只是根据自己对功夫演练的观察,推测他们是他的子侄辈“不会假”,例(37)没有显示推测根据,只是根据自己的知识和经验。这两句显然推测没有事实根据,可信度较低。例(36)前面还用或然语气副词“似乎”标记出说话人对此的确信程度。这里的“假不了”,很难换成“不会假”。

我们再看“晚不了”和“不会晚”。“晚”与否,有时有具体的时间基准,有时没有具体的时间基准,只是以未来的状况或最终目的为基准。前者显然可信度高,所以一般用“晚不了”;后者显然可信度低,所以一般用“不会晚”。例如:

(38) 在这期间,同事发现董指导说话吐字不清,让他去医院检查一下,董金贵说:“等忙过这阵儿,我再去看也晚不了(? 不会晚)。”

(39) 至刚,不要说晚了,假若我们都有诚意,来重新开始,那就永远不会晚(? 晚不了),是不是? 我们才浪费了八年,还有无数个八年在前面等着。

“V不了(O)”和“不会V(O)”都是根据某种条件来推测的,但是条件的可信度高低是不一样的。可信度越高,说话人的主观性就越弱,反之,可信度越低,说话人的主观性也就越强。因此,“V不了(O)”和“不会V(O)”的这一语用特征区别可以概括为:“V不了(O)”可信度高、主观性弱,而“不会V(O)”可信度弱、主观性强。当这一语用特征得到凸显时,二者很难互换。

“V不了(O)”和“不会V(O)”的这一语用特征区别,来源于二者在情态表现上的差异。我们在揭示二者在情态表现上的特征时,已经明确“会”和“不会”在任何情况下都表示说话人的主观推测,即“认识情态”,而肯定式的“V得了(O)”不表示“认识情态”,否定式的“V不了(O)”也只限于当V为非可控动词或形容词时,才表示认识情态。因此,“不会V(O)”的主观性要强于“V不了(O)”。

“V不了(O)”和“不会V(O)”这一语用特征区别,还可以在下面的用法中得到证明:

我们发现否定预设时,一般用“V不了(O)”,不用“不会V(O)”。

(40) 她来到一个卖老鼠药的小摊前,左看看,右瞧瞧,再三盘问摊主是不是真药,并自诉以前买过几次,全是假的,一只耗子也没有药倒。摊主笑着说:“大娘,咱这药假不了(? 不会假)。您要是不信,就先拿两包去试试,如果药不倒耗子,再拿包装袋回来,我倒赔您两倍的钱。”

(41) “不可能吧,”燕生一脸怀疑地插话,“哪儿有这么便宜的,你听错了吧?”“没错。”我心平气和地对他说,“错不了(? 不会错)。”

(42) 他走进酒吧间,倒了两杯酒:“来,饭前先喝杯酒。”“经理,我是不会喝酒的!”“喝一杯,坏不了(? 不会坏)。”

在否定对方的预设时,需要显示自己推测的可靠性,所以就要用可信度高、主观性弱的“V不了(O)”,如果换成“不会V(O)”就达不到反预设的效果。例(40)大娘毫不掩饰地怀疑老鼠药是假的,摊主要否定她的预设用了"假不了",并在之后让大娘可以拿回去试试,要证明自己的事实根据。例(41)对方怀疑说话人听错了,说话人用"错不了"否定对方的预设,显示自己的自信。例(42)对方说不会喝酒时,就暗含着一种常识性的预设:不会喝酒的人喝酒会喝坏的,经理用"坏不了"否定对方的预设,显示自己是有可靠根据的。

反之,在反事实的假设句中,一般用"不会 V(O)",不用"V 不了(O)"

(43) "好吧!我承认我不该怀疑你,可是谁教你隐瞒了我这么重要的事情,如果你早说,我就不会误会(*误会不了)了。"

(44) 如果当初没抱那么大的希望,就不会出现(*出现不了)现在这么多的失望。

(45) 事后小许想,如果周师傅门口有个信报箱,就不会发生(*发生不了)这种事了。

(46) 如果不是你,我就不会懂(*懂不了)花朵的快乐、下雨的悲伤。

在反事实的假设句里说话人推测出的结果,都是不可能成为现实的,所以完全是一种主观设想,只能用主观性强的"不会 V(O)"。

3.2 由"了"的"完""尽"义的残留形成的"V 不了(O)"的语用特征

我们发现对最终状况的推测一般用"V 不了(O)"。例如:

(47) 医生他又说了,鼻炎好不了(? 不会好),以后的每次感冒都会发作。

(48) 我要把梦装进肚子里,让某个人一辈子找不到,懂不了(? 不会懂)……阿门。

(49) 你可别忘了自古文人多贫士,你嫁给他,这一生是舒服不了(? 不会舒服)的。

(50) 朱老忠也说:"老明哥说的是,家有千口主事一人,你要好不了(? 不会好),一家子可是怎么办?"

例(47)医生说鼻炎最终也不可能好,所以用"好不了"更合适;例(48)也是说让某人一辈子最终不能懂,所以用"懂不了"更合适;例(49)也可作同样的解释。

但是,"不会 V(O)"可以用加"永远"来推测最终状况:"永远不会 V(O)"。在 BCC 语料库中,我们查到了 204 例"永远不会懂",没有一例"永远懂不了”。但是,“永远不会 V(O)”并不能替换所有表示最终状况“V 不了(O)”,在例(50)的句式里,“好不了”这一最终状况作为假设条件出现,是后句结果的前提,所以不能换成“永远不会好”。

“V 不了(O)”和“不会 V(O)”的这一语用特征区别可以概括为:“V 不了(O)”更适合于表达对最终状况的推测,“不会 V(O)”即使前加“永远”也不能完全代替表示最终状况的“V 不了(O)”。“V 不了(O)”的这一语用特征很显然是来源于“了”的“完”“尽”义的残留。

我们再设定一个对话来看二者的微妙区别:

(51) 留学生:你们在说什么呢?

中国学生:我们在说中国的家庭问题。

留学生:什么问题?

中国学生:你不会懂。/你懂不了。

关于中国的家庭问题,中国学生认为是外国人不可能懂的问题,对外国留学生的询问,中国学生可以回答“你不会懂”,也可以回答“你懂不了”。如果回答“你不会懂”,留学生还可以继续追问,可以说“你说说,也许我能懂”之类的话。如果回答“你懂不了”,留学生就只能死心了。这一对比就体现了“了”适合表达最终状况的语用特征。

4. 结语

本文分别揭示了“V 不了(O)”与“不能 V(O)”、“V 不了(O)”与“不会 V(O)”在表达相同语法意义时,体现出的不同语用特征。“V 不了(O)”与“不能 V(O)”有三个不同的语用特征:

一是,有些动词行为发生和行为目的的实现可以分为两个阶段,当语境要求只表示其中一个阶段时,“不能 V(O)”可以只表示行为的发生,而“V 不了(O)”可以只表示行为目的的实现。

二是,“V 不了(O)”可以否定 V 的程度,表示达到某种程度的 V 无法实现,“不能 V(O)”不能否定 V 的程度。

三是,在表示由于不具备主体能力条件或外在条件而 V(O)无法实现时,如果“愿而不具备其他条件”含义得以突出时只能用“V 不了”,相反如果含有“不愿”的情绪时,只能用“不能 V(O)”。

"V不了"与"不会V"有两个不同的语用特征：

一是，"V不了(O)"可信度高、主观性弱，而"不会V(O)"可信度低、主观性强。

二是，"V不了(O)"更适合于表达对最终状况的推测，"不会V(O)"即使前加"永远"也不能完全代替表示最终状况的"V不了(O)"。

"V不了(O)"与"不能V(O)"、"V不了(O)"与"不会V(O)"的语用区别特征得到凸显时，二者或者不能互换，或者难以互换。为了清楚说明二者的区别，我们举出的用例大体上都是不能互换或者难以互换的。但是当没有凸显二者的区别特征时，二者又可以互换了，在可以互换时，也有一个侧重点的问题。本文还明确了"V不了(O)"与"不能V(O)"、"V不了(O)"与"不会V(O)"的语用特征区别都是有源可寻的，分别来源于二者不同的句法构式，不同的语法意义，不同的构成成分。我们只有在二者的整个关联系统中，才能真正认清二者的语用区别。

参考文献

方　梅　2013　助动词在汉语口语中的虚化，《中国语文法论丛(木村英树教授还历记念)》，1—15木村英树教授还历记念论丛刊行会编，日本：白帝社。

郭志良　1980　可能补语"了"的使用范围，《语言教学与研究》第1期。

黄文龙　1998　"V不了"的否定焦点与语法意义浅析，《湘潭师院学报(社会科学版)》第5期。

柯里思　2000　论表示说话者主观判断的[V不了]格式及语法化过程，《现代中国语研究》第1期，日本：朋友书店。

柯里思　2005　"形容词+不了"格式的认识情态意义，吴福祥主编《汉语语法化研究》，北京：商务印书馆。

李宗江　1994　"V得(不得)"与"V得了(不了)"，《中国语文》第5期。

刘月华　1980　可能补语用法的研究，《中国语文》第4期。

鲁晓琨　2004　《现代汉语基本助动词语义研究》，北京：中国社会科学出版社。

鲁晓琨　2008　以"能"为纽带的现代汉语可能表达系统，《日本语与中国语的可能表现》，日本：白帝社。

鲁晓琨　2014　"V得/不了"与"能/不能VP"，《现代中国语研究》16期，日本：

朝日出版社。

鲁晓琨 2016 “V不了”与“不会VP”,《中国语文法研究》2016卷(通卷5期),日本:朋友书店。

卢英顺 2010 “V不了(O)”结构的语法意义及相关问题,《汉语学习》第2期。

杉村博文 2010 可能补语的语义分析—从汉日语对比的角度,汉日对比语言学研究会(协会)主编《汉日语言对比研究论丛》第1辑,北京:北京大学出版社。

沈家煊 2001 语言的“主观性”和“主观化”,《外语教学与研究》第4期。

石村广 2017 从动词的语义范围看汉语句法类型特点,在韩国延世大学召开的第九届现代汉语语法国际研讨会上口头发表。

张国宪 2005 性状的语义指向规则及句法异位的语用动机,《中国语文》第1期。

张 黎 2008 汉语的“能性确认”—由汉语“可能表达”说起,《东方语言学》第2集。

张素娟 2017 “不能V”と“V不了”の相違について——主体能力と外的な条件を表す場合を中心に,《现代中国语研究》第19期。

福田翔 2011 “静態形容詞+不了”の意味と構造—証拠性という観点から,《中国语学》258号。

(本文原载日本《现代中国语研究》第20期(朝日出版社)2018年)

所言预期与所含预期
——“我说呢、我说嘛、我说吧”的用法分析

浙江师范大学 郑娟曼

1. 引言

现代汉语口语中有一组有趣的构式“我说呢”“我说嘛”和“我说吧”，吕叔湘(1980/1999)和常玉钟(1993)已将“我说呢”定性为“习用语”，表示恍然，忽有所悟，而“我说嘛”和“我说吧”未被收录，也尚无相关的研究。但它们具有一些相同的特点：1) 整体意义都具有非合成性；2) “我”都不能替换成“你”或“他”。语气词也不能随意删除或替换，即使可以替换，功能也会发生变化；3) 都是在“我说”的基础上加上互动性语气词(参看方梅，2016)①规约化而成。“我说嘛”和“我说吧”跟“我说呢”一样都是习语构式，但功能各异。先看例子：

(1) “真的？真有意思。那你也不是梦蝶了?”宝康问坐在他另一边的丁小鲁。“不是。”“我说呢，我在台上还纳闷呢，梦蝶怎么换模样了，我记错了？别露怯。”(《顽主》)

(2) 何九如道：“你还没找到她，怎么会得全了紫贝叶……”韦慕岚脸上一阵奇热，只得说道：“不，何伯，我已经找到了她，是她把两片紫贝叶都给了我……”“我说嘛。”何九如道，“要不然你怎会得全了紫贝叶?”(《红叶情仇》)

(3) 钟离春：“孙先生让我救你们……”太子一愣：“钟离姑娘？你怎么来了?”钟离春从暗处走出。一旁的将军喜出望外地：“大将

---

① 方梅(2016)将语气词区分为互动性和非互动性两类。互动性语气词是言者即时交际的手段，语境里有其他言谈参与者，言者希望听者有所回应。

军,我说吧,军师不会坐视不管!”(《孙子兵法与三十六计》)

(4)“你们要是怀疑我的话,我可比窦娥还冤呀!”徐毅哭丧着脸解释。“好呀!我说嘛!到底还是有问题,这不说着说着就露馅了,果真还有其他女人,现在说漏嘴了吧,窦娥!那个女人叫窦娥吗?说!窦娥是谁?”(《大宋海贼》)

例(1)的“我说呢”表示忽有所悟,句末语调不能上扬,其中“说”重读。例(2)“我说嘛”可以替换成“我说呢”,“说”也重读且语调拉长,具有恍悟义,记为“我说嘛$_1$”。例(3)中的“我说吧”并非提出要求的言语行为,不能替换成“我来说吧”或“让我说吧”;也不具有恍悟义,不能替换成“我说呢”;句末语调可以上扬,寻求认同,此时“说”不重读①;加强肯定语气时可用“我就说吧”“我是说吧”等。例(4)的“我说嘛”不能替换成“我说呢”,但可以替换成“我说吧”,也不具有恍悟义,我们记为“我说嘛$_2$”。四个用例中的动词“说”虽是经历体,但在编码时并不出现时体标记“过”,动词后也不带言说内容,说明“我说+呢/嘛/吧”已经习语化。根据替换关系,我们可以初步断定“我说呢”和“我说嘛$_1$”是具有恍悟义的习语构式。“我说吧”和“我说嘛$_2$”是不具有恍悟义的习语构式。

这几个构式的意义之间有何关系?同一形式“我说”的基础上习语化而成的构式是否存在共同的核心性能?互动性语气词“呢”“嘛”“吧”如何影响习语构式的意义和分布?为了回答这些问题,我们先基于语言事实区分两组概念:单源预期与多源预期;所言预期与所含预期。

2. 单源预期与多源预期、所言预期与所含预期

2.1 合预期信息的标记性

预期(expectation)是一个重要的语义范畴。语言学中的“预期”是说话者作出的假设或臆断,它具有主观性和可协商性。如“他比我聪明”“明天下雪”等,这些都是说话者的主观判断,是可以不断被自己或他人确认或修正的。观察和经验在修正他人或自己的预期中起到重要的作用,而

---

① 三个构式中的“说”重读,突显合言者的预期。“我说吧”若句尾语调上扬,则“说”无法重读。

所有的预期都担当了后期言行“参照框架”的角色(参看波普尔,1987:354-356)。在言语互动中,预期不断被确认或修正的过程便是话轮转换的过程,即发话者首先存在一种预期说明,发话者自身或受话者会根据自己的观察和经验对先前的预期作出回应(response)。如果一个话段所陈述的情形跟该参照预期相一致,那么它表达的是一个合预期信息[①];如果不一致,而是偏离了某一参照预期,那么它表达的就是一个反预期(counter-expectation)信息;如果话段与参照预期无关联,则是中性(neutral)信息。在具体的语言中,中性信息是无标记的,而反预期信息的标记手段要比合预期信息的标记手段丰富得多。Heine 等(1991:192)指出,副词、连词、重音、助词、语序等各种语言手段都可以标注反预期信息,并认为合预期信息是无标记的。谷峰(2014)提出“汉语里有没有合预期标记[②]”的问题,并认为汉语中的合预期标记只有“当然”和“果然”,而被部分学者认定为合预期标记的“瞧”(邱闯仙,2010)和“我说什么来着”(吕为光,2011)的作用仍然是引导反预期信息,只不过它们标注的是违反听话者预期的信息。我们先不论“瞧”是否已经规约化为一个合预期标记,仅就谷文这一理解而言似有牵强。虽然言者的合预期信息常常是听者的反预期信息,但两者没有必然的联系。如:

(5) 瞧,他又来了!

这里的“瞧”传达的是言者在确定当前的事态符合自己预期判断之后满足、炫耀的口气,并无隐含听者先前存在一个“他不会来”的预期。可能是无预期,甚至可能是跟言者相同的预期。实际上,Heine 等所谓的合预期信息无标记是相对于反预期信息来说的,汉语中也存在不少合预期标记,它标注当前断言与先前预期的情形或常规(norms)之间的一致性。

2.2 单源预期和多源预期、所言预期和所含预期

合预期信息和反预期信息都跟参照预期有关。从传信的来源上来

---

① 这里的“合预期信息”对应于吴福祥(2004)中的“预期(expectation)信息”。我们用“合预期”是为了突显它跟参照预期的关系,且与“反预期”对称。

② “合预期标记”是标示合预期信息的语言手段,在谷峰(2014)文中记为“预期标记”。本文的“预期类标记”包括跟预期相关的合预期标记和反预期标记。

看，会话序列中的某一预期可以是言者自身发出，可以由听者发出，也可以是言谈参与者共享的常规。有的预期类标记只能标示相关的断言跟某一特定传信来源的预期相联系，如“我说什么来着”只表达言者当前的断言跟言者预期是一致的。我们将这样的标记称为“单源预期类标记”。而有的预期类标记可以标示相关的断言跟多种传信来源的预期相关联。如“X 不比 Y・Z”可以表达事态偏离三种不同传信来源的预期(参看吴福祥，2004)。我们将这类标记称为“多源预期类标记”。因此，预期的表达跟传信密切相关。

预期有三种呈现形式：一是以明确的命题形式直接出现在话语中；二是隐含在语句中；三是以零形式出现(吴福祥，2004)。但零形式的预期都可以转化为言语编码形式。根据有无语用推理过程的参与，我们将它分为所言(what is said)预期和所含(what is implied)预期(“所言”“所含”参看 Grice，1989：24、1991：77)。前者是不需要经过语用推理直接在语句中呈现出来的命题信息，但会有认识情态上的差异。后者需要通过语用推理获取，依赖的话段可以是直陈语气，也可以是疑问语气。所含预期的表达因为其间接性，并不承担某种社会行为。如：

(6) A：小李明天要参加口语比赛的吧？
　　B：是的，他正在准备呢。

(7) A：她怎么会迟到呢？
　　B：她的脚受伤了。

例(6)我们通过 A 的话语，可以直接获取 A 的一个预期，即“小李明天要参加口语比赛”，虽然存在不确定性，但是一个所言预期，该预期跟整个语段所要表达的命题信息一致。此外，我们还通过语用推理得到一个“比赛在明天”的所含预期。该预期在会话中并不承担社会行为。例(7)情况比较复杂，也跟本文密切相关。A 的话语是一个用“怎么”来追问原因的问句，“怎么”问句表达了一个反预期事态①(参看祁峰、陈振宇，2013；刘焱、黄丹丹，2015)，即“她迟到了”。既然是“反预期事态”，那必然隐含言者一个与之相对的所含预期(一)，即言者认为“她不会迟到”，这是

① “怎么”原因问句可以用来单纯问询原因，如“你的手怎么流血了?”也可以倾向于反问或质问，如“他怎么会过来?”无论何种情况，都表达了一个反预期信息。对某原因的探索都是由于相关事件跟头脑中的标准或常规不相符引起的。(参看刘永芳，2010：111)

通过语用推理所得的。如果出现一个偏离自己先前预期的反预期事态，当事人势必心存疑虑，即言者估测“反预期事态的出现必有其未知的真相”，这是言者提出疑问的前提。该质疑预期也是通过语用推理所得，我们记为所含预期（二）。反预期信息根据传信来源和途径的不同，可能为真，也可能为假。即如果“她迟到”是 A 亲眼所见，反预期信息为真，所含预期（一）为假。如果“她迟到”只是道听途说的，则反预期信息有可能为真，有可能为假。相应地，所含预期（一）有可能为真，也有可能为假。

在汉语中，有的预期类标记只跟所言预期关联，如“并不/没”；有的标记只能跟所含预期关联，如“又不/没”（“并”“又”参看马真，2001）。我们认为，无论是恍悟义的“我说呢”和“我说嘛$_1$”，还是非恍悟义的“我说吧”和“我说嘛$_2$”，它们都具有一个核心性能，即都用来标注合预期信息，且传信来源都是直接来源。但“我说呢”关联所含预期，“我说吧”关联所言预期，“我说嘛”两者兼而有之。互动语言学认为，语法和交际互动之间是一种互育关系，语法结构在交际互动中建构起来。语言的研究需要在互动交际中关注语言形式是如何发挥交际功能的（Ochsetal，1996；Selting & Couper-Kuhlen，2001）。下面我们结合会话序列，考察三个习语构式与所含预期和所言预期之间是如何交互作用的。以下未标明出处的语料除个别简单的用例自拟之外，其余的均为本人收录的真实会话语料。

3. “我说呢”和“我说嘛$_1$”

3.1 会话序列和所含预期

“我说呢”和“我说嘛$_1$”关涉的典型会话序列应该是这样的：

前件（FPP）：质疑

后件（SPP）：解疑

后扩展序列（PES）：我说呢/我说嘛

其中 FPP（first pair part）的质疑和 SPP（second pair part）的解疑通常构成会话的“根序列”（base sequence），是一个相邻语对（adjacency pair）。而“我说呢”或“我说嘛$_1$”处在“后扩展序列”（post-expansion sequence；参看 Schegloff，2007：28）中。这是两个习语构式所关涉的最典型的序列形式，具体会话中会基于这一典型形式有所变化。其中 FPP 质疑的话语只能编码为疑问形式 Q,承担一个问询的社会行为。Q 包含了“我说呢”或“我说嘛 1”成立的前提,即存在一个反预期信息与由此推出的所含预期(一)和所含预期(二),其中所含预期(二)是一个质疑预期。这些所含预期是语用推理所得,因此它们在交际中并不实施一种会话行为。

Q 最常见的语言形式是包含“怎么/为什么”的原因问句。如:

(8) (R 的导师到了毕业论文中期检查时都没对 R 的论文进行指导。)

1L:这样的导师怎么还会让他带学生呢?你们师兄师姐都是怎么毕业的?(FPP)

2R:我们老师的臭毛病就是每隔一届就好好培养一个,把所有的资源都给他。其他的师兄师姐都是自己硬生生杀出一条血路的。(SPP)

3L:老奸巨猾啊,这样既不影响他的形象,又有时间拍马屁。我说呢,他怎么还能每年带学生。(PES)

(9) (L 在听一首日本歌)

1L:这首歌怎么会有两个歌手在唱呢?(FPP)

2R:写错了,是一个,另一个是拉小提琴的,我认识他,他上过节目教别人拉小提琴。(SPP)

3L:我说嘛,写着两个人,只听到了一个声音,我还找另一个人的声音找了好久。(PES)

学生 L 通过例(8)的画线部分 Q 表达了一个反预期信息,即“R 的导师还能每年带学生”。这是一个已然事实,反预期信息必然为真,与之相对的所含预期(一)为假。于是 L 产生了一个质疑预期,即“R 的导师能继续带学生应该另有隐情”。通过 SPP 部分的解疑,印证了这一预期。因此,R 的解疑实际上表达了一个跟 L 的质疑预期一致的合预期信息。L 在 PES 也表达了跟自己先前质疑预期一致的信息,即“他能继续带学生果然存在未知真相”。

例(9)L 在听音乐时首先作出一个预期判断(一):歌声是由一位歌手所发出的。但从视觉上却获取一个反预期信息,即有两位歌手。于是就有了话轮 1 中的困惑。该问句包含了预期(二):说是两个歌手其中必有未知的原因。SPP 中的回应解开了 L 的疑惑。L 通过“我说嘛”表明了自己先前质疑的合理性，确实有未知的原因。

Q 也可以为是非问句。出现反预期信息的偏离常为主观理解的偏差所致。如：

(10) (L 买了两个月饼模子)

1L：我买了两个，晚上养起来带过去。

2R：这个买来要养的吗？(FPP)

3L：“养”是“擦一下油，浸一下”的意思。(SPP)

4R：我说呢。(PES)

(11) 1L：今天下午两点有个泽世奖学金的评比活动，喜哥让我们院出十个研究生，我们出八个，你们出两个，怎么样？

2R：那奖学金咱也能评？(FPP)

3L：咱们是去当观众。(SPP)

4R：哦，我说嘛，以前喜哥说是不能的。可以。(PES)①

例(10)R 根据 L 所谓的“养月饼模子”，通过主观推断得到一个反预期信息，即“月饼模子可以养”。R 的问询存在两个所含预期，即“月饼模子不能养”和“其中必有未明真相”。SPP 中 L 的应答印证了 R 的预期，表达了一个跟 R 一致的合预期信息。而 PES 中的“我说呢”则是发话者在先前的预期得到证实之后，对自己疑问句中所含预期(一)的重提，表达了一个跟自己先前预期一致的合预期信息。

上例都是关于“我说呢”或“我说嘛$_1$”典型的完整的会话序列。但 Q 有时只是说话者的心理活动，不一定出现在话语中，但可以通过 SPP 或 PES 推断出质疑的具体内容。如：

(12) (春节一大早)

1L：给炮竹炸得一宿没睡觉，从天没亮就开始炸。

2R：我说呢，今天起那么早！

例(12)中 L 的疑惑 Q 没有在话段编码中出现，但我们可从“我说呢”的后续话轮中得到提示，即 Q 为“L 今天怎么起那么早”。

① 第四话轮既可以分析为是第二、三话轮的 PES，也可以跟第一话轮构成一个根序列。

通过以上分析我们发现，在解疑之后有两个结果：一是反预期事态为真，所含预期(一)为假，质疑预期也为真，如例(8)；一是反预期信息为假，所含预期(一)为真，质疑预期为真。如例(9)。在会话的推进过程中，这些信息的真假性逐渐呈现出来，影响"我说呢"和"我说嘛$_1$"后续话轮表达形式的塑造。在说明这个问题之前，我们先厘清"我说呢"或"我说嘛$_1$"在 PES 中所要关联的信息是否正是 Q 的所含预期。这需要结合"我说呢""我说嘛$_1$"在省缩之前"我说＋P＋(呢/嘛)"结构来证明。

3.2 "我说呢"和"我说嘛$_1$"表达的合预期信息

在汉语中，不带互动性语气词的"我说"也可以表达恍悟义。董秀芳(2003)从词汇化的角度认为它是一个语气词。刘嵚(2008)从语用化的角度认为它是一个话语标记。无论将它定性为语气词还是话语标记，"我说"都不能作为一个独立的语调单位单说，后面必须带上小句 P。P 都是言者要提请听者注意的信息。全句句末可带语气词"呢"或"嘛"，但绝大多数情况带"呢"。如：

(13) 1L：我这个手机卡没有流量了，就换了我另一张卡。

2R：难怪，我说你手机怎么关机呢。

(14) 1L：帮我关注一下一个公众号，"浙里生活"，搜一下。

2R：搜不到啊。

3L：是"浙里金华"，一激动说错了。

4R：我说没有这个号呢。

"我说"之后都不能有语调上的停顿。其中 P 有两种情况：一是以"怎么/为什么"问句的形式出现，但没有疑问语气，记为 P1，如例(13)，这种情况占绝大多数；二是以命题陈述的形式出现，记为 P2，如例(14)。这个命题形式的 P2 可以转化成 P1 的形式。"我说没有这个号呢"可说成"我说怎么没有这个公众号呢"。

如果说话者要突显恍然大悟的情态，则在"我说"之后带上语气词"呢"或者"嘛"，使之变成自立的单句，才可将小句提取出来后置。如：

(15) 1L：妈，王××有新女朋友了。

2R：我说呢，他怎么和你了断得这么彻底，没任何消息。他身边肯定早就出现别人了，就你傻！

由于“我说呢”和“我说嘛$_1$”是独立的语调单元，P 作为后续话轮，位置比较灵活，甚至会作为言谈参与者的共享信息而省略。但根据“我说呢”“我说嘛”与“我说＋P＋(呢/嘛)”的关系，我们可以推断“我说呢”“我说嘛”关联的信息是 P，其中“怎么/为什么”疑问形式的 P1 是对 Q 的引述，如例(8)(9)。言者引述包含自己预期的疑问形式 Q，旨在重申自己先前质疑的合理性；而 P2 是 Q 的其中一个所含预期。说话者通过直接重提先前的预期，实现了表达合预期信息的目的，如例(14)。可见，无论“我说呢”和“我说嘛$_1$”关联的语言形式是 P1 还是 P2，这两个构式都旨在强调 Q 的所含预期。其中“说”在语调上重读并拉长，这也说明言者意在强调跟“说”有关的预期。这恰恰跟“呢”的“提请注意”说(Wu，2005；方梅，2016)相互印证。

在会话序列中，P2 都可以替换成 P1 的形式，但 P1 不一定都能替换成 P2，这取决于 FPP 中反预期信息的真假。如果在解疑后，反预期信息确定为真，那么说话者所要表达的合预期信息只能是质疑预期，在 PES 中只能通过 P1 的形式来强调跟质疑预期一致。如在例(8)的 PES 中就不能说成“我说呢，他不能每年带学生的”。“他不能每年带学生的”虽是 L 的所含预期之一，但并非他的合预期信息。如果通过 SPP 的释疑确定反预期信息为假，言者的两个所含预期都为真，则 P 的两种形式都成立，如例(9)。这可以证明“我说呢”和“我说嘛$_1$”是一个合预期标记，而且关联的是所含预期。因此，可以把“我说呢”和“我说嘛$_1$”的典型会话序列具体化为：

前件(FPP)：质疑。疑问句 Q 表达一个反预期事态，并隐含一个跟反预期事态相对的所含预期和出现反预期事态的质疑预期。

后件(SPP)：解反预期。表达了跟发话者某个所含预期一致的预期信息。

后扩展序列(PES)：“我说呢/我说嘛”用在解反预期之后，通过重提 Q 或者 Q 所包含的预期，表达跟自己某个所含预期一致的合预期信息。

3.3 “恍悟”义从何而来

通过上文的分析，我们认为，“我说呢”和“我说嘛$_1$”是合预期标记，即通过“我说呢”或“我说嘛$_1$”引述或者强调先前的预期来达到表达自己预期合理性或者准确性的目的,有时还附带言者自我满足和自我欣赏的情感。然而,作为所含预期标记的“我说呢”和“我说嘛$_1$”跟恍悟义有何联系?

吕叔湘(1980)、常玉钟(1993)和张先亮等(2015)都认为“我说呢”表达“忽有所悟”义。我们认为,“恍悟”义并非基本意义,而是在某个特定语境中的浮现意义。“恍悟”义作为“我说呢”与“我说嘛$_1$”的构式义具有很强的不可预测性,似乎很难论证原本作为传信语的“我说”跟“恍然大悟”之间的理据关系。事实上,很多习语构式形义之间的不可预测性跟我们未能发掘到它的核心意义有关。“我说呢”与“我说嘛$_1$”何以能表达“恍悟”义?跟它作为合预期标记是否矛盾?其实,两者并不排斥。对某反预期事态另有隐情的判断就是一个所含预期。若听者指出了事件的真实情况,令言者“忽有所悟”,便是证明了言者质疑的合理性,即言者的所含预期为真。如果Q是表达中性信息的疑问句,并不包含一个预期,则言者在听者的解疑之后虽有所悟,但也不能用具有所谓“恍悟义”的“我说呢”与“我说嘛$_1$”来回应。如:

(16) 1L:你是哪里人?

2R:北京人。

3L:我说呢。/我说嘛。

例(16)如果使用“我说呢”与“我说嘛$_1$”来回应,条件是问句中包含说话者的预期,而实际情况跟该预期一致。如果言者在问询时没有任何预期,则在PES中不能用“我说呢”或“我说嘛$_1$”进行回应。因此,“恍悟义”是相对于“存疑”而言的,而“合预期”是相对于“所含预期”而言的。表达恍悟和表达合预期信息是同时的。

4. “我说吧”和“我说嘛$_2$”

4.1　会话序列和所言预期

“我说吧”和“我说嘛$_2$”跟“我说呢”和“我说嘛$_1$”典型的会话序列都关涉三个话轮。即:

FT:直接表达一个所言预期E。

ST:证实了事态与该预期的一致性。

TT:“我说吧”或“我说嘛 2”,合预期信息 F。

在 FT(the first turn)中发话者直接表达一个所言预期,实施的是一个评价、判断或预测的会话行为。而 ST(the second turn)证实了 FT 中发话者的预期。跟“我说呢”和“我说嘛 1”不同的是,FT 和 ST 常常不构成一个相邻语对,是一种松散的时间线性呈现关系。ST 未必都是言者针对对方预期的有意回应,却可能无意触发了听者的预期,并证实了该预期的真实性。在 TT(the third turn)中通过“我说吧”“我说嘛$_2$”重提先前的所言预期,再次宣告该预期的真实性,表达了一个跟自己预期一致的合预期信息。如:

(17) (家长 M 和 F 在老师 T 那里给儿子报围棋兴趣班)

1T:那爸爸的意思呢?

2M:他不管的,问他等于白问。(FT)

3F:报也可以,不报也可以,都是孩子玩儿玩儿的,他妈妈定了就好了。(ST)

4M:我说吧,孩子兴趣班的事情他就从来没上心过,都是我一个人接送的。(TT)

(18) 小赌这才又补充说明:“麻婆豆腐,又泼又辣,吃不消呀!”(FT)小飞雪这才明白,原来小赌绕着圈子骂她泼辣,飞起一脚,没踹着小赌,顺手抓起茶杯,泼个彻底。呵呵!当头冷水,大概就是这个淋法吧!小飞雪双手叉腰,坐在桌旁,一副你奈我何的样子。小赌叹口气,用衣袖抹抹脸,方道:“唉!我说嘛,麻婆豆腐不好吃呀!”(TT)(《酒狂任小赌》)

例(17)在 FT 妈妈直接表达了一个“爸爸是不管孩子兴趣班的事的”预期 E。而爸爸的回应是针对老师的问询的,但却刚好证实了妈妈所言预期的真实性。妈妈在 TT 中通过“我说吧”重提所言预期,表达了一个合预期信息 F,以显示自己的先见之明。F 并非是对 E 的直接引述,但两者传达相同的真值条件意义。例(18)小赌在 FT 中表达了一个预期。但小飞雪通过非言语举动作了回应。这些行为举动却印证了小赌所言预期的准确性。于是在“我说嘛”的后续话轮中再次引述先前的预期,以彰显自己判断的合预期性。

由于 FT 和 ST 不构成一个相邻对，ST 并非针对 FT 中预期 E 的有意回应，且在 FT 中，说话者往往不止表达一个所言预期。因此在 TT 中，F 一般不省略，言者需要向听者指明具体的预期信息。因此在我们收集的文本口语语料和自然口语语料中均未发现“我说吧”或“我说嘛$_2$”单独成话轮的用例。而“我说呢”和“我说嘛$_1$”在 PES 中表达合预期信息时，P 常常可以省略，单独成为一个话轮。

另外，在具体的语言运用中，E 在会话序列中出现的情况较少。所言预期因为跟言谈事件存在一定的时间差常常不出现在对话中。它是一个有待被激活的背景预期。如：

(19) 1L：你是法学系的吗？还是外语的？

2R：都不是，我是中文的。

3L：我说嘛，我们工科的女孩子没有这么细的。

(20) 1L：老姨，我们分手了。

2R：我说吧，当初不让你谈，你也不听啊，现在怎么样？白白浪费时间精力，多伤脑筋！

例(19)中 L 关于“工科的女孩子没有这么细”这一预期并没有出现在会话序列中，而是跟当前对话存在时间差的潜在信息，在言语编码之外。例(20)L 的话段是相关话题的始发话轮。

“我说吧”和“我说嘛$_2$”不能关联在某个命题形式中通过语用推理得出的所含预期。我们以例(6)为例：

(6′) A：小李明天要参加口语比赛的吧？

B：是的，他正在准备呢。

*A1：我说吧，比赛在周六。

B2：我说吧，他会参加的。

例(6′)中 L 直接表达的预期是“小李明天要参加口语比赛”，“比赛在周六”是所含预期。因此 L 在 PES 中不能用“我说吧”“我说嘛$_2$”表达与该所含预期一致的信息，但可表达与所言预期一致的信息。

可见，“我说吧”或“我说嘛$_2$”也是用来表达跟自己预期一致的习语构式，但只关联所言预期，不能引述所含预期，并且对后续话轮的强制性比“我说呢”和“我说嘛$_1$”高。

“我说吧”和“我说嘛$_2$”跟“我说呢”和“我说嘛$_1$”一样，都存在省缩前形式，即“我说＋F＋吧/嘛”结构。其中F是先前的预期，“我说”的作用就是为了引述这个预期。如：

(21) 1L：这披萨饼怎么那么难吃啊！

2R：我说不好吃吧，外卖就是对食物的不尊重，有些东西必须堂食。

(22) 我说我已经步入老龄化了吧，你还不信，都爱上运动鞋了。

我们可以把“我说＋F＋吧/嘛”中的F提取后置作为“我说吧”或“我说嘛$_2$”的后续话轮。而“我说吧”或“我说嘛$_2$”标注的合预期信息正是F。

4.2 “我说吧”和“我说嘛$_2$”的功能分布差异

“我说吧”和“我说嘛$_2$”都具有标示当前事态跟言者所言预期一致的功能。但两者的功能分布存在细微的差别。“我说吧”表明先前言者的所言预期跟听者存在一定的分歧①。而“我说嘛”则没有这样的要求。如例(19)：

(19′) 1L：你是法学系的吗？还是外语的？

2R：都不是，我是中文的。

？3L：我说吧，我们工科的女孩子没有这么细的。

例(19′)中LR是第一次会话，L不可能在此表达过所言预期，也就不可能存在认知上的分歧。因此在TT中的回应不能用“我说吧”。既然存在分歧，言者的所言预期也是听者的已知信息。但“我说嘛$_2$”则没有这样的限制，即言者在表达合预期时，只向听者宣告自己的所言预期为真，而听者并不一定知晓言者先前的所言预期。

此外，“我说吧”比“我说嘛$_2$”对后续话轮的强制性更高。试比较：

(23) 1L：那《神奇的女侠》没获最佳影片奖。

2R：我说嘛，那么花哨的电影怎么可能获奖啊，虽然我是很喜欢的。

？2R1：我说嘛。

？？2R2：我说吧。

① 这一点是方梅老师发现并告诉笔者的，特此感谢。

用“我说嘛”单独回应比“我说吧”单独回应的接受度更高。可见,“我说嘛$_2$”比“我说吧”的功能分布更广,这跟互动性语气词的核心性能不无关系。

5. 从习语构式看“呢、嘛、吧”的功能差异

在规约化之初,三个习语构式中的互动性语气词,除了让“我说呢”“我说嘛”“我说吧”获得独立语调单位的资格之外,它们本身所传递的情态功能也是有差异的。对于互动性语气词表达何种性质的语气,历来说法不一。相关的研究大多是基于不同语境的。即使可以自省设计一些语境相同的用例进行对比,但由于这些用例没有形成一个规约化的意义,也就很难将某一功能落实在某个语气词上,从而难以发现不同的语气词之间一些区别性或对立性的特性。“我说呢”“我说嘛”和“我说吧”是语义规约化了的习语构式,它们之间的最小对比项是“呢”“嘛”和“吧”。因此,在一定程度上我们可以认为,三个习语构式的构式义和语境分布的差异便是这三个互动性语气词的功能,或者跟语气词是相关的。

5.1 “呢”和“嘛”

“呢”和“嘛”都是语法学家们十分关注的语气词。目前学界也取得了一些大致一致的认识。我们列举几种关于“嘛”的代表性观点。吕叔湘(1980/1999:380)将“嘛”解释为表示事情理应如此或事情显而易见的语气助词。北大中文系(1982:329)认为“嘛”用于加强肯定语气,表示“理所应当”。Chappell(1991:47)认为“嘛”的一个用法是,说话者根据先前的讨论或者他们共享的文化知识,提醒说话人整个论题是显而易见或者不言而喻的。屈承熹(2006)认为“嘛”有两个基本的功能,即语义层面的预设功能和话语层面的执著功能。这几种观点虽表述略有差异,但都包含“嘛”的“显而易见”性。“显而易见”说本质上也是向听者“强调”的互动说,至少这两种功能在分布上并不对立。

我们再看“呢”的几种代表性观点。吕叔湘《中国文法要略》的看法是“呢”表确认,有指示和铺张的语气,表明事实显然,叫人信服。Li 和 Thompson(1981:300-307)支持“对期望之回应”说,认为“呢”是引起听者注意并告知当前的话语跟先前的陈述有关。Wu(2005)认为“呢”的功

能是提醒听者注意，以调整共识。方梅（2016）的分析认为，“呢”是一个互动性语气词，无论位于句中或句末，都是提示听话人关注。后附于疑问结构时，体现言者对当前话题的评价和态度。几位学者都看到了“呢”的互动性，即言者希望引起听者的注意，从而达成共识。

通过多方论证，“呢”无疑具有这样的功能。但“呢”表“强调”“提醒”的互动功能并不具区别性，这应该是互动性语气词的共性，不能解释为什么一些需要强调的命题信息末尾可以带“嘛”却不能带“呢”。以本文研究的习语构式相关的用法为例。如：

（8）a. 我说呢，他怎么还能每年带学生。

b. 我说他怎么还能每年带学生呢。

c. 我说他怎么还能每年带学生嘛。

d. 我说嘛，他怎么还能每年带学生。

（24）a. 我说嘛，那么花哨的电影怎么可能获奖。

b. 我说那么花哨的电影怎么可能获奖嘛。

？c. 我说那么花哨的电影怎么可能获奖呢。

*d. 我说呢，那么花哨的电影怎么可能获奖啊。

例（8）（24）言者都要强调一个合预期信息，都希望得到听者认可，但前者可用“呢”和“嘛”，后者只能用“嘛”，不能用“呢”。可见，“呢”用于“强调”“提醒”时是有特定分布的，跟“嘛”应该存在一些对立性的特征，即“呢”可以提醒听者注意“什么”。本文限于篇幅对于“呢”的功能分布不作系统展开，仅说明“我说呢”和“我说嘛”语用功能差异跟语气词的关系。

“我说呢”关联的是所含预期，它预设言者获悉有关当前事态的真实情况，这是言者作出“我说呢”这一评价的前提。因此在“我说呢”之后，都可以补充“原来……”。如：

（8′）我说呢，他怎么还能每年带学生。原来是他集中资源带好一个学生啊。

（11′）哦，我说嘛，以前喜哥说是不能的。原来我们是去当观众的。

在我们收集的语料中就有不少用例在“我说呢”的话轮中紧跟着“原来……”句，这是“我说呢”所预告的信息。如：

（25）1L：美儿被奶奶带得小脸都有肉肉了。

2R：我说呢，看照片怎么感觉脸肿了，原来是胖了啊。

(26) 几个大妈高一声低一声地说："我说呢，就她那疯样，能找上税务局的，原来是偷人，真不要脸，那男的看他丈母娘打她还跑了，哈哈哈。"(《彪悍丈母娘恶惩出轨男》)

无论后续有没有出现表示"真实情况"的编码形式，"我说呢"都关联着该预设信息。King (1986：27)提出了"呢"的"背景信息的评估者"说[①]，并将"呢"的功能分布总结为以下4种：一是重复新引入的信息或预设信息(presupposition information)；二是反诘句；三是解释插入成分中有关先前的解释；四是直接呼告。其中的"预设信息"给本文的研究带来启示，如：

(27) 为什么两岸有这种情形……想法之一呢，就是因为海峡两岸都有相同的问题。(引自 King，1986：29)

屈承熹(2006：129)认为该例中的"想法之一"跟"预设信息"与"前景"无关。我们赞同 King 文的分析，"想法之一"预设言者存在多种想法。"呢"起到强调"想法之一"，提示听者追踪下文"其他想法"的作用。相应的，"我说呢"中的"呢"则起到指示听者追踪其中所预设的"真实情况"的作用。除此之外，"还 NP 呢"(还大学生呢)中的"呢"也跟预设信息共现，它提醒听者注意"评价客体没有达到某个典型的具体标准"这一信息，如我们可以说"还大学生呢，连这个字都不认识"。"连这个字都不认识"是言者作出"还大学生呢"这一评价的前提。

而例(24)中的命题"那么花哨的电影不可能获奖"理论上可以强调，但它作为言者直接表达出来的所言预期，不存在需要"呢"去预告和指示的预设。在形式上，除了合预期信息之外，后续话轮也没有呼之欲出的与之存在必然关联的背景信息。屈承熹(2006：127)解答了何时需要"呢"的问题，"当话语内容与话题框架没有明显的联系时，关联助词的使用要比二者有明显的联系时更有必要。"显然，所含预期比所言预期与话题框架的关联度要弱，更需要通过"呢"去关联。

---

① King(1986)认为，"呢"用于强调或评价话语所包含的背景信息，并引起听者对这些信息的注意。

5.2 “吧”和“嘛”

“我说吧”和“我说嘛”都可以关联一个所言预期，但是两者的语境分布有差异。“我说吧”关联的所言预期是跟听者存在分歧的，而“我说嘛”没有这样的限制。因此，“我说吧”在 TT 中，有“求定”“商议”的情态功能。而“我说嘛”则有“我的所言预期显然是对的”的语气。这跟“吧”和“嘛”的基本功能是相互印证的。关于“吧”的语气说法很多，如“揣度”“估测”“迟疑”“不确定”“求证”“商议”等，这些功能看似相近，实则不同。其中包括两类，一类是“互动”说，如“求证”“商议”等；一类是“非互动”说，如“揣度”“迟疑”等。前者的研究结论是基于话语层面，而后者则大多局限在句子层面。“我说吧”和“我说嘛”的功能分布差异恰恰印证了“互动”说，即“我说吧”用于言者与听者预期分歧之后的“求定”。其中“吧”实现“分歧求定”的功能。而“我说嘛”是对自己预期被证实之后的坚持，“嘛”带有“理所当然”的语气。

6. 余论

本文从互动语言学的视角，将一组习语构式“我说呢”“我说嘛”和“我说吧”置于会话序列中进行考察，发现这三个习语构式都是通过预期重提的方式来表达合预期信息的，但它们对先前预期呈现方式的要求各不相同。与“我说吧”关联的必须是直接“说”出来的所言预期，无论话语内的还是话语外的，在言语交际中关联评判或估测的会话行为。而与“我说呢”关联的并非直接表达，而是说话者“认为”的所含预期，预期的表达本身并不承担会话行为，但它所依赖的话段却实施一个质疑的会话行为“我说嘛”则兼具“我说呢”和“我说吧”的功能，它所关联的预期既可以是直接表达出来的所言预期，也可以是通过语用推理所得的所含预期。这三个习语构式的构式义都跟“说”的基本义密切相关，但“我说吧”中的“说”在语义上还保留一定程度的言说义，“我说呢”中的“说”已发展为认识动词，“我说嘛”中的“说”介于两者之间。三个构式之间的功能和分布差异跟最小对比项“呢”“嘛”“吧”不同的互动功能有关：“呢”是提请听者注意，在“我说呢”中是指示话语的预设信息；“嘛”表示对论题的坚持，有“理所当然”的语气；而“吧”表示分歧的求定功能。下面有几个跟本文相关的问题有待进一步思考：

1）“我说吧”“我说嘛”和“我说呢”都是在“我说”的基础上带上语气词固化而成的习语构式。在汉语中有为数不少的“X＋语气词”习语构式，我们姑且将它们称之为“语气词构式”。如“至于吗”“何必呢”“何苦呢”“管他呢”等，它们都是“X＋S＋语气词”的省缩形式，其中X都位于句首，不能单用，只能后附一个小句。X只有带上一个语气词才能成为一个独立的语调单位。这是否是汉语习语化的一条路径？

2）通过本文的研究我们发现，预期信息的表达跟传信密切相关。“我说吧”“我说嘛”和“我说呢”都是合预期信息标记，其关联的预期都来源于说话者自身“我”。那么，我们能否做一个假设：一个语言形式最终演化为合预期标记还是反预期标记跟它关联的预期的传信来源有关？比如“我说什么来着”，它之所以成为一个合预期标记，而不是反预期标记，跟它所关联的单一的说话者自身的预期传信来源有一定的联系。而反预期标记是否大多跟多源预期存在偏离关系？这需要进一步论证。

参考文献

北京大学中文系1955、1957级语言班（编） 1982 《现代汉语虚词例释》，北京：商务印书馆。

常玉钟 1993 《口语习用语功能词典》，北京：北京语言学院出版社。

董秀芳 2003 “X说”的词汇化，《语言科学》第3期。

方 梅 2016 再说“呢”——从互动角度看语气词的性质与功能，《语法研究和探索》（十八），北京：商务印书馆。

谷 峰 2014 汉语反预期标记研究述评，《汉语学习》第8期。

李 冰 2009 “果然”与“果真”的用法考察及对比分析，《汉语学习》第4期。

刘 嵚 2008 “我说”的语义演变及其主观化，《语文研究》第3期。

刘焱、黄丹丹 2015 反预期话语标记“怎么”，《语言科学》第2期。

刘永芳 2010 《归因理论及其探索》（修订版），上海：上海教育出版社。

吕叔湘（主编） 1980/1999 《现代汉语八百词》，北京：商务印书馆。

吕为光 2011 责怪义话语标记“我说什么来着”，《汉语学报》第3期。

马 真 2001 表加强否定语气的副词“并”和“又”——兼谈词语使用的语义背

景，《世界汉语教学》第3期。

祁峰、陈振宇 2013 焦点实现的基本规则——以汉语疑问代词为例，《汉语学报》第1期。

邱闯仙 2010 预期标记"瞧"，《语文研究》第2期。

屈承熹 2006 《汉语篇章语法》，潘文国等译，北京：北京语言大学出版社。

吴福祥 2004 试说"X不比Y·Z"的语用功能，《中国语文》第3期。

张先亮、倪妙静 2015 试论恍悟义构式"我说呢"，《世界汉语教学》第2期。

张则顺 2014 合预期确信标记"当然"，《世界汉语教学》第2期。

Chappell, Hilary 1991 Strategies for the assertion of obviousness and disagreement in Mandarin: A semantic studyof the modal particle Me. Australian Journal of Linguistics 11(1): 39 - 65.

Du Bois, John 2007 The stance triangle. In Robert Englebretson(ed.), Stance-taking in Discourse: Subjectivity, Evaluation, Interaction, 139 - 182. Amsterdam and Philadelphia: John Benjamins.

Grice, H. Paul 1989 Studies in the Way of Words. Cambridge, MA: Harvard University Press.

Grice, H. Paul 1991 The Conception of Value. Oxford: Clarendon Press.

Heine, Bernd, Ulrike Claudi and Friederike Hünnemeyer 1991 Grammaticalization: A Conceptual Framework. Chicago: University of Chicago Press.

King, Brian 1986 Ne-A discourse approach. Journal of the Chinese Language Teachers Association 21(1): 21 - 46.

Li, Charles N. and Sandra A. Thompson 1981 Mandarin Chinese: A Functional Reference Grammar. Berkeley: University of California Press.

Ochs, Elinor, Emanuel A. Schegloff and Sandra A. Thompson(eds.) 1996 Interaction and Grammar. Cambridge: Cambridge University Press.

Hopper, Karl R. 1972 Objective Knowledge: An Evolutionary Approach. Oxford: Oxford University Press.《客观知识——一个进化论的研究》，上海：上海译文出版社1987年。

Schegloff, Emanuel A. 2007 Sequence Organization in Interaction: A Primer in Conversation Analysis, Vol. 1. Cambridge: Cambridge University Press.

（本文原载《中国语文》2018年第5期）

汉语估测句言者意图实施的语义认知基础*

衡阳师范学院文学院　李振中

估测，指的是言者针对结果不确定的信息域进行具有[±肯定性]主观心理倾向的概率性判断或推理。蕴含[+估测]语义特征、用以估测表达的句子，叫估测句，比如“天空乌云密布，恐怕要下大雨了”等句子，就是这样的估测句。[+推断性][-确定性][+倾向性][±真值性]是汉语估测句的四大核心语义特征(参看李振中，2009：2-3)。目前语言学界对汉语估测句言者意图实施的内部机制还没有引起关注。因此，笔者拟从语义认知的角度予以探讨。例句语料取自北京大学 CCL 现代汉语语料库。

1. 汉语估测句言者意图实施的可推断性

1.1　推断性与推理的类

推断性，指具有推理、断定的性质。其中，关键在推理。因为没有推理则无所谓断定。有关辞书认为，逻辑学中的推理，指的是思维的基本形式之一，是由一个或者多个已知判断(前提)推出新判断(结论)的过程，推理有直接推理和间接推理之分(参看中国社会科学院语言研究所词典编辑室，2012：1323)。认知心理学则认为，推理是从已知的或者假设的事实中引出结论(参看王甦等，1992：308)。或者说，推理是从已有知识推

* 基金项目：国家重大招标项目(15ZDB105)、国家社科基金一般项目(18BYY067)、教育部社科基金规划项目(17YJA740025)。

作者简介：李振中(1969—　)，男，湖南武冈人，教授，博士，主要从事汉语句法语义研究。

出新结论的过程，是思维活动的一种重要形式（参看彭聃龄等，2004：305）。甚至认为，推理是指根据定理和证据得出结论的过程，是从已知条件出发推出一个新的结论或者评价一个已提结论的过程（参看 Sternberg，R. J.，2006：335）。

总的来说，推理是由一个或多个已知的或假设的前提推出新结论的过程。

通常情况下，形式逻辑往往将推理分为演绎和归纳两类。前者是从一般到特殊，后者是从特殊到一般。演绎推理在“问题的解决”中很有帮助，归纳推理在“概念的形成”中极有用处。很显然，在这里，笔者更为关心的是演绎推理。缘由有三：第一，笔者的讨论恰恰旨在“问题的解决”；第二，演绎推理以逻辑命题为基础；第三，与演绎推理紧密联系的两种推理（概率推理和回溯推理）跟笔者的讨论具有最为直接的关联性。

1.2 [＋概率性]信息域与概率推理

在日常言语行为中，言者常常会遇到诸多结果不确定的信息域，有时，很有必要对这些结果不确定的信息域作出适当的判断。笔者将这些结果不确定的信息域称作“[＋概率性]信息域”。日常言语交际往往要求言者一方或者言者和听者双方在该[＋概率性]信息域基础上作出推理、形成判断、做出决定，即要进行概率性推理、得出具有[±预期性]语义特征的一定结论（参看王甦等，1992：327）。至于得出的结论，则有可能为真、有可能为假，甚至有可能根本无法判断其真假。

考察语言事实，汉语估测句就是一种概率性判断或推理。估测的结果明显具有[－确定性]语义特征，即可能符合事实，也可能不符合事实；可能是对的，也可能是错的；甚至还有可能无法判断其真假。因此，认知心理学中的概率推理，很大一部分与言者日常生活中的估测表达直接关联。或者说，这种概率推理就是笔者在这里述及的估测。所以，完全可以说，与估测相关的概率推理就是一种条件推理。

言者对某一个或者某一些具有[＋概率性]语义特征的信息域进行估测时，大凡建立在两个基础之上：一是拥有事实根据（包括已知的或者假设的）；二是纯粹的主观想象。一句话，估测是有条件的。这种条件，要么是客观条件，要么是主观条件。据此，估测作为一种条件推理，其推理条件也有两种：客观条件和主观条件。至此，笔者将与估测相关的概率推理的语义特征总括描述为：[+估测性][+条件性][+概率性]。

1.3 [+估测性]回溯推理

在日常言语交际中，言者还经常会用到第三种推理方式，即回溯推理。回溯推理，是指由充分条件的假言推理引申出来的，通过肯定后件，再根据一般事理，得出肯定前件的一种或然性推理(参看陈宗明，1984：259)。

众所周知，演绎推理采取的是三段论，即常常根据大前提和小前提推导出结论。比如，动物都有一死(大前提)，狗是动物(小前提)，狗会死(结论)。而回溯推理则是，从结果出发，根据大前提推导出小前提。比如，狗死了(结果)，动物都有一死(大前提)，狗很可能是动物(小前提)。由此可以看出，回溯推理所推导出来的命题(小前提)不一定是真命题。毕竟，这一命题(小前提)还蕴涵"狗可能不是动物"这一伪命题。但是，这个推导出来的命题"狗很可能是动物"(小前提)与"狗死了"(结果)"动物都有一死"(大前提)两个命题是相容不悖的(参看沈家煊，2003：195－204、2009：111－117)。

与此密切关联的是，演绎推理还另外明确规约：充分条件的假言推理是不能从肯定后件得以肯定前件的。比如，如果木头受到摩擦，它就会生热。这一假言推理，肯定木头生热，却并不能据此肯定它一定是受到摩擦的结果。因为，还可能有其他原因(比如烘烤、暴晒等)也会导致木头生热。但是，在专业性言语生活中(如侦探破案等)却经常会用到这样的回溯推理(参看朱丽，2005：24)。比如，如果是某人作案，那么，现场必有某人的足迹(前提)，现场有某人足迹(结果)，则很可能是某人作案(推论)。

此外，在日常性言语生活中，也常常会用到这样的回溯推理。这在一些复句中就很常见。比如复句：既然小风浪经得住，大风浪当然也经得住。如果从纯逻辑的演绎推理角度考察，这种"据果断因"推断句似乎不成立。但是在实际言语运用中，作为勉励对方的激励语，这种推断句却经常可以听到、看到或者用到。追根究底，这种推断句所使用的就是回溯推理。如果大风浪经得住，那么小风浪也经得住(前提)，小风浪经得住(结果)，大风浪很可能经得住(推论)。原句用"当然"一词，就在于对估测结果的可能性加以彰显(参看邢福义,2001：235)。

汉语估测句言者意图实施的过程,其内部机制就是这样的一种回溯推理。其中,概念、判断、推理是基本因素,除此之外,还离不开联想(直接的、间接的)、想象(常规的、超常规的)等辅助因素。例如：

(1) 梁大牙说:“看样子司令员有高兴的事情了,莫非哪里又打胜仗了?”(徐贵祥《历史的天空》)

例(1)是以估测性副词“莫非”作估测标记的估测句。该估测句的回溯推理是,如果哪里打了胜仗,那么司令员就会高兴(前提),司令员高兴了(结果),很可能是哪里打了胜仗(推论)。再例如：

(2) 他没有像我预想的那样惊喜,或许是因为我们谈话的地点是在警察局会客室。(《人民日报》1995 年 9 月 5 日第 12 版)

例(2)是以估测性副词“或许”作估测标记的估测句。该估测句的回溯推理是,如果我们谈话的地点不是在警察局会客室,那么他会像我预想的那样惊喜(前提),他没有像我预想的那样惊喜(结果),很可能是因为我们谈话的地点是在警察局会客室(推论)。

诸如例(1)(2)这样体现在估测句中的回溯推理,笔者称作“[+估测性]回溯推理”。

2. 汉语估测句言者意图实施的不确定性

2.1 不确定性的估测语义辖域

不同学者,不同学科,或者不同理论,对不确定性的认知或者理解是不太一样的。比如概念加工理论,对不确定性有三点解释：第一,所有的不确定性都有其共同特点;第二,概率是测量不确定性的有用的指标;第三,概率是言者对于不确定事件的个人的信念。再比如信息理论,直接把不确定性与所需要的信息联系起来,提出了“熵”的概念,即不确定性可以用知晓某一事件所需的信息量来衡量。

如果说,其他学科对不确定性都比较反感的话,那么,唯独心理学对不确定性显得特别偏好,甚至情有独钟。因为心理学认为,不确定性是人类进化和发展的根源。

刘爱伦(2002)在《思维心理学》第八章“决策”之“不确定性与决策”一

节中，谈及伯克利(Berkeley)和汉弗莱(Humphreys)对决策的不确定性所作的深入分析，认为至少存在六种情况的决策不确定性(参看刘爱伦，2002：247-254)：

第一，决策者自己对于事件变化的控制的不确定性。

第二，对于在未来某一状态，决策者自己会如何感受或者希望如何行动的不确定性(参看朱丽，2005：24)。

第三，程序的不确定性，以及对决策手段、决策方法的不确定性，即不知道通过什么方法、程序来决策，比如需要什么信息、如何想出方案等(姚颖，2012：30)。

第四，结果价值评价的不确定性，即按什么原则对各种标准进行组合，以取得一个整体的评价。

第五，信息加工的不确定性，即如何来整合先验的信息，以确定事件发生的可能性(参看姚颖，2012：30)。

第六，行动与结果之间的不确定性。

以此观照汉语估测句言者意图实施的语义认知动因，可以说，以上六种"决策的不确定性"，正是笔者所论"不确定性"的估测语义辖域。其中，尤其以第一、二、五、六种估测语义辖域与汉语估测句言者意图实施之间的关联最为紧密。

2.2 不确定性是汉语估测句使用的要件

[－确定性]是汉语估测句最基本的核心语义特征之一(参看李振中，2009：2-3)。考察语料发现，汉语使用估测句表达时，基本不超出上述六种"不确定性"所涵盖的估测语义辖域。依语料考察实际，可将上述六种情况的"不确定性"归并为四种：

一是"态度—评价"的不确定性，即言者对施事者或者言说对象的态度、评价不确定；

二是"事物—事件"的不确定性，即言者对事物、事件行为本身的不确定；

三是"条件—结果"的不确定性，即言者无法根据已知信息推断出事件会确定发生(参看朱丽，2005：23)；

四是"行为—结果"的不确定性，即言者无法确定某种事件、行为会带来何种结果。

这四种情况的“不确定性”，就是言者使用估测句的四大主因。言者在言语交际中，其语用前提只要具备该四种情况的“不确定性”之一种，言者势必选取估测句用以估测表达。否则，言者难以选取估测句。下面举例说明。

第一，反映“态度—评价”不确定性的，例如：

(3) 也许不能说她是一个轻浮的女人，她不过是习惯在异性面前发嗲。（徐星《无主题变奏》）

例(3)中，言者对言说对象“她”的评价“不能说她是一个轻浮的女人”不能确定，所以选取估测句，并且选用估测性副词“也许”作为估测标记予以标显。

第二，反映“事物—事件”不确定性的，例如：

(4) 木星上最为壮丽的奇景，大概要数众多的卫星了。（编委会《中国儿童百科全书》）

例(4)中，言者对“木星上最为壮丽的奇景”到底是不是“要数众多的卫星”这一事物或者事件本身不能确定，因此不但选取估测句，而且选用估测性副词“大概”作为估测标记予以突显。

第三，反映“条件—结果”不确定性的，例如：

(5) 最后想到阿私陀仙说的悉达多太子，听说已经成道，想必能说出碑文内容的秘密，于是到竹林精舍访问了佛陀。（明旸法师《佛法概要》）

例(5)中，“悉达多太子，听说已经成道”这个条件是否会产生“能说出碑文内容的秘密”这个结果，言者对此不能完全确定（参看姚颖，2012：30），因此选取估测句，而且选用估测性副词“想必”作为估测标记予以凸显。

第四，反映“行为—结果”不确定性的，例如：

(6) “……把这些事办了，说不定能下雨。”明太祖一心求雨，当然很快批准了刘基的要求，抚恤了将士妻子，掩埋了工匠的尸骨。（孙红莉《中华上下五千年》）

例(6)中，“把这些事（抚恤将士妻子，掩埋工匠的尸骨）办了”这个行为是否会产生“能下雨”这个结果,言者不能完全确定,因此选取估测句(参看姚颖,2012: 30),并且选用估测性副词“说不定”作为估测标记予以彰显。

3. 汉语估测句言者意图实施的可取消性

3.1 汉语估测句的可取消性特质

这需要从会话含意理论谈起。

会话含意理论的提出,归功于美国学者 Grice H. P. (1975)。Grice H. P. (1975)提出的合作原则,要求言语交际者需要遵循四条准则(参看 Grice H. P., 1975: 41-58): 一是“适量”准则,即提供的信息要适量,不多也不少;二是“真实”准则,即要努力说真话,不说假话和无根据的话;三是“关联”准则,即要说跟话题有关的话,不说跟话题无关的话;四是“方式”准则,即说话要清楚明了,简洁而有条理。康德哲学范畴体系中,有四个范畴: 量、质、关系、方式。由于是对康德哲学范畴体系中四个范畴的套用,因此,这四条准则被称作古典格赖斯会话含意理论。

有学者,比如英国学者 Levinson, S. C. 等,在 Grice H. P. (1975)基础上发展成“新格赖斯会话含意理论”。Levinson, S. C. 针对言者和听者提出会话含意三原则(信息原则、方式原则、量原则)(参看 Levinson, S. C., 1983: 99-112),利用美国学者 Horn, L. R. 的研究成果提出了“荷恩等级关系”(参看 Levinson, S. C., 1987: 379-431),进而论证“会话含意三原则”的运用是有不同层级和量度的,即: 信息原则<方式原则<量原则(参看 Levinson, S. C., 1991: 107-161)。

总的说来,会话含意理论要求言者讲话“不含糊、清楚、关联、充分、准确、真实”(参看 Horn, L. R., 1984: 89-98)。

在 Grice H. P. 的会话含意理论中,根据语境依赖度的不同,会话含意有一般和特殊两类。这两类会话含意有五点共性: 第一,不确定性;第二,非规约性;第三,可推导性;第四,不可分离性;第五,可取消性(参看 Grice H. P., 1975: 41-58)。

以上所论会话含意的原则、层级和量度对笔者这里的讨论颇具启发,但笔者对会话含意的五点共性更为关心。因为考察语料发现,不确定性、可推导性、可取消性与汉语估测句的关联最为紧密。其中可取消性更是汉语估测句的一大特质。关于这点，依据有五：

第一，对于可取消性，Grice H. P.（1975）是这样描述的：由于合作原则可以被放弃遵循，因而在具体的语境下，会话含意就可以被取消（参看 Grice H. P.，1975：47）。坦率地说，该描述还可以继续讨论。因为考察汉语语料，发现：汉语估测句的会话含意，即使在具体语境下有可能被取消，也不一定就是由于合作原则被放弃了遵循，足见汉语估测句可取消性的范域较之更为宽泛。

第二，会话含意的取消方式有两种：明确（显性）取消和语境（隐性）取消（参看 Grice H. P.，1975：47）。汉语估测句兼而有之：前者如"他可能吃了一些蛋糕，但我不相信他会吃"，后者如"他可能吃了一些蛋糕，后来发现桌子上一点蛋糕也没有"。

第三，可取消性检验是用以甄别汉语估测句所言与所含的重要手段。所言受句法相关性约束，并与按照组合原则生成的句子意义密切关联。所含则是基于所言、遵循语用原则及其准则并结合语境因素经过合理推导获得。所言关乎语义学，所含关乎可取消性、关乎语用学。

第四，估测性副词、估测性语气词、估测性动词、估测性框式结构等估测性标记的运用，是汉语估测句可取消性特质赖以彰显的具体运用方式。如例（1）—（6）彰显可取消性特质的具体运用方式是：分别运用估测性副词"莫非""或许""也许""大概""想必""说不定"作为估测性标记。

第五，汉语估测句的可取消性特质主要有两个基本涵项：一是可取消言者会话含意的真实性；二是可削弱言者会话含意的真实度。

3.2 汉语估测句可取消性特质的语用效力

汉语估测句之所以在言语交际中不仅使用度很高，而且运用无碍、通行无阻，接受度也很高，是因为汉语估测句不仅具有可取消性的特质，而且具有可取消性特质的语用效力。例如：

（7）300 元，也许就改变了一个孩子的命运，伸出你的爱之手吧！（《报刊精选》1994 年第 1 期）

例（7）是言者的一个比较完整的言语行为。按照 Austin，J. L.（1975）的言语行为三分说，一个完整的言语行为可以抽象出具有蕴含关系的三个层次：言之行、言之力和言之果(参看 Austin, J. L., 1975: 147)。

言之行，即说话行为(所言)，指言者以言表意，说出合乎某种语言习惯的、有意义的话语。例(7)，言者在说出"300 元，也许就改变了一个孩子的命运，伸出你的爱之手吧"这一话语时，实际上使用了三种行为：发音行为(使用汉语语音)、发语行为(选取汉语语法)、发言行为(表达汉语语意)，这就是言之行(发言中之语)。

言之力，即施事行为(所含)，指言者以言行事，在特定的语境中赋予有意义的话语一种言语行为力量(即语力)。例(7)，言者在说出"300 元，也许就改变了一个孩子的命运，伸出你的爱之手吧"这一话语时，实施了"恳请听者捐款 300 元"的言外之事，这就是言之力(施言外之力)。

言之果，即取效行为(所用)，指言者以言取效，其说话行为或者施事行为在听者身上所产生的某种效果。例(7)，言者在说出"300 元，也许就改变了一个孩子的命运，伸出你的爱之手吧"这一话语时，如果对听者产生了一定影响："伸出了爱之手，至少捐款了 300 元"，那么，这就是言之果(收言后之果)。

Austin, J. L. (1975)将言之力(施事行为)归并为五种类型：裁决型、运用型、承诺型、表态型、表明型(参看 Austin, J. L., 1975: 148 - 164)。尽管目前学界对此分类意见不一，但从这五种类型涵盖的辖域来看，至少可以发现：汉语估测句的言之力(施事行为)至少蕴涵有裁决型和表明型。

事实上，按照常理，言者要针对某一信息域作出合适的裁决和表明，除了拥有一定的知识，还必需拥有个人的信念。概率就是言者针对不确定信息域的个人的信念。不同的信念对应着不同程度的概率。在言语交际中，绝大部分会话含意不需要那么精确。加之，言者日常说话时往往笼统而随意，大量会话含意都具备一定程度的估测性。这就较好地解释了汉语估测句接受度高、使用面宽、使用域广的个中原因。

例(7)，言者囿于自己对结果不确定的信息域的确信度不是绝对的高化(比如"300 元一定能改变一个孩子的命运")，因此不能给听者提供最为确定可靠的信息。于是，只能选择具有一定模糊度的估测表达："300 元，也许就改变了一个孩子的命运"，并且选取估测性副词"也许"作为估测标记予以凸显。

从例(7)可以看出，言者对于估测句的选择极为合适而有效。估测表达的选择使言者的意图实施有了足够的空间作为回旋余地。这恰恰满足了言者在言语交际中对质、量等基本准则的遵守，从而确保了言者在言语交际中对质、量等基本准则的考量。

据研究，言语交际有三条接受原则：趋同原则、配合原则和反馈原则(参看罗渊，2003：266－269)。有效的言语交际→成功的言语交际→理想的言语交际，构成言语交际的三个层次(参看黄卫星，2010：98－105)。在言语交际中，言语传递出不同的信息量，就意味着带来不一样的言语行为结果，比如有效的结果、成功的结果、理想的结果等。

汉语估测句是言语交际中承担调节信息量的话语模式之一。当言者在使用语言描述对客观世界的理解认知时，由于掌握的信息量不足，或者对自己推断能力感到信心不够，以致无法确定自己的理解或者推断是否准确，这时必然会使用合适的估测句(参看朱丽，2005：35)。

估测句的使用，可以为言者会话含意营造出间接传达的效果，可以取消言者会话含意的真实性，可以削弱言者会话含意的真实度。从而降低、削弱、减少乃至取消言者对于不确定言语行为及结果的责任。这就是汉语估测句可取消性特质的语用效力。

4. 结语

需要特别指出的是，一个完整的言语交际过程可以分为两个方面：一个是言者表达；一个是听者理解(参看邵敬敏、赵春利，2004：13－19)。言者表达和听者理解固然同等重要，但从某种程度上来讲，言者表达可能更为重要(参看李振中，2007：85－90)。

因此，笔者暂且以言者为立足点，在“基于汉语运用的汉语教学和汉语研究”的基本理念中(参看李振中，2014：1－2)，从可推断性、不确定性、可取消性三个方面探讨了汉语估测句言者意图实施的语义认知基础。

以上考察的基本结论有五点：

第一，可推断性、不确定性、可取消性，是汉语估测句言者意图实施的语义认知基础。

第二,可取消性是汉语估测句的一大特质,该特质有两个基本涵项:一是可取消言者会话含意的真实性;二是可削弱言者会话含意的真实度。

第三,可推断性、不确定性分别与汉语估测句的核心语义特征[+推断性][－确定性]直接关联,可取消性则由汉语估测句的核心语义特征[+倾向性][±真值性]合取而得。

第四,可推断性、不确定性、可取消性的着眼点不同,可推断性和不确定性着眼于汉语估测句的语用前提,可取消性着眼于汉语估测句的语用效力。

第五,汉语估测句的语用效力是:言者使用估测句,可取消或削弱言者会话含意的真实性或真实度,从而取消或者削弱言者对于不确定言语行为及结果的责任。

以上研究,不仅有助于汉语句子内部语义类型的进一步建立,而且有助于汉语估测句对内外汉语的有效教学。

参考文献

Sternberg, R. J. 2006《认知心理学》(第三版),杨炳钧等译,北京:中国轻工业出版社。

陈宗明　1984　《逻辑与语言表达》,上海:上海人民出版社。

黄卫星　2010　言语交际的三个层次,《湖南科技大学学报(社会科学版)》第2期。

李振中　2007　“语音表达单位及其表达效果”说略,《衡阳师范学院学报》第5期。

李振中　2014　《高师汉语语言学课程设置及其教学实践新探索》,湘潭:湘潭大学出版社。

李振中　2009　《现代汉语估测范畴研究》,暨南大学博士论文。

刘爱伦　2002　《思维心理学》,上海:上海教育出版社。

罗　渊　2003　言语交际中的三条接受原则,《中南大学学报(社会科学版)》第2期。

彭聃龄等　2004　《认知心理学》,杭州:浙江教育出版社。

邵敬敏、赵春利　2004　“语言理解论”刍议,《修辞学习》第1期。

沈家煊 2009 复句“合乎事理”辨,《现代外语》第2期。

沈家煊 2003 复句三域“行、知、言”,《中国语文》第3期。

王甦等 1992 《认知心理学》,北京:北京大学出版社。

邢福义 2001 《汉语复句研究》,北京:商务印书馆。

姚 颖 2012 《汉语估测性话语标记研究》,南京师范大学硕士论文。

中国社会科学院语言研究所词典编辑室 2012 《现代汉语词典(第6版)》,北京:商务印书馆。

朱 丽 2005 《揣测语气和揣测语气副词》,上海师范大学硕士论文。

Austin, J. L. 1975 *How to Do Things with Words*(*Second edition*). Oxford: Oxford University Press.

Grice H. P. 1975 *Logic and Conversation*. In Cole and Morgan, Syntax and Semantics, Vol. 3: Speech acts. New York: Academic Press.

Horn, L. R. 1984 *Towards a new taxonomy for pragmatic reference: Q-based and and R-based implicature*. In Schiffrin, D., (ed), Meaning, form and use in context: linguistics applications. Washington D. C.: Georgetown University Press.

Levinson, S. C. 1991 *Pragmatic reduction of the binding conditions*. Journal of Linguistics(27).

Levinson, S. C. 1987 *Pragmatics and the grammar of anaphora*. Journal of Linguistics (23).

Levinson, S. C. 1983 *Pragmatics*. Cambridge: Cambridge, CUP.

“怀疑”的词汇歧义和意义识解策略①

华中师范大学语言与语言教育研究中心　刘　彬
北京大学中文系　中国语言研究中心　袁毓林

1. 引言:“怀疑”的词汇歧义

汉语动词“怀疑”有两种几乎相反的意义,既可以表示“不相信”(记作:怀疑①),如“我怀疑他的诚意”;也可以表示“猜测”或“有点儿相信”(记作:怀疑②),如“我怀疑他是骗子”。这种词汇歧义带来的问题是:如何来看待这两种几乎相反的意义及其关系,以及如何区别或识解“怀疑”在不同语境中的意义而不至于造成误解。

对此,李兴亚(1987)、沈家煊(1999)、韩蕾(2001)、张宝胜(2002)、袁毓林(2014)、鲁承发(2016)、朴敏浚和袁毓林(2016)等都进行过探讨。他们从不同的角度讨论了“怀疑”的意义分化与引申、宾语类型及意义识解策略等问题。李兴亚(1987)最早探讨“怀疑”的意义及宾语的类型,并指出依据宾语的语法性质来识别“怀疑”的意义,即当“怀疑”带体词性宾语或不带宾语时,“怀疑”表示“不很相信”;带谓词性宾语时,“怀疑”表示“猜测”。张宝胜(2002)则指出,带谓词宾语的“怀疑”也可以表示“不相信”(如“我怀疑这篇文章是他写的,他哪里有这么高的水平啊!”);并且,“超预期”跟“不很相信”是无标记组配,而“可能”跟“猜测”是无标记组配。遗憾的是,他并没有进一步给出解释。袁毓林(2014)着重考察了“怀疑”的

① 本研究先后得到教育部人文社会科学重点研究基地重大研究项目“汉语意合语法框架下的词汇语义知识表示及其计算系统研究”(18JJD740003)、国家重点基础研究计划(973 计划)项目课题“语言认知的神经机制”(2014CB340502)、教育部人文社会科学研究青年基金项目(19YJC740033)的资助,谨此一并致谢。

意义引申机制和语义识解策略，提出了一种规则与策略相结合的识解方法，即根据客体论元的评价特征来识解“怀疑”的意义，简称“疑善信恶”。这种“自上而下”（top-down）的识解策略在通常情况下十分巧妙而且有效，但是在某些特殊情况下也会遇到反例。比如，鲁承发（2016）便提出了反例“我怀疑他很可能中了大奖了”来进行质疑。

综观已有的研究可以看出，“怀疑”的意义确实复杂多样，研究者们也在不断地寻求识解其意义的方法或策略。但从我们所掌握的材料来看，至少还有以下问题尚未解决：

1. 如何解释有些句子中宾语是正面、积极的事情，但其中的“怀疑”却应理解为“猜测或相信”？例如：①

（1）a. 我怀疑他很可能中了大奖了。

b. 妻子怯怯地说：老公，我怀疑咱们中奖了。

c. 我怀疑我们可能摇上号了。

2. 为什么“超预期”跟“不很相信”是无标记组配，而“可能”跟“猜测”是无标记组配？即为什么（2）中的“怀疑”都表示“不相信”，而（3）中的“怀疑”都表示“猜测或相信”？

（2）a. 我怀疑他竟然如此富有。

b. 我怀疑他竟然如此贫寒。

（3）a. 我怀疑她有可能丢了钱。

b. 我怀疑她有可能已经找到了丢失的钱。

本文通过考察较大规模的真实语料，首先考察“怀疑”两个义项的分布特征；接着，以上述问题为出发点，试图解释其中的原因，进而在袁毓林（2014）的基础上揭示出更为普遍和适用的关于“怀疑”意义的识解策略。

2. “怀疑”两个义项的分布特征

“怀疑”的两个义项：“不相信”是基本义，“猜测或有点儿相信”是引申义。它们在句法分布上接近互补又不完全互补，表现在：带谓词性宾语的“怀疑”偏向于猜测和相信，带体词性宾语或不带宾语的“怀疑”偏向于不相

① 本文例句均来自前人文献、网络新闻和北京大学 CCL 语料库。限于篇幅，不一一注明。

信;但在否定词修饰之后,“不/没有＋怀疑＋宾语小句”中的“怀疑”有时表示不相信,有时表示猜测或相信。也就是说,通常情况下,带体词性宾语或不带宾语的“怀疑”为“怀疑①”,带谓词性宾语的为“怀疑②”;但在“不/没有＋怀疑＋宾语小句”中的“怀疑”既可以为“怀疑①”,也可以为“怀疑②”。

而通过考察真实语料之后,我们发现“怀疑”两个义项的实际分布情况还要更复杂些。我们从 CCL 语料库中随机抽取了 500 例“怀疑”句(有效例句为 499 例,去除了 1 例无效句“那 5 个人满怀疑惑地瞧着我朋友”),通过逐例分析并考察上下文语境,来归纳“怀疑”的义项分布特点。统计结果见表 1:

表 1:“怀疑”两个义项的分布特点

<table>
<tr><td rowspan="5">怀疑①</td><td rowspan="5">289 例
57.9%</td><td rowspan="4">带宾语</td><td rowspan="4">39 例
13.5%</td><td rowspan="2">带体词性宾语</td><td rowspan="2">30 例
76.9%</td><td>受否定词修饰</td><td>16 例
53.3%</td></tr>
<tr><td>不受否定词修饰</td><td>14 例
46.7%</td></tr>
<tr><td rowspan="2">带谓词性宾语</td><td rowspan="2">9 例
23.1%</td><td>受否定词修饰</td><td>7 例
77.8%</td></tr>
<tr><td>不受否定词修饰</td><td>2 例
22.2%</td></tr>
<tr><td>不带宾语</td><td colspan="5">250 例
86.5%</td></tr>
<tr><td rowspan="4">怀疑②</td><td rowspan="4">162 例
32.5%</td><td rowspan="3">带宾语</td><td rowspan="3">162 例
100%</td><td>带体词性宾语</td><td>0 例
0%</td><td colspan="2"></td></tr>
<tr><td rowspan="2">带谓词性宾语</td><td rowspan="2">162 例
100%</td><td>受否定词修饰</td><td>1 例
0.6%</td></tr>
<tr><td>不受否定词修饰</td><td>162 例
99.4%</td></tr>
<tr><td>不带宾语</td><td colspan="5">0 例
0%</td></tr>
<tr><td>不确定(带疑问宾语)</td><td colspan="7">48 例
9.6%</td></tr>
</table>

通过观察表1,我们大致可以归纳出"怀疑①"和"怀疑②"的分布特点。总体来说,基本义的"怀疑①"(289例)分布比引申义的"怀疑②"(162例)更占优势。具体来讲,"怀疑①"大多数不带宾语(共250例),占86.5%;少数带宾语(仅39例),占13.5%,且以带体词性宾语为主(30例,占76.9%);而且,受否定词修饰后形成"不/没有+怀疑①+宾语"(共23例,占59.0%)比不受否定词修饰(共16例,占41.0%)更常见。"怀疑②"往往都必须带谓词性宾语,但受否定词修饰后形成"不/没有+怀疑②+宾语"非常罕见,仅发现1例,占0.6%。①

有意思的是,我们还发现了"怀疑②"的两项分布趋势:1)多用于新闻报道等语体中;2)"被"后往往是"怀疑②"。下面分别分析:

在我们统计的语料中,有183例来自新华社2001—2004年的新闻报道。其中,"怀疑②"句就有94例,占51.4%;"怀疑①"句只有72例,占39.3%;另有17例带"是否、能不能"等疑问宾语,占9.3%。综合比较之后,我们发现在新闻报道文体中,"怀疑②"比"怀疑①"更占优势。我们认为,这可能是因为新闻报道往往是报道一些新奇的、不太常见的具有新闻价值的事件;而人们往往乐于相信这种新奇的、不太常见的新闻。(详见3.1节)因此,在新闻报道文体中,表示"猜测或相信"的"怀疑②"往往更占优势。

另外,我们发现了42例"被+怀疑"结构,其中40例为"被+怀疑②+宾语",占95.2%,而且宾语都是消极的、不好的事情。例如:

(4) 去年10月,张棉生的妻子被怀疑患乳腺癌。

(5) 他们也被怀疑参与了10月12日发生在巴厘岛造成近200人丧生的爆炸案。

另外有2例是"被+怀疑①",此时"怀疑"都没有带宾语(据此可判定为怀疑①)。如:

(6) 德育为首从来没有被怀疑过……

也就是说,我们可以确定"被+怀疑+宾语"结构中的"怀疑"都是"怀疑②"。其中的原因,可以这样来理解:"被"字句本身表示的遭受义带有

① 原因详见朴敏浚、袁毓林(2016)。

贬义的评价色彩①,这与“怀疑②”的意义“相信某种负面、消极的可能性”正好相容。因此,“被+怀疑+宾语”结构中的“怀疑”都是“怀疑②”。

3. “怀疑”的意义识解策略

3.1 从“疑善信恶”到“疑实信虚”

从表1的统计结果可以看出,根据宾语类型来识解“怀疑”的意义,只能得出“不带宾语和带体词性宾语的是‘怀疑①’”这一结论;对于带谓词性宾语的情况,依据宾语类型往往会无能为力。鉴于此,袁毓林(2014)提出根据客体论元的评价特征来识解“怀疑”的意义:1)当“怀疑”的客体论元是正面、积极或中性时,把“怀疑”识解为“不相信”;2)当客体论元是负面、消极或偏离中性时,把“怀疑”识解为“猜测或相信”;3)当客体论元是两极并举时,把“怀疑”识解为“不相信”正极,同时“猜测”或“相信”负极。通常情况下,这种“疑善信恶”的策略十分巧妙且非常有效。例如:

(7) a. 到了20世纪80年代,开始有人怀疑上述考古成果的准确性。

b. 但也有人怀疑,冲突发生在全国准备举行总统大选之际,背后可能有政治动机。

根据客体论元的评价特征,可以容易地将(7a)中的“怀疑”识解为“不相信”,将(7b)中的“怀疑”识解为“猜测或相信”(详见袁毓林,2014)。

但是,在某些特殊情况下,这种“疑善信恶”的策略可能会无效。比如,例(1)中“怀疑”的宾语“中奖了、摇上号了”是正面、积极的事情,但“怀疑”应理解为“猜测或相信”。更有意思的是,例(3)中“怀疑”的宾语都是谓词性成分,其中(3a)的宾语小句是消极的、负面的事情,(3b)却是积极的、正面的事情;但这两例中的“怀疑”都应该理解成“猜测或相信”。显然,在这些情况下,“疑善信恶”的策略失效了。

鲁承发(2016)针对袁毓林(2014)提出了(1a)的反例。不过遗憾的是,该文并没有针对性地解决这一问题,而是提出理解“怀疑”意义主要存在三种方法:一是根据“推理关系与话语功能”来识解;二是根据“客体论

---

① 详见王力(2004/1980:500)对被动式的说明:“被动式的作用基本上是表示不幸或者不愉快的事情。”

元意义特征"来识解;三是根据"宾语句法性质"来识解。鲁文指出,这三种策略在实际交际中是相互协作的,少数情况下,三种识解策略的结果也可能不一致,此时遵循的规则一般为:策略一>策略二>策略三。例如:

(8) 我怀疑世界上有真正"全面"的文章。

例(8)中"怀疑"的宾语是谓词性成分,根据策略三,应识解为"相信"。但是,由于宾语的评价意义是正面的,根据策略二,须将其识解为"不相信";此时,策略三服从策略二(详见鲁承发,2016)。这样的识解方法看似合理,但是识解过程过于繁琐,不免让人觉得太费心力。而且先采取策略三,再修正为策略二,这种说法过于主观,也不一定具有心理现实性。

那么,到底应该如何来理解例(1—3)中"怀疑"的意义呢?换言之,是否还存在比"疑善信恶"原则更具有适用性的识解策略呢?

根据我们初步的考察,听话人在遇到这样的情况时,似乎还有一种自上而下的理解策略:如果宾语小句是经常发生或很容易发生或者已经发生了的事情,那么把"怀疑"识解为"不相信";如果宾语小句是没有可能或不太可能发生的事情,那么把"怀疑"识解为"猜测或相信"。这种语义识解原则,可以简称为"疑常信罕"或"疑有信无",或者进一步归纳为"疑实信虚"。下面依据这一原则来分析例(1)。

现实生活中像"中大奖""摇上号"这么美好、幸运的事情其实是很少发生的,以至于有彩民因为买彩票而倾家荡产,但最终还是没有中上大奖。也就是说,"中大奖""摇上号"这种事情是一种小概率事件。这种小概率事件,往往是不太可能发生的,因而人们一般不指望也不预期它真的能发生,而且(1)的宾语小句还带有表示认识情态的助动词"可能"来明示这种事态的概率性。而"可能"作为一种表示未然的标记,往往与"猜测"义相配。依据"疑实信虚"原则,我们便可以将(1)中的"怀疑"都识解为"猜测或相信"。

其中的道理,也并不难解释。因为,迫于种群进化和社会竞争的压力,人类已经养成了一种富有批判精神的怀疑意识。这种怀疑意识使人们在面对朦胧模糊、不太确定甚至扑朔迷离的情况时,往往不相信事情像表面上通常显现的那个似乎是实在的样子(即"疑实");而经常通过反思和想象来建构不在眼前的事物或者其他可能发生的事情,进而猜测或相信这种虚拟或小概率的事物或事情(即“信虚”)。这也体现了“怀疑”的反通常性特征。

这也就可以解释第 2 节发现的“怀疑②”多用于新闻报道文体的规律。因为,新闻报道往往针对的是一些新奇、不太常见或不太可能发生的具有新闻价值的事件;正如人们津津乐道的“狗咬人不是新闻,人咬狗才是新闻”。而人们在“疑实信虚”这种反常思想的影响下,往往乐于相信这种新闻事件的发生,给庸常的生活增添一点谈资。

3.2 疑信博弈的概率倾向和词汇标记

如果说“怀疑”的反通常性特征还表现为“疑实信虚”;那么,我们就有理由相信:

当“怀疑”的宾语(在说话人看来)是已经发生了或他已经清楚知道了的表面现象时,便把“怀疑”识解为“不相信”。以例(2)为例,按照张宝胜(2002)的说法,其中的“怀疑”都应理解为“不相信”,他进而指出“超预期”跟“不相信”是无标记组配。但是,他没有解释其中的原因。在我们看来,说话人之所以会说出“我怀疑他竟然如此富有”,是因为说话人已经知道他很富有,但不太相信这种表面的现象,因为这种表面现象超出了自己的预期,出乎意料,所以令人怀疑[不相信]。同样,说话人说出“我怀疑他竟然如此贫寒”,也是因为他不相信这种表面上已经存在的但跟自己预期不符合的现象。而且,例(2)的宾语小句中有“竟然”之类表示出乎意料的标记词语进行帮衬,充分显示出宾语的反预期性,所以更令人怀疑[不相信]。这里面深层次的原因,是基于“疑实信虚”这种反常思想,说话人往往不相信已经发生了的表面现象,尤其是超出自己预期的、令人出乎意料的反常现象。

这种识解策略还可以用来解释鲁承发(2016)举出的另外一组例子,即:

(9) a. 他俩长得如此相像,我真<u>怀疑</u>他们是不是父子俩。

b. 他俩长得一点都不像,我真<u>怀疑</u>他们是不是父子俩。

鲁文指出可以依据推理关系(溯因推理或充分条件推理)和话语功能来识解(9)中“怀疑”的意义:a 表示有点相信他们是父子俩;b 表示不太相信他们是父子俩。(详见鲁承发,2016)但是,其推理过程过于繁琐,且鲁文也指出了该识解方法具有很大的局限性。

按照我们的观点，例(9a)的语境其实已经暗含了“他们并非父子俩”的前提信息，即话语先设(discourse presupposition)或语用预设是“他们并非父子俩”。因为依据常识，如果他们是父子俩，那么长得相像就很正常，当然也就没有怀疑或猜测的必要。而且如果他们本来就是父子俩，那么说话人再说出例(9a)就显得比较奇怪，除非另有其他的会话隐涵(implicature)。因为这违反了合作原则中的“适量准则”。此外该句还使用了“如此”这种表示超出预期的词语来修饰，也说明了他们本来不是父子的信息，不然也不会用“如此”来传达出乎意料之义。所以说例(9a)的语境暗含了“他们并非父子俩”的前提，说话人在说出这句话时，也已经知道了这一前提信息。显然，在说话人看来，话语先设是一种“实”的表面现象。所以，依据“疑实信虚”原则，可知例(9a)表示“不相信他们并非父子俩”，即说话人“猜测或相信他们是父子俩”。同理，例(9b)的语境已经暗含了“他们是父子俩”的前提信息(且说话人也已经知道了这样的前提信息)，即话语先设是“他们是父子俩”；依据“疑实信虚”原则，可知例(9b)表示“不太相信他们是父子俩”。

如果上述语义识解原则是正确的，那么我们就有理由期望：当“怀疑”受到“不、没有”等否定词修饰，从而构成“不/没有＋怀疑＋宾语小句”时，“不/没有＋怀疑”的意义反转到“通常性”上，即“信实疑虚”。于是，当宾语小句是不太可能发生的事情，就把“不/没有＋怀疑”识解为“不相信”，相应地把“怀疑”诠释为“猜测或相信”；当宾语小句是经常发生或很容易发生或者已经发生了的事情，就把“不/没有＋怀疑”识解为“相信”，相应地把“怀疑”诠释为“不相信”。例如：

(10) 没想到货来了，却无出厂日期。他们毫不怀疑商品会有问题，因为厂家是北京鼎鼎大名的企业。

(11) 沃特森的所有反应基本都源自其大脑，在与9个其他助教开始帮助学生前，沃特森曾接受佐治亚州理工大学的研究人员训练。有些学生曾怀疑沃特森为何反应如此敏捷。它曾使用“设计”代替“项目”等词汇，但没有学生怀疑它是机器人。

诚然，我们可以根据客体论元的评价色彩来识解例(10)中“怀疑”的意义,即根据“商品会有问题”是负面的、消极的事情,所以将“怀疑”识解为“猜测或相信”。我们也可以换一个角度,从“怀疑”的另一种“反通常性”特征(即“疑实信虚”)来看,例(10)中的“商品会有问题”这种事情在说话人看来是不太可能发生的,因为语境中已经明示了生产这种产品的“厂家是北京鼎鼎大名的企业”。因此,说话人不相信“商品会有问题”。也就是说,“毫不怀疑”表示“不相信”,相应地将“怀疑”诠释为“猜测或相信”。例(11)中有两个“怀疑”,依据“疑实信虚”原则,可以得出第一个“怀疑”的意义为“不相信”,因为它的宾语具有反预期性(“如此”可以凸显出这一点);而第二个“怀疑”的宾语“它是机器人”在学生看来是不太可能发生的事情,因而不相信“它是机器人”。也就是说,“没有……怀疑”表示不相信,相应地将“怀疑”诠释为“猜测或相信”。

如此看来,依据“疑实信虚”的原则可以得出跟袁毓林(2014)一致的结果,而且更为有效;同时还解决了例(1—3)等反例。这就说明,我们在袁毓林(2014)的基础上提出的“疑实信虚”的识解策略具有更普遍的适用性。

因此,我们认为,当“怀疑”的宾语表示不太可能发生或实现的事情时,即使这件事情是正面的、积极的(如“我怀疑他很可能中了大奖了”),“怀疑”也应识解为“猜测或相信”;而且,此时宾语往往有“可能、会”等表示认识情态的助动词帮衬,这就说明了“可能”跟“猜测”是无标记组配。当“怀疑”的宾语表示超预期、出乎意料的事情时(如“我怀疑他竟然如此富有/贫寒”),说话人往往不相信这种已经发生的但不符合自己预期的表面现象,此时“怀疑”应识解为“不相信”;而且,此时宾语往往有“竟然、居然”等表示出乎意料或“如此、这样”等表示主观大量的词语帮衬,这就说明了“超预期”跟“不很相信”是无标记组配。其中深层次的原因是由于“怀疑”的“疑实信虚”的反通常性特征。

简言之,“怀疑”反映的是一种基于预期、概率和可能性的心理博弈;其反通常性的特点,使得它反而相信小概率或不太可能发生的事件,而不相信大概率或超预期、出乎意料的事件。

3.3 小结

综上所述,我们认为:在通常情况下,可以根据客体论元的评价色彩，即依据“疑善信恶”的原则来识解“怀疑”的两种不同意义；在某些特殊的情况下（如超预期语境），还需要利用“疑常信罕”“疑实信虚”等更加抽象的原则才能准确地识解出“怀疑”的意义。同时，“怀疑”反映的是一种基于预期、概率和可能性的心理博弈；“超预期”跟“不很相信”是无标记组配，而“可能”跟“猜测”是无标记组配，其深层原因是基于“疑实信虚”的反通常思想。

需要说明的是，虽然本文所提出的更为抽象的“疑常信罕”“疑实信虚”等原则是对袁毓林（2014）“疑善信恶”原则的补充和扩展，也解决了目前所发现的各种反例；但是，如果从更朴素的观点来看，“怀疑”的概念结构所包含的“疑善信恶”的反常性特征其实也能够解释上文中的反例。因为，“怀疑”是一种不怀好意的猜测，它的两个义项“都庇荫于否定的大伞之下”（袁毓林，2014）。“怀疑②”表示在否定了事情像表面上显现的、或人们一般认为（或宣称）的那样之后，反向估计和推测事情实际上很可能是另外（甚至相反）的一种样子。再来看反例“我怀疑我们可能摇上号了”，可以这样来解释：一般情况下，人们都会认为“摇上号”是不太可能或者说发生概率很小的事情，在“怀疑”进入句子之后，其内置的否定性意义发挥效用，在否定了人们一般所认为的那样（即“摇上号”不太可能发生）之后，反向估计和推测很可能是另外一种样子（即“摇上号”可能真的发生了）。换言之，在“我怀疑我们可能摇上号了”中，“怀疑”的否定性猜测意义促使人们在识解句子意义时，往往先否定一般人所通常认为的那种样子，进而反向估计和猜测是另外一种相反的样子。显然，这也是符合“疑善信恶”原则的。如果上述假设是合理的，那也就说明依旧可以根据“疑善信恶”来识解该“怀疑”的意义。但是，这样的识解程序会花费较多的心力，不如本文所揭示出的“疑实信虚”策略来得快而有效。

4. 结语：怀疑精神与乐观主义

本文首先总结了关于“怀疑”的研究成果并指出了目前研究中所存在的问题，接着通过考察真实语料归纳出了“怀疑”两个义项的分布特征，进而在袁毓林（2014）“疑善信恶”的基础上提出了“疑常信罕”“疑实信虚”等更加抽象的语义识解原则。这种更为普遍的策略可以更准确地识解“怀疑”的两种不同意义,同时也解决了以往研究中所遗留的问题。这样,我们可以把“疑善信恶”“疑常信罕”“疑实信虚”等语义识解原则统一起来,建立一套完整的关于“怀疑”意义的识解策略:在通常情况下,我们可以根据客体论元的评价色彩,即依据“疑善信恶”原则来识解“怀疑”的不同意义;在某些特殊的情况下(如超预期语境),则还需要依靠“疑常信罕”“疑实信虚”等原则才能更准确有效地识解出“怀疑”的意义。

通过本文的研究可以看出,在人类进化和社会竞争等多重压力下,“疑善信恶”“疑实信虚”这样的怀疑意识与精神已经成为一种带有社会惯例性质的约束原则。人们往往不相信事情像表面上通常呈现的那么好;进而猜测或相信事情其实并没有那么好,或者押注于不存在的事物或者不太可能发生的事情(如时下流行的说法“我怀疑我交了个假男朋友/我怀疑我过了个假春节”)。这种怀疑精神与人类心理上普遍存在的主旋律——“乐观主义”刚好互补。表现在:通常情况下,人们往往乐于奉行乐观原则;而遇到反常情况时,却倾向于发扬“疑善信恶”“疑实信虚”等怀疑精神。下面的报道正好说明了这一点:

(12) 有关飞行在中国黄岩岛邻近空域之外,不足为奇,但高调炒作就显得不太正常,其背后的动机也值得怀疑。

(13) 李华记得,当时医院很热情,还派车来接母女二人。到医院的时候妻子发现医院很冷清,有点怀疑,但是考虑到费用……

显然,触发“怀疑”的因素是因为说话人发现了反常现象,如(12)中“不太正常的高调炒作”和(13)中“医院很冷清”都是一种反常的现象,所以说话人心生怀疑。这样的怀疑精神正好用以对冲更为普遍的乐观原则,使得人类的心智更为健全,行为更加理性。

参考文献

韩　蕾　2001　“怀疑”的词义、宾语和句义,《徐州师范大学学报》第1期。

李兴亚　1987　“怀疑”的意义和宾语的类型,《中国语文》第2期。

鲁承发　2016　“怀疑”意义的分化机制与识解策略新探——兼谈“表达省力”与“理解省力”博弈对句法的影响,《语言教学与研究》第3期。

朴敏浚、袁毓林 2016 汉英日韩"怀疑"类动词的句法语义和语用对比，《汉藏语学报》第9期。

沈家煊 1999 《不对称和标记论》，南昌：江西教育出版社。

王 力 2004/1980 《汉语史稿》，北京：中华书局。

袁毓林 2014 "怀疑"的意义引申机制和语义识解策略，《语言研究》第3期。

张宝胜 2002 再说"怀疑"，载《语法研究与探索(十一)》，北京：商务印书馆。

Boucher, J. & C. E. Osgood 1969 The Pollyanna Hypothesis, *Journal of Verbal Behavior* 8: 1-8.

Grice, H. Paul 1975 *Logic and* conversation. In Cole, P., & J. L. Morgan ed., *Syntax and Semantics* 3: *Speech Acts*. New York: Academic Press, 41-58.

(本文原载《外语教学与研究》2018年第1期)

“是不是 VP”肯定性倾向的传息角度考察

武汉大学　郭婷婷

1. 引言

“是不是 VP”问句是正反问句中比较特殊的一种类型，在功能上不同于表达纯询问的一般正反问句，而是更多地带有“肯定性倾向”，即问话人对于所问之事并非一无所知，而是在主观上已有一定的肯定性判断，具有了某种猜度的意味。比较“家里是不是来过客人?”和“家里来没来过客人?”这两个问句，明显前者具有猜测意味，而后者倾向纯粹的询问功能，不带有任何的主观色彩。在前人的研究中，有些学者注意到了“是不是VP”与一般正反问句在功能上有所分化，主张将其从正反问句中分离出来(陶炼 1998;丁力 1999)；还有的学者认为“是不是 VP”中“是不是”的性质已经语法化为话语-语用标记(方梅 2005)。但究竟是什么原因造成了“是不是 VP”问句与一般正反问句在功能上的分化，对此问题进行专门探讨的学者不多，比较具有代表性观点是邵敬敏、朱彦在其《“是不是 VP”问句的肯定性倾向及其类型学意义》(2002)一文中所作的阐释，邵和朱文通过考察“是不是 VP”这种句式的历史发展线索，进而指出“是不是 VP”主要有两种来源：一是从“是 VP 不是”紧缩而来；二是从“VP 是不是”移位而来，并且认为，既然“是不是 VP”有相当一部分是从表示征求对方同意或希望对方予以证实的附加问“VP 是不是”前移而来，所以“是不是VP”带有明显的肯定性语义倾向是顺理成章的。应该说，邵和朱文对此问题的论述从历时的角度为解释“是不是 VP”的特殊表达功能提供了一种很好的思路。但如果我们从共时的角度来观察语言事实会发现，除了“是不是 VP”具有这种特殊的语义表达功能外，还有其他的一些正反问形式也有类似的表达功能，比如：“会不会 VP”和一部分“是不是 NP”问句在不具备重音强调焦点的情况下，都有可能表达一定的猜测求证功能。例如：

(1) 他会不会已经先走了？

(2) 这是不是以前教过你的那个老师？

很显然，例(1)(2)这样的句子都明显带有说话人的主观猜测意味，即具有某种"肯定性倾向"，但这些例句所反映的语言事实似乎很难一概都用邵和朱文的"'VP，是不是'附加问前移说"来解释。因此，本文尝试从信息传递的角度来寻找引起"是不是VP"以及相关句式肯定性表达功能的深层原因。

2. "是不是VP"肯定性表达功能的成因

2.1 "是不是"的虚化与焦点的移动

学者们一般认为正反问的疑问焦点就是其正反相叠结构"V不V"(汤廷池1984；林裕文1985；李宇明、陈前瑞1998)，但我们认为这一规律并不适用于"是不是VP"，也就是说通常情况下"是不是"并不充当疑问焦点的角色，原因就在于"是不是VP"中的"是不是"与一般正反问中的"V不V"具有不同的性质。

陶炼(1998)曾对"是不是"和"V不V"的语法特点作过比较，陶文认为："1. 正反问句的肯定否定重叠结构(V不V)中间可以有其他成分；而'是不是VP'中的"是不是"中间则不能插入任何成分。这表明这个"是不是"是一个已经凝固了的结构，其功能与一个词一样。2. 正反问句中肯定否定重叠的成分(V不V)是句子的核心，去掉它们句子的结构就不完整；而"是不是VP"中的"是不是"则不参加句子的基本组织，去掉它句子仍是一个完整的肯定或否定陈述。李莹(2015)也证明："是不是NP"中的"是"是判断动词，通过"是"的肯否叠合形式进行提问，要求听话人从肯定和否定的内容中选出一种作为回答，此种问句归为正反问句一类；而"是不是VP"中的"是"分析为助动词，[①]充当的是焦点标记和强调标记。我们也较为赞同这一结论。

① 黄正德也持类似观点(1988)。

从前人的研究中能看出,“是”的性质由实义判断动词变为助动词的变化过程,也是“是不是”结构逐渐由疑问焦点虚化为焦点标记的过程,而我们认为,信息结构的制约在这个由实变虚的过程中起到了至关重要的作用:在“是不是 NP”问句中,由判断动词“是”所构成的“是不是”结构,与一般正反问句中的“V 不 V”功能一致,仍然是句子的核心和疑问焦点,如果去掉“是不是”,句子结构就会变得不完整。但“是不是”一旦与“VP”结合形成“是不是 VP”句式后,情况就发生了改变。根据对所搜集的“是不是 VP”实际语料进行观察,发现其中的“VP”很少由光杆动词充当,而往往是一个相对复杂的谓词性结构,传递的信息量大,且位于句末。而根据大多数学者所认同的“尾焦原则”(参看张伯江、方梅 1996;徐烈炯、刘丹青 2003),句末的信息比较容易认知和记忆,并且是焦点的凸显位置,这些特点都使得结构复杂的句末“VP”容易成为句子信息传递的重心,并与“是不是”形成了竞争焦点的局面,在这一竞争过程中,“是不是”并无优势可言,最后只能通过虚化的手段失去焦点地位,使整个句子的重心落在“VP”之上,以达到一种新的平衡。因此,我们认为,疑问焦点从“是不是”向“VP”的移动在一定程度上造成了“是不是”实义表达功能的虚化,而这种虚化过程又进一步加强和巩固了 VP 的疑问焦点地位。①

2.2 命题焦点易形成肯定性猜度功能

通过上面的探讨,我们了解到“是不是 VP”问句的焦点在自然重音条件下均落在“VP”之上,而去掉疑问标记“是不是”后的“VP”往往都是一个完整的命题,因此属于典型的“命题焦点”,②例如:

(3) 他(是不是)昨天没去上班?

(4) 小王(是不是)平时学习特别刻苦?

例(3)(4)的疑问焦点分别是“昨天没去上班”和“平时学习特别刻苦”,它们都是相对完整的命题,既然是一个完整的命题,就显示了说话人

---

① 此处探讨的焦点情况均是指在自然重音的条件下出现的,不通过强调重音强行指派焦点。

② 在疑问句中,“命题焦点”指的是由一个完整命题充当的疑问焦点;与之相对应的是“成分焦点”,即问句中的某一或某些句法成分充当的焦点(丁力 1999)。

对这一命题的某种主观判断和推测，加上疑问标记"是不是"后，是希望对方对这种推测予以证实。因此，这种命题焦点的性质就使得"是不是VP"正反问具有相当浓厚的肯定性猜度意味。①

2.3 "是不是"焦点身份的激活与询问功能的呈现

我们在上文中已经谈到，通常情况下"是不是VP"问句的焦点都落在VP之上，具有明显的肯定性倾向，呈现出猜度求证的功能。但这并不意味着"是不是VP"不能呈现出询问求知的功能。先看下例：

(5) 甲：我打算明天不来了。

乙：你想清楚，明天是不是不来了？到时可别后悔。

通读上例，我们可以明显感到"明天是不是不来了"这一问句所表达的决不是猜度求证的肯定性功能，而是纯粹的询问甚至追问功能，焦点重音也相应落在"是不是"之上。究其原因，仍然是信息结构在起作用，在这个对话中，"VP"—"不来了"在甲的话语中已经出现过，因此在乙的问句中，"不来了"就只能属于旧信息，从而失去了充当焦点的资格，这样就恰好激活了"是不是"作为焦点的功能，而这种正反相叠的形式做焦点的句子正好表达的是询问求知的功能，跟一般正反问的焦点和功能一致。

这个例子也说明了"是不是VP"呈现询问功能的重要条件，就是要求"VP"失去信息焦点的身份，只能是作为旧信息参与组织信息结构，从而将"是不是"的焦点身份激活，与此相匹配的焦点重音也必定是落在"是不是"之上的。由于此时句子呈现的是询问功能，因而都可添加"究竟""到底"等这类表示深究意味的副词，同时，这也说明了在实际的语言运用中，为什么用于追问的"是不是VP"问句都不带有肯定倾向，而具有强烈的询问功能。例如：

(6) 甲：这事有人说是他干的，也有人说不是他干的。

乙：那你要查清楚，这事到底是不是他干的？

很显然，类似例(6)这样表示追问的"是不是VP"问句，其VP部分均是在上文出现过的旧信息，句中的重音自然地落在"是不是"之上，使其成

---

① 这种从传息角度对肯定性倾向所作的解释，也适用于同样表达肯定性倾向的"会不会VP"句式。

为了焦点,从而整个句子的表达功能是对于“VP”的进一步探究和追问。

3. 部分“是不是NP”问句的肯定性倾向

从已有的研究来看,学者们逐渐注意到了“是不是VP”所具有的肯定性倾向,但对“是不是NP”的肯定性倾向普遍缺乏关注,目前还未见对此进行专门探讨的文章。

3.1 “NP”的特点对于“是不是NP”肯定倾向的影响

并非所有的“是不是NP”问句都会呈现出“猜测求证”的功能,只有部分问句具有这样的肯定性倾向。我们来比较以下两组句子:

(7) a 这里是不是学校?

b 这里是不是你小时候上过的那所寄宿学校?

(8) a 他是不是医生?

b 他是不是上次给你动手术的那个医生?

比较a、b两组句子,我们明显能感觉到a组句没有明显的倾向,而b组句的肯定性倾向远远超过了a组句。观察其异同,我们发现a、b两组句子最大的不同就在于NP的结构复杂与否:带有复杂定语的NP所在的b组句较之包含简单形式的NP的a组句在体现肯定性功能方面有较大的优势。可见,结构复杂的NP更易于使“是不是NP”形成肯定性表达倾向。

3.2 “是不是NP”肯定性功能的传息解释

以上我们通过对语料的考察,发现部分“是不是NP”同样可以具有较为明显的肯定性倾向。过去已有的研究,一般都认为“是不是NP”的疑问焦点位于判断动词的正反叠用形式“是不是”之上,要求听话人从肯否内容中作出一种回答,因此句子不太可能出现肯定性倾向。从历时的角度来看,这种说法似乎有其一定的根据,有关研究表明“是不是NP”是由“是NP不是”发展而来的(邵敬敏、朱彦2002);从信息传递的视角来看,在其早期用例中,由于NP处于“是不是”这一疑问形式的中间,此时NP的结构不宜过于复杂,传递信息也不宜过多,否则就会割裂“是”与“不是”所构成的正反问形式之间的联系。因此NP相对简单,此时的“是NP不是”问句也较少能够表达肯定性倾向的功能。为了进一步直观地说明这一问

题,我们来看看邵和朱文(2002)中所提供的关于"是 NP 不是"的早期历史语料:

(9) 你道是新奇异事不是?(《红楼梦》2 回,邵和朱文用例)

(10) 这是你薛姑娘的屋子不是?(《红楼梦》40 回,邵和朱文用例)

(11) 雨村老爷是贵本家不是?(《红楼梦》92 回,邵和朱文用例)

(12) 打这金刚,瞧他是金刚不是!(《红楼梦》104 回,邵和朱文用例)

以上几例语料均出自 18 世纪中后期的《红楼梦》,是较早出现"是 NP 不是"的文本,比较具有代表性。考察这几例语料发现,其中 NP 的构造都相对简单,且整个结构并不表达明显的肯定性倾向。

但随着语言的发展和表达的需要,在某些情况下"是 NP 不是"结构中的 NP 逐渐变得复杂,传递的信息量更加丰富,在稍晚一些的历史语料中我们能够看到这样的用例,比如 19 世纪后期的《儿女英雄传》中有这样一例"是 NP 不是"问句:"这姓褚的可是人称他褚一官的不是?"(邵和朱文用例)。该例的 NP 是一个较为复杂的"的"字结构,传达的信息量较大,而且从整个问句来看,说话人对 NP 的性质特点有了较多的猜测,整体体现出较为明显的猜测求证的肯定性倾向。但如果 NP 进一步复杂化,且仍置于"是不是"正反结构中间,就会割裂"是"和"不是"之间的联系,从而削弱正反叠用手段表达疑问的功能。因此,语言的发展最终选择了由"是不是 NP"这一焦点凸显的句式来容纳更为复杂的 NP 结构,从而更好地对信息进行组织和表达。邵和朱文(2002)也提到"'是不是 NP/VP'句式也比'是 NP/VP 不是'句式在焦点理解上具有明显的优势"。对这一观点,我们也深表赞同。

至此,我们可以从传息的角度对"是不是 NP"所具有的肯定性倾向作出如下解读:较之过去"NP"位于正反叠用形式之间的情况,"NP"的后置摆脱了"是不是"对其结构上的束缚,"NP"在形式上得到了彻底的解放,有了由简单向复杂变化的可能,语形上可以不断延展以表达更为丰富的信息,而这在过去的"是 NP 不是"句式中是受限的。在信息的传达上,"NP"的复杂化就使整个句子的表达重心向后移,削弱了"是不是"作为疑问焦点的身份,并且"NP"越复杂就意味着问话人对 NP 的性质有更多的主观性判断,从而使问句的询问功能减弱而肯定性功能凸显。因此,我们认为部分“是不是 NP”具有肯定性倾向的成因和“是不是 VP”是具有某种一致性的，二者都是复杂的 NP 或 VP 造成信息传递的重心后移之后所形成的新的表达功能。

4. 结语

学界已有的研究一般认为肯定性倾向是“是不是 VP”特有的表达功能，并认为除了“是不是 VP”之外，其他的正反问形式所表达的是不具有任何倾向的探询功能。事实并非如此简单，我们在上一小节的讨论中已经看到了某些“是不是 NP”形式所具有的肯定性倾向，并且在我们对语言实例中的进一步考察中，发现在正反问的内部，越来越多的“V－neg－V＋VP”句式也具有了肯定性倾向或是相关的表达新功能，例如前文举例提到过的部分“会不会 VP”也具有肯定性倾向的猜度求证功能；部分“能不能 VP”则具有弱祈使请求功能，具有了一定的主观化倾向，这些表达功能的发展变化或多或少都与信息传递有关。[①]

因此，我们有理由认为：“肯定性倾向”并非“是不是 VP”这一种句式所独有的，某些其他疑问句式也可能具有同样的表达倾向，这是一种在信息传达方面具有类型化特征的功能表达。而本文所做的探讨就是希望能够打破仅从某一句式内部寻找原因的局限，尝试用传息的观点对这些同类的现象进行统一的解释，进而从一个角度展示信息结构对于疑问句功能表达的深刻影响。

参考文献

丁　力　1999　从问句系统看“是不是”问句，《中国语文》第 1 期。

方　梅　2005　疑问标记“是不是”的虚化——从疑问标记到话语-语用标记，《语法化与语法研究(二)》，北京：商务印书馆。

郭婷婷　2005　现代汉语“吗”是非问句的信息结构与功能类型，《华中科技大学学报》(社会科学版)第 3 期。

① 关于“会不会 VP”和“能不能 VP”句式的进一步分析，此不赘述，将另文探讨。

郭婷婷 2009 信息结构对"X－neg－X"正反问标的语法制约,《长江学术》第4期。

黄正德 1988 说"是"和"有",《中央研究院历史语言研究所集刊》(第五十九本):第一分册。

李莹 2015 现代汉语中的"是不是 VP"与"有没有 VP"句式,《渤海大学学报》(哲学社会科学版)第1期。

李宇明 陈前瑞 1998 《语言的理解与发生——儿童问句系统的理解与发生比较研究》,华中师范大学出版社。

林裕文 1985 谈疑问句,《中国语文》第2期。

邵敬敏 1996 《现代汉语疑问句研究》,上海:华东师范大学出版社。

邵敬敏 朱彦 2002 "是不是 VP"问句的肯定性倾向及其类型学意义,《世界汉语教学》第3期。

陶炼 1998 "是不是"问句说略,《中国语文》第2期。

汤廷池 1985 国语疑问句研究续论,《师大学报》(台湾)第29期。

萧国政 2001 汉语信息结构与语法实体成活,《世界汉语教学》第4期。

萧国政 2004 21世纪现代汉语语法研究的内涵构成与发展选择——拓展主体 加强两翼,《华东师范大学学报》第3期。

徐杰 李英哲 1993 焦点和两个非线性语法范畴:"否定""疑问",《中国语文》第2期。

徐烈炯 刘丹青主编 2003 《话题与焦点新论》,上海:上海教育出版社。

张伯江 方梅 1996 《汉语功能语法研究》,南昌:江西教育出版社。

词汇化与语法化

“别是”“不是”的词汇化及相关问题

天津师范大学　王世凯

“别是”“不是”是现代汉语中两个相关度很高的短语词，都表示揣测。吕叔湘(1981)、郭继懋(1987)、史金生(1997)、殷树林(2011)、郑贵友(2014)、李思旭(2017)等论及该问题。前期研究很有借鉴意义，但定性较多、论证不足。我们拟在已有研究的基础上，主要关注如下问题：1. 揣测语气副词“别是”的来源、词汇化机制，并对其语用功能作出修正性分析；2. 揣测语气副词“不是”的来源、词汇化诱因及语用功能；3. “别是”“不是”的表述立场及差异。

1. “别是”的词汇化及语用功能

前期研究只是明确了“别是”的揣测功能，词汇化等问题尚属空白。

1.1　揣测语气副词“别是”的词汇化

揣测语气副词“别是”源于古代汉语跨层组合“别＋是”，是常规结构式“别＋是＋NP”的组合成分 NP 发生变异，诱发“是”语法化，并经重新分析，从而导致“别是”发生词汇化。

1.1.1　揣测语气副词“别是”的来源

“别＋是”线性序列最早见于唐代。如：

(1) 今者支使侍御以好善心，得稽古力，骋真才子之藻思，辱大丞相之笔踪，推为宾席殊荣，<u>别是儒家盛事</u>。(《唐文拾遗》卷 42)

(2) 山公醉后能骑马，<u>别是风流贤主人</u>。(李白《江夏赠韦南陵冰》)

此后历代都使用。明清以前，“别是”均为跨层结构，“别”为指别词，意为“另外”；“是”为判断动词，与其后的 NP(事物)构成汉语中常规的述宾结构。“别-是 NP”是汉语中常规的状中结构，表示“另外是 NP”，并多

在引申意义上使用。明清以降,“别是”出现了另外的用法。如:

(3) 后又转想,从来没听见他说有这门亲戚,别是他见我行李盘费皆无,私自逃走了罢……疑惑之间,只见包兴从下面笑嘻嘻的上来。(《三侠五义》第4回)

(4) 直走了七八里路,也没走到玉皇阁。心中纳闷,别是柳安儿冤我吧?(《小五义》第34回)

(5) 众人都笑道:“别是掉在茅厕里了?快叫人去瞧瞧。”(《红楼梦》第41回)

与此前相比,“别是”序列发生了如下变化:形式上,“别是”的后续成分出现了句子形式或动词性结构,可描写为VP,总体上可概括为事件;语义上,“别是”不再表示“另外是”,转而表示“或许是”“可能是”,是言者对某个事件的揣测。值得关注的是,“别是NP”在“别是VP”的类推下也出现了揣测用法。如:

(6) 三位哥哥,树林中有人,别是九龙山踩盘子的吧?(《三侠剑》第7回)

(7) 马化龙说:“别是那个山西雁罢?好狗娘养的!”(《续小五义》第44回)

(8)“这帐子是谁的?别是你的吧?我不要!”(戴厚英《人啊,人!》)

由此可以推断,表揣测语气的“别是”源于古汉语跨层结构“别+是”的词汇化。

1.1.2 揣测语气副词“别是”词汇化的诱因

“别是”副词化主要是常规组合成分变异、重新分析、语境吸收和近义结构类推的结果。

首先,常规结构式的非典型组合是“别是”发生语法化的诱因。“是NP”常规述宾组合到“是VP”超常规句法组合的变化诱发对该结构的重新分析,促使“是”发生语法化,进而诱发“别是”词汇化。“别+是”的早期用法都是“是”后为NP。如:

(9) 阆苑年华永,嬉游别是情。(柳永《巫山一段云》)

(10) 山西别是一族,尤为劲悍。(沈括《梦溪笔谈·杂志一》)

此时,“是”均为判断动词充当述语,其后的NP为“是”的宾语。述宾结构是汉语句法中的常规组合，“别”与“是”之间没有句法结构关系。当NP为VP取代，这种常规的句法关系就被打破。如：

(11) 今日白等了一天，并没见有个人来，别是那老苍头也死了罢？(《三侠五义》第76回)

(12) 卢珍说：“大叔，别是有什么猛兽吧？”(《小五义》第61回)

当“是”出现在“别是VP(吧)”序列中，“是VP”成为汉语常规结构式的非典型组合，原有的结构和语义平衡被打破。伴随组合成分变异，同时出现了韵律调整。当“是”后成分为VP时，“别是”成为一个自然音步，且失去本音，读得比较轻。NP到VP的变化诱发了“是”的语法化，使之由原来的判断动词虚化为附缀。同时，“是”的附缀化使“别-是NP”发生了“别是-VP”的重新分析。

其次，“别是”的词汇化也是语境吸收的结果。语料核查显示，清代以降，“别是”开始大量出现在“别是……吧/罢”语境中。如：

(13) 好汉一听声音甚熟，连忙回答说：“中镖者别是朱光祖吧？”(《施公案》第84回)

(14) 胡爷说：“别是真不好吧？”(《小五义》第79回)

从“别是……吧”框架所在的语境看，均表示说话人举棋不定，虽有所认知，但又不能确认。当“别是”经常出现于“别是……吧/罢”这样的语境中，自然会吸收语境中相应的意义。当框架中的“吧”脱落，“别是”完成了语境吸收，“别是”独自承担了表示揣测的功能。如：

(15) “就是那个小姐，他的妹妹吧，你家。”“别是传染病？”“不是，是老玻。”(沈从文《冬的空间》)

(16) 我甚至怕你别是出了什么意外，我为你隐隐地担心。(周洁茹《周洁茹作品集》)

再次，揣测语气副词“别是”的形成也在一定程度上受到“不是……吧”构式的类推影响。“不是……吧”和“别是……吧”具有共同的语义基础、相近的语用功能，二者在很多情形下具有替换性。如：

(17) a 还有这种事，不是在编故事吧？(唐灿《从毛泽东到“四大天王”》)→

b 还有这种事，别是在编故事吧？

(18) a 大哥,你……不是已经死了吗?我这不是在做梦吧!(无极《孤战天下》)→

b 大哥,你……不是已经死了吗?我这别是在做梦吧!

李思旭(2017)认为表揣测的“不是”在晚唐五代已经词汇化,明清时继续使用,而表揣测的“别是”是在清代完成词汇化。两个结构在共同的语义和语用基础上,必然会产生一定的影响。“不是”词汇化在先,这就可能影响到“别是”的词汇化。

最后,“别是”的词汇化也受到语体环境的影响。语料核查显示,跨层的“别+是”基本都出现在书面语中,从“别+是”首次出现,一直到现代汉语中均如此。如:

(19) 兰生不当户,别是闲庭草。(李白《赠友人》)

(20) 此中别是一家仙,送汝前程往竺天。(《大唐三藏取经诗话·经过女人国处》)

(21) 申铁蟾随两位仙姐走出飞碟,但见巨大的穹顶下面别是一番天地,树木青翠,繁花似锦。(韩治国《忆秦娥》)

“别+是”早期多出现于诗词以及小说、笔记等叙述性语言中,现代的“别+是”均为承古而用,而揣测语气副词“别是”均于口语中出现。语体环境的变化带来的语用后果就是口语中的“别是”具有较高的频次。频率(frequency)作为引发语法化的先决条件之一,在一定程度上促使“别是”发生语法化和词汇化。

1.2 对揣测语气副词“别是”语用功能的再认识

吕叔湘(1981)、李思旭(2017)均认为“别是”表示揣测,且所揣测的事往往是自己所不愿意、不期望的。就使用频率来讲,“别是”表示所揣测的事情往往是说话人不愿意、不情愿的,应该没有问题。但这毕竟只是实际语用的问题,还应该考察揣测对象的特点。如果我们把“别是”所揣测的对象用 X 表示,从人的常规心理角度看,X 有三种情形:

一是 X 本身具有负向期待特征,即 X 是人们所不期望发生的事情。如:

(22) 妈妈忙站起来:“怎啦,别是孩子生病吧?”(李存葆《高山下的花环》)

(23) 今晚你猜谜老是输，别是喝多了吧？（岑凯伦《还你前生债》）

在这种情形下，“别是”表示主体对其所不愿意、不期望的事情的揣测。

二是X本身没有期待方向性，“别是”是否反映交际主体的意愿倾向，反映何种意愿倾向，需要依赖更大的语境来显现。如：

(24) 李益笑道：“允明别是害臊不好意思来吧？”（司马紫烟《紫玉钗》）

(25) 王伟，问你件事儿，你老跑广州，别是找了个广州的女朋友吧？（李可《双面胶》）

从“害臊不好意思来”所在的语境看，并没有反映说话人的意愿倾向，只是言明说话人的揣测。“找了个广州的女朋友”本身没有意愿倾向性，只是在语境中显示是言者不期望。

三是X本身具有正向期待特征。如：

(26) 看到这种情形，我真的有点懵了，“别是真的过了科三了吧？”（微博）

(27) 母亲既兴奋又迟疑，“别是真的考过了吧？”（微博）

从例(26)(27)看，“通过科三”“孩子通过考试”是人们常规的正向期待，不可能是主体不愿意或不期望的。

由此可见，“别是”虽具有揣测义，但不必然包含负向意愿性。“别是”的语义可以概括为“意外性揣测”。这既符合“揣测”的特性，也符合“别”的语义倾向。从揣测的结果来看，揣测的结果或者与事实相符，或者与事实不符。如果揣测的结果与事实不符，就是“意外”。“别”的本意是“另外”。不论是另外的事物，还是另外的事件，对于实施揣测的主体来讲，都是意料之外的。因此，从这个角度看，“别是”本身就蕴含了“意外”性。

2. “不是”的词汇化及其语用功能

2.1 揣测语气副词“不是”的词汇化

2.1.1 揣测语气副词“不是”的来源

语料核查显示，揣测语气副词“不是”的常规用法是出现在“不是……吧”框架中。如：

(28) 人到七十才有这点觉悟，还说什么觉悟高？你这不是在挖苦我

吧?”(马识途《专车轶闻》)

(29) 怎么连照面也不打一个就走,该不是我哪儿对不住他吧!(刘醒龙《分享艰难》)

(30) 丁鹏很意外地道:“小玉,你不是开玩笑吧?”(古龙《圆月弯刀》)

史金生(1997)、邵敬敏(2002)认为“不是……吧”框架应该始源于“是不是X”疑问结构。“是不是X”是个选择问结构,说话人要求听话人就疑问点用“是”或“不是”回答,听说互动具有一定程度的强制性。说话人使用“是不是X”选择问,实施的仅仅是发问行为,没有个人的推断在内。当说话人对言说对象有所判断时,就可能产生新的言语行为。最好的证明就是言语交际中出现了“是不是X”框架使用测度语气词“吧”的现象。如:

(31) 怎么回事?揉了揉自己的眼睛,是不是半年没来认错路了吧?(《人民日报》1994)

(32) 老何呀,你看时间也不早啦,是不是我们今天就到这里吧?(张平《十面埋伏》)

说话人只是以“是不是……吧”框架进行求证,疑问语气弱化或者消失。“是不是X”到“是不是X吧”的演变带来两个语用后果:其一,疑问功能弱化,表现在疑问变成弱问或彻底失去疑问功能,这必然导致产生其他的交际功能;其二,随着疑问功能弱化,句子表情强度也随之降低。事实上,“是不是……吧”框架不论表示弱问、求证还是建议,它都有一个基本的特征,就是说话人对所言对象有了判断,但是这种判断对于说话人来讲又不能确定。这是测度产生的基础。

“是不是……吧”框架进一步演化就出现了拆解分化用法,即拆解成“是……吧”框架和“不是……吧”框架。“是……吧”框架的高层语义表示揣测。如:

(33) 有这样黄色的图画,能是好书吗?美国共产党,你是唬我吧?(梁小民《列车上挨批记》)

(34) 小姐,您是子文兄的小妹吧?(阳午《宋美龄的甜蜜初恋:与刘纪文异国私定终身》)

与“是……吧”框架相同,“不是……吧”框架的高层语义也表示揣测。如:

(35) 蓝苹这时才露出一丝笑意,“你不是来骗我的吧?”(王素萍《她还没叫江青的时候》)

(36) 你刚才说什么娃娃全散了一地? 不是编出来的藉口吧?”(于晴《红苹果之恋》)

“不是……吧”框架和“是……吧”框架的高层语义相同,又同时存在,必然有其各自存在的理由。

首先,对两个框架的回应方式不同。从倾向性上看,对“是……吧”框架的回应可以是肯定的,也可以是否定的。如:

(37) 张:这是物理实验室吧? 白:放化的。

(38) —您这房子是接出去的吧? —这房子整个是接出的,原来就到这儿孩儿。

而对“不是……吧”框架的回应多是否定的。如:

(39) “这不是做梦吧?”“怎么会是做梦? 我们是周总理的小客人嘛!”(《人民日报》1994)

(40) “你们不是本村人吧?”……“我们是湖南花垣县过水村的。”(《人民日报》1994)

“不是……吧”框架即使表达肯定的意思,也得先用否定,然后再表达肯定的意思,类似英语中的反义疑问句。两个框架的这种差异可以从完型的角度分析。“是……吧”框架从肯定和否定的角度构成一个完型,肯定回答和否定回答都可能作为图形凸显出来。而“不是……吧”框架只能凸显否定的部分,即只有一个图形。

其次,从对两个框架的回应角度看,二者的表情强度也存在差异。比较来讲,对“不是……吧”框架的回应显现更强的表情性。如:

(41) “不是人害的吧?”另一个人问。“不是,百分之百不是。”(王朔《永失我爱》)

(42) “你,不是仅仅想玩弄她吧?”“不,不,决不是……决不是。”(王朔《给我顶住》)

江蓝生(2008)认为有标记信息会刺激人们的交际欲望。这和我们分析的两种框架的机理相合。“是……吧”框架对于说话人来讲是正向揣测,属于无标记信息。“不是……吧”框架对于说话人来讲是负向揣测,属于有标记信息。有标记信息本身就带有较强的表情性。当人们回应此类信息时,也倾向于使用表情性更加明显的表达方式。可以这样认为,信息的标记性与表情强度成正比。这也正好印证了我们对两个框架的完型分析。

这样看来,现代汉语中因交际需要并适应交际需求,“是不是X”经历了分化,并完成了功能转型,其基本演化路径如下:

是X吧?(正向揣测)
是不是X?(选择疑问)→是不是X吧?(弱问/揣测)→{是X吧(正向揣测);不是X吧(反向揣测)}
不是X吧?(负向揣测)

从语义和功能的角度考察,揣测语气副词与“不是……吧”框架有高度相似性。“不是……吧”框架是揣测语气副词“不是”的直接来源。

2.1.2 揣测语气副词“不是”词汇化的诱因

揣测语气副词“不是”的词汇化与韵律特征、信息完型、语境吸收等因素相关。

首先,信息完型引发的韵律调节导致“不是”组块化。洪波(2009)认为日常话语交际中,句子就是最基本的完型单位,每个独立的句子都要经过前景化和背景化处理。为表述方便,我们把“不是X吧”框架中的“不是”记为A段,把X记为B段。如:

(43) 女档主拿出一张圆凳请她与我对面坐下,她笑着对我说:“你不是记者吧?”(1994年报刊精选)

(44) 吴官正说:“这不是说现在吧?”(1994年报刊精选)

现实交际中,A段和B段在重音调配上有两种不同的情形:“A重B轻”和“A轻B重”。A和B都有可能被前景化,从而在交际中被凸显出来。当A段成为表述重点时,凸显的是否定判断,重在否定。当B段成为表述重点时,强调的是对X的揣测,没有否定。当A段不作为前景出现时,就不会被赋予重音,从而出现“A轻B重”的重音调配模式,“不是”语音发生轻化。当“不是”作为一个信息块被处理时,就在一定程度上促使其结构上也组块化。

其次,框架“不是X吧”构式化导致“不是”的重新分析。“不是”在现代汉语中本来是一个典型的否定判断结构。“Y不是X吧”表示说话人对Y进行否定判断，更容易接纳的X为NP，从而组成"Y不是NP吧"。如：

(45) 欧洲近几年向后看的劲头不亚于向前看的努力，这该不是一种巧合吧？(《人民日报》2000年)

(46) 从电视上看到您上岸时的精神状态非常好，没想到您能稳稳地站起来，那么精神地登陆上岸。您不是个铁人吧？"(《人民日报》2000年)

"不是"是跨层结构，二者之间没有句法结构关系，其前可以出现"恐怕""大概""大约""肯定""一定""或许""可能""应该"等主观认知情态副词。如：

(47) "肯定不是编辑吧？"于德利说。"肯定不该是。"戈玲说。(王朔《编辑部的故事、-修改后发表》)

(48) 想我小小年纪既不认路又不会飞翔，为何一觉醒来身在异地——也许不是人吧？(王朔我《看上去很美》)

但当"不是"后出现谓词性(主要是动词性成分)时，情况开始有了变化。如：

(49) 别吓唬人了，你不是在说你自己吧？(川端康成《生为女人》)→

(50) 别吓唬人了，你恐怕不是在说你自己吧？(不是说自己)

(51) 别吓唬人了，你不是在说你自己吧？(可能是在说自己)

例(50)(51)是对例(49)的两种解读方式：例(50)"不是"前加主观认知情态副词，"不是"被赋予重音，表示否定判断；例(51)"不是"不能前加主观认知情态副词，不能赋予重音，表示推测。也就是说，后者已经形成了"新形式-新意义"的配对。当"不是X吧"具有高层语义、X为变量形式，高层语义不能从结构成分推导而出时，"不是X吧"已经是一个图形构式。构式化不仅是对形态、句法、语义以及语用的重新分析，而且还涉及话语、语篇和音位的演化等问题。"不是X吧"构式化带来的一个直接的句法后果就是"不是"的语音轻化、语义虚化，成为构式中的一个构件，从而完成组块化。这也直接促发了"不是"的词汇化。

最后，语境吸收也影响"不是"的语法化和词汇化。"不是X吧"框架实际上是两个不同构式共用的一个结构体，分别表示从否定角度发问和揣测。当“不是”出现于表示揣测的“不是X吧”框架中时,由于受到整体构式的语义影响,“不是”在组块化的同时,也吸收了构式义中表示揣测的语义。这也间接促使“不是”发生词汇化。

3. “别是”“不是”表述方式的比较

表述方式可以从表述立场和表述方向角度考察。从表述立场的角度来讲,表述大致可以分为两种类型:一种是就事件并着重于事件来言说,虽然可以包含言者的视角、立场或情感,但主要突出事件,可以称之为在场式事件主体立场;另一种是在表述事件的同时,主要突出言者的视角、立场或情感,言者是站在事件之外进行表述,可以称之为离场式言者主体立场。从表述方向角度看,人对事件的表述可以是正向表述,即用肯定的方式表达人的思维结果;也可以是反向表述,即用否定的方式表达同样的思维结果。表述立场和表述方向可以组合式地出现于人的表达中。

“别是”是对事件的揣测。首先,人表述揣测,既可以直接表述揣测的结果,即肯定表述;也可以反向表述相同的结果,即否定表述。“别是”从否定的角度表述揣测的结果,属于反向表述。其次,从言者角度观测,言者在进行事件表述的同时,强调的不是事件本身,而在于言明本人的视角、立场或情感。就是说,言者是站在事件之外,对事件进行表述。站在事件之外,即离场式;重在主观性,即言者主体立场。“别是孩子生病了吧?”言说的事件是“孩子生病”,但不重在表达“是”或者“不是”,而重在凸出言者的立场——意外。其中离场式和反向性都强化了表达的主观性。可见,以所述事件为参照点进行考察,“别是”不是“就事论事”,属于离场性言者主体立场反向表述。

“不是”也表示揣测。这就决定“不是”和“别是”的语用功能在大同之外必然存在小异。

首先,“不是”属于在场性反向表述,即反向“就事论事”。“不是X吧”和“是X吧”都与“别是”是站在事件之外进行表述不同,这两个框架都是凸显对事件本身的表述。如:

(52)“是犯罪行为吗?”“还有其他方面的。”“<u>不是杀人吧</u>?”(亚瑟·柯南道尔《福尔摩斯7-恐怖谷》)

(53) "圣上受惊了,是做梦吧?噩梦预兆着好事将临呢!"(温瑞安《群龙之首》)

二者都是就事件论述事件,属于在场性表述。从表述方向上看,二者互补,并独立存在。其中"不是X吧"是一个反向表述框架,重在从否定的角度进行推测。

其次,"不是"属于事件主体性表述。任何表述都包含命题内容和说话人的主观认知,但是必然有一个方面被凸显。"不是X吧"和"是X吧"的一个共性就是"就事论事",属于事件焦点型框架,重在从不同方向表述对事件的揣测性判断。表述中虽然包含人的主观认识,但不是表达的重点。可见,"不是"的基本语用功能也是表示揣测,从表述方式角度看,属于在场性事件主体立场反向表述。

参考文献

北京大学中文系1955、1957级语言班 1982 《现代汉语虚词例释》,北京:商务印书馆。

郭继懋 1987 谈表提醒的"不是",《中国语文》第2期。

江蓝生 2016 超常组合与语义羡余——汉语语法化诱因新探,《中国语文》第5期。

江蓝生 2008 概念叠加与构式整合——肯定否定不对称的解释,《中国语文》第6期。

李思旭 2017 三音节固化词语"X不是"的表义倾向及词汇化,《世界汉语教学》第1期。

吕叔湘 1981 《现代汉语八百词》,北京:商务印书馆。

邵敬敏 朱彦 2002 "是不是VP"问句的肯定性倾向及其类型学意义,《世界汉语教学》第3期。

史金生 1997 表反问的"不是",《中国语文》第1期。

殷树林 2011 说话语标记"不是",《汉语学习》第1期。

张谊生 2013 介词叠加的方式与类别、作用与后果,《语文研究》第1期。

郑贵友 2014 "不是X吗"句的语义特征和表达功能,《汉语学报》第4期。

“莫大”的词汇化及语义演变解释*

华东师范大学中文系　余义兵

1. 引言

《现代汉语词典》(第7版,2016：922)收录“莫大”一词,如下：

[形]没有比这个再大;极大：～的光荣|～的幸福。

很显然,“莫大”一词既不具有构词方式上的相似性(iconicity),也不具有语义上的透明度(transparency)(参见高翀,2015)。那么“莫大”是如何具有“没有比这个再大”这样的词汇意义的呢?很多人也可能会把“莫大”认为是“莫大于此”的缩略,“莫大的光荣”就是“莫大于此的光荣”。我们认为这个问题并不这么简单,即便如此,“极大”的意义又是从何而来?

本文主体内容分为两部分：一是追溯“莫大”的句法位置的变化,从语义演变角度尝试分析“莫大”的词汇化,并通过数据简要说明其演化途径的特殊性;二是分析现代汉语中“莫大”使用的一些倾向性,并简要与“很大”“极大”做一些比较。本文语料除特殊说明外均出自北京大学语料库(网络版),为便于检索古代语料注明历史时代和文献出处,现当代语料注明作者和文献出处。

2. “莫大”的词汇化分析

2.1　“莫大”早期用例情况

下面是早期文献出现的“莫大”例句：

(1) 是故,法象莫大乎天地,变通莫大乎四时;县象著明莫大乎日月,

* 感谢匿名审稿人提出的宝贵的修改意见。收入该论文集时用例略作了删减。

崇高莫大乎富贵。备物致用，立成器以为天下利，莫大乎圣人；探赜索隐，钩深致远，以定天下之吉凶，成天下之亹亹者，莫大乎蓍龟。（周《易》）

（2）天下无道，戎马生于郊。祸莫大于不知足；咎莫大于欲得。故知足之足，常足矣。（春秋《老子》）

（3）吾君之入也，君之惠也。能纳之，能执之，则能释之。德莫厚焉，惠莫大焉。（春秋《国语》）

（4）大罪伐之，小罪惮之。……今宋人弑其君，罪莫大焉！（春秋《国语》）

（5）子父不奸之谓礼，守命共时之谓信。违此二者，奸莫大焉。（春秋《左传》）

（6）初，鬻拳强谏楚子，楚子弗从，临之以兵，惧而从之。鬻拳曰："吾惧君以兵，罪莫大焉。"（春秋《左传》）

以上关于"莫大"的句子有三个特点：

第一，从语义范畴上讲，"莫大"所在的句子是比较级比较句①，可以分为两种格式："P 莫$_X$ 大乎/于 Y"（以下简写作"P 莫$_X$ 大于 Y"）和"Y，P 莫$_X$ 大焉$_Y$"。其中 P 是比较点，"于"是比较标记（marker，记作 M），"莫"

① 关于比较句的主要组成部分具体参看马真先生（1986）、邵敬敏先生（1990）、刘焱（2004：13－28）、佘义兵（2008：54－55）等。关于"Y，P 莫$_X$ 大焉$_Y$"中"焉"的认识，杨伯峻（1965：210－211）认为"'焉'又可以为兼词，兼起'于是'的作用，'是'可以指代人、事物与地方"，"'焉'字作语气词……和'也'不同，'焉'既不起申述和解释的作用，也不起肯定和强化的作用，只是叙述一种情况或者行为的目的"；何乐士等（1985：658－661）认为"焉，代词，用于动词、形容词之后，可理解为'于是'，其中的'是'代人、事物、处所"，"焉，语气词，用在句末，用来加强语气。可译为'了''呢'等"；王力（1999：259－260）认为"'焉'字是一个指示代词兼语气词"。虽然后两者把"焉"看作代词，不过也认为"焉"含有"于是"，翻译"过而能改，善莫大焉"为"没有哪一种善事比这个更大"，可见，对于"Y，P 莫$_X$ 大焉$_Y$"句是比较句没有异议。《汉语大词典》（第 7 卷：84）则直接说"焉，兼有介词加代词的功能，相当于介词'于'加代词'此'或'是'"。因此综上我们把"焉"看做兼"于"和"此"。另外，下文的"-莫$_X$"是一个复数集合，包括比较范域内除 Y 之外的其他成员。论证的过程大致如下：例如赵、钱、孙、李四人中赵的年龄最大，那么"没有人比赵$_Y$ 年龄再大"中的"没有人"集合的补集就是"有人"，而"有人"集合指的就是"钱、孙、李"构成的集合，因此"-莫$_X$"和"赵$_Y$"就互补构成比较范域。

是“否定性的无定代词”(王力,1999：270),是比较句的比较主体(记作X,下标即为此意),Y是比较对象(“焉”的下标表示其复指Y);此外“-莫X”和“Y”两者互补,共同构成具有P性质的比较范域(domain,记作Dm)。以例(2)和例(6)说明：例(2)“祸莫大于不知足”中“祸”是比较点,“莫”是比较主体,“不知足”是比较对象,“于”是比较标记,“大”是比较结果,该句可以直译为“就灾祸而言,没有什么比不知足再大”;例(6)“吾惧君以兵,罪莫大焉”中“罪”是比较点,“莫”是比较主体,“吾惧君以兵”是比较对象,与“焉”中的代词同指,“焉”中的“于”是比较标记,“大”是比较结果,该句可以直译为“我用武力使君主您惊惧,就罪状而言没有什么比这个再大”。因而这两个格式的“固有义”可以共同表达为“就P而言,没有什么X比Y再大”。从句法结构上讲,虽然两个格式的“莫X”都是主语(杨伯峻,1965：217;何乐士等,1985：375),但是其他成分有一定差别：“P莫X大于Y”中Y是介词宾语,P是话题;而“Y,P莫$_X$ 大焉$_Y$”中Y是主话题,P是次话题。

以上可见,“莫”和“大”其实是两个词：“莫$_X$”是代词,是比较主体;“大”是形容词,是比较结果。然而,“莫大”的结构紧邻(constructional contiguity)为其语法化提供了第一个先决条件。

战国之后开始出现了与“Y,P莫$_X$ 大焉$_Y$”句法结构类似的第三种格式,即“Y,P莫$_X$ 大乎/于此$_Y$/是$_Y$”(以下简写作“Y,P莫$_X$ 大于此$_Y$”)。例如：

(7) 其心曰“是何足与言仁义也”云尔,则不敬莫大乎是。(战国《荀子》)

(8) ……,飘风一旦起,则贲、育不及救,而外交不及至,祸莫大于此。(战国《韩非子》)

(9) 臣仲舒对曰:“周公傅成王,成王遂及圣,功莫大于此。”(西汉《春秋繁露》)

(10) 骄逸悖理,与背畔无异,臣子之恶,莫大于是,不宜宿卫在位。(东汉《汉书》)

第二,比较点大多以话题或次话题性质出现,或与“莫”紧邻,或较长时与“莫”用句读分离,偶有不言自明时也可以在句中不出现。例如：

(11) 子贡、季路,辅孔悝乱乎卫,阳货乱乎齐,佛肸以中牟叛,漆雕刑残,莫大焉!(战国《墨子》)

(12) 故曰:莫神于天,莫富于地,莫大于帝王。(战国《庄子》)

第三,比较对象可以是名词性质的,如上述例(1)的"天地""日月";也可以是动词、形容词性质或其否定形式,如上述例(2)的"欲得""不知足";还可以是主谓短语或动宾短语,如下例:

(13) 夫哀莫大于心死,而人死亦次之。(战国《庄子》)

(14) 取诸人以为善,是与人为善者也。故君子莫大乎与人为善。(战国《孟子》)

(15) 夫德莫大于有国子民,罪莫大于执杀使者。(东汉《汉书》)

2.2 "莫大"的语义演变

在"-莫$_X$"和"Y"所构成具有P这个比较点的比较范域内,"就P而言,没有什么X比Y再大"这一"固有义"很容易做出"就P而言,Y最大"(或"Y就P而言最大")这样的语用推理(pragmatic referencing),或者说这一"固有义"具有"就P而言,Y最大"这样的"会话隐涵义"(conversational implicature)。例如,赵、钱、孙、李四人中,"就年龄而言,没有人比赵再大"往往就意味着"就年龄而言,赵最大"。但是,"莫大"比较句的固有义和隐涵义在语义范畴和句法结构上都有非常大的差别:在固有义"就P而言,没有什么$_X$比Y再大"中,语义是比较级比较,"没有什么X"是比较主体,是整个句子的主语,Y是比较对象;而在隐涵义"就P而言,Y最大"中,语义是最高级比较,Y(即原来的比较对象)就变成了比较主体X,成为整个句子的主语,而范域内的"-莫"反而成为隐含的比较对象Y。

根据句法-语义结构的相似程度,我们发现上述三种"莫大"格式与隐涵义"就P而言,Y最大"之间呈现一定的梯度差别。首先,"P莫$_X$大于$_Y$"最不相似,因为它的比较对象直接位于句末。其次,"Y,P莫X大于此Y"虽然该句Y也在句子前头,但是句末有非常明显的复指成分"此$_Y$",因此,Y很难变成了比较主体。最后,"Y,P莫$_X$大焉$_Y$"最为相似,因为Y原本就在句子前头,而"焉"的复指并不明显,正如王力先生(1999:261)指出"由于它的位置经常是在句尾,所以它逐渐取得了语气词的性质","带有指点引人注意的语气",当听者或读者并不十分清楚地

知道“焉”是一个兼词,或者可能认为它只是一个语气词时,那么“莫大”就有可能直接作“最大”解。请看例句:

(16) 万物皆备于我矣,反身而诚,乐莫大焉。(战国《孟子》)

(17) 父母生之,续莫大焉;君亲临之,厚莫重焉。(战国《孝经》)

(18) 农,天下之本,务莫大焉。(西汉《史记》)

以例(18)说明:该句可以按照固有义即比较级比较直译为“农业$_Y$是天下之根本,就责任而言没有什么$_X$比这个$_Y$再大”;同样,该句也可以按照隐涵义即最高级比较直译为“农业$_X$是天下之根本,责任最大啊”。其他各例同。

Morgan(1987)在历时方面提出“短路会话隐涵”(short-circuited conversational implicature)的概念,用以说明最初由会话原则推导出来的非规约意义(会话隐涵)变为半规约意义(短路的会话隐涵),后又变为新的规约意义,新的规约意义又必定对原来的形式起反馈作用。(参看沈家煊,1990)也就是说,当“就P而言,没有什么$_X$比$_Y$再大”推导为“就P而言,Y最大”这一隐涵义的过程变得习以为常后,交谈者不再需要每次都作具体的推导,而是采取“抄近路”的办法一下子得出“就P而言,Y最大”。如例(13)中的“哀莫大于心死”其固有义是“就悲哀而言,没有什么比心死再大”,通过“抄近路”很容易语用推理为“就悲哀而言,心死是最大的”。唐代颜师古在给《汉书》作注时,解释下例(19)时说“莫大,谓无有大于其国者,言最大也”正是这一语用推理最好的说明①:

(19) 天子春秋鼎盛,行义未过,德泽有加焉,犹尚如是,况莫大诸侯,权势且十此者乎!(西汉《新书》,又见于东汉《汉书》)

正如上面所说,“新的规约意义又必定对原来的形式起反馈作用”,即经过重新分析(reanalysis)后原来充当比较对象的成分成为比较主体并在句中担任主语,例如上面例(18)中“农业”成功地由比较对象“农业$_Y$”变成比较主体“农业$_X$”,而比较对象成为不在句中出现的隐含成分。从而,“莫大”比较句在语义范畴上可能由比较级比较演变为最高级比较,在句

① 具体参看1962年中华书局版《汉书》(全十二册)第2233页。我们进一步认为“莫大诸侯”和“权势且十此”一样都省略了介词“于”。

法格式上可能由“Y,P 莫$_X$ 大焉$_Y$”重新分析为“X,P 莫大焉”。

但是,这里出现一个新的问题,即在没有具体语境情况下“最大”与句法结构“X,P 莫大焉”并不“语义相宜”(semantic suitability)。因为“最”是“相对程度副词的最高级”,而“相对程度副词是通过与某客观事物的比较来表明程度,能进入比较句式”(张谊生,2004:4-5)。也就是说“最”作为最高级比较,比较对象必须出现,或者至少出现比较范域。例如,“就年龄而言,赵最大”这句话在没有语境情况是不自足的,或者说没有提供足量信息,听者往往会问“和谁/哪些人比呀?”而如果说“赵、钱、孙、李四人中,就年龄而言,赵最大”或者“在这些人当中,就年龄而言,赵最大”则没有问题。在句法格式“X,P 莫大焉”中,当“莫大”作“最大”解,X 就是比较主体,P 就是比较点,“焉”被看作语气词,从而整个比较句的比较对象因没有句法地位即在句中不出现可能导致不固定或者泛化。因此,并非所有的“Y,P 莫$_X$ 大焉$_Y$”都适合做“X,P 莫大焉”这样的重新分析。例如:

(20) 罪至重而刑至轻,庸人不知恶矣,乱莫大焉。(战国《荀子》)

(21) 然能终不以饮食行诛于人,赦而不罪,惠莫大焉。(东汉《论衡》)

(22) 虎历四郡,害千二百人。一朝患除,功莫大焉。(六朝《华阳国志》)

这些“莫大”句还是宜看作比较级比较句,而不宜看作最高级比较句。之所以例(18)直译为“农业$_X$ 是天下之根本,责任最大啊”不会感觉别扭,是因为在“务莫大焉”前有“天下”的比较范域。

因此,这种句法结构和使用语境在语义上的不相宜必然导致语义上的重新调整,这就为“莫大”的语法化提供了语义相宜这第二个先决条件。“极”是“绝对程度副词的高量级”,“绝对程度副词则没有一个明确的比较对象,……没有明确的比较认知域,具有‘通比性’。其对程度的确认基于一个理想的认知模式,即人们普遍的心理标准”(张谊生 2004:4-5)。所谓通比“是相对于单比而言的,是某个个体与它所在类的其他所有个体进行对比;是整体比较,比较的对象是无定的,不能出现;以认同标准为主,到底程度如何,人们心里大致有个谱儿”(储泽祥、肖扬、曾庆香 1999)。

可见,像“极”“很”“非常”等这样的绝对程度副词都是不需要明确的比较对象的,与“X,P莫大焉”这样的句法结构提供的语境条件相匹配。

除了语境合适,“莫大”想要由“最大”语义演变为“极大”还需要意义条件,即由“最大”能够推导出“极大”。显然这是可以做到。根据HornScale(荷恩等级,参看Levinson著、沈家煊译1986;徐盛桓1995),我们可以就“大”这一性质建立一个序列,即〈最大,极大,很大,有点儿大,大〉,按照等级推理中的“强项蕴含弱项”原理,即“最大”蕴涵“极大”,再根据“短路会话隐涵”,“莫大”就可以从“最大”推导出“极大”这一隐涵义了。当“莫大”句中的“焉”真的被看做语气词,从语义上讲它就是一个羡余成分(redundancy),因而可以省略。而当其省略时“莫大”是“极大”的释义就毫无疑问了。例如:

(23) 欺罔三尊,负于自然神,伤生抗命,其罪莫大!(东汉《阿难问事佛吉凶经》)

(24) 旦辞亲行,父母相戒以酒蒸,仍违教犯戒,罪莫大也。(三国《佛说戒消灾经》)

(25) 又长沙太守孙坚,前领豫州刺史,驱走董卓,扫除陵庙,其功莫大。(西晋《三国志》)

(26) 殴击吏人,专己凶暴。愆罪莫大,甚可耻也。(六朝《后汉书》)

(27) 欺君不忠,病母不孝。不忠不孝,其罪莫大。考求众奸,岂复过此?(六朝《世说新语》)

(28) 臣负国家,其罪莫大,实天所不覆,地所不载。(唐《晋书》)

很显然,这时“莫大”比较句完全没有固定的比较对象,从而使得整个句子由比较级比较句最终变成通比性比较句,即“X,(其$_{X}$)P莫大”。其中,“莫大”已经实现跨层组合并词汇化为一个形容词,表示通比性的比较结果;P是比较点,比较主体X位于句子的前头,有时用“其”复指做P的修饰语。以例(25)说明:“长沙太守孙坚,前领豫州刺史,驱走董卓,扫除陵庙”是比较主体X,“其功”的“其”复指X,“功”是P,“莫大”是比较结果。该句意思也就是说,孙坚“驱走董卓,扫除陵庙”的功劳(与其他人相比)极大,即“与其他人相比”是隐含的,不言自明。我们反观上面例(20)—(22)等有“焉”的“莫大”句,发现这些句子虽然不宜看作最高级比较句,但是却可以看作通比性比较句；而下面的句子虽然也有“焉”，但是已经完全不宜看作比较级比较句或最高级比较句，而最好看作通比性比较句。

(29) 帝王为天子，民臣共为无道，乃断人父母谈语，不得通于其子，其罪莫大焉。（东汉《太平经》）

(30) 王晖之乱，罪莫大焉，但虑封守不宁，则民受其弊。（北宋《旧五代史》）

(31) 皇叔有玲珑心，乞借一片作汤，治疾若愈，此功莫大焉。（明《封神演义》）

(32) 今日本部堂险些儿又送了性命，若不亏黄贤弟与贺人杰防患未然，本部堂的性命断然难保。贺千总之功，真莫大焉。（清《施公案》）

而当“莫大”以定语的身份出现时，P以中心语出现，整个句子表示通比性，这说明“莫大”的形容词用法完全稳定下来，而其“极大”义就从隐涵义发展为固定义，成为其词汇义。各朝举例如下：

(33) 而于时大事甫尔，异同纷结，匡国之勋实著，莫大之罪未彰。是以远酌民心，近听舆讼。（六朝《宋书》）

(34) 今朝无阙政，顿拘凌上之节，室无嬖竖，坐生莫大之衅，……（六朝《敕为朝贤答刘休范书》）

(35) 奸臣贼子弑君，污宫潴宅，莫大之恶也。（唐《晋书》）

(36) 况非常之恩，千载罕遇；莫大之罪，万死蒙生。（唐《通典》）

(37) 贵主蒙相公莫大之恩，拯其焚溺，然亦未尽诚款。（北宋《太平广记》）

(38) 管仲以正天下正诸侯为莫大之功，却不知有“行一不义，杀一不辜”底事，更大于此。（北宋《朱子语类》）

(39) 愿得雄伟之文。以彰不朽。为来者之益。伏蒙惠示。莫大之幸。（南宋《古尊宿语录》）

(40) 仆天涯穷困，蒙恩卿不弃，委曲相从，诚乃莫大之德也。（明《警世通言》）

以上各例显示：“莫大”最开始作定语时，其中心语一般为单音节，并借助“之”组合,形成“莫大之 $P_{单}$”格式。大约到明代,助词“的”兴起,“莫大”的中心语也变成双音节,或者有时不用借助“的”粘合,从而形成与“莫大之 $P_{单}$”并存的“莫大(的)$P_{双}$”格式。例如:

(41) 我自闻道之后,有七十二般地煞变化之功,筋斗云有莫大的神通,……(明《西游记》)

(42) 狄希陈等文凭不到,断没有就上任之理。赍凭回去,这是他莫大的功劳。(明《醒世姻缘传》)

(43) 如今既蒙莫大深恩,给还财产,你又何必多此一奏。(清《红楼梦》)

(44) 这释褐礼自来要算个朝廷莫大的盛典,读书人难遇的机缘。(清《儿女英雄传》)

(45) 一个出力,一个出钱,也算积下一个莫大的阴功。(清《儒林外史》)

(46) 此去但能不负期望,侥幸成功,便是莫大幸事,何敢多存妄想。(清《官场现形记》)

另外,古汉语中“莫大”比较句有时比较标记“于”可能省略,与“莫大(的)P 双”同形异构,因此需要加以区分。例如:

(47) 五辟之属,莫大不孝。(东汉《汉书》)

(48) 文吏治事,必问法家。县官事务,莫大法令。(东汉《论衡》)

(49) 臣闻报恩莫大荐士,板筑犹可,而况国之懿藩!(北宋《册府元龟》)

(50) 人臣之罪莫大欺君,尔奏报尽欺罔,杀降人难民冒功,二当斩。(清《明史》)

综上,我们把“莫大”的词汇化过程表示如下:

项目	“莫大”的词汇化				
句法格式	Y,P 莫$_{X}$ 大焉$_{Y}$	X,P 莫大焉	X,(其)P 莫大	莫大之 $P_{单}$	莫大(的)$P_{双}$
起始时代	先秦	西汉	东汉	南北朝	明
语义范畴	比较级比较	最高级比较	通比性比较		
结构意义	没有什么……再大	最大	极大		
结构成分	无定代词+形容词	临时跨层组合	词汇词		

以上分析和表格显示,在历时过程中,"莫大"和"莫大"句在语义范畴上经历了由比较级比较到最高级比较再到通比性比较的演变途径,在意义上经历了由固定义"没有什么……再大"到隐涵义"最大"再到固定义"极大"的演变脉络。在结构上经历了由"无定代词+形容词"到临时跨层组合再到词汇词的演变方式。

2.3 古代汉语"莫大"的比较分析

其实,古代汉语中还有很多单音节的形容词或动词能用于"莫()于(不含'乎')Y"格式,可是为什么只有"大"才与"莫"词汇化了呢?我们查找北大语料库(网络版),剔除重复语例和干扰语例,检索出用于"莫……于……"格式频率最多的五个词,即"大""过""先""重""甚",粗略统计得到如下数据,列表如下:

莫( )于Y	小计	莫( )焉	小计	X( )大	小计
莫大于Y	827	莫大焉	482	莫大	43
莫甚于Y	194	莫甚焉	55	莫甚	0
莫过于Y	194	莫过焉	3	莫过	0
莫先于Y	169	莫先焉	12	莫先	0
莫重于Y	156	莫重焉	34	莫重	0

以上数据很明显地表现出使用频率(frequency)上的差异:"大"用于"莫()于Y"这一特殊比较级比较句的频率就远远高于其他词语,而"大"用于"X()焉"更是具有压倒性。一方面,其实任何进入"莫()于Y"格式的词可能都有最高级比较的隐涵义,可以形成最高级比较,这说明"莫()于Y"并不是"莫大"语法化的句法条件,而"最高级比较"只不过是语义条件。我们认为,真正诱发"莫大"语法化的最关键是"莫()焉"格式,而动因(motivation)很可能就是人们把"莫大焉"中的"焉"由兼词类推到类似于其他句句末的"焉"一样的语气词的重新认识,当"焉"所表达的语气可以通过其他手段表达后就可能省略,而其他词语的"莫()焉"不仅用例不多,而且几乎找不到"焉"省略的语例。当"焉"变成了语气词甚至省略后就没有了明确的比较对象,而这与比较级比较和最高级比较需要明确的比较

对象不相宜,又因为 Horn 等级推理中的“强项蕴含弱项”原理,“莫大”引申出表示通比性比较的“极大”并最终确立下来成为其固定的词汇义。

当然,这并不是说处于比较句中的“过”“先”“重”“甚”就不会发生语法化或词汇化。而实际情况是“在双音化趋势的作用下,两个高频率紧邻出现的单音节词就可能经过重新分析而削弱或者丧失其间的词汇边界,结合成一个双音节的语言单位”(石毓智,2002),“‘V/$A_{单}$’的粘着度以及跟‘于’的共现率,粘着度、共现率越高,‘于’越可能成为构词后缀”(张谊生,2010),因此,“过”“先”“重”“甚”与后面的“于”也同样可以实现跨层组合,词汇化为副词“过于”或“先于”“重于”这样的类似于词的“语素+后附缀”结构。

另一方面,这与“大”本身的使用意义和范围广泛有关。例如“大”有“大小的程度”“粗”“善;好”“老;时间长”“范围广”“程度深”等形容词的义项(罗竹风主编《汉语大词典》,1988:1321);而其他的词搭配对象相对少,搭配范围比较窄。例如一些抽象名词“影响”“关系”“进步”“差距”等都无法和其他四个词搭配。不仅如此,“大”还可以修饰动词和形容词,例如“大有前途”“大加赞赏”“大不敬”“大伤元气”“大冷”“大亮”等。根据《现代汉语频率词典》(1986:1300-1316),现代汉语“大”的字频排在第17位,“过”排在第38位,“重”排在第153位,“先”排在第179位,“甚”排在第862位;并且在所有形容词中“大”是排在第1位。虽然我们没有统计古代汉语,但认为情形不会差太多,只不过“甚”偏文言色彩,在古汉语中字频会更高一些。

3. 现代汉语“莫大”的使用情况

古代汉语的“莫大”一直处在变化发展之中,所以我们把“莫大”的使用倾向放在现代汉语中分析。

3.1 “莫大”的使用倾向

五四以来,“莫大”的用例除了直接引据古语外,主要有两种格式。

第一种格式是“莫大(的)$P_{双}$”(“莫大之 $P_{单}$”只有两三例,不计)。五四后的一段时间这一格式只有为数不多的几例:

(51) 他为什么要尚通脱呢?自然也与当时的风气有莫大的关系。

（鲁迅《而已集》）

(52) 现在中国社会上虽还不至说虚伪就是道德，但背面暗具莫大的势力。（俞平伯《我的道德谈》）

(53) 祖父第一次看见了重孙，自然非常高兴。大哥也感到了莫大的快乐。（巴金《做大哥的人》）

(54) 因此，他一方面以为自己的怀才不遇是人间的莫大损失；……（老舍《新时代的旧悲剧》）

而到20世纪90年代反倒广泛起来，例如：

(55) 沙青说他喜欢我的意思是喜欢我的声音，在异域听乡音令他有莫大欣愉。（王朔《玩的就是心跳》）

(56) 倒了车子，对爷爷来说，是一个莫大的耻辱。（莫言《蝗虫奇谈》）

(57) 十余年以来，人事上起了莫大的变迁。（苏雪林《棘心》）

(58) 在校园里，果然好几次看到Susan，都是互相一笑，莫大的满足背后必有莫大的空虚。（韩寒《三重门》）

(59) 委厅领导班子以及全厅老同志对你们年轻人寄予莫大希望。（网络语料，《刘希平在厅机关和直属单位青年干部座谈会上的讲话》，湖州教育网）

(60) 一个企业的信用越高，可以提供的产品、服务范围就越大，这在跨界竞争中是一个莫大的优势。（《治理"炒信"要有刮骨魄力》，《人民日报》2016年10月28日）

以上的用例总体上呈现两个特点：一是"莫大"用作定语的组合式和粘合式用例比差异明显。我们从北大现代汉语语料库（网络）随机抽取了100个用例，组合式和粘合式的统计比例为86∶14；二是充当"莫大"中心语的大多是抽象名词或名物化的抽象名词，如"委屈""悲哀""痛快""幸福""信心""鼓舞""关系""影响"等。仅有一例不是，即：

(61) 他觉得这个山峰的长相很怪，怪得像一个莫大的碾盘。（吴强《红日》）

在抽象名词中，又以表示心理感受的抽象名词居多，在上述100例中，心理名词和非心理名词的统计比例为69∶31。

第二种格式是“X,P 莫大焉”,该格式不见于五四时期,也反而在 20 世纪 90 年代后大量出现。例如:

(62) 当然,宏观经济学家会反驳:改革制度固然功莫大焉,但改革并非一朝一夕之事。(张学敏《公共经济学概论》)

(63) 况且,把个人荣辱置于一边,坏了学大寨的事,岂不是罪莫大焉!(陈世旭《将军镇》)

(64) 投资科技,利莫大焉。让我们挤出一点钱来建设好科技馆!(《为科技馆一呼》,《人民日报》1995 年 6 月 19 日)

(65) 日本右翼及当局一部分人企图永远篡改历史、伪造历史的企图,罪莫大焉!(《篡改历史罪莫大焉〈欧洲时报〉谴责日本教科书篡改侵略历史》,新华社 2001 年 8 月 14 日新闻报道)

(66) 中华文明能成为人类唯一未曾中断的文明,汉语汉字功莫大焉。(《让语言之河澄澈明净》,人民论坛 2016 年 11 月 17 日)

这一格式的“P 莫大焉”大多是“功莫大焉”“罪莫大焉”“善莫大焉”“利莫大焉”等,可见都是仿古用法。很显然,这些例子中的“P 莫大焉”已经几乎完全不能作差比句解释,以例(64)说明:如果把“改革制度固然功莫大焉”看作比较级比较,那么“改革制度”这一动宾结构是比较的一方,而比较的另一方却没有着落;可见,作者所要表达的意思就是“改革制度固然功劳极大,但改革本身并非朝夕之事”。

有意思的是,在“P 莫大焉”之后有时还能出现一些句末语气词,例如:

(67) 小妾、外室、情妇虽为世人不齿,却为世人所容,她的叛逆行径却是罪莫大焉呵!(胡辛《蒋经国与章亚若之恋》,1993 年《作家文摘》)

(68) 如果艺术和人格都可以用级别来测定,那确是善莫大焉了。(艾煊《一级作家》,1994 年《作家文摘》)

(69) 在那个年代里,如果被当局发现传抄这些东西,可是罪莫大焉啊!(孙志鸣《我所了解的诗人穆旦》,1997 年《作家文摘》)

(70) 同样,如果我们今天……却不知道将九百多年前那次改革的成败得失引以为戒,那才真是哀莫大焉呐!(易中天《改革帮了腐

败的忙——读〈宋史〉》,《帝国的惆怅》)

(71) 这个爸爸见小丫头很用力在反省,觉得无比欣慰,知错能改善莫大焉呀!(席绢《记得当时年纪小》)

这些例子说明,这些“P莫大焉”是说话人以构式(construction)的方式整体上保留下来的。Goldberg指出“构式的整个形式和意义(或功能)并非各个构成成分的形式和意义简单相加,因此不能根据构成成分推知构式的形式和意义的全部”(吴海波,译本第5页),由此可见,现代汉语中的绝大多数“莫大(焉)”是词汇化后的“极大”之义。

3.2 现代汉语“莫大”的比较分析

我们这里简要比较的是“莫大”和“很大”“极大”。张谊生(2004: 5)把“极”和“很”都看作绝对程度副词中的“高量级”。不过从语感上我们认为“莫大”和“很大”有一些重要的区别。在结构上,“莫大”是一个词,而“很大”是一个短语;在搭配上,“莫大”多用于心理活动的抽象名词,而“很大”没有这样的限制;在意义上,“莫大”更接近于“最大”,而“很大”与“最大”的程度差别较大;在表达上,“莫大”更倾向于一种主观夸张,而“很大”略侧重于客观实际。以上差别也可能是“莫大”引申出“极大”的原因,因为“很大”等也是绝对程度副词,也不需要明确的比较对象,但是“极大”在搭配上多用于心理活动,在意义上更接近“最大”,在表达上更倾向主观夸张。因此,我们认为,最好还是把“极”看作是与“太、过、过于、过分”一样的“超量级”。

《现代汉语词典》(2016: 607)对副词“极”的释义为“表示达到最高程度”,但很显然“极”不能用于最高级比较。例如,赵、钱、孙、李四人中赵年龄最大,我们不能说“就年龄而言,赵极大”“就年龄而言,赵比其他人极大”。可见,虽然现代汉语中“极”作为语素的意义一般为“顶点、尽头”“尽;达到顶点”“最终的;最高的”等(《现代汉语词典》,2016: 607),但作为副词,其词汇意义已经发生了改变,我们认为是“表示接近最高程度”。

4. 结语

江蓝生(2016)对汉语界关于语法化的“动因”“先决条件”和“诱因”等概念的认识加以了澄清,认为Traugott(1996)所提出的语法化的语义相宜、结构紧邻、频率这三个先决条件，只是语法化的必要条件(necessary conditions)或前提条件，即只提供语法化演变的可能性；而最重要的还是充分条件(sufficient conditions)，即“引发语法化的深层次的结构和语义上的条件”，而汉语语法化的真正诱因是“常规结构式的非典型组合和特殊的语义关系”，而“从本质上讲，语义羡余是超常组合的衍生现象”。由此，本文关于“莫大”的词汇化和语义演变解释如果较为合理的话，那么正是江文理论和观点的例证说明之一。

“X 莫大于 Y”是“X 大于 Y”比较级比较句的非典型组合，“X 莫大焉”又是“X 莫大于 Y”比较级比较句的非典型组合，同时又具有特殊的语义关系和隐涵意义，另外“焉”的兼词和语气词的两解使得说话人对“莫大焉”句法格式进行可能的重新分析，“焉”的脱落恰恰说明其由兼词到语气词的这种重新认识的确存在，而“焉”的语义羡余又使得人们反观原有的“莫大焉”。最终“莫大”从语境中获得的“极大”义成为其固定的词汇义。因此“莫大”词汇化的真正来源并不是“X 莫大于 Y”或“X 莫大于此”，而是“X 莫大焉”。而现代汉语中所使用的“P 莫大焉”整体上成为一种构式。

董秀芳(2002：292)中指出“我们还没有发现在句尾位置发生粘合的跨层结构”，或许“莫大”可以算一个反例。

参考文献

班　固　1962　《汉书》(颜师古注)，北京：中华书局。

北京语言学院语言教学研究所(编)　1986　《现代汉语频率词典》，北京：北京语言学院出版社。

储泽祥、肖扬、曾庆香　1999　通比性的“很”字结构，《世界汉语教学》第 1 期。

董秀芳　2002　《词汇化：汉语双音词的衍生和发展》，成都：四川民族出版社。

高　翀　2015　语义透明度与现代汉语语文词典的收词，《中国语文》第 5 期。

何乐士等(编著)　1985　《古代汉语虚词通释》，北京：北京出版社。

江蓝生　2016　超常组合与语义羡余——汉语语法化诱因新探，《中国语文》第 5 期。

刘　焱　2004　《现代汉语比较范畴的语义认知基础》，上海：学林出版社。

罗竹风（主编）　1988　《汉语大词典》，上海：汉语大词典出版社。

马　真　1986　"比"字句内比较项Y的替换规律试探，《中国语文》第1期。

邵敬敏　1990　"比"字句替换规律刍议，《中国语文》第6期。

沈家煊　1990　语用学和语义学的分界，《外语教学与研究》第2期。

石毓智　2002　汉语发展史上的双音化趋势和动补结构的诞生，《语言研究》第1期。

王　力　1999　《古代汉语（校订重排本）》（第一册），北京：中华书局。

徐盛桓　1995　论荷恩的等级关系——新格赖斯会话含意理论系列研究之十，《外国语》第1期。

杨伯峻　1965　《文言虚词》，北京：中华书局。

余义兵　2008　《"比起"的历时研究和共时研究》，广西师范大学硕士学位论文。

张谊生　2004　《现代汉语副词探索》，上海：学林出版社。

张谊生　2010　从错配到脱落：附缀"于"的零形化后果与形容词、动词的及物化，《中国语文》第2期。

中国社会科学院语言研究所词典编辑室（编）　2016　《现代汉语词典》（第7版），北京：商务印书馆。

Goldberg, A. E. 1995 Constructions: A Constructional Approach to Argument Structure. Chicago: Chicago University Press. 中译本《构式：论元结构的构式语法研究》，吴海波译，北京大学出版社，2007年。

Levinson, S. C. 沈家煊译 1986[1983]语用学论题之二：会话含义，《国外语言学》第2期。

（本文发表于《励耘语言学刊》2018年第1辑）

现代汉语和闽南话名量词的去范畴化现象
——特征及动因

台中教育大学　张淑敏

1. 前言

现代汉语和闽南话在台湾使用人数最多，拥有丰富的量词系统，然而相对于其他词类而言，量词相关的研究却不多，“去范畴化”现象的论述就更稀有了，故本文拟针对两种方言量词的去范畴化现象，研究其相关的句法特征和语意转变，并讨论其形成之动因机制。

本文主要内容可分成七节。第一节为“前言”：主要介绍本文的研究动机、内容重点与讨论范围。第二节是“名量词的定义”：为名量词提供一个简洁明确的语义界定。第三节是“去范畴化理论”：主要介绍去范畴化理论的来源、定义及其与汉语相关的研究背景。第四节是“名量词去范畴化的特征”：主要讨论在去范畴化的过程中，现代汉语和闽南话名量词，在句法分布特征与句法功能上是如何丧失与扩展的。第五节是“名量词去范畴化的语义转变”：主要讨论现代汉语和闽南话名量词在去范畴化的过程中，语义上所发生的丧失、转指与抽象泛化等情况。第六节是“名量词去范畴化的动因机制”：我们归纳为三种，亦即：“转喻”机制、“隐喻”机制与“意象图式转换”机制。第七节是“结语”：总结本文所讨论的内容。

2. 名量词的定义

在过往的语言学文献中，量词有多种不同的分类方法，在此我们采取邵敬敏(1993，1996)简洁明确的定义方式，亦即：“根据量词所计量的事物做分类，当量词具有计量名词的功能时，称之为‘名量词’；若量词是具有计量动词或事件的功能时，则称为‘动量词’”。本文的研究领域只包含名量词，不涵盖动量词。

3. 去范畴化理论[①]

“去范畴化”理论是由 Hopper&Thompson (1984)所提出的，用来解释词汇在演变的历史过程当中所产生的动态变化，所以“去范畴化”可说是词汇获取新的句法功能的一种过程。据此，“去范畴化”可定义为：“在一定的条件下，范畴成员逐渐失去原范畴的某些特征，而获得新范畴的某些特征的过程……[②]”。范畴成员在去范畴化后重新范畴化之前，处于一种不稳定的中间状态，亦即：在原有范畴和即将进入的新范畴之间会存在模糊的中间范畴，这类中间范畴丧失了原有范畴的某些典型特征，同时也获得了新范畴的某些特征。

这整个过程是动态的，有起点、中间状态和终点。一个实体从无范畴状态到有范畴状态，然后又失去原范畴的某些特征，开始去范畴化的过程，经过多次反复之后，实体又从中间状态渐变为一种新的范畴，不断打破原有系统的平衡，实现新的突破，这样就为人类认知的提高和语言发展提供了动力。如下图所示：

(1) (无范畴化)⟶范畴化⟶去范畴化⟶重新范畴化⟶

因此，“去范畴化”可视为语言发展历史中的一个必然存在的过程或机制。

汉语学界研究语言去范畴化现象的相关论述当中，以刘正光先生的论文为大宗，并且由刘正光(2004，2005)开始引进西方相关理论，探讨“语言去范畴化”的相关认知问题。但是关于汉语量词的去范畴化现象，相关论述很少，只有陈勇(2011)、甘莉(2014)以及陈勇、彭小川(2015)。而对于闽南话量词去范畴化现象的讨论，更是迄今无人碰触。而在笔者研究现代汉语及闽南话名量词的过程中，发现两者的去范畴化现象颇为

---

① “去范畴化”一词翻译自英文“decategorization”，动词形式为“decategorize”。“de-”这个前缀，在此有“去除”之意，故笔者认为其对应的汉语翻译采用“去范畴化”比“非范畴化”更为适切。

② 这一段文字是采用刘正光(2004)的翻译。

相似,因此笔者决定以此文来探究一下相关议题。

4. 名量词去范畴化的特征:句法分布特征与句法功能的丧失与扩展

根据先前国内外去范畴化的相关论述,可以看出:世界语言在去范畴化的过程当中,一些典型的句法分布特征逐渐消失,并且以新的分布特征来填补,从而造成句法功能的转变,这可算是最直接的表现方式。

从前人的研究中,我们可以发现:现代汉语和闽南话名量词的典型句法功能主要是充当"名前定语"使用,而在去范畴化的过程当中,现代汉语和闽南话名量词丧失了部分典型的句法分布特征,并且获得了一些新的分布特征,而使得句法分布位置增多,从而造成了句法功能的转变。主要有两种情况展现:(1)名量词直接充当"状语";(2)名量词直接充当"宾语"。①

4.1 名量词充当状语

有些现代汉语和闽南话的名量词,可以直接充当"状语"使用,用来修饰动词或形容词等谓语,就是因为经过了去范畴化的过程,而丧失了一部分典型的句法特征,例如:变成"不可与数词连用""不可重迭"等,从而造成句法功能转变成状语。汉语例句如下列(2)至(4)所示,闽南话例句则如下列(5)至(7)所示:

(2) 捆装的蔬菜比较便宜。(汉)

(3) 人类是群居的动物。(汉)

(4) 她制作了一个让人秒懂的懒人包。(汉)

(5) 生活水准提高,农地的价值倍增。(闽)

(6) 肝肠寸断声声哀。(闽)(闽南话歌:"汤岛白梅记"歌词)

(7) 我爱食盒装的豆腐。(闽)

① 陈勇(2011)与陈勇、彭小川(2015)曾对汉语量词去范畴化的句法特征做过研究,也发现汉语量词句法功能的转变后,可充当状语或宾语使用。而甘莉(2014)则认为是充当状语或定语使用。经本文利用同属汉藏语系方言的闽南话来验证的结果,应是陈勇(2011)与陈勇、彭小川(2015)的说法较为合理。

根据 Baker(1987)的“并入”理论(incorporation),以上例句(2)至(7)的名量词“捆、群、秒、倍、寸、盒”等,事实上已经以状语性的成分,并入其后的动词中,形成复合词,完成其词汇化的过程了。① 因此,我们可以说:名量词在进行去范畴化的过程,有时并不单纯是句法分布及功能改变、词类改变,有时还会更进一步伴随着“并入”现象的发生,从而造成其词汇化或语法化的结果。

4.2　名量词充当宾语

有些现代汉语和闽南话的名量词,经过了去范畴化的过程,丧失了一部分典型的句法特征之后,变得可以直接充当动词或介词的宾语使用。汉语例句如下列(8)至(11)所示,闽南话例句则如下列(12)至(15)所示:

(8) 景气好,豪宅成栋成栋地盖。　(汉)

(9) 土地必须分笔登记。　(汉)

(10) 这份文件很重要,你要逐项校对。　(汉)

(11) 这家书店倒闭,书籍论斤卖。　(汉)

(12) 买厝就爱分期付款。　(闽)

(13) 成双成对、万年富贵。　(闽)

(14) 拆除违章建筑的工作是分批进行的。　(闽)

(15) 收据需要逐张过目。　(闽)

以上例句(8)至(15)的名量词“栋、笔、项、斤、期、双/对、批、张”,分别充当动词‘成、分、论’与介词‘逐’的宾语,并且在这些用法当中,名量词本身已不能重迭或与数词连用,因此句法功能也发生了转变,这就是去范畴化的特性。此外,这些充当宾语的名量词,也和例句(2)至(7)的名量词类似,已经并入其前的动词或介词,形成复合词的用法了。

5. 名量词去范畴化的语义转变:丧失、转指与抽象泛化

语义内涵的转变是去范畴化的过程当中,较为明显可见的内在表现,

① 关于用 Baker(1987)的并入理论来解释汉语语法现象的论述,请参汤廷池(1992)的“汉语语法的‘并入现象’”以及陈勇、彭小川(2015)等文章。陈勇(2011)与陈勇、彭小川(2015)曾指出汉语量词的语义内涵,在去畴化之后,也有类似的并入现象产生。

主要分成三种情况：语义的丧失、转指与抽象泛化。①

5.1 名量词语义的丧失

如上节所述，有些现代汉语和闽南话的名量词，在去范畴化的过程中，发生了并入现象，形成了复合词，它们的语义内涵连带也发生了不同程度的丧失，例示如下：

(16) 船只/房间/人口/首级　　(汉，闽)

(17) 姑丈真顾家。　　(汉，闽)

(18) 丈人个性真好。　　(汉，闽)

(19) 大丈夫一言既出，驷马难追。　　(汉，闽)

以上例句(16)至(19)的名量词成份"只、间、口、级、辆、丈"，皆已并入前方或后方的名词，形成了复合词用法，而其本义实际上已消失。例如：量词"丈"本为度量衡单位，《说文解字》指出：周制十尺为一丈。而在(17)至(19)的例句中，量词"丈"的度量衡本义已经完全消失。

5.2 名量词语义的转指

有些现代汉语和闽南话的名量词，在去范畴化的过程中，原有的语义丧失，同时也衍生出新的意涵，新旧意义之间是有关联性的，这就是所谓的语义"转指"。依据认知语言学的观点，语义"转指"就是"从词语的概念中分离出某一特征，随之扩大其包容性"。汉语例句如下列(20)至(21)所示，闽南话例句则如下列(22)至(23)所示：

(20) 他个子小，却食量惊人。　　(汉)

(21) 他只身前往台北。　　(汉)

(22) 每一个人来到这个世间攏是一个新的个体。　　(闽)(台华线顶辞典)

(23) 这毋是我个人的意见。　　(闽)

名量词"个"本用于丈量竹子，因而与"细、瘦、形体"等语义密切相关，经长期使用，语义发生"转指"，扩充变成指涉"事物或身体的大小"，如例句(20)的"个子"；而后语意特征又更进一步扩大到"单一"或"单

① 汉语去畴化的这三种语意转变，由刘正光先生(2004)首先提出，而陈勇(2011)与陈勇、彭小川(2015)曾指出汉语量词的语义内涵，在去畴化之后，也有类似的语意转变。

独”之意，[1]如例句(21)至(23)的“只身”、“个体”与“个人”。

5.3 名量词语义的抽象泛化

依据认知语言学的观点，语义的“抽象与泛化”就是指：“概念内涵逐渐消退、减弱，到只剩‘语义核’的过程”。经过大量汉语语料的考察，陈勇、彭小川(2015：19)曾指出：低位量词(如：“分、寸、毫、秒、片”等)在语义上较易被抽象泛化出“小、少、短”这类的“语义核”。而闽南话名量词也同样发生了类似的情形，例示如下：

(24) 片甲不留/寸步难行/分文不收/秒杀对手 (汉，闽)

例(24)的名量词“片、寸、分、秒”，经过去范畴化的过程，语义抽象泛化之后，就只剩“小、少、短”的“语义核”了。

6. 名量词去范畴化的动因机制：转喻、隐喻与意象图式转换

关于上述现代汉语和闽南话名量词去范畴化现象发生的相关动因，我们认为主要由三种机制所促动：“转喻”机制、“隐喻”机制以及“意象图式转换”机制。在下文中我们就逐一分节对这三种动因机制加以阐释。

6.1 去范畴化的动因一：转喻机制

有不少名量词的属性转移是通过“转喻”的促动，这其实也是去范畴化的一种过程。例如：闽南话名量词“蕊”，本为名词，是花朵的一个重要部分，后来藉由“花(本体)”和“蕊(喻体)”的“同领域映射”，找出两者的临近关系，以形成“部分代替整体”的“转喻”映射，因此闽南话名词“蕊”就衍生出量词的用法(如：一蕊花)，形成计量单位，而完成其去范畴化的相关程序。其他如：一领衫、一尾鱼……等用法，也都是来自这类的转喻机制，可以说孳生力尚佳。

再如：现代汉语和闽南话度量衡量词“里”，是由“名词”转为“量词”的，此过程也是“转喻”机制所促动。因“里”做为“名词”使用时，主要充当“区域划分”的单位，而此单位具有一定的范围，有一定的面积大小；而作

① 此点参陈勇、彭小川(2015：19)。

为“量词”使用时(如：一里路),则是取其“空间性(长度)”作为语义特征,亦即：名词和量词所突显的“邻近性”是以两者的“空间性(长度)”为主要特征,使量词和名词“里”的概念在同领域中相互“映射”,使“喻体”和“本体”形成“以部分取代整体”的“转喻”关系。因此,名词“里”衍生出量词的用法,形成计量单位,而完成其去范畴化的相关程序。

6.2 去范畴化的动因二：隐喻机制

所谓的“隐喻”,是基于“相似性”而形成的不同“概念域”间的相互映射;简言之,就是人们以一种事物去理解和体验另一种事物。有一些现代汉语和闽南话名量词的去范畴化,是经由“隐喻”机制所促动的,例如：《说文》有言:“户,护也;家,居也……。”“户”原是“保护”的意思,“家”原是“住”的意思,后来,两者发展成为量词用法,“户”和“家”变成用以计量住家的数量,就是将“保护”和“居住”的动作反映到行使动作的人类群体身上,是不同概念域的映射,这就是来自“隐喻”机制的促动。

6.3 去范畴化的动因三：意象图式转换机制

依据认知语言学的观点,“意象图式”是对范畴成员“相似性”的抽象概括,而量词在去范畴化的过程中,在某些特定的语境下,图式和图式之间是可以互相转换的。因此,“意象图式转换”也是促动量词进行去范畴化的重要因素。

有一些现代汉语和闽南话名量词的去范畴化,是经由“意象图式转换”机制所促动的,例如：名量词“束”,原本用来计量“细长类的物体”,如：一束花。而后“束”的属性特征扩展,变成可以用来修饰“长轨迹的物体”,如：一束光。这就是利用了“细长物图式”和“长轨迹物图式”相互转换所促动的去范畴化现象。①

7. 结语

名量词的使用与我们的生活息息相关,它除了用来表示“事物的数量”或是“描述性质”之外,其发展和使用也和人们的生活环境、文化经验和认知结构等息息相关。然其相关研究,相较于其他词类或语法型式而

① 此处的范例参甘莉(2014：129)。

言，数量偏少。本文尝试着从现代汉语和闽南话的名量词出发，阐释其去范畴化现象相关的句法特征、语义转变以及动因机制，希望藉此能为名量词的研究贡献微薄的心力。文中的讨论尚有未竟之处，期待未来再与大家分享更进一步的研究成果。

参考文献

习哲觅 2010 汉语临时量词内部特征探析，《语文学刊》第1期。

甘 莉 2014 量词的非范畴化特征及其动因机制研究，《武汉大学学报》第6期。

台湾行政院客家委员会 2012 客语能力认证基本词汇—初级(四县腔)，台北：客家委员会。

刘正光 2004 《语言非范畴化——语言范畴化的重要组成部分》，北京外国语大学。

刘正光 2005 语言非范畴化的工作机制，《外语研究》2005年第1期。

朱德熙 1982 《语法讲义》，北京：商务印书馆。

吴清香 2006 《形式量词及量词式短语的语法和语义分析》，北京语言大学人文学院硕士论文。

吴昭亮 2010 《台湾客家话量词研究》，台湾"中央大学"客家语文研究所硕士论文。

吕叔湘 1980 《现代汉语八百词》(增订本)，北京：商务印书馆。

沈家煊(编) 2004 《现代汉语语法的功能、语用、认知研究》，北京：商务印书馆。

沈家煊 2006 《认知与汉语语法研究》，北京：商务印书馆。

何 杰 2008 《现代汉语量词研究》(增编版)，北京：民族出版社。

周长楫 1991 《闽南话与普通话》，北京：语文出版社。

周长楫、欧阳忆耘 1998 《厦门方言研究》，福州：福建人民出版社。

邵敬敏 1993 量词的语义分析及其与名词的双向选择，《中国语文》第234期。

邵敬敏 1996 动量词的语义分析及其与动词的选择关系，《中国语文》第2期。

邱湘云 2007 闽南话和客家话的"量词"——与国语比较，《玄奘人文学报》第6期。

韦烟灶 2002 《乡土教学及教学资源调查》，台北：台湾师范大学地理学系。

刘月华、潘文娱、故韡　2001　《实用现代汉语语法(增订本)》,北京:商务印书馆。

刘顺、刘雪芹　2010　汉语名词和量词组合的认知研究,《南京师范大学文学院学报》第2期。

汤廷池　1992　汉语语法的"并入现象",《汉语词法句法三集》,台北:台湾学生书局。

张淑敏、游淑如　2017　现代汉语、闽南话和客语名量词的比较研究:句法表现和语意内涵,《汉语语法研究的新拓展(八)》,192—205页(2017年9月),上海:上海教育出版社。

杨秀芳　1991　《台湾闽南话语法稿》,台北:大安出版社。

陈　勇　2011　汉语数量范畴及其非范畴化研究,暨南大学博士论文。

陈勇、彭小川　2015　汉语量词范畴"去范畴化"现象考探,《汉语学习》第1期。

黎锦熙、刘世儒　1978　《论现代汉语中的量词》,上海:商务印书馆。

蒋　颖　2006　《汉藏语系名量词研究》,中央民族大学中国少数民族语言文学院博士论文。

钱　宝　2010　名量词是事物存在状态的表达,《江汉大学学报》(人文科学版)29卷第4期。

台文/华文线顶辞典 http://ip194097.ntcu.edu.tw/ungian/soannteng/chil/Taihoa.asp。

台湾闽南话常用词辞典 http://twblg.dict.edu.tw/holodict_new/index.html。

台湾教育事务主管部门国语推行委员会语编辑·常用量词手册 http://www.docin.com/p-156348789.html。

Hopper, P. J. & S. A. Thompson　1984　*The Discourse Basis for Lexical Categories in Universal Grammar*, *Language*, 60: 703-52.

Mark C. Baker　1987　*Incorporation*, Chicago: University of Chicago Press.

Yuen Ren Chao(赵元任)　1965　*A Grammar of Spoken Chinese*, University of California Press.

(本文有关"汉语去范畴化"的内容原载《华文世界》121期(2018年))

普宁方言标句词“呾”的演变*

——从限定到非限定

中山大学中文系　黄燕旋

拙文《揭阳方言言说动词“呾”的语法化》(2016)描写了揭阳方言言说动词“呾”语法化为标句词、从句标记和语气词的现象。近期调查发现，在同属潮汕片闽南话的普宁方言①中，“呾”的标句词用法有了新的发展。

1. 普宁方言中“呾”的用法

跟揭阳方言一样，普宁方言的“呾”可以做言说动词、标句词和从句标记，略举例如下：

1）言说动词“呾$_1$”

(1) 听见有侬在呾话。(听见有人在说话。)②

(2) 我佮汝呾着做呢物。(我跟你说该怎么办。)

2）标句词“呾$_2$”

(3) 我想呾无。(我以为没有。)

(4) 我来睇呾只车来啊未。(我去看看车来了没有。)

3）从句标记“呾$_3$”

(5) □[nã$^{31-33}$]是呾落雨，我哩媛去。(如果下雨，我就不去。)

---

* 本文为教育部人文社会科学研究青年项目“19 世纪罗马字文献与潮州方言语法演变研究”(18YJC740028)的阶段性成果。

① 普宁市属揭阳市管辖，境内有流沙、洪阳、占陇三种口音，本文所描写的是普宁城区流沙口音。

② 本文例句为笔者调查所得，主要发音人为：陈耿填，男，1985 年生；陈清容，女，1985 年生；陈淳，女，1987 年生；陈锡丰，男，1956 年生；陈惠如，女，1957 年生。以上发音人均长期在本地生活。

(6) 伊唔清呾□[k^hai^{312-55}]生好，还□[k^hai^{312-55}]力落作工课。(她不仅长得很漂亮，还很勤劳。)①

跟揭阳方言不一样的是，普宁方言的“呾”没有语气词用法，但是在年轻人当中产生了揭阳方言所没有的新用法：

1) 用在某些连动句中，如：

(7) 无去呾欺负侬。(没有去欺负别人。)

(8) 我□[kai^{55}]无去呾散来个。(我是没有去乱来的。)

(9) 汝么着学侬去呾物块工课来作。(你得学人家去弄个活儿来干。)

“呾”的这种用法还不能类推至所有连动句，目前仅出现在VP1为“去”、VP2表目的的句子中。

2) 用在某些兼语句②中，如：

(10) 叫伊呾后日正来。(叫他后天再来。)

(11) 乞伊侬呾有变落叶归根。(让他们能够落叶归根。)

(12) □[hai^{31-33}]我呾无变作功课。(使我没办法干活。)

在揭阳方言中，“呾”也能用在兼语句中，如例(10)，但一般仅出现在表使令义的使役句中，主要动词通常也属于言说类动词，可以看作“呾”用于兼语句的萌芽。③ 普宁方言的“呾”则有了进一步的发展，不仅可用在表使令义的使役句中，还可用在表容任义、致使义的使役句中，主要动词不再限于言说类动词。

2. “呾”的演变及相关问题

普宁方言“呾”的新用法引起我们的关注。目前这种用法主要出现在年轻人当中④，可见这是一种新近产生的现象。那么“呾”的这种新用法

---

① 关于“呾”的多功能性及其演变路径，详见黄燕旋(2016)，本文不赘。

② 广义的连动式也包括兼语式，为了描写细致，且“呾”在两种句式中的发展程度不同，本文分开讨论。

③ 部分年轻的揭阳人表示像例(11)这种“呾”用于容任义使役句的例子也可以接受了，揭阳方言的“呾”也处在变化过程中。

④ 老派普宁方言的“呾”一般只用在表使令义的兼语句中，偶尔也用在表容任、致使义的兼语句中，不用在连动句中。

是如何产生的呢?

通过比较,我们认为“呾”在连动句与兼语句中的用法是标句词进一步发展的结果,即从引导限定小句发展至引导非限定小句,“呾”仍属于标句词的范畴。

2.1 标句词“呾”的发展

在连动句中,目前“呾”仅可出现在“去”之后,且 VP_2 均可理解为目的。从标句词到目的小句标记的演变在其他语言中已有发现,如保加利亚语的“če”,库泊陀语的“gà”和多贡语的“-gа”等(Heine & Kuteva, 2002)。“呾”进入连动句之初,也是用于带出一个表目的的成分的,这在功能上符合从标句词到目的小句标记的演变①,至于“呾”将来会不会类推至用于其他连动句中,还有待进一步观察。

而在兼语句中,通过揭阳方言与普宁方言、普宁方言新老派之间的比较,可知“呾”先用于主要动词为“叫”“喊”“请”等言说类动词的使令句中。在这些使令句中,“呾”后面的成分实际上都是“叫”“喊”“请”等言说的内容,例如在“叫伊呾后日正来”中,“后日正来”是指令的具体内容。在这类兼语句中,“呾”的功能也是标记“内容宾语”的,这是标句词“呾”发展至用于兼语句的语义基础。在此基础上,新派普宁方言的“呾”进一步发展至其他类型的兼语句。先与言说类动词共现,再与其他类型的动词共现,这符合汉语标句词发展的一般顺序。(详见 Chappell, 2008;黄燕旋,2016)

与汉语史及方言中由言说动词演变而来的其他标句词一样,“$呾_2$”的功能与英语中用于引导限定小句(finite clause)的“that”相似:

他说道…… **He said that…**

我想呾…… **I think that…**

而“呾”在连动句与兼语句中所引导的成分则与英语中充当非限定小句(non-finite clause)的不定式相似:

去呾……want to…

叫伊呾……ask him to…

① “学界目前对该演变的方向还存在疑问,需要更多语例验证这一假说。”(Heine & Kuteva, 2002/2012: 121)普宁方言的“呾”可为这一假说增加1例证。

“呾”的用法扩展至连动句与兼语句,实际上是“呾”的功能从引导限定小句扩展至引导非限定小句。因此,“呾”仍属于标句词的范畴,只不过英语的“that”只能引导限定小句,而“呾”不仅可以引导限定小句,还可以引导非限定小句。

2.2　从限定到非限定

限定范畴在有形态变化的语言中是一个重要的范畴。动词的限定式表示动词充当了传统语法意义的小句或主句的谓语,跟现实世界发生了关系,因而受“限定”了,而非限定式只能充当谓语的从属成分,本身不表示与现实世界的联系,所以不受“限定”(刘丹青,2008)。

限定范畴在汉语动词上没有显性的形态体现,因此汉语学界关注不多。但是限定与非限定涉及的是动词与现实世界的关系,各种语言理应都有所体现,只不过不同语言的表现形式不同而已。黄正德(Huang,1982;1984;1987)、李艳惠(Li, 1985;1990)、汤廷池(2000)等就指出汉语也存在限定与非限定的区别,并提出了一系列的标准,如能否带情态动词、能否带体标记、能否形成正反问句、小句主语能否出现等。尽管有些标准受到胡建华等(Hu, Pan & Xu, 2001)的质疑,但是黄正德等学者的探索让我们意识到汉语中不同类型的动词所带的小句确实在一定程度上存在限定与非限定的差别,只是汉语没有明显的形态变化,要将两者截然分开并不容易。

王冬梅(2003)讨论了出现在宾语位置上的谓词性成分名物化的情况,认为谓宾的独立性和名物化是一个程度问题。同样,限定性也是个程度问题,从限定到非限定是一个逐渐过渡的连续统,黄正德(Huang,1982)等提出的标准不应该看作区分限定与非限定的充分必要条件,而应视为限定与非限定的“原型特征”。

从汉语标句词演变的情况来看,王冬梅(2003)关于限定性是个程度问题的观点不无道理。汉语的标句词大多来自言说动词①,经由引语标记演变而来,一开始所带的小句都是独立性非常强的引语,典型的限定小

① 如近代汉语的“道”,福建及台湾闽南方言的“讲”,廉江粤语的“讲”,潮汕各方言的“呾”等。

句,经过发展,逐渐偏离限定小句,向非限定小句过渡。不同方言的标句词由于发展程度不同,处在"限定>非限定"这个连续统中的不同位置。黄燕旋(2016)指出揭阳方言的"呾"是一个比台湾闽南话的"讲"更为成熟的标句词,表现之一就是揭阳方言的"呾"可以带非限定小句,如:

(13) 妈妈叫我呾去买菜。(妈妈叫我去买菜。)

然而揭阳方言的"呾"带非限定小句的用法还很不成熟,主要动词基本上限于言说类动词,小句的非限定性并不强;而普宁方言的"呾"带非限定小句的用法有所发展,主要动词不再限于言说类动词。三种方言的比较如下表所示:

表 1:台湾闽南话、揭阳方言、普宁方言标句词的使用情况比较

	限定小句	非限定小句
台湾闽南话的"讲"	+	—
揭阳方言的"呾"	+	+(VP_1 限于言说类动词)
普宁方言的"呾"	+	+(VP_1 不限于言说类动词①)

从上表可以看出,标句词的发展过程恰好展示了"限定>非限定"逐渐过渡的过程,所带的小句逐渐由独立性强、名物化程度低的限定式过渡到独立性弱、名物化程度高的非限定式。具体情况如表 2 所示:

在王冬梅(2003)归纳的"模态类—知识和言说类"连续统中,从知识言说类的"m. 说"到模态类的"a. 进行、结束",主动词的控制力越来越强,谓宾的独立性越来越弱、名物化程度越来越高,小句的限定度越来越低。而与标句词共现的动词(VP_1)类型蕴含序列为:1) 叙实动词⊃2) 情态动词⊃3) 情感动词/静态动词⊃4) 认知动词/感观动词⊃5) 言说动词(Chappell, 2008),这个序列刚好与主动词控制力等级序列基本对应,控制力低的"m. 说;l. 透露;k. 宣布"属于言说动词,依次往上类推。"呾"沿着这个序列往上发展,遵循着所带小句的限定度从高到低的顺序,只不过"呾"尚未发展至与 a、b 两类动词共现。

① 普宁方言的"呾"也不是所有的非限定小句都能引导,只是相对于揭阳方言已有所发展。

表 2:“咀”在“模态类—知识和言说类”连续统中的发展情况①

	主动词的控制力等级	谓宾的独立性	谓宾的名物化程度	小句的限定度	“咀”的发展
模态类	a. 进行、结束	弱	高	低	
	b. 开始、停止				
	c. 打算、想				
	d. 喜欢				
	e. 会、能、可以				情态动词
	f. 设法				
知识言说类	g. 希望				情感动词
	h. 盼望				
	i. 知道				认知动词
	j. 认为				
	k. 宣布				言说动词
	l. 透露				
	m. 说	强	低	高	

在图 3 的“操纵类—知识和言说类”连续统中,“咀”发展至与操纵类动词中的使役类动词共现(即“咀”在兼语句中的用法),也遵循着所带小句的限定度从高到低的顺序。

尽管与该系统并非完全一致②,但是“咀”大致沿着主动词的控制力从弱到强,小句的独立性从强到弱、名物化程度从低到高、限定度从高到低的顺序发展。

① 表 2 和表 3 根据王冬梅(2003)整理而成,该文将谓宾动词分为“模态类—知识和言说类”和“操纵类—知识和言说类”两个维度进行考察。

② 例如在王冬梅(2003)的系统中,并未涉及“去 VP”结构,因此“咀”在连动句中的用法无法体现。

表 3："咀"在"操纵类—知识和言说类"连续统中的发展情况

	主动词的控制力等级	谓宾的独立性	谓宾的名物化程度	小句的限定度	"咀"的发展
操纵类	a. 打退	弱	高	低	
	b. 粉碎				
	c. 放①				
	d. 逼				使役类动词
	e. 要求				
	f. 禁止				
	g. 允许				
	h. 强逼				
	i. 使、让				
知识言说类	j. 希望				情感动词
	k. 盼望				
	l. 知道				认知动词
	m. 认为				
	n. 透露				言说动词
	o. 宣布				
	p. 说	强	低	高	

限定小句与非限定小句的区别实际上体现为独立性强弱的区别，独立性从强到弱也就意味着从限定到非限定的转变。因此，当第二个谓词性成分越像一个独立性强的小句时，"咀"就越容易出现，我们可以从下面的测试②中得

① 王冬梅(2003)指出 c、d 的宾动词可以提升和主动词合并为一个复合动词，独立性弱，但不能说它们的名物化程度高。表 3 为了兼顾主动词的控制力、谓宾的独立性等的比较，将此两类也列入其中，但在名物化程度的比较上应将此两类排除。

② 我们对普宁、揭阳、汕头、潮州、澄海等地共 60 多名发音人进行了测试。总体而言，这些句子在普宁方言和揭阳方言中的接受度稍高，但普宁方言、揭阳方言内部不同发音人之间也存在差异。

到印证：

(14) a 我准备呾□[mã$^{312-55}$]日来去城里块买物件。(我准备明天去城里买东西。)

b ? 我准备呾来去买物件。(我准备去买东西。)

c ?? 我准备呾来去。(我准备去。)

(15) a 间厝只下咝呾蜀下落雨就漏水了。(这屋子现在不会一下雨就漏水了。)

b ? 间厝只下咝呾漏水了。(这屋子现在不会漏水了。)

c ?? 间厝只下咝呾漏了。(这屋子现在不会漏了。)

我们发现,从 a 到 c,接受度越来越低：a 所有人都能接受;b 大部分人能接受;c 只有少数人能接受。也就是说,当“呾”后面的成分越长越复杂、独立性越强、越接近一个限定小句时,接受度就越高;当“呾”后面的成分越短越简单、独立性越弱、越偏离限定小句的原型时,接受度便越低。

再如：

(16) a 阮□[kai^{55}]无呾乞侬随随便便爱入就入个。我们是不让人随随便便想进就进的。下同。

b 阮□[kai^{55}]无乞侬呾随随便便爱入就入个。

c 阮□[kai^{55}]无乞侬随随便便呾爱入就入个。

d ? 阮□[kai^{55}]无乞侬随随便便爱入就呾入个。

在上面的句子中,“呾”可以放在句中不同的位置：情态动词“无”①之后、兼语结构的 VP2 之前、副词②“随随便便”之后、副词“就”之后。这是因为这个句子存在多个层次,每一个层次都可以分析出不同的 VP_1 和 VP_2,“呾”原则上可以放在任何 VP_2 之前,只不过当 VP_2 非常短且结构简单时(如 d),这个 VP2 不大容易被识别为一个小句,接受度便较降低了。

① 此处的“无”为“不允许”义,在潮汕方言语法系统中属于情态动词。潮汕方言的肯定、否定和疑问焦点常集中在情态的层面上,详见施其生(2009)。

② 有些副词并非修饰具体动词,而是修饰整个小句(石定栩 2017),在句法上类似一个情态动词,在潮汕方言中这类副词和情态动词一样,后面可加“呾”。

施其生(1990)已觉察到这种现象,指出在汕头方言的“VP_1＋呾＋VP_2”结构中,VP_2 一般不能是单个的动词或者结合较紧的动结式、动趋式,如:

(17) a 保证呾两个月内解决。(保证两个月内解决。)

b ＊保证呾解决。(保证解决。)

(18) a 无变呾即刻事理好。(没办法立刻修理好。)

b ＊无变呾事理好。(没办法修理好。)

以往找不到合适的解释,现在我们通过多方面比较发现这与 VP_2 的独立性及“呾”的发展程度有关。b 句的 VP_2 形式简单,独立性弱,限定度低,而汕头方言的“呾”尚未发展至可以引导这类小句的程度,故 b 不能接受。①

但也有例外,有些 VP_2 也可以是单个的动词,如:

(19) □[$nã^{31-33}$]只块写呾“无”。(在这里写“无”。)

(20) 叫伊呾来。(叫他来。)

(21) 嫌伊呾矮。(嫌他矮。)

(22) 惊畏呾孬。(生怕不行。)

这是因为 VP_2 除了与句法上的独立性有关外,还与语义上的“内容”有关。标句词来自引语标记,所标记的典型成分是内容宾语小句,因此,当 VP_2 越像是 VP_1 涉及的“内容”时,越容易使用这个标记。这些例子中的“写”“叫”“嫌”实际上都属于广义的言说(书写)类动词,“呾”后面都是言说(书写)的内容,特别是例(19)的“无”就是书写的具体内容。至于例(22)的“孬”则如施其生(1990)所言,应看作复杂形式的省略形式。

由于“呾”总是标记一个次要的谓词性成分②,因此在某些时候我们可以利用“呾”来检验一个词的动词性和介词性,例如:

(23) a 汝着**赶**侬去读书,孬□[$nã^{31-33}$]只口块历历梭。(你得跟人家去读书,不能在外面瞎逛。)

---

① 这是汕头方言的情况。在普宁方言中,VP_2 为动结式的(18)b 已经可以接受了,但 VP_2 为单个动词的例(17)b 仍不能接受。

② 很多连动式语义上有偏向主从的一面,可以纳入主次结构关系。(刘丹青,2015)

b 汝着佮侬去读书，孬□[$n\bar{a}^{31-33}$]只口块历历梭。(你得跟人家去读书，不能在外面瞎逛。)

a 句用“赶”，b 句用“佮”，翻译成普通话都是“跟”，但是 a 句能加“呾”，b 句不能：

(23′) a 汝着**赶**侬呾去读书，孬□[$n\bar{a}^{31-33}$]只口块历历梭。(赶：动词)

b * 汝着**佮**侬呾去读书，孬□[$n\bar{a}^{31-33}$]只口块历历梭。(佮：介词)

原因在于，“赶”是句中的主要动词，因此可以用“呾”来标记其后的次要谓词性成分，而“佮”已经虚化为介词，后面的“去读书”是主要的谓词性成分，不能在前面加“呾”。

3. 结语

通过以上分析，我们得出以下主要结论：

1) 相对于揭阳方言，普宁方言的标句词“呾”有了进一步的发展，可以用在某些连动句和更多类型的兼语句中。

2) 这种发展实际上是标句词从引导限定小句向引导非限定小句的发展，“呾”仍属于标句词的范畴。

3) “呾”的发展过程说明了在汉语中限定性是个程度问题，从限定到非限定是一个逐渐过渡的连续统。

施其生(1990)指出，现代汉语中两个谓词性成分结合可以形成多种语法关系，其中有些目前尚未有一致的看法，“呾”的分布恰好与争议较大的那部分“VP+VP”结构有关，例如传统的兼语式，历来就争论颇多(吕叔湘 1979：83-85 等)，潮汕各方言“呾”的演变情况或可为这种结构的研究提供一种新的视角。

参考文献

黄燕旋 2016 揭阳方言言说动词“呾”的语法化，《中国语文》第 6 期。

刘丹青(编著) 2008 《语法调查研究手册》，上海：上海教育出版社。

刘丹青 2015 汉语及亲邻语言连动式的句法地位和显赫度,《民族语文》第3期。

吕叔湘 1979 《汉语语法分析问题》,北京:商务印书馆。

施其生 1990 汕头方言的结构助词"咀",载中山大学中文系《语言文字论集》,广州:广东人民出版社。

施其生 2009 《汕头话读本》所见潮州方言中性问句,《方言》第2期。

石定栩 2017 客观副词与主观副词——再论"常常"与"往往"的区别,《现代外语》第1期。

汤廷池 2000 汉语的限定子句与非限定子句,《语言暨语言学》第1卷第1期。

王冬梅 2003 动词的控制度和谓宾的名物化之间的共变关系,《中国语文》第4期。

Cheppell, Hilary 2008 Variation in the grammaticalization of complementizers from verbo dicendi in Sinitic languages, *Linguistic Typology* 12-1: 45-98.

Hu, Jianhua, Haihua Pan and Liejiong Xu 2001 Is there a finite vs. non-finite distinction in Chinese? *Linguistics* 39(6).

Heine, Bernd and Tania Kuteva 2002 *World Lexicon of Grammaticalization*, Cambridge: Cambridge University Press. 龙海平、谷峰、肖小平译,洪波、谷峰注释 2012《语法化的世界词库》,北京:世界图书出版公司。

Huang, C. -T. James 1982 *Logical Relations in Chinese and the Theory of Grammar*. Doctoral dissertation. Cambridge: MIT.

Huang, C. -T. James 1984 On the distribution and reference of empty pronouns. *Linguistic Inquiry* 15, 521-574.

Huang, C. -T. James 1987 Remarks on empty categories. *Linguistic Inquiry* 18, 321-337.

Li, Audrey Y. -H. 1985 *Abstract Case in Chinese*. Los Angeles: University of Southern California dissertation.

Li, Audrey Y. -H. 1990 *Order and Constituency in Mandarin Chinese*. Dordrecht: Kluwer.

后　记

第九届现代汉语语法国际研讨会于 2017 年 10 月 13 日至 17 日在韩国首尔延世大学举行。本次会议由韩国延世大学中国研究院、孔子学院、韩国中国语文学研究会主办，北京大学、复旦大学、南京大学、暨南大学、华中师范大学、上海师范大学、浙江师范大学、北京语言大学、中山大学、武汉大学、浙江大学、香港理工大学、香港中文大学、澳门大学合办，共有来自韩国、日本以及中国的 178 名学者（包括韩国学会注册代表 65 人）参加，提交论文 126 篇。

大会开幕式由上海师范大学曹秀玲教授和华中师范大学匡鹏飞教授主持，延世大学副校长李载用教授和延世大学中国研究院院长金铉哲教授分别致欢迎辞，暨南大学邵敬敏教授致开幕词，日本明海大学史有为教授代表特邀嘉宾发言，王世凯与黄宝珊、王红旗与周静、殷树林与金廷恩六位教授主持了三段大会报告，史有为、石定栩、金铉哲、萧国政、崔希亮、沈阳、张谊生、张先亮、邢欣、姜春华、李炜、鲁晓琨、张黎、朴正九、施春宏、石村广、史金生、曹秀玲和邵敬敏等十九位教授先后做了大会报告。

大会闭幕式由华中师范大学谢晓明教授主持，中国驻韩国大使馆教育参赞艾宏歌先生高瞻远瞩地就汉语国际化和中韩关系发表了热情洋溢、振奋人心的讲话，延世大学资深教授许壁先生对中韩发展寄予厚望，暨南大学赵春利教授作了会务报告，下届会议的申办单位代表日本大阪产业大学张黎教授作了申办发言，《语言教学与研究》《汉语学习》《汉语学报》等杂志的代表施春宏、朴珍玉和谢晓明分别介绍了办刊宗旨和征稿要求，上海教育出版社廖宏艳介绍了该社语言学专著与词典的出版情况。最后，浙江师范大学张先亮教授致闭幕词，总结了会议的国际化、活跃度和学术性三个特点，组织形式、经费来源和举办地点三个创新，并感谢各国语法学者的支持、主办合办单位的资助和会议组织方的筹划。大会依据惯例向青年学者颁发“语法新秀”奖状，共资助一等奖 3 名，获得者分别是首都师范大学毕罗莎、暨南大学方甲珂和北京大学刘彬；二等奖获得者分别是来自北京大学、北京外国语大学、韩国外国语大学、上海大学、上海师范大学、沈阳航天航空大学、香港理工大学、香港中文大学、延边大学、浙江大学、中国社会科学院语言研究所等 11 所高校和院所的 13 名青年代表。

本次会议主要运用描写语法、认知功能语法、生成语法、语义语法、篇章语言学、语言类型学、话语分析、语法化、语言接触、二语习得等理论，借鉴语料库统计、大数据云计算、对比分析、语义地图、历史演变等研究方法，对副词情态、动词语义、名词指称、句式系统、句法结构、话语标记、语法教学、方言语法等进行了深入系统的研究，全面展示了语法学界最新研究动向。本次会议赠送了第八届现代汉语语法国际研讨会的论文集《汉语语法研究的新拓展(八)》，本次会议的论文集《汉语语法研究的新拓展(九)》将于 2019 年 9 月由上海教育出版社出版。

(赵春利)

附录：第九届现代汉语语法国际研讨会论文目录

序号	姓名	单　位	论 文 题 目
1	安丰存	延边大学	分布式形态学与韵律结构：以汉语双音节复合动词重叠为例
2	毕罗莎	首都师范大学	信息结构理论与汉语双宾句式
3	曹秀玲	上海师范大学	汉语小句降级及其语篇整合效应
4	陈昌来	上海师范大学	现代汉语形容词的量及相关问题
5	陈　强	南京大学	数量动核结构句法及语义特征研究
6	姜毅宁 陈振宇	复旦大学	责任领域基于名词性领属结构的蕴涵关系
7	崔希亮	北京语言大学	汉语语气词的情态意义
8	崔贤美	韩国长安大学	韩国学生中级汉语语法项目的选定及排序考察
9	邓川林	北京外国语大学	副词“也”的量级含义研究
10	方甲珂	暨南大学	矛盾义双“也”构式的入句成分与视角阐释
11	高亚楠	沈阳航天航空大学	跨语言比较视角下汉语量词显赫功能及动因
12	顾秋燕	韩国大邱广域市永进专门大学	韩国学生因果关联词使用情况分析与偏误研究
13	郭婷婷	武汉大学	“是不是 VP”的肯定性倾向及其相关功能问句研究
14	何继军	华南理工大学	《官话指南》疑问句研究

（续表）

序号	姓名	单　位	论文题目
15	洪　爽	北京师范大学	汉语限定词共现的结构
16	黄宝珊	台湾义守大学	“看”与“见”之语用及其歧义性分析
17	黄燕旋	中山大学	普宁流沙方言言说动词“呾”的语法化
18	贾成南	浙江大学	“没准儿”的语法化
19	姜　梦	韩国外国语大学	“好＋V”的词汇化考察——以“好看、好听、好笑”为例
20	姜柄圭	韩国西江大学	韩-汉叙事语篇中的过去事件描述方式对比
21	姜春华	韩国德成女子大学	“A＋点儿/些”句的语义语用特点
22	金玧廷	韩国昌原大学	从“远近概念”角度阐释韩中句子形成特征
23	金茗竹	延边大学	从否定范畴到程度范畴的投射及程度突显：w就别提了
24	金铉哲	延世大学	韩国汉语语法史的回顾与展望
25	金廷恩	韩国高丽 Cyber 大学	韩-汉第二人称代词“너”和“你”的语用对比分析
26	金琮镐	韩国外国语大学	现代汉语“很能”短语的事件结构解释
27	匡鹏飞	华中师范大学	论“展开”和“开展”
28	李阿衡	韩国梨花女子大学	从隐喻和转喻的角度看“A＋着＋N”句型
29	李广瑜	哈尔滨师范大学	也谈同位性“PP＋一个＋VP的”的语义关联
30	李慧敏	安徽大学	我国农村学龄前留守儿童句法能力发展研究——以安徽省肥西县为例
31	李　亮	上海师范大学	现代汉语“再说”的共时词汇化状态考察
32	李　强	上海大学	再看准定语结构的产生机制和语义表达

(续表)

序号	姓名	单　位	论 文 题 目
33	李姝姝	北京大学	同形异构“还是”的共时与历时分析
34	李双剑	上海外国语大学	论现代汉语“不比”句的基本功能——基于语料库的研究
35	李　炜	中山大学	北方汉语词内轻音可能是阿尔泰化的结果——兼论词内轻音的本质
36	李宇凤	四川大学	程度常模与隐性否定——副词“太”“简直”“甚至”的否定功能
37	李振中	衡阳师范学院	汉语估测句言者意图实施的语义认知基础
38	李知恩	韩国釜山大学	从词汇扩散看汉语普通话及方言的量词“个”-以动植物名词为例
39	林素廷	韩国 Hanbat 大学	基于不同会话情景的汉韩动词“来//오다”和“去/가다”的对比以及其认知分析오다”和“去/가다”的对比以及其认知分析
40	梁秀林	武汉大学	从语言类型学角度考察汉语的小量义词语的演变轨迹-以比较汉语“点”、韩语“좀(jom)”、英语“bit”为主
41	刘　彬	北京大学	“怀疑”的词汇歧义和意义识解策略
42	刘楚群	江西师范大学	老年人话语“抢说”现象研究
43	刘街生	中山大学	“让/叫”分析型使动式的两种特殊用法
44	刘　杰	阜阳师范学院	从极量到极性:“又”的辩驳用法
45	刘宗保	安徽大学	江淮官话洪巢片句末警告义“我俩讲”初探
46	鲁晓琨	日本文京学院大学	“V得/不了”与“能”“会”的语用特征
47	陆丙甫	南昌大学	破除形态迷信
48	陆志军	广东工业大学	基于时间定位、时态空算子及转折时间的时间名词分析

（续表）

序号	姓名	单　位	论 文 题 目
49	罗晓英	暨南大学	假设句虚拟义的唤醒机制
50	吕　娜	南京大学	“一量名”的极向敏感性质
51	马　喆	广州大学	汉语空间形式的多功能性及其语体差异
52	聂仁发	宁波大学	受-动复合词的词性问题
53	彭　彬	华中科技大学	“厉害了我的 NP”构式研究
54	朴庸镇	韩国全北大学	针对 L2 汉语教学设计的汉语词类系统研究——以母语为韩语的汉语学习者为中心
55	朴正九	韩国首尔大学	韵律在汉语信息结构中的功能
56	朴赞旭	韩国首尔女子大学	在汉语互动中的“是吗”：以电视脱口秀“锵锵三人行”为例
57	朴珍玉	延吉大学	结合信息结构理论重新分析非作格动词带数量宾语现象
58	平山邦彦	日本拓殖大学	谈可别度对介词短语状语的语序影响力
59	祁　峰	华东师范大学	从特指问句看疑问和焦点的互动
60	邱庆山	湖北大学	虚连词“的”与恒歧结构“时间词＋的＋名词”的认知语义解析
61	任　鹰	日本神户市外国语大学	汉语动宾结构生成的语用动因及宾语成分的信息特征
62	邵洪亮	上海外国语大学	“不料”的动、副、连之辩——兼及“不料”的主观性
63	邵敬敏	暨南大学	汉语词类三分新系统及相关问题探讨
64	沈　阳	上海师范大学/南京大学	“都”的意义是怎么得到的？
65	慎俊浩	韩国诚信女子大学	“让”字兼语句与否定词“不”
66	施春宏	北京语言大学	句式语法意义分析的若干问题

(续表)

序号	姓名	单　位	论 文 题 目
67	石村广	日本中央大学	从动词的语义范围看汉语句法类型特点
68	石定栩	广东外语外贸大学	作为评价副词的"偏偏"
69	史金生	首都师范大学	清末民初北京话句末语气词研究
70	史有为	日本明海大学	话题句法化与双中心
71	苏政杰	台湾玄奘大学	多义词"门"的分析——从认知语言学入手
72	孙利萍	华侨大学	从语法化和方言接触看马来西亚华语"儿"
73	孙玉卿	暨南大学	兰州方言"把"字句的否定形式
74	孙娫爱	韩国放送大学	韩国学习者习得现代汉语动词"有"的偏误分析
75	宋美铃	韩国瑞逸大学	试论语法与修辞的关系
76	唐文珊	香港中文大学	从被动句复指代词看语法和韵律的互动
77	王恩旭	北京大学	词义中的物性角色分布及其对词语释义的影响——以"颜色语素＋名物语素"复合词为例
78	王红旗	天津市南开大学	疑问代词"谁""什么""哪里"的指称功能
79	王　苗	武汉大学	论汉语方言中复数标记的有定性及其语法化
80	王　棋	神户市外国语大学	"上""下"的语义演变及其句法演变的历时考察
81	王　琴	阜阳师范学院	"X不X"正反问构式生成机制
82	王世凯	渤海大学	"别是""不是"的整合、叠加与"别不是"的词汇化
83	王　涛	暨南大学	单音节范围副词两两共现的历时大数据统计及语义解读
84	王天佑	山东师范大学	汉语同素逆序词产生的理据

（续表）

序号	姓名	单　位	论 文 题 目
85	王文颖	中国社会科学院	“是……的”句的两种焦点结构及其影响因素
86	王小溪	北京大学	“VN1＋NumP”结构中数量成分的量级义及其结构特征探讨
87	王艳秋	上海外国语大学	从构式“VV＋A 双”与“VV＋A 单”看句法语义与韵律的互动
88	王宜广	鲁东大学	趋向动词的视点参照系统分析与构建
89	吴　菡	对外经济贸易大学	现代汉语语气副词的句法位置分布研究
90	吴　颖	上海师范大学	单音节形容词副词化模式与结构解释
91	吴有晶	复旦大学	试论去致使化标记“给”
92	夏　军	沈阳师范大学	基于框架识别的汉语语法新系统刍议
93	肖国政	武汉大学	意向句与意外句
94	谢晓明	华中师范大学	当代汉语里的一类特殊三叠音用法考察
95	邢　欣	中国传媒大学	无标记类“是”字句中主语与宾语的等同关系探讨
96	许又尹	香港理工大学	现代汉语领属结构与指示性同位结构
97	玄　玥	北京语言大学	作格动词都是动词吗？
98	颜力涛	辽宁大学	汉语被字句没有被动态
99	杨靖雯	中山大学	客家多地方言中的虚成分弱化形式趋同现象
100	杨海明	暨南大学	大数据云计算与当代在线汉语高程度表达的覆盖与分包配送：“很超巨爆”与“好”
101	殷树林	黑龙江大学	程度副词“过”“过于”“太过”的形成和用法
102	尹洪波	北京外国语大学	有向动词和无向动词

(续表)

序号	姓名	单　位	论 文 题 目
103	雍　茜	暨南大学	基于语言库藏类型学的汉语违实范畴研究
104	余义兵	华东师范大学	“莫大”的词汇化及语义演变解释
105	张　斌	华侨大学	“X上”类话语标记的语篇特征及主观化表现
106	张　黎	大阪产业大学	汉语“一音一意”的句法原理
107	张　亮	中国社会科学院	“有＋Vp”复苏机制与“有”的属性再解读
108	张　璐	中国人民大学	评注性副词“硬是、愣是、生是”的功能与语义分析
109	张邱林	华中师范大学	由带“了”的动结式“VA了”造成的肯定式祈使句
110	张秋杭	上海外国语大学	汉语关系从句指数量标记分布的可及性分析
111	张淑敏	台中教育大学	现代汉语和闽南话量词的去范畴化现象：特征及动因
112	张汶静	上海师范大学	论语体对否定表达的制约
113	张先亮	浙江师范大学	试论话语标记“还说呢”
114	张谊生	上海师范大学	试论不同句法分布对状语性质、功用的制约与影响——兼论汉语主宾语内状语的特征与异同
115	张豫峰	复旦大学	从联结主义句子观看语言和思维的关系
116	张则顺	武汉大学	结构和谐律管制下的汉语特殊句式生成研究
117	赵春利	暨南大学	副词“几乎”的分布验证与语义提取
118	赵　彧	上海师范大学	“不”的功能漂移对“把”字句否定位置的影响

（续表）

序号	姓名	单 位	论 文 题 目
119	郑娟曼	浙江师范大学	所言预期与所含预期——“我说呢、我说嘛、我说吧”的用法分析
120	郑贤爱	韩国檀国大学	再探“上”和“里”
121	郑懿德	北京语言大学	《对外汉语高年级语法课“组装”规则教学理念之教材编写问题》
122	周 静	暨南大学	介词框架“就……来说”/“从……来说”的对立性成因分析
123	周 娟	暨南大学	认识视角标记“我觉得”与“我认为”的比较
124	周 莉	吉林大学	连词“别看”与“虽然”
125	周 蜜	香港理工大学	言者指向副词“偏偏”句法语义特征
126	宗守云	上海师范大学	“R 不是一般的 X”构式的程度性质及其获得途径

图书在版编目（CIP）数据

汉语语法研究的新拓展. 九 / 邵敬敏主编. — 上海:上海教育出版社, 2019.10
ISBN 978-7-5444-9469-4

Ⅰ. ①汉… Ⅱ. ①邵… Ⅲ. ①现代汉语－语法－国际学术会议－文集 Ⅳ. ①H146-53

中国版本图书馆CIP数据核字(2019)第194186号

责任编辑　徐川山　毛　浩
封面设计　郑　艺

汉语语法研究的新拓展　九
邵敬敏　主编

出版发行　上海教育出版社有限公司
官　　网　www.seph.com.cn
地　　址　上海市永福路123号
邮　　编　200031
印　　刷　上海叶大印务发展有限公司
开　　本　890 × 1240　1/32　印张 12.625　插页 1
字　　数　368 千字
版　　次　2019年10月第1版
印　　次　2019年10月第1次印刷
书　　号　ISBN 978-7-5444-9469-4/H·0322
定　　价　78.00 元

如发现质量问题，读者可向本社调换　电话：021-64377165